BIBLIOTHÈQUE
DE L'ÉCOLE
DES HAUTES ÉTUDES

PUBLIÉE SOUS LES AUSPICES

DU MINISTÈRE DE L'INSTRUCTION PUBLIQUE

SCIENCES PHILOLOGIQUES ET HISTORIQUES

CENT-TROISIÈME FASCICULE

SAINT CÉSAIRE, ÉVÊQUE D'ARLES (503-543), PAR A. MALNORY

PARIS
LIBRAIRIE ÉMILE BOUILLON, ÉDITEUR
67, RUE DE RICHELIEU, AU PREMIER

1894
Tous droits réservés

SAINT CÉSAIRE

ÉVÊQUE D'ARLES

503-543

SAINT CÉSAIRE

ÉVÊQUE D'ARLES

503-543

PAR

A. MALNORY

ANCIEN ÉLÈVE DE L'ÉCOLE PRATIQUE DES HAUTES ÉTUDES

PARIS

LIBRAIRIE ÉMILE BOUILLON, ÉDITEUR

67, RUE RICHELIEU, AU PREMIER

1894

Tous droits réservés

INTRODUCTION

LES SOURCES PERSONNELLES

Les œuvres émanées de s. Césaire ou relatives à sa personne se trouvent encore, au moment où nous publions ce travail, dispersées dans de nombreuses collections. On nous assure qu'une édition en est préparée par un membre de la famille bénédictine. Nous faisons tous nos vœux pour la réussite de cette entreprise, qui rendra un service signalé à la science ecclésiastique.

En tête de celles de ces œuvres qui doivent nous guider vient la vie de s. Césaire [1]. Certifiée par les manuscrits de la plus haute antiquité, elle est, tant par ses mérites intrinsèques que par ce témoignage extérieur, un document de premier ordre. Cinq personnages, tous disciples du saint, y ont collaboré, en prenant soin de se nommer eux-mêmes ; trois évêques : Cyprien de Toulon, Firmin d'Uzès et Vivence, tous trois honorés eux-mêmes comme saints ; après eux, le prêtre Messien et le diacre Etienne. Leur témoignage réunit ainsi au premier chef le nombre et l'autorité. Ils paraissent s'être distribué la tâche suivant le temps et les circonstances où chacun d'eux s'est trouvé associé à l'existence de Césaire. Les trois évêques, qui ont été séparés de lui à des époques différentes, ont traité dans un premier livre la première partie de son épiscopat, celle qui a été la plus mouvementée. Messien et Etienne, qui ont été ses officiers ecclésiastiques et ses familiers, ont exposé au second livre quelques épisodes de sa vie ordinaire et raconté ses derniers moments. Une préface, adressée par eux à l'abbesse sainte Césarie la jeune et aux religieuses du couvent de s. Césaire, nous

---

1. Migne, t. 67, p. 1001, etc.

annonce quel esprit les guide dans leur travail. Ils consigneront en toute vérité « simplement et sans phrase ce qui est de notoriété publique, en s'attachant uniquement aux traits qu'un long commerce avec leur héros a gravés dans leur cœur, et sans ambitionner pour eux-mêmes d'autre éclat que celui qui jaillira des actions et des vertus mêmes de s. Césaire ». On a ici autre chose qu'une annonce banale. Leur fidélité à ce programme est vérifiée d'une façon particulière par le premier des deux livres dont se compose la biographie. Sincérité et émotion en sont le double caractère. Rien n'y éveille à l'esprit du lecteur judicieux l'idée d'une de ces vies de saints, passées à partir d'une certaine époque presque à l'état d'un genre littéraire, où un écrivain crédule ou faussaire s'efforce de revêtir d'une fausse rhétorique des anachronismes ou des miracles d'un mauvais aloi, et oublie le caractère de son héros, c'est-à-dire la vie elle-même. Il en est tout autrement de la biographie de l'évêque d'Arles. Un sens historique très sûr et très ferme guide la main qui écrit, en la tenant également écartée de l'expression prétentieuse et du récit fictif. Rien pour la phrase ; seulement une certaine recherche des oppositions d'idées, qui sert à donner plus de relief au portrait. Peu de miracles ; c'est d'ailleurs un domaine que les auteurs du second livre semblent s'être réservé ; et quand un fait de ce genre s'offre à leur mémoire, ce qu'ils y cherchent en dernier lieu, c'est le trait de caractère. Par contre, le portrait de s. Césaire est fortement dessiné. On nous trace d'une main alerte sa jeunesse, son stage à Lérins, son séjour à Arles avant son élection à l'épiscopat. A ce moment-ci, le biographe semble impatient de quitter le fil de la simple narration pour s'abandonner à la contemplation du caractère et des vertus du héros. Après avoir parlé des persécutions éprouvées par le saint dans les premières années de son gouvernement, interrompant tout d'un coup le récit, il se place directement en face de son modèle et nous le peint tour à tour par le portrait, l'anecdote et le dialogue. La phrase est moins vive, elle est aussi moins correcte, mais de ses contours un peu trop simples on voit se dégager une figure bien vivante et bien aimable. On sent que le peintre, comme l'aveu en est fait dans la préface, s'est mis en communication affectueuse et intime avec celui dont il retrace la vie. Il est aisé de deviner que la main de l'évêque de Toulon s. Cyprien a dominé dans cette partie de l'œuvre. Il parle de lui-même à la première personne au chapitre V, qui est certainement tout entier de lui, sauf un passage où ses collaborateurs ont intercalé son éloge. Or, nulle part ne paraissent plus que dans ce chapitre cette admiration pour l'ancien maître, ce regard plongé dans ses vertus, qui donnent un mérite particulier au premier livre. Cyprien avait été l'un des premiers à se mettre sous la discipline de Césaire et le plus tôt jugé mûr par lui pour les hautes fonctions de l'épiscopat. Elevé à cette dignité un peu avant 517[1], il n'avait cessé d'entretenir, autant que la distance des villes de Toulon et d'Arles le permettait, les relations les plus étroites avec son métropolitain, qui, de son côté, l'avait pris pour le confident de sa conscience[2], nous dirions aujourd'hui son confesseur ; il fut le plus activement associé à son influence disciplinaire et doctrinale ; il est pour nous le premier témoin de celle-ci[3]. Comme la signature de son successeur apparaît déjà au Ve concile d'Orléans, l'apparition de la *Vie* se trouve ainsi renfermée entre les années 543 et 549 ; nous croyons qu'elle a été écrite sur l'impression toute fraîche laissée par son héros.

Après Cyprien, la plus grande part revient sans doute à Firmin, membre d'une famille arlésienne unie dès le principe avec Césaire par des liens d'hospitalité que nous expliquerons plus loin. Sa présence aux côtés de Césaire a cessé plus tard que celle de Cyprien. Césaire fit de lui un évêque d'Uzès probablement au temps où ce siège fit retour à la métropole d'Arles par la voie franque[4] (a. 536). Firmin apparaît pour la première fois au Concile d'Orléans IV en 541 ; il reparaît aux Conciles d'Orléans V (549) et de Paris (552), et meurt peu après, laissant pour successeur s. Ferréol, probablement son parent. Dès 544, c'est-à-dire, juste à l'époque où il collaborait à la vie de s. Césaire, le poète Arator[5] le célébrait comme un des notables de l'épiscopat gallican.

Nous ne connaissons pas le siège de Vivence, qui est le troisième de nos évêques biographes ; il signe une seule fois au Concile d'Orléans de 541 ; sa mort était déjà arrivée lorsque Messien et Étienne mirent la main au IIe livre[6]. Un passage au moins du même livre a été puisé aux souvenirs d'un quatrième évêque, également disciple

---

1. Il signe dans les conciles provinciaux de Césaire et au IVe concile d'Orléans avant plusieurs évêques qui ont déjà signé en cette qualité au concile d'Epaone en 517.

2. « Sanctæ conscientiæ ejus testis sum ego ».

3. Une lettre de Cyprien à Maxime de Genève se trouve dans les mon. G. H. au tome 3 des *Epistolæ*, mais elle ne nous apprend rien de nouveau sur notre sujet.

4. Firmin signe dernier de 7 évêques les institutions définitives données au couvent de S. Jean en 534 : mais il a pu ajouter sa signature postérieurement. Quoique Uzès fût un *oppidum* dépendant de la cité de Nîmes, et par conséquent de la Narbonnaise I, ses évêques se groupaient avec ceux de la Viennoise depuis l'épiscopat de s. Hilaire d'Arles. Cet évêché est occupé par des Arlésiens jusqu'à la fin du siècle.

5. Lettre en vers, à Parthénius, Migne, t. 68, col. 63. La vie de s. Firmin que donnent les Bollandistes est pleine de confusions et d'inexactitudes.

6. *Vita Cæsarii*, l. 2, n° 1 : « Quae de eo (Cæsario) cum... domno Cypriano et domno Firmino atque *sancto* Viventio pariter vidimus » ; l'épithète sanctus précédant le nom propre indique que la personne est morte ; cette remarque vaut pour Eucher, évêque d'Avignon (l. 1, n. 35).

de Césaire, s. Eucher d'Avignon ; sa mort avait précédé celle de Césaire.

Le prêtre Messien et le diacre Étienne, qui ont conduit jusqu'à son terme la vie de Césaire, tout en recherchant les faits miraculeux attribués à leur héros, nous donnent en passant quelques notions intéressantes sur l'étendue du diocèse d'Arles et sur les rapports de Césaire avec le pouvoir civil et avec les princes burgondes. Les souvenirs du « vénérable » Messien [1], qui avait été le premier notaire de Césaire et l'homme de ses principales missions, tiennent dans la *Vita Cæsarii* plus de place que sa rédaction.

C'est le diacre Étienne qui a rédigé le second livre presque en entier. Ancien notaire lui-même après Messien, il paraît avoir vécu dans une grande intimité avec son chef, pour lequel il montre une admiration aussi vive, sinon aussi éclairée, que l'évêque de Toulon.

On pourrait souhaiter que ce biographe eut suppléé ses collaborateurs en réparant le silence gardé par eux sur les conciles et sur les statuts ecclésiastiques et monastiques de Césaire, de même que sur l'état précis de ses relations avec le Saint-Siège et avec l'administration ostrogothe ou franque. Mais heureusement, nous avons à titre de renseignements sur la plupart de ces questions ce qui vaut mieux qu'un simple récit : ce sont les actes mêmes dressés par Césaire, où dont il a été l'occasion. Ils ont été soigneusement conservés dans son église avec les autres documents ecclésiastiques antérieurs d'origine gallicane ou étrangère, et ils se trouvent maintenant dans nos collections modernes en suite d'une tradition paléographique dont le point de départ et la méthode sont encore visibles pour nous, grâce aux manuscrits mérovingiens qui nous ont été conservés. On a reconnu ainsi que l'église d'Arles, faisant preuve d'un esprit centralisateur et organisateur qu'expliquent suffisamment son titre primatial, l'importance projetée sur elle par le voisinage de la préfecture des Gaules, le zèle de ses évêques pour le progrès disciplinaire, s'était constitué dès avant Césaire, avec les actes d'objet ecclésiastique, administratif ou disciplinaire, qu'elle reçut ou recueillit de divers côtés, un fonds d'archives aussi complet que possible pour l'époque, distribué en quatre recueils[2]. L'un de ceux-ci reçut au fur et à mesure de leur réception à Arles, le point d'arrivée obligé, tous les textes venus du dehors en Gaule, en tout 98 pièces,

---

1. Une lettre supposée de lui à l'évêque Vivence, que Mabillon donne dans ses *Annales* (t. 1, append.), a été fabriquée plus tard sur des extraits de la *Vita Cæsarii*, liv. 2.

2. La genèse de ces recueils est expliquée par M. l'abbé Duchesne dans son ouvrage : *Les fastes épiscopaux de l'anc. Gaule*, tom. I. Voyez aussi Maassen, *Hist. des Sources du droit canon.*

se composant à peu près exclusivement de conciles grecs et africains et de décrétales des papes jusqu'à Gélase, après lequel on arrêta la liste. Ce recueil est exactement représenté par la collection Quesnel, ainsi appelée du nom de son premier éditeur l'oratorien Quesnel, plus connu par son rôle dans le jansénisme[1]. Les documents indigènes, exclus de ce premier récollement, ont été rangés dans un second recueil certifié lui-même par des manuscrits d'une haute antiquité[2]. On y trouve rapportés en substance et suivant l'ordre de leurs dates tous les conciles de la province d'Arles, y compris ceux de Césaire. Entre ces derniers, on a intercalé quelques autres conciles régionaux du même temps que ces derniers, et qui ont dérivé leurs statuts de la discipline arlésienne, conciles d'Epaone (a. 517), de Lyon, de Clermont (a. 535), I à V d'Orléans (a. 511 à 549).

Un troisième élément à la conservation duquel l'église d'Arles a attaché le plus grand prix, ce sont les bulles adressées par les papes aux évêques d'Arles personnellement. La plupart ont été insérées à part dans le *Liber privilegiorum ecclesiæ arelatensis*[3], le plus ancien, pour ne pas dire le seul absolument authentique, des livres de privilèges sur lesquels certaines églises ont fondé leurs prétentions à la *primatie des Gaules*. Le plus ancien type par lequel il est représenté dans les manuscrits se termine par les lettres du pape Pélage I, ce qui lui assigne une date antérieure à la fin même du VIe siècle. En ajoutant à cette liste un recueil gallican de constitutions impériales d'intérêt ecclésiastique édité par Sirmond[4], et dont l'origine arlésienne semble indiquée par une pièce adressée à l'évêque Patrocle d'Arles et par l'insertion dans les mêmes manuscrits que les conciles arlésiens, on a au complet le catalogue d'une bibliothèque embryonnaire à laquelle Césaire ajouta des éléments assez nombreux, mais que ces prédécesseurs avaient déjà formée. Il nous faut maintenant relever dans cette bibliothèque les pièces qui appartiennent en propre à cet évêque.

Cinq conciles y sont à son nom[5] : d'Agde (a. 506), IVe d'Arles (524), de Carpentras (527), IIe d'Orange (529) et IIe de Vaison (529). Il faut y joindre une assemblée synodale qui se constitua en tribunal à Marseille (533) pour y juger l'évêque Contumeliosus.

Celui d'Agde, le premier de tous en date et en importance, abrite

---

1. Editée par les frères Ballerini au tome III des œuvres de s. Léon : Migne, t. 56, p. 359 etc.
2. Voyez le *Vaticano-Palatinus* 574, résumé dans Migne, id., p. 147 et suiv.
3. Edité dernièrement par Gundlach. Mon. G. H. Epistol. III.
4. A l'appendice du Code théodosien.
5. Sirmond, *Concilia Galliæ*, I, p. 161 etc. — Maassen, *Concilia ævi merovingici*, excluant toutefois le concile d'Agde.

sous son titre dans les collections modernes 71 canons, dont 48 seulement ont fait partie des actes originaux de cette assemblée : ce sont les 47 premiers et le dernier ; on les trouve seuls dans les plus anciens manuscrits ; la plupart des autres ne sont que des extraits de divers autres conciles ajoutés par quelque collecteur. Encore, parmi les 48 canons à conserver, y en a-t-il six (c. 37-42) qui ont été empruntés presque textuellement à un concile de Vannes de l'an 465, soit par le concile même, soit par un de ses premiers transcripteurs (canons 1, 5-8, 11-13, 16). A la suite des canons vient une liste des souscriptions très complète, et qui est précieuse pour la géographie ecclésiastique et politique de la Gaule, chaque évêque ayant eu soin de se désigner par son nom et son siège. Les signatures se lisent aussi, mais sans les sièges, au bas des cinq autres conciles.

La cote du IV° concile d'Arles, sous laquelle le concile d'Arles de 524 est inscrit dans les collections modernes, ne se trouve pas dans les plus anciennes, et elle suppose l'authenticité du II° concile d'Arles, qui doit être repoussée. Car le groupe de canons qui a été ainsi dénommé, bien qu'il soit rapporté dans les plus anciens manuscrits avec le titre de *Synodus Arelatensis*, n'est qu'une simple compilation privée, comme il apparaît par l'absence de préface et de toute indication de date et de signatures, et par le manque absolu d'originalité quant au fond ; car sur 56 canons dont elle se compose dans sa rédaction la plus compréhensive, il s'en trouve à peine deux ou trois qui ne soient des résumés de canons de conciles connus, avec prédominance de l'élément arlésien. Comme il s'en trouve un du concile d'Agde, cela donne la date de 506 comme limite inférieure de ce travail de collecteur, d'ailleurs sans importance.

En transcrivant en tête du concile d'Orange la lettre par laquelle le pape Boniface a confirmé les décisions de ce concile, les copistes n'ont pas omis une parenthèse qui n'a pu être prise que dans l'original même du recueil. Il s'agit d'une note écrite de la main de s. Césaire, ou sous sa dictée, pour expliquer que la lettre du pape a été mise là à la place d'honneur, quoique postérieure en date au concile. Le concile de Vaison se trouvant placé par les collections la même année que celui d'Orange (529), à quelques mois d'intervalle, plusieurs critiques allemands ont prétendu le reculer à l'année suivante, trouvant que l'intervalle était trop court ; mais cette raison n'est pas suffisante pour prévaloir contre les textes.

Des actes relatifs à l'affaire de Contumeliosus, les éditeurs des collections modernes n'ont connu que ceux qui se sont produits postérieurement à l'assemblée synodale de Marseille, dont la sentence incomplète donna lieu de recourir à un supplément de procédure. Ce sont les lettres du pape Jean II, accompagnées d'une petite liste de canons communiquée par lui à s. Césaire, d'après la version toute récente de Denys le Petit; un extrait de conciles gallicans, où l'on trouve cités Epaone et Orléans Ier, inséré par Césaire sous la rubrique *tituli canonum gallicani*, extrait dont la valeur comme attestation du recueil des conciles gallicans conservé à Arles n'échappera à personne ; enfin un discours épistolaire envoyé par Césaire à ses comprovinciaux. Le décret du synode même est resté ignoré jusqu'au docteur Knust, qui l'a édité pour la première fois dans le *Bulletin de la Société de l'histoire de France* (1839), d'après un manuscrit de Cologne.

Aux conciles dont il vient d'être question doit être rattaché un recueil très remarquable de statuts ecclésiastiques, transcrits dans les collections gallicanes anciennes sous le titre de *Statuta Ecclesiæ antiqua*, et, dans les collections qui ont procédé de celle d'Isidore, sous celui de IVe concile de Carthage. Ce second titre est faux : il s'est introduit par l'inattention d'un copiste qui, ayant lu les *Statuta* placés à la suite du IVe concile de Carthage dans un des manuscrits qu'il relevait, les a confondus avec les actes de ce dernier. C'est ce qu'ont mis en évidence les Ballerini, qui ont restitué le texte et l'ordre original des *Statuta* au tome III de s. Léon le Grand[1]. L'érudit allemand Maassen a confirmé cette explication et démontré que, loin d'émaner de l'Afrique, ces anciens statuts représentent la discipline gallicane du Ve siècle, et en particulier la discipline arlésienne. La présente étude nous a permis de préciser encore davantage, en nous faisant retrouver dans les détails des *Statuta* la personnalité et le style de s. Césaire lui-même[2].

Les lettres pontificales destinées à Césaire se répartissent comme il suit :

3 lettres de Symmaque[3] :

Hortatur nos æquitas.
Sedis apostolicæ nos instituta.
Qui veneranda patrum.

3 lettres d'Hormisdas :

Quamvis ratio (un court fragment seul parvenu)[4].
Justum est[5].

---

1. Migne, t. 56, p. 879.
2. Démontré ci-dessous chap. III.
3. *Id.*, t. 62, ep. 6, 8, 9.
4. Thiel, I, 993.
5. Migne, t. 63, col. 431.

Exsulto in Domino[1].

1 lettre de Félix IV[2] :
Legi quod inter.

1 lettre de Boniface II[3] :
Per filium nostrum.

3 lettres de Jean II dans l'affaire de Contumeliosus[4] :
Innotuit nobis, adressée aux évêques de Gaule.
Pervenit ad nos, au clergé de Riez.
Caritatis tuæ litteras, à s. Césaire.

2 lettres d'Agapet[5] :
Optaveramus frater.
Tanta est Deo.

1 lettre de Vigile[6] :
Si pro observatione.

Nous connaissons déjà la source qui a porté jusqu'à nous la plupart de ces lettres. De trois d'entre elles qui ont été laissées en dehors du *Liber Privilegiorum*, l'une, *Justum est*, une des trois d'Hormisdas, s'est conservée dans les manuscrits qui ont rapporté la règle de Césaire pour le couvent de Ste Césarie, dont elle assurait la situation ; les deux autres ont été placées dans les collections des conciles pour faire un tout avec d'autres textes, la lettre de Boniface II avec le concile d'Orange, celle de Jean II avec les canons évoqués pour le procès de Contumeliosus.

Ce serait ici le lieu de faire une nomenclature de la correspondance de Césaire. Il n'en est demeuré à peu près rien ; lui-même a dû prendre très peu de peine pour la préserver de l'oubli ; car rien n'était plus éloigné de sa tendance d'esprit modeste et sérieuse que le goût d'écrire des lettres pour la postérité. Ce qu'il a laissé se réduit à trois lettres ; encore constituent-elles des actes de gouvernement : deux à Symmaque[7], qui a répondu par deux des décrétales citées plus haut ; elles ont été conservées par les collections des conciles :

1. *Sicut a persona B. Petri.*
2. *Libellus ab Aegedio abbate et Messiano notario oblatus.*

---

1. Concil. gallic., I, 879 et Migne, t. 67, col. 1285.
2. Migne, t. 65, col. 11.
3. *Id.*, col. 31.
4. *Id.*, t. 66, col. 24, etc.
5. *Id.*, col. 45, 46.
6. *Id.*, t. 69, col. 21.
7. *Id.*, t. 62, col. 53.

La troisième est une admonestation adressée à Rurice, évêque de Limoges, pour s'être abstenu de paraître au concile d'Agde. Elle a été éditée dans les collections patrologiques parmi les lettres de Fauste[1] et sous le nom de Sédatus, d'après des manuscrits communs pour les œuvres de Fauste et de Rurice. Les évêques Fauste de Riez et Sédatus de Nîmes avaient été entre les principaux correspondants de Rurice. Cela explique la double méprise dans laquelle sont tombés les copistes en transcrivant la lettre de Césaire au même personnage ; la réponse de ce dernier[2] est d'ailleurs conservée et le réintègre dans son droit d'auteur. A côté de la correspondance avec Symmaque, celle avec Rurice donnerait pour une édition de Césaire un deuxième petit groupe, où devraient entrer deux autres lettres de Rurice[3] : une à Césaire, de date inconnue, une autre à Capillutus, prêtre d'Arles, en réponse à une lettre où ce personnage avait sollicité son avis au sujet de la candidature d'un nouvel évêque, qui n'est autre peut-être que Césaire lui-même. Citons encore, pour épuiser ce sujet, deux lettres adressées à Césaire par Ennode[4], évêque de Pavie, et par s. Avit de Vienne[5], et conservées parmi les œuvres respectives de ces deux personnages ; puis un éloge posthume du saint évêque d'Arles contenu dans une lettre de son disciple, Florianus[6], abbé du *romanum monasterium*, à s. Nicet, évêque de Trèves.

Homme de gouvernement et d'exacte discipline, comme le montrent suffisamment les textes dont le détail précède, s. Césaire a été aussi un grand promoteur de l'institution monastique. Cette seconde face de son épiscopat est révélée dans les documents par une règle pour les moines, une autre pour les religieuses, des exhortations adressées à ces catégories de personnes sous forme de lettres ou de sermons. La première des deux règles, propagée du vivant de Césaire dans beaucoup de monastères, a été transcrite par les copistes sur l'exemplaire de l'abbé Tetradius ou Teridius, neveu du saint, comme l'indique expressément une notice préliminaire de la deuxième main, sous forme de titre, que tous ont reproduite[7]. Elle tient en 26 articles d'une grande concision auxquels fait suite, comme conclusion, le commencement de l'exhortation aux religieuses : *gaudete et exultate*, transporté à cette place soit par l'auteur, soit peu après par lui. Mais la notoriété est allée

---

1. Migne, t. 58, col. 866, ep. 18.
2. *Id.*, Ruric. épist., l. II, 32.
3. *Id.*, l. II, 35 et 30.
4. *Id.*, t. 63, l. IX, 33.
5. *Id.*, t. 59, col. 229.
6. *Id.*, t. 62, col. 918, et Mon. G. H., *epistolæ meroving*.
7. *Id.*, t. 67, col. 1099.

surtout à la règle des religieuses, sur laquelle Césaire s'est concentré tout entier, que des monastères célèbres ont adoptée ou associée à leur propre règle, et à laquelle l'illustre s. Benoit d'Aniane a fait une place importante dans sa concordance des règles. Le texte authentique s'est conservé, associé avec la bulle de confirmation d'Hormisdas, dans des manuscrits qui ont dû, par le fait, relever tous plus ou moins directement de l'original même conservé au couvent de s^{te} Césarie. L'édition la plus fidèle qui en existe a été donnée par les Bollandistes aux actes de s^{te} Césarie l'aînée (12 janvier), d'après un manuscrit très ancien d'Autun. Elle exclut les deux chapitres relatifs aux offices de la cellerière et de la portière, que les autres exemplaires ont empruntés à la règle de s. Benoît, et elle contient en plus de ces derniers l'*ordre* du chœur et des jeûnes, puis une liste des souscriptions de sept *comprovinciaux* de l'évêque d'Arles qui ont signé après la lettre d'Hormisdas. La seule différence avec le texte primitif consiste en ce qu'on l'a distribuée en 12 grands chapitres avec titres, pour guider l'intelligence du lecteur.

D'autres pièces, bien que tirées de manuscrits distincts doivent être rattachées à celles qui viennent d'être énumérées. Ainsi le testament de s. Césaire[1], qui nous a été conservé dans les archives d'Arles, est à rapprocher de la bulle d'Hormisdas, pour étudier la situation du couvent de s^{te} Césarie vis-à-vis de l'église d'Arles. La règle des religieuses a pour commentaires quatre exhortations, dont trois sous forme épistolaire[2], attribuées à Césaire par tous les manuscrits qui les ont rapportées. Elles ont été destinées, de même que la règle, au couvent de s^{te} Césarie, sauf la dernière, adressée à Oratorie, abbesse, non d'Arles, comme les éditeurs l'ont supposé sans fondement, mais d'un monastère dépendant de Césaire. La règle des moines est complétée enfin par les *Discours aux moines*. Mais ici les éditions des œuvres de Césaire commencent à réfléter la confusion extrême qui règne autour des œuvres oratoires de ce Père dans les sermonnaires manuscrits du moyen âge. Les six discours à des moines que la patrologie de Migne donne au tome de s. Césaire, au milieu d'une liste de sermons dénuée de toute critique, appartiennent en réalité presque tous à la manière de Fauste de Riez, au tome duquel ils se trouvent d'ailleurs répétés ; ils sont édités une 3e fois dans la même collection comme œuvres de saint Eucher de Lyon. Ces divergences sur le nom de l'auteur correspondent à celles qu'offrent les manuscrits même les plus anciens. Par contre, les discours de cette

---

1. *Id*. col. 1139.
2. *Id*. col. 1125-1138.

classe édités aux œuvres de Fauste et d'Eucher en contiennent plusieurs qui doivent être rapportés à Césaire, et enfin plusieurs morceaux du même genre, sur lesquels le témoignage de la paléographie lui est favorable, ont été omis tout à fait dans la patrologie. L'indication détaillée de ce qui revient à Césaire fait partie de la critique de ses œuvres oratoires, qu'il nous reste à esquisser.

La reconstitution de l'œuvre oratoire de s. Césaire est ce qui exigerait de son éditeur la plus grande somme de recherches et de patience. C'est là que le travail de dispersion a agi avec le plus de force, et que la marque d'auteur a subi le plus d'accidents. Les bénédictins de S. Maur, en suppléant aux lacunes des manuscrits par des remarques en général très sagaces sur le style, sont parvenus à restituer à s. Césaire la plupart de ses discours[1], autres que ceux destinés aux moines. Notre rôle se réduira à indiquer les principaux systèmes suivant lesquels les sermons identifiés par les excellents critiques nous ont été transmis par les manuscrits.

Deux familles de manuscrits viennent en première ligne par leur complexité, leur diffusion et le soin avec lequel ils ont conservé le nom de s. Césaire. L'une a pour type plus ancien un manuscrit du IX° siècle provenant de la bibliothèque de Notre Dame de Laon (Laon, 124) qui, toutefois, avait déjà laissé tomber quelques pièces du *codex* plus ancien. En le rapprochant d'un manuscrit de l'abbaye de Longpont plus jeune (*Parisin.* 10605, fol. 71, XIII° siècle), mais plus complet de quelques numéros, on vérifie l'authenticité des 25 discours suivants : 308, 104, 313, 272-273, 275, 281-282, 257-258, 301, 309, 260, 68, 261, 263, 256, 259, 274, 288, 294-295, 269, 296, 264.

Le type le plus ancien de l'autre famille, qui est la plus répandue, n'est pas inférieur non plus au IX° siècle. C'est le *Liber Cæsarii ep.* conservé à la bibliothèque du chapitre de Chartres. Toutefois, il intercale çà et là, dans la liste, qui le compose des discours aux moines et plusieurs morceaux hétérogènes qui n'avaient pas dû faire partie du système original. Pour trouver un exemplaire mieux ordonné, il faut aller jusqu'au *Mazarineus* 2482 du XIII° siècle. Ici, les discours aux moines figurent toujours, mais ils sont rejetés à la fin en une série unique, beaucoup plus complète, à la suite de laquelle figure, en troisième et dernière ligne, une liste d'œuvres appartenant aux Pères de Lérins. L'homogénéité, la bonne ordonnance des parties dont est formé ce *codex* et sa pureté absolue de tout mélange étranger en font un type d'une valeur exceptionnelle, dont l'original doit être cherché du côté

---

1. *Sermones S. Aug. appendix*, patrol., t. 39.

d'Arles. En défalquant les premiers numéros, qui sont les mêmes que dans le *codex* de Laon, on trouve ainsi 12 nouveaux discours à ajouter à la précédente liste : 89, 303, 276, 305, 314, 307, 299, 283, 286, 142, 78, 173.

Si on ajoute un manuscrit de la bibliothèque royale, donnant, dans un ordre un peu différent, 14 des discours énumérés ci-dessus, édités à part par Baluze, on connaît les trois seuls représentants un peu complexes des recueils de sermons que Césaire s'est plu à envoyer aux quatre coins de la Gaule. En dehors d'eux, les manuscrits ne fournissent plus sous le nom de s. Césaire que des fragments de recueils ou des morceaux isolés. C'est ainsi que les cinq numéros 77, 69, 56, 141, 83, sont donnés par un manuscrit de Corbie du IXe siècle (Paris, 13396, fol. 82) ; que plusieurs autres, tels que 116, 262, sont certifiés respectivement par un manuscrit de Saint-Germain-des-Prés remontant au VIIIe siècle (Paris, 14086, f. 108, V°), et par les manuscrits 16352 et 17415 de notre Bibliothèque nationale. On nous dispensera de pousser la revue plus loin.

Voilà donc 44 sermons dont l'authenticité est certifiée rigoureusement : 56, 68, 69, 77, 78, 83, 89, 104, 116, 141, 142, 173, 256-264, 266, 269, 272-277, 284-283, 286, 288, 296, 299, 301, 303, 305, 307, 308, 309, 313, 314.

La somme est assez mince pour un homme zélé qui avait fait de la prédication parlée et écrite, pendant un épiscopat de quarante ans, un de ses principaux sujets d'étude. Il est à remarquer que plusieurs groupes importants spécifiés par la biographie y sont absents ou faiblement représentés. Tels sont, parmi les sermons de morale rentrant dans le genre des *Admonitions*, ceux contre la luxure, contre les augures, les calendes de janvier et les autres rites païens, ainsi que la plupart des sermons appropriés aux fêtes et aux circonstances locales, qui devaient être en assez grand nombre[1]. Tel est encore, en dehors des *Admonitions*, le groupe des homélies sur les sens allégoriques de l'Ancien Testament[2]. C'est par la comparaison du style avec les sermons certifiés par la paléographie qu'on a réussi à dégager la plupart des morceaux ayant appartenu à ces dernières catégories des recueils où ils s'étaient placés sous des noms d'emprunt. Parmi les mille causes qui ont pu contribuer à les démarquer, il en est deux qui ont agi en grand : le procédé de composition suivi par l'auteur, et la méthode qui a présidé à leur classement dans les recueils. La part de l'invention personnelle est en général assez restreinte dans les œuvres oratoires de s. Cé-

---

1. *Vita Cæsar.*, l. I, 42.
2. *Ib.* lib. I, 40-41 et Serm. 299, appendice de s. August.

saire. Elles tirent toutes leur inspiration d'ailleurs, les unes plus, les autres moins. C'est par le choix et la disposition des matériaux empruntés que l'auteur leur a imprimé son cachet. Il en est même un assez grand nombre où son travail se réduit à élaguer le modèle dont il se sert et à lui adapter un exorde et une conclusion de sa façon, en prenant pour mesure la dimension de ses sermons ordinaires, qu'il avait pour principe de faire très courts. Non content d'user de cet expédient, il le recommandait instamment aux évêques qu'effrayait le soin de composer eux-mêmes leurs discours [1]. Ce qui le distinguait en cela des plagiaires, c'était son attention à conserver aux orateurs qu'il copiait la paternité de leurs œuvres, à l'aide de notes transcrites en marge ou dans le titre du sermon remanié. Plusieurs titres, même parmi les sermons introduits dans les *Libri Cæsarii*, portent la trace de cette louable préoccupation [2]. C'est par là que s. Augustin est rentré en possession du bien considérable que Césaire, qui se plaisait d'ailleurs à l'avouer [3], lui avait emprunté. C'est par un phénomène du même genre qu'un certain nombre de sermons, où la main de s. Césaire s'accuse très clairement, sont restés attribués à Fauste, vers qui Césaire fut aussi singulièrement porté par son passé monastique, malgré sa manière de penser différente sur la grâce. Tels sont, dans la patrologie, les discours 110 et 249 de l'appendice de s. Augustin et le nº IV des sermons de Fauste, tous trois transcrits sous le titre : *Admonitiones Sancti Fausti*, dans plusieurs recueils d'une haute antiquité [4]. La retouche de Césaire s'y accuse dans le corps des sermons par plusieurs passages de son style, et dans le titre lui-même par le terme *admonitio*, par la façon de petit prologue qui résume le sujet, d'après le procédé ordinaire de Césaire, et même par l'expression *Sancti Fausti* [5], marque toute personnelle de la vénération que Césaire professait pour cet évêque [6].

Faute d'avoir fait ces remarques, le moderne éditeur des œuvres de Fauste [7] a été induit dans un système erroné.

S. Augustin et Fauste ne sont pas sans doute la seule mine où Césaire soit aller puiser. Mais on peut être certain qu'après qu'on aurait dégagé de la somme des discours sacrés placés sous leur nom,

1. *Vit. Cæsar.*, l. I, 41. V. à notre appendice l'*admonit.* aux évêques.
2. App. s. Aug. S. 260, 269 ; Voir aussi 101, 105.
3. *Vit. Cæs.*, l. II, 33.
4. Manuscrits de Karlsruhe 340 (du 9e s.), Bibl. nat. 14086 fol. 107 verso (8e s.) et 10612 ; Cheltenham 8400 (8e s.).
5. Remarquer la même expression dans sa lettre circulaire contre Contumeliosus.
6. Comparer la note qu'un érudit, Bæumer Katholik., 1887, p. 392, dit avoir lue dans un manuscrit du 8e s. *ex libris Fausti excerpta s. Cesarii*.
7. *Corpus Scriptor eccl.* de Vienne, t. XXI, *Fausti opera*, édit. Engelbrecht. Voyez not. appendice, note A.

encore plus soigneusement que ne l'ont fait les bénédictins, tout ce qui peut y trahir son style à un degré plus ou moins prononcé, son œuvre oratoire serait bien près d'être reconstituée au complet.

La confusion dont une partie de cette œuvre a souffert s'explique encore plus clairement, lorsqu'on suit dans les plus anciens manuscrits la méthode à laquelle ont obéi la plupart des collecteurs de sermons. Ils ne s'occupent guère de collectionner ensemble les œuvres d'un même orateur ; ils ne font pas œuvre d'éditeurs ; la personnalité des auteurs est chez eux tout à fait à l'arrière-plan. Procédant à un point de vue tout utilitaire, ils s'efforcent d'offrir aux prédicateurs de leur temps des modèles de sermons disposés par séries appropriées à certaines circonstances, ou à certains sujets : sermons pour les fêtes, pour les dimanches de l'année, sur l'Ancien Testament etc... Dans ces listes de sermons reliés entre eux par les rubriques: *Item, ejusdem omelia, de eodem* etc., le nom de l'auteur est sujet à tous les risques, et ces derniers sont en raison inverse de la renommée de l'auteur. Sur ce domaine-ci, comme sur d'autres, les plus riches s'enrichissent encore aux dépens des plus pauvres, et s. Augustin obtient à ce titre le bien de maints orateurs qui étaient moins ses débiteurs que s. Césaire. Faut-il s'étonner que celui-ci ait subi en partie le même sort ?

Un des groupements les plus anciens[1] et les plus fréquents dans les collections est celui des Sermons pour les fêtes de l'année, qu'on trouve encore souvent subdivisé en deux sous-groupes, l'un comprenant les fêtes de Noël à Pâques, et l'autre celles de Pâques à Noël. Il remonte à s. Césaire lui-même, dans la vie de qui il est désigné par deux fois[2]. Les cinq discours contenus dans le manuscrit 13396 pourraient bien en être un débris. Le reste de la série a été absorbé presque en totalité dans la suite par les groupements plus compréhensifs, tels que ceux représentés par divers manuscrits de s. Martial de Limoges (Bib. nat. 3785, 3798), où l'on s'est efforcé de faire entrer des discours de toutes sortes d'auteurs ayant trait aux fêtes. S. Césaire a certainement donné le premier l'exemple de ces mélanges, suppléant par des sermons qu'il trouvait tout faits ceux qu'il ne se sentait pas en goût de composer *proprio marte*, sans se mettre en peine de souligner les morceaux ou passages qui étaient de lui. Le manuscrit de Carlsruhe, dont il a été question plus haut, paraît être une copie plus ou moins déflorée d'un travail ainsi préparé pour les fêtes de Noël à Pâques, avec recours à s. Augustin et surtout à Fauste, dont le nom l'a emporté pour cette cause. C'est de ces diverses combinaisons qu'ont été extraits par les

---

1. A preuve le manuscrit 154 d'Orléans (Fleury-s-L. 8ᵉ s.).
2. Lib. I, 15, 42.

bénédictins la plupart des discours de s. Césaire qu'on ne trouve pas dans les *libri Cæsarii*.

Un groupement contemporain du précédent est celui des *Homiliæ quinquaginta*, qui se trouve répété, à quelques différences près, dans un certain nombre d'anciens *codices*. Il est permis d'y voir le premier rudiment des compilations d'homélies pour le dimanche, *homiliæ dominicales*, apparu sous l'influence de l'esprit de s. Césaire, sinon par son œuvre. Ce travail en effet donnait corps à sa maxime, qui était de prêcher tous les dimanches, sans préjudice des jours de fête. C'est lui qui en fournit le fond avec s. Augustin. Enfin, le fait que presque tous les morceaux où l'on reconnaît sa main sont absents de tout autre groupement donnerait à croire qu'ils sont entrés dès leur naissance dans celui-ci. Ces morceaux sont au nombre de 12, dont 10 nouveaux : 53, 101, 105, 111, 252, 253, 270, 271, 300, 315.

Un troisième groupe d'une individualité bien caractérisée est formé dans les manuscrits (*Vatic.* 430, *Mazarin.* 622) par un certain nombre de discours exégétiques sur l'Ancien Testament se terminant invariablement par les sujets d'Élie et d'Élisée, et offrant toujours la même suite entre les nombreux morceaux qui leur sont communs. La part prépondérante que les bénédictins, avec une critique même trop timide, ont assignée à s. Césaire dans ce groupe, montre qu'on a affaire à un recueil formé par lui, et plus ou moins modifié par les apports subséquents, quoique plusieurs des morceaux où se révèle une autre main aient bien pu être intercalés par s. Césaire lui-même.

Comme il est aisé de le voir, le goût de notre saint pour les recueils mélangés serait la principale difficulté à vaincre dans une édition qui s'efforcerait de reproduire ses œuvres dans l'ordre original de leur publication. Notre tâche, comme historien, ne va pas jusqu'à la solution de cette difficulté, et on ne nous demandera que de nous servir de morceaux bien qualifiés par les manuscrits ou par le style. Nous croyons toutefois avoir indiqué la méthode à laquelle un bon éditeur de s. Césaire devra se conformer autant que possible, se donnant pour tâche de nous représenter, autant que possible, les groupements où les discours de s. Césaire sont entrés de meilleure heure, quitte à renvoyer le lecteur, pour les numéros de chaque groupe appartenant à d'autres orateurs, aux éditions respectives.

Nous avons encore à parler d'un dernier groupe qui a eu un objet et une destinée à part. C'est celui des *Sermones ad monachos*. Les discours qui en font partie sont au nombre de dix-huit, publiés dans les manuscrits, tantôt au complet, tantôt en se subdivisant en deux ou trois séries de compréhension et de composition variables. La marque d'auteur subit la même variation, allant de s. Césaire à Fauste ou à son pseudonyme Eusèbe d'Emèse, et quelquefois à s. Eucher, mais certainement par erreur dans ce dernier cas. La certitude est donc partagée entre s. Césaire et Fauste. Cependant, si on accepte l'indication fournie par le plus grand nombre des manuscrits, la probabilité est plus grande pour Césaire. Déjà cette dualité de nom doit donner à penser que, suivant le procédé constaté plus haut pour les autres groupes, les discours de s. Césaire aux moines ont été publiés avec ceux de Fauste. Cette supposition se change en certitude à l'examen des caractères intrinsèques qui distinguent entre eux les 18 morceaux de la collection complète. Un premier repère est donné par le style. Ce n'est pas que tous ou presque tous n'offrent sous ce rapport quelques ressemblances. Etant donné les habitudes de s. Césaire, on doit bien penser qu'ayant connu à Lérins les *Exhortations* adressées par Fauste aux moines de ce monastère, il ne s'est pas fait faute d'y prendre son bien. Si l'on devait qualifier un discours tout entier par un simple passage, il faudrait attribuer à Fauste presque tous ceux qui nous occupent ; car il n'en est pour ainsi dire aucun où l'on ne puisse découvrir une ressemblance textuelle plus ou moins importante avec les sermons placés communément sous le nom de Fauste ou d'Eusèbe [1]. Il faut observer le ton général de chaque morceau pour savoir de qui il est. Si l'on procède de ce point de vue, il est presque impossible de se tromper, tant l'opposition est tranchée entre la gravité imperturbable et souvent froide et monotone de Fauste, et la parole chaude, vive, et tout en mouvement de s. Césaire. Chacun sentira la différence en comparant simplement, par exemple, les discours : *Miror*, etc... ou : *Sanctus ac venerabilis* [2], etc..., que tous les manuscrits sont unanimes à attribuer à s. Césaire, avec les 4 premiers discours aux moines que la patrologie lui prête en dépit de toute critique, après les avoir déjà donnés d'ailleurs aux tomes de Fauste et d'Eucher [3].

Si on passe de la comparaison du style à celle du fond, on observe la même dualité. D'une part, les discours d'un évêque, prononcés au cours d'une visite dans un monastère, ou adressés sous forme épistolaire. Ce sont précisément ceux qui affectent l'allure vive habituelle à s. Césaire. L'autre part, qui est à la fois la plus compacte et la plus

---

1. Comparer les sermons 6-10 de s. Césaire au tom. 67 de Migne avec *Biblioth. maxima SS. Patrum*, t. VI, Euseb. gallic. homil. 4ᵃ de Epiphania, hom. 1ᵃ de quadragesima.

2. *Ib.* t. VIII, p. 844 et 837.

3. S. Colomban, dans ses sermons, Migne, t. 80, col. 283..., en cite des sentences au nom de Fauste.

conforme au style de Fauste, contient l'œuvre d'un abbé parlant à sa communauté, dans une île, ayant l'esprit obsédé des images de la mer qui l'entoure. Ces circonstances réunies ne peuvent convenir qu'à Fauste. Elles excluent et Eucher, comme cela va sans dire, et s. Césaire lui-même, qui a été aussi, il est vrai, abbé dans une île, mais aux environs d'Arles, par conséquent dans une île du Rhône, et pendant trop peu de temps pour avoir pu mettre au jour une somme de discours faisant quelque volume. En pénétrant encore plus à fond dans ces morceaux, on sera frappé de voir que la discipline accusée par eux est en retard sur celle des règles de s. Césaire, notamment en ce qui regarde la stabilité dans le monastère. On remarquera aussi, dans les recommandations adressées aux moines, un sentiment avantageux de l'effort humain qui s'accorde bien avec les opinions connues de Fauste en matière de grâce et de libre arbitre.

Rapprochant ensemble toutes ces remarques, nous n'éprouvons aucun embarras à dire quelle part doit être faite à Césaire dans le groupe des *Sermones ad monachos*.

Voici d'abord les 18 discours, dans l'ordre où les transcrit le manuscrit de la Mazarine dont nous avons fait l'éloge plus haut :

1. *Sicut a nobis* (Patrol., t. 67, *s. Cæsarius*).
2. *Ad locum hunc, charissimi* (id.).
3. *Scimus quidem* (id.).
4. *Fratres charissimi, ad hoc in istum locum convenimus* (id.).
5. *Videte vocationem* (id.).
6. *Sanctus ac venerabilis pater vester religiosa quidem* (M. Bibl. vet. Patrum, t. VI, *Euseb. Gallican.* homil. 18).
7. *Quod supplicante* (Patrol., t. 67).
8. *Instruit nos atque hortatur* (id., t. 58, *Faustus*. Serm. 7).
9. *Qui inter multos* (Patr., t. 50, *Eucher*. homil. 7).
10. *Si quando terræ operarius* (id., h. 8.)
11. *Exhortatur nos* (id., h. 1).
12. *Quid salubritatis* (id., h. 2).
13. *Sanctus ac venerabilis pater vester... ut cum venia dixerim* (M. Bibl., t. VIII).
14. *De decem Virginibus* (append. sermon., *s. Aug.* 228).
15. *Item* (id., s. 76).
16. *Miror fratres* (Bibl. max., VI, *Euseb. G.* hom. 25).
17. *Vereor, venerabiles...* (Patrol., t. 67, *s. Cæs. Epist. II ad Caesariam...* approprié à des moines ds. plusieurs manusc..
18. *Si diligenter attenditis* (Patrol., t. 67, *s. Cæs.* homil. 12).

Nous attribuons à s. Césaire les seuls nᵒˢ 5, 6, 7, 13, 14, 15, 16, 17, 18, c'est-à-dire la moitié du groupe. Peut-être faut-il y ajouter un sermon sur le vœu de religion, exhumé des manuscrits par Barrali [1].

Nous éditons à notre appendice un traité assez curieux, sous le titre d'*Admonitio vel suggestio humilis*, adressé par l'évêque d'Arles à ses confrères, pour leur représenter leurs devoirs en matière de prédication. Nous l'avons découvert dans des notes de D. Ruinart (Bib. nat. 12116 lat., f. 143) pour qui il avait été copié sur un manuscrit de l'abbaye de Longpont dont nous regrettons de n'avoir pu retrouver la trace. Malgré cette lacune, nous n'hésitons pas à admettre la parfaite authenticité de l'*Admonitio* ci-dessus, qui par le style, par la circonlocution polie du début, et par une foule de traits de détails, offre le pur cachet césarien.

Le travail des éditeurs des sermons de s. Augustin a rejeté dans l'ombre et l'*editio princeps* des homélies de s. Césaire parue à Bâle en 1558, et celle de la *Maxima Bibliotheca*, t. 8, basée sur de bons manuscrits, mais incomplète, et les *XIV Homiliæ* publiées par Baluze en 1669. On rapprochera avec fruit de cet excellent travail la dissertation sur s. Césaire publiée par Oudin, dans le *De Scriptoribus ecclesiæ antiquis*, 1722, I, p. 1339 etc..., ainsi que les notes critiques des auteurs de l'*Histoire littéraire*, t. 3, qui ont eu à leur disposition et ont mis à profit les notes recueillies par Oudin [2] pour une édition complète et méthodique des œuvres de notre saint.

Nous devons aussi mentionner 2 actes législatifs qui, sans être émanés de Césaire, ont présidé à son économie temporelle après le concile d'Agde : les canons du concile romain de 502 relatifs à l'inaliénabilité des biens d'église, et l'édit rendu par Théodoric en confirmation de ces canons. Ces actes ont passé des archives de Césaire ds. plusieurs ms. mérovingiens [3].

---

1. *Chronologia Sanctorum insulæ Lerinensis*, Sermo 17 s. Cesarii (p. 313).

2. Nous avons connaissance au dernier moment d'un article de la Revue bénédictine de Maredsous en Belgique, février 1893, où le futur éditeur des œuvres de s. Césaire, Dom Morin, nous révèle, avec son nom, une partie de sa méthode (*Mes principes et ma méthode pour la future édition de s. Césaire*). En constatant avec plaisir que nous sommes en complète communauté d'idées avec l'auteur sur les points touchés par son article, nous lui signalons en passant la correspondance du titre du curieux prologue de sermonnaire césarien, *Prologus sive humilis suggestio*, que nous le remercions de nous faire connaître, avec celui du morceau que nous éditons à notre appendice, *Admonitio vel suggestio humilis*. Une autre satisfaction que nous offre ce *Prologus* est de confirmer nos conjectures sur le Recueil des Admonitions relatives aux fêtes.

3. A. preuve : 1º la jonction des concil. de Symmaq. avec sa décret. à Cés. *Hortatur* ds. le *Paris*. 1564 ; 2º celle de l'éd. de Théod. avec les canons de 502 ds. le *Cologne* 212 et le *Vat.-Pal*. 574. Cf. Maassen, pp. 610, 583, 585.

⁎
⁎ ⁎

Une critique consciencieuse de nos sources est le premier progrès que nous croyons avoir réalisé sur quelques Vies de s. Césaire déjà publiées. Sous ce rapport, même la dernière parue de ces Vies [1], qui est en même temps la moins défectueuse, prête encore beaucoup à redire. Le peu de critique qu'on y rencontre, intercalée d'une façon peu intéressante à travers le récit même, n'est d'ailleurs que de la critique d'emprunt, extraite d'ouvrages d'ensemble, et que l'auteur n'a pas pris la peine de refaire personnellement. Aussi commet-il, là où les travaux consultés par lui se trompent ou se taisent, des erreurs qui ne sauraient toutes s'excuser. On pardonne par exemple à un compilateur comme Migne d'avoir pu confondre les *homiliæ ad monachos* de s. Césaire et celles de Fauste ; à un historien universel comme Guizot, d'avoir faussement attribué à s. Césaire tel sermon sur Pâques ; mais transférées dans une monographie [2], de pareilles confusions témoignent une médiocre étude du sujet. On ne fera pas un crime à l'auteur d'avoir cru à la lettre du pape Anastase à Clovis ou à la conférence supposée de Lyon, qui en ont si longtemps imposé à la critique ; mais l'accueil fait par lui à des pièces d'une autorité aussi caduque que le privilège de Symmaque à s. Remi, et que la lettre de Messien à l'évêque Viventius, ou à certaines légendes de basse date sur les origines de l'église d'Arles [3], dénote une critique trop peu défiante. Pour ne trouver chez nous aucune allusion aux faits relatés par de tels documents, le lecteur curieux seulement de ce qui est authentique n'y perdra rien.

Nous croyons donc avoir fait un meilleur choix des sources. Nous croyons aussi en avoir fait un meilleur usage pour la connaissance et l'exposition du sujet.

Le long épiscopat de s. Césaire offre plus qu'un intérêt purement épisodique, tel qu'on peut l'attendre du spectacle d'un évêque et d'un coin de la Gaule catholique placés temporairement sous un gouvernement barbare et arien. Occupant l'intervalle de deux grandes périodes historiques, entre les temps gallo-romains qu'il finit et les temps mérovingiens et le moyen âge qu'il commence, il concentre presque tout l'intérêt politique et religieux de cette époque. A quel point l'Église gallo-romaine, près de passer à l'état d'Église nationale, en était-elle arrivée de son développement ? Comment la transition s'est-elle opérée de l'un à l'autre état. Quelle action la présence des barbares a-t-elle pu avoir

---

1. *Histoire de s. Césaire*, par l'abbé Villevieille. Aix, 1884.
2. Id., p. 67 à 71 et p. 284.
3. P. 178, 188, 80, etc.

sur son caractère et sa destinée ? Quel empire elle-même, à ce moment des plus critiques pour la société, exerçait-elle sur les âmes, nous voulons dire, non seulement sur le clergé et sur les monastères, mais sur les masses populaires ? Rien ne renseigne mieux sur ces questions que l'histoire de l'église d'Arles sous le gouvernement de s. Césaire.

Traversée en effet pendant ce temps par trois dominations barbares successives, cette église a été affectée par tout ce qui s'est passé d'important dans la politique. Au point de vue religieux, elle exerçait depuis un siècle sur le midi de la Gaule une influence de primatie que la haute valeur personnelle de s. Césaire sut, non seulement conserver au milieu de toutes les vicissitudes extérieures, mais encore porter à son plus haut degré et insinuer par toute la Gaule. La vie de cet éminent personnage forme ainsi un nœud important de l'histoire générale de l'Église de Gaule.

Retracer cette vie avec toute l'ampleur qu'elle mérite, en restant précis et véridique, est un but que l'historien ne peut espérer atteindre qu'en travaillant sur les actes mêmes de s. Césaire, rapprochés à la fois des actes contemporains de l'Église de Gaule en général, et, plus particulièrement, des actes antérieurs de la province ecclésiastique d'Arles. Le dernier historien de s. Césaire n'a pas non plus rempli cette seconde partie de sa tâche d'une façon suffisante. Son amplification, affectée d'une tendance oratoire dont ne se défient pas assez les écrivains ecclésiastiques, est, comme sa critique, toute faite d'emprunts, et non sur les meilleurs ouvrages. Il traite d'après les premières thèses venues les sujets les plus importants, tels que la primatie d'Arles (p. 181, etc.), et ne nous fait pas grâce de thèses oiseuses et puériles, comme la discussion sur les deux Eucher, ou la controverse sur le semipélagianisme de s. Césaire (p. 210, 222). Par contre, sur les principales œuvres de son héros, sur ses conciles, sur ses sermons, rien qui dépasse les proportions d'une simple notice. En outre de ce procédé de composition superficiel, plusieurs faits mal datés et ainsi ôtés de leur milieu historique, comme c'est le cas pour le bréviaire d'Alaric et pour la décrétale de Félix IV, d'autres où la suite des événements a été mal observée, l'assemblée de Marseille par exemple, et d'autres inadvertances assez nombreuses montrent que, chez l'auteur de cette vie de s. Césaire, le désir de gagner du temps a été plus fort que celui de faire une œuvre définitive. Nous avons compris autrement notre devoir d'historien. Soucieux avant tout d'être exacts et de mériter le crédit que nous demandons au lecteur, nous n'avons pas été seulement d'un choix sévère à l'égard des ouvrages appelés par nous en témoignage; nous nous sommes rendus, en ce qui concerne l'histoire personnelle de s. Césaire, complètement indépendants des ouvrages de troisième main, et ne nous en sommes fiés qu'aux documents eux-mêmes, nous guidant parmi eux au fil qu'un maître éminent, pour lequel nous ne saurions témoigner trop hautement notre reconnaissance, Monsieur l'abbé Duchesne, a bien voulu nous tendre d'une main amicale.

Dans la disposition des matières, nous avons rejeté soigneusement hors du corps de la narration tout ce qui appartient à la critique, sauf pour les *Statuts*, document dont la discussion se lie étroitement au caractère de son auteur. L'ordre que nous avons suivi est en général l'ordre chronologique des faits. Nous avons cru devoir renvoyer à l'avant-dernier chapitre l'étude des sermons de s. Césaire, qui ont occupé sa vie entière. Pour le chapitre des règles monastiques, que nous avons placé en dernier lieu, nous pourrions alléguer une raison semblable, la Règle des religieuses, qui est la principale, ayant subi jusqu'au dernier moment les retouches de son auteur [1]. Mais nous avons surtout cherché un effet de perspective. A la décadence des mœurs publiques dans l'Eglise, constatée par les sermons, il nous a paru intéressant d'opposer la contemplation des monastères, dernier refuge de la parfaite vie chrétienne.

1. Rédigée dans sa dernière forme *Paulino Consule* (534); *ante aliquot annos* (*ante mortem Cæsarii*), dit la vie.

Paris, 15 mai 1894.

BIBLIOGRAPHIE

OUVRAGES ANCIENS ET COLLECTIONS

Agathias. — *Histoire* en 5 livres ; *patrologie grecque*, t. 88.
Ampère (J. J). — *Histoire littéraire de la France avant le XIIe siècle.* Paris, 1839.
Avit (St). — *OEuvres*, dans **Mon. Germ. Histor.**, *Auctores antiq.*, VI ; et ds. Migne, t. 59.
Baronius. — *Annales ecclésiastiques*, annot. par Pagi, t. 8 et 9.
Barrali. — *Chronologia Lerinensis.* Paris, 1613, in-4.
Bibliotheca (Maxima-) *Veterum Patrum.* Lyon, 1677, t. 6 et 8.
Bollandistes. — *Acta Sanctorum.* (St Césaire, 27 août ; Ste Césarie, 12 janv...)
Bouquet (Dom). — *Recueil des historiens de la France*, t. 2-4.
Cassiodore. — *OEuvres*, ds. Migne, t. 69.
— *Variae*, édit. Mommsen ds. M. G. H. *Auctor.*, XII. (*Synodes* de Symmaq. ibid.).
— *Chronique*, id. XI, p. 2.
Ceillier (Dom). — *Histoire générale des auteurs sacrés et ecclésiastiques.* Paris, 1738, t. 16.
Chronica gallica. — ds. M. G. H., *Auctor.*, IX, p. 1.
Code Théodosien et ***Loi romaine des Wisigoths****,* éd. Haenel. Leipsick, 1846.
Cointe (Le). — *Annales eccles. Francorum.* Paris, 1665, t. 1.
Conciles. — *Collections générales* de Labbe, Hardouin, Mansi.
— *Conciles des Gaules*, édit. Sirmond.
— *Conciles de l'époque mérovingienne*, éd. Maassen, ds. M. G. H., *Legum sect.* III.
Cosmographie de l'anonyme de Ravenne*,* édit. Pinder et Parthey, Berlin, 1860 ; édit. Desjardins, t. 4 de la *Géographie de la Gaule romaine*, p. 203 etc.
Edits de *Théodoric le Grand*, édit. Bluhme ds. M. G. H., *Leg. sect.* V (in-fol.).
Ennodius (Magnus Félix). — *OEuvres*, éd. Hartel ds. le *Corpus Script. eccl.* de Vienne, t. 6 ; éd. Vogel, ds. M. G. H., *Auct. antiq.*, VII.
Epistolae merowingici aevi. — Ds. M. G. H., *Epist.*, t. 3.
Fauste de Riez. — *OEuvres*, édit. Engelbrecht dans la coll. de Vienne, t. 2 ; édit. des *épit.* par Krusch à la suite de Sidoine, ds. M. G. H. ; *Auct.*, VIII.
Frédégaire. — *Chronique* et *Histoire abrég.*, édit. Krusch, ds. les M. G. H., *Script. rer. meroving.*, t. 2.
Gallia Christiana*,* t. 1 (pour la province d'Arles), et passim.
Grégoire de Tours. — *OEuvres*, édit. Arndt et Krusch, ds. M. G. H., *Script. rerum meroving.*, t. 1 ; édit. Migne, t. 71.
Histoire littéraire de la France par les Bénédictins de St-Maur ; édit. Paulin Paris, t. 3 et 4.
Holstenius. — *Codex regularum.* Paris, 1664.
Isidore. — *Histoire des Wisigoths*, ds. Migne, t. 83, p. 1057, etc., et ds. M. G. H., *Auctor.*, XI, p. 2.

Jaffé. — *Regesta SS. Pontificum*, t. 1. Leipsick, 1885, in-4.
Jordanes. — *Histoire des Goths*, éd. Mommsen, ds. M. G. H., *Auct. Antiq.*, V.
Loi *Gombette*, ds. M. G. H., *Leg. sect. I*, t. 2, p. 1.
Mabillon. — *Acta sanctorum ordinis S. Benedicti*, t. 1 et 2.
— *Annales Ordinis S. Benedicti*, t. 1.
Marius d'Avenches. — *Chronique*, ds. Migne, t. 72; ds. M. G. H., *Auctor.*, XI.
Marténe et **Durand.** — *Thesaurus anecdotorum*. Paris, 1717, t. 1, p. 1-5.
Migne. — *Patrologie latine* (1).
Oudin. — *De Scriptoribus ecclesiæ antiquis*. Leipsick, 1722.
Orose. — *Histoires* en sept livres, dans la coll. de Vienne, t. 5; ds. Migne, t. 31.
Pardessus. — *Diplomata*, 2 vol. in-fol. Paris, 1843-49.
Pomère. — *De vita contemplativa*, ds. Migne, t. 59.
Procope. — *Histoire*, en huit livres.
Prosper d'Aquitaine. — *Œuvres*, ds. Migne, t. 51.
— *Chronique*, ib. p. 535-607.
Prosper Tiro. — *Chronique*, ib., p. 859-868, et M. G. H., *Auctor.*, IX, p. 1.
Rurice de Limoges. — *Epitres*, éd. Engelbrecht, ds. la coll. de Vienne, t. 21. édit. Krusch, ds. M. G. H., *Auct.*, tome de Sidoine; éd. Migne, t. 58, p. 67 et suiv.
Salvien. — *Œuvres*, ds. M. G. H., *Auct.*, I; ds. Migne, t. 53.
Saxi (Pierre). — *Pontificium Arelatense*. Aix, 1629, in-4.
Sidoine Apollinaire. — *Œuvres*, ds. M. G. H., *Auct.*, VIII; ds. Migne, t. 59.
Thiel. — *Epistolæ romanor. Pontificum.*, t. 1. Brunsberg, 1868, in-8.
Thomassin (Père). — *Ancienne et nouvelle discipline de l'Eglise*, 3 vol., in-fol. Paris, 1745.

OUVRAGES ET TRAVAUX CONTEMPORAINS

Alliez (abbé). — *Histoire du monastère de Lérins*, 2 vol. in-8. Paris, 1861-63.
Aschbach. — *Geschichte d. Westgothen*. Francfort, 1827, in-8.
Benech. — *La lex romana Wisigothorum* (ds. Mélanges de droit et d'histoire, 1857).
Benoît (Dom). — *Histoire de l'abbaye de S.-Claude*, 3 vol. in-8. Paris, 1890-1891.
Binding. — *D. burg. roman. Königreich*. Leipsick, 1868, 2 vol. in-8.
Brunner. — *Deutsche Rechtsgeschichte* (ds. Manuel pour la connaissance du dr. all., t. 2, Leipsick, 1888).
Caspari. — *Kirchenhistorische Anecdota*. Christiana, 1883.
Chaix (abbé). — *S. Sidoine Apollinaire et son siècle*. Clermont-Ferrand, 1867.
Charaux. — *S. Avit, évêque de Vienne, sa vie, ses œuvres*. Mont-de-Marsan, 1877, in-8.
Cucheval. — *S. Avit* (discussion de ses œuvres), thèse latine. Paris, 1863.
Dahn (Félix). — *D. Könige d. Germanen*, t. 2 et 6 (all.). Leipsick, 1885, in-8.
— *Urgeschichte d. rom. u. german. Vælker* (ds. collection d'Oncken), Berlin, 1881.

(1) Les auteurs latins seront cités d'après Migne, sauf indication contraire.

Deltuf. — *Théodoric roi des Ostrogoths et d'Italie.* Paris, 1869, in-8.
Desjardins (Ern.). — *Géographie de la Gaule romaine*, 4 vol. gr. in-8. Paris, 1876-1893.
Drapeyron. — *Histoire de la Burgondie* (thèse latine). 1869.
Duchesne (abbé). — *Le Liber pontificalis*, in-4. Paris, 1884-90.
— *Origines du culte chrétien* ; in-8, 1889.
— *Fastes épiscopaux de l'ancienne Gaule*, 1er vol. (provinces Sud-Est), 1893.
— *Sur Ennodius* (articles ds. *Revue de Philologie*, 1883, VII, p. 78).
Du Roure. — *Histoire de Théodoric le Grand*. Paris, 1846, 2 vol. in-8.
Ebert. — *Histoire générale de la littérature du moyen âge en Occident* (trad. de l'all. par Joseph Aymeric et James Condamin). Paris, 1883-1889, 3 vol. in-8.
Engelbrecht. — *Studien üb. d. Schriften d. Bischofs v. Reii Faustus*. Vienne, 1889.
Esmein. — *Du mariage en droit canonique*. Paris, 1890, in-8.
— *Mélanges d'histoire, de droit et de critique*. Ibid., 1886, in-8.
Fauriel. — *Histoire de la Gaule méridionale sous les conquérants germains.* Paris, 1836, t. 1.
Fertig. — *Magnus Félix Ennodius u. seine Zeit.* Passau, 1855, in-4.
Flach (Jacq.). — *Origines de l'ancienne France*. Paris, 1886, t. 1.
Fustel de Coulanges. — *Histoire des institutions politiques de l'ancienne France.* Paris, 1877, 2 vol. in-8.
Garollo Gottardo. — *Teodorico, re dei Goti* (ds. *Gazzetta d'Italia*. Florence, 1879, p. 13-278).
Gasquet. — *Etudes byzantines*. Paris, 1888, in-8.
Gaudenzi. — *Editti di Teodorico e d'Atalarico*. Bologne, 1884.
— Autres trav. sur Théod. ds. *Zeitschrift Savigny-Stift*, 1886.
Gide (Paul). — *Etude sur la condition privée de la femme*, 2e édition avec notes par Esmein. Paris, 1885.
Guizot. — *Histoire de la civilisation en France*, t. 1.
Gundlach. — *Der Streit d. Bisthümer Arles u. Vienne um d. Primatus Galliarum* (ds. *Neues Archiv*. t. 14 et 15).
Goux (abbé). — *Lérins au Ve siècle*, thèse, 1854.
Hasenstab. — *Studien zu Ennodius*. Munich, 1890.
Hauck. — *Kirchengeschichte Deutschlands*, I. Leipsick, 1887.
Havet (Julien). — *Questions mérovingiennes*, Bibliothèque de l'Ecole des Chartes, 1885.
— *Les Chartes de S.-Calais* ; ibid., t. 48, 1887.
— *Du partage des terres entre Romains et barbares chez les Burgondes et les Wisigoths*, ds. *Revue historiq.*, 1887.
Héfélé. — *Histoire des Conciles*, trad. de l'all. p. l'abbé Delarc. Paris, 1869-78.
Jahn. — *Geschichte d. Burgondionen*. Halle, 1876, 2 vol. in-8.
Junghans. — *Histoire critique des règnes de Childéric et de Chlodovech*, trad. de l'all. par Gabriel Monod. Paris, 1879.
Lahargou (abbé). — *L'école de Lérins* (thèse latine), 1892.
Le Blant. — *Inscriptions chrétiennes de la Gaule*. Paris, 1856-65. — Nouveau recueil..., 1892.
Lehuérou. — *Histoire des institutions mérovingiennes* ; 1 vol. in-8. Paris, 1842.
Lippert (Woldemar). — *Die Verfasserschaft d. Canonen gallisch. Concilien.* (ds. *N. Archiv.*, t. 14).
Longnon. — *Géographie de la Gaule au VIe siècle*. Paris, 1878.

Lœning. — *Geschichte d. deutschen Kirchenrechts* ; 2 vol. in-8. Strasbourg, 1878.
Maassen. — *Geschichte d. Quellen d. canon. Rechts*. Gratz, 1870.
Manso. — *Geschichte d. ostgoth. Reiches in Italien*. Breslau, 1824.
Meyer von Knonau. — Sur l'histoire des Alamans (all., ds. *Anzeiger für schweizerische Geschichte*, X, 1889).
Mommsen (Th.). — *Ostgothische Studien*. ds. *Neues Archiv*. t. 14 et 15.
Monod (Gabriel). — *Bibliographie historique de la France*.
— *Collaboration de Radegonde avec Fortunat* (ds. *Revue historiq.*, 1889).
Nisard (Charles). — *Ste Radegonde, Fortunat et l'Abbesse Agnès*, ds. *Comptes rendus de l'Acad. Inscript. et B. L.*, 1889, p. 30-49.
Noris. — *Historia pelagiana*. Padoue, 1673.
Ozanam. — *Les Germains et le christianisme*, 1er vol. des *Etudes germaniques*. Paris, 1847.
Palmann. — Sur Libère, ds. *Gesch. d. Vœlkerwanderung*, t. 2. Gotha-Weimar, 1863-1864.
Pétigny. — *Etude sur l'histoire, les lois et les institutions de l'époque mérovingienne*. Paris, 1843-1844.
Quicherat. — *Le privilège de s. Germain évêque de Paris*, ds. Biblioth. de l'Ecole des Chartes, t. 26.
Reiprich. — *Zur Gesch. d. ostgoth. Reiches in Italien*. Gross-Strelitz, 1885, in-8.
Rettberg. — *Kirchengesch. Deutschlands*. Gœttingue, 1848, in-8.
Revillout. — *De l'arianisme des peuples germaniques*. Paris, 1849-1850, in-8.
Savigny. — *Histoire du droit romain au moyen âge*, trad. de l'all. par Guenoux. Paris, 1839, t. I.
Tanzi. — Sur la chronologie d'Ennodius (en ital.), ds. *Archeographo triestino*, t. 15.
Tardif (Adolphe). — *Histoire des sources du droit français*. Paris, 1890, in-8.
Thierry (Améd.). — *Récits de l'histoire romaine au Ve siècle*, 5e édit., en 1876. Paris, Didier.
Trichaud (Chanoine). — *Histoire de la sainte Église d'Arles*. Aix, 4 vol. in-8, 1864.
Valentin-Smith. — *La loi Gombette*; reproduction des manuscrits. Paris, 1889.
Vic (Dom de) et **Vaissette** (Dom). — *Histoire générale du Languedoc*. Nouv. édit. 1873-1877.
Villevieille (abbé). — *Histoire de s. Césaire, évêque d'Arles*. Aix, 1884, in-8.
Wattenbach. — *Deustchlands Geschichtsquellen*, 5e éd.; Berlin, 1885, 2 vol. in-8.

ERRATA

P. X, lig. 27,	au lieu de	d'Arles,	lisez..	d'Arlue.
P. 4, *l.* 4 *av. dern.*	»	deux ans écoulés,	»	consacrés.
P. 23, *l.* 18,	»	Grégoire	»	Grégorie.
P. 31, *l.* 21,	»	écoles presbytériales,	»	presbytérales.
P. 48, l. 9,	»	Licinius,	»	Licinianus.
—, *l.* 19,	»	Quoiqu'il en soit,	»	Quoi qu'il en soit.
P. 58, *l.* 6,	»	l'usage romano-africain,	»	l'usage romain.
P. 64, *not.* 2,	»	les Hercules,	»	les Hérules.
P. 89, *l.* 9 *av. dern.*	»	suivies d'application,	»	suivies d'effet.
P. 93, *l. dern.*	»	force fut pour ceux,	»	f. fut à ceux.
P. 119, *l.* 20,	»	a. 502,	»	a. 501, fin.
P. 129, *l.* 19,	»	en 527,	»	en 528, 3 fév.
P. 162, *l.* 6 *av. dern.*	»	en 533,	»	en 535.
P. 272, *l.* 18,	»	vers 460,	»	peu avant 460.
P. 276, *not.* 2,	»	Césaire à Radegonde,	»	Césarie à R.
P. 284, *l.* 4,	»	Vigile,	»	Virgile.
P. 304, *l. av. dern.*	»	mundi ullis negociis,	»	mundialis negocii.

SAINT CÉSAIRE

ÉVÊQUE D'ARLES (513-543)

CHAPITRE PREMIER

COMMENCEMENTS DE CÉSAIRE. — SON STAGE A LÉRINS (470-71 à 490-91)

Sur l'enfance et sur la jeunesse de Césaire jusqu'à son entrée au monastère de Lérins, les biographes ne nous disent presque rien. Le futur évêque d'Arles est né dans la seconde moitié de l'an 470, ou dans la première de l'an 471[1], de parents « dont la foi et les vertus chrétiennes étaient la principale noblesse ». Ils habitaient le territoire de Chalon, ancien *castrum* ou centre militaire dépendant autrefois de la cité d'Autun, mais qui unissait depuis peu de temps les droits de municipe à l'honneur d'être siège d'évêque. Ils comptaient sans doute parmi les *possessores* de la circonscription territoriale dont Chalon était le centre, peut-être avec rang curial. A la faveur de l'aisance moyenne dont ils jouissaient, le petit Césaire satisfaisait déjà à sa compassion innée pour les pauvres d'une façon généreuse, qui le poussait quelquefois jusqu'à se dépouiller pour eux de ses vêtements, mais ne l'exemptait pas des petites supercheries auxquelles cet âge est enclin ; car lorsque ses parents lui demandaient raison de l'absence de ses vêtements, il affirmait d'un ton assuré qu'un passant les lui avait enlevés, sans réfléchir qu'il chargeait d'un crime noir ceux qu'il venait d'obliger. Bien qu'imparfait, ce premier trait de caractère du jeune Césaire est touchant, et il gagne un charme particulier à être rapproché de certaines homélies de l'évêque d'Arles : « Je vous en prie, mes frères, que chacun fasse son possible pour ne pas venir à l'église les mains vides. Que celui qui le peut apporte du neuf pour vêtir les pauvres ; sinon, qu'on apporte du moins les vêtements usés. Pour moi, je m'accuse et me fais un reproche de ce qu'il est arrivé quelquefois par ma négligence que mes

---

1. Nous établirons l'année de sa mort en 543, un an plus tard qu'il n'est communément admis. C'est déjà la date supputée avant nous par Oudin.

étoffes ont été mangées par les teignes, alors que j'aurais dû les donner aux pauvres, et je crains beaucoup que ces mêmes pièces d'étoffe ne soient produites en témoignage contre moi au jour du jugement [1]. »

Nous trouvons ensuite Césaire, à l'âge de dix-huit ans, aux pieds de l'évêque Silvestre, suppliant avec instance le chef de l'église « de l'arracher aux liens de sa famille et de son patrimoine ». Si l'on prend au mot Césaire lui-même dans son épître à l'abbesse Oratorie, son entrée en cléricature ne se fit point par une de ces déterminations doucement nourries dans le secret du cœur, et qui semblent le dénouement aisé d'une jeunesse sans passions. Rappelant à cette religieuse, qui était une parente ou une amie de sa famille, l'affection qu'elle lui avait vouée sans le connaître, alors qu'elle était déjà à cette époque retirée dans un monastère, il reconnaît avec humilité qu'il en était peu digne, car qu'était-il alors ? « un jeune homme de peu d'espérances, qui marchait sans réflexion dans le chemin des plaisirs, semé d'écueils, et qui courait aveuglément au précipice en voulant se procurer la félicité mondaine ». Au moment d'abjurer ces erreurs du jeune âge, le sentiment de ses obligations patrimoniales semble l'avoir inquiété, comme pouvant faire obstacle à sa vocation, soit qu'il fût l'aîné ou qu'il fût l'unique héritier mâle d'une de ces familles *de possessores* à la perpétuité desquelles les lois de l'empire avaient conspiré avec l'instinct des parents. Car si l'on met à part le devoir particulier de perpétuer le nom et le patrimoine de la famille en qualité d'aîné ou d'unique héritier, la condition de fils de famille n'avait rien d'incompatible avec la vocation à laquelle le jeune Césaire désirait se consacrer ; il lui était permis d'aspirer même aux Ordres majeurs du clergé sans avoir à s'imposer aucune espèce de renoncement, ni à sa part de patrimoine, ni même au travail de la terre, qui était resté jusqu'alors l'occupation par excellence du clergé. Les images rustiques qui remplissent ses discours nous reflètent sans doute les impressions de sa jeunesse. Nous verrons autour de lui, à Arles, sa sœur Césarie, dont il fit la première abbesse de son monastère de filles ; deux neveux, Tétradius qu'il fit abbé, et un autre, membre de son clergé, qui lui suscitera un grave désagrément ; peut-être Césarie la jeune, qui succéda à l'ancienne, fut-elle aussi sa parente. Son testament montre qu'il laissa dans le pays de Chalon d'autres parents assez nombreux et assez proches pour occuper tout son héritage. Ces indications sont trop vagues pour faire deviner la condition exacte du jeune aspirant clerc vis-à-vis des siens. Mais les difficultés qu'il avait appréhendées de ce côté ne se produisirent point, et l'évêque n'eut aucun délai à imposer à la sainte impatience du

---

1. Appendice des sermons de s. Augustin, 142.

jeune homme, pour lui conférer les marques de la cléricature : elles consistaient à porter les cheveux courts et un costume distinctif, mis depuis peu en honneur, par les évêques moines de ce siècle, dans le clergé des diocèses gallicans. Les parents de Césaire se résignèrent sans peine à cette initiation, qui n'empêchait pas le jeune clerc de vivre au milieu et sous l'œil affectueux des siens, en dehors des heures réservées à son office ; car c'est seulement au siècle suivant que l'idée de saint Augustin, de former tous les clercs en communauté dans la mission épiscopale, fut imitée partiellement par les évêques de la Gaule. Quant aux lois d'empire qui avaient réglé la condition des personnes vis-à-vis de la propriété, à supposer que quelqu'une d'elles ait pu obliger le jeune Césaire à se réserver, par exemple, pour les charges de la curie, c'était là une de ces lois, entre autres, dont il ne pouvait plus guère être question depuis l'occupation du pays par les Burgondes.

Il y avait plus de trente ans que ces anciens auxiliaires des Romains, lassés de leur rôle de simples gardiens, à la solde de Rome, d'abord du Rhin en Alsace, puis du Rhône en Savoie, avaient débordé de ce dernier séjour sur les provinces du Rhône moyen et de la Saône[1] (457), puis sur tout le pays de la Durance au Rhin. Doux par caractère entre tous les Germains, ils avaient été favorisés dans leur établissement par le vœu des populations, qui n'avaient pas hésité, devant la perspective d'être allégés du poids écrasant des exigences du fisc[2], à abandonner à ces *hôtes militaires*, comme elles les appelaient, ici la moitié, ailleurs les deux tiers du bien-fonds sénatorial avec le tiers des esclaves. Leurs princes, gratifiés par les empereurs eux-mêmes de dignités romaines octroyées plus ou moins bénévolement, ceux-ci disparus, semblaient les maîtres légitimes. La religion des habitants n'eut pas à essuyer la plus petite offense de l'arianisme des conquérants, qui n'était ni universel, ni sectaire, étant chez eux peu enraciné. Catholiques sur les bords du Rhin par déférence pour les Romains[3], ils s'étaient faits ariens sur les bords du Rhône par camaraderie pour leurs nouveaux voisins les Wisigoths[4]. Malgré cette malencontreuse conversion, Chilpéric l'ancien, au règne duquel Césaire rattachait les années de son enfance, gardait chez les hommes d'église un renom de bienveillance, si on n'est pas en droit de dire plus, qui a longtemps égaré les yeux de l'histoire sur son neveu du même nom, le catholique père de notre

---

1. Marius d'Avench., « Joanne et Varana coss. ». — Frédégaire, Chron. II, 46.
2. Leur attente a dû être trompée, au moins un peu plus tard, si, comme il est probable, les rois burgondes ont eu sur ce point les mêmes exigences que les autres barbares.
3. Orose, VII, 32. — Socrate, VII, 30.
4. *Gothicæ legis videbantur esse cultores* (*Passio sancti Sigismundi*).

Clotilde. Quant au drame de famille qui fit succomber le second Chilpéric sous son frère Gondebaud, il n'avait eu aucun contre-coup sur les catholiques romains ; car ce dernier prince, qui régnait à cette heure avec une épouse catholique sur l'universalité des Burgondes, s'attachait de tout son pouvoir à faire vivre ses nationaux et leurs hôtes dans un parfait esprit d'égalité politique et de tolérance religieuse. Césaire ne put voir Clotilde au milieu des hommes de cour du roi de Soissons qui vinrent pour recevoir des mains de son oncle la fiancée de leur maître[1]. Mais il n'est pas sans intérêt de voir leurs deux destinées, qui vont ramener l'unité religieuse de la Gaule, commencer aux mêmes lieux et dans le même temps. Plus tard, devenu évêque, Césaire paraît avoir gardé un assez bon souvenir de ces géants de sept pieds[2] aux yeux bleus et doux, qui ne repoussaient leurs hôtes que par l'odeur de l'ail dont ils étaient friands et du beurre rance dont ils graissaient leur longue chevelure. Il souffrira pour eux persécution.

Rien ne manquait au jeune clerc de ce qui pouvait le soutenir dans les vertus de son état. Il n'avait qu'à lever les yeux sur son évêque pour reconnaître l'idéal qu'il devait s'efforcer de réaliser en avançant dans la carrière cléricale. La sainteté de Silvestre, le troisième évêque de Chalon dont le nom nous soit connu, a laissé dans son église un souvenir pieux qui a mérité l'attention de Grégoire de Tours[3]. Cet historien raconte que l'on vénérait de son temps, dans la sacristie de Chalon, le lit, fait de cordes entrelacées, sur lequel le saint pontife avait coutume de se livrer au sommeil, et il assure que sa mère avait obtenu la guérison d'une jeune fille par le simple toucher d'une parcelle de ces cordes qu'elle avait réussi à se procurer. Il devait être donné à Sylvestre, qui a vécu assez longtemps pour assister aux conciles burgondes d'Epaone et de Lyon, et dont le pontificat a duré quarante-deux ans, d'être témoin de la haute destinée de Césaire ; mais il ne lui fut pas donné de la former. Car après deux ans à peine écoulés au service de l'église de Chalon, le jeune homme se crut appelé à consommer sa rupture avec le monde, et chercha des yeux le cloître où il pourrait se faire moine de la façon la plus conforme à ses désirs d'un complet détachement des choses terrestres.

Les monastères illustres par leur régularité ne manquaient pas autour de Chalon. La discipline du grand abbé Cassien, transplantée à Ainay, y florissait dans tout son éclat. Le Jura avait les monastères

---

1. Frédégaire. H. F. *epit.*, c. 18.
2. Sidoine, Carm. 12 « *Septipes Burgundio* ».
3. *De glor. Conf.* c. 85.

des saints Romain et Lupicin[1], dont la renommée attirait à de grandes distances les âmes assoiffées des enseignements de la vie parfaite. Mais Césaire céda à la puissance du charme que Lérins exerçait alors d'un bout à l'autre de la Gaule, et que ce monastère tenait du souvenir de ses grands hommes disparus, du renom de ses fortes études et de sa règle, et aussi de l'isolement absolu qu'offrait aux âmes vivement pénétrées sa situation en pleine mer, loin de tous les bruits du monde. Lorsqu'il eut donc arrêté sa résolution dans son esprit, il ne dit point adieu à sa mère, qui est seule mentionnée à ce moment par les biographes, peut-être parce qu'elle était veuve ; mais il s'enfuit secrètement avec un seul serviteur, et s'étant hâté de mettre la Saône entre la route qu'il se proposait de suivre et les hommes dépêchés après lui par sa mère, il réussit à atteindre Lérins. Il y fit entrer avec lui son serviteur, devenu son frère en religion : c'est la seule part qu'il ait eu sur les biens de son patrimoine.

Le monastère de Lérins, sous le débonnaire gouvernement de l'abbé Porcaire, jouissait paisiblement de la gloire dont il avait hérité des Honorat et autres grands abbés et moines qui avaient anobli ce lieu, sans paraître se préoccuper outre mesure d'en accroître le patrimoine. Depuis que le dernier survivant d'entre eux, Fauste, venait de mourir évêque de Riez, on ne se montrait plus « ces fils que Lérins élevait afin de donner des pères aux églises ». Néanmoins, l'énergie de foi et de volonté qui amenait Césaire allait se montrer capable de dissiper autour de lui les influences relâchées qui marquaient le commencement de la décadence, et jeter encore sur Lérins une dernière vive lueur.

Cette petite île de Saint-Honorat, dont la plaine plus longue que large semble se dissimuler à dessein, à qui la regarde de Cannes, derrière la haute Sainte-Marguerite, était alors dans des conditions plus favorables que de nos jours pour la vie érémitique. La côte ensoleillée qui ouvre, en face des deux îles, ses anses fleuries à une mer d'un azur resplendissant n'était pas alors le rendez-vous d'hiver des étrangers. Les solitaires n'avaient donc pas à craindre les excursions des mondains, et ils n'avaient pas été obligés de s'enfermer par des murs, comme ces religieux dont les cloîtres se présentent aujourd'hui vers la haute mer du côté du soleil levant. En long et en large, la petite solitude s'ouvrait à eux jusqu'à la mer, offrant cette aimable variété qui répondait au labeur de leurs bras et favorisait le recueillement de la pensée.

---

1. Sidoine, lettres, IV, 25.

Dans ce désert qu'ils avaient transformé en éden, Césaire était heureux sans doute de retrouver encore les agréments signalés par les l'Eucher[1] et les Hilaire : la source d'eau douce qui sortait en bruissant du milieu de l'île, le parterre de gazon avec les fleurs odorantes qui l'émaillaient, la vigne même, dont le feuillage tranchait gracieusement sur un reste sauvage des buissons d'autrefois[2]. Mais une impression beaucoup plus vive se dégageait pour lui du souvenir des grands anciens qui avaient peuplé ces lieux. Dans l'admiration dont il envisageait leurs œuvres et leurs vertus, la petite plaine insulaire lui semblait prendre des proportions considérables, et son imagination l'égalait sans peine aux massifs de montagnes qui apparaissaient au delà du golfe[3]. « O heureuse île de Lérins, s'écriera-t-il en la revoyant plus tard, toute petite et toute unie que tu es, tu as cependant produit des montagnes innombrables qui se sont élevées jusqu'au ciel. » Tels lui paraissaient ses grands aînés de Lérins. Il s'excitait donc à s'égaler lui-même à eux. Doué d'un goût passionné pour la lecture, que favorisait d'ailleurs la règle du monastère, il cherchait à retrouver leur esprit dans leurs ouvrages, et, quelquefois, leur langage lui était éloquemment interprété par la belle nature qui s'étalait autour de lui. C'est ainsi qu'entré en contemplation devant le calme absolu de la mer, il entendait plus clairement la voix du grave Fauste[4], l'invitant à mettre son âme en harmonie avec ce qu'il voyait. « Car à quoi lui servait-il d'habiter en ce lieu silencieux, s'il souffrait au dedans de lui-même la tourmente des passions ? La tranquillité serait-elle au dehors, et la tempête au dedans ? Serait-ce la peine d'avoir quitté le monde qui était là-bas au loin, pour en tenir les affections renfermées en soi-même ? » D'autres fois, à la mer qui s'agitait en tempête, opposant le calme du monastère : « Cette mer, lui disait le Maître, c'était le monde ; le monastère, c'était le port. Que devait se proposer le vrai moine ? de fixer son ancre à jamais dans le port. Retournerait-il dans le monde ? ces roches, contre lesquelles la mer se brisait là-bas, étaient l'image des écueils contre lesquels le moine inconstant dans sa voie était assuré de se briser. »

Les Instructions écrites pour les moines de Lérins par cet ancien abbé Fauste, qui avait longtemps dirigé le monastère par le double ministère de la parole et de l'autorité, s'appropriaient d'une façon toute spéciale, par leur fond moral et ascétique, à la formation du novice et du moine.

---

1. *De laude eremi.* Migne, t. 50.
2. *Sermo de sancto Honorato,* id.
3. Bibliot. Maxima, VIII, hom. 25 *Cæsarii.*
4. Serm. *Sicut a nobis,* et aussi : *Euseb. homil. 4 de Epiph.* ds. Bibl. max., t. 6. Voyez à nos *Sources,* p. XV et suiv.

C'est pourquoi elles étaient recommandées à l'attention des novices et des jeunes frères entre tous les monuments de la science ecclésiastique rédigés dans l'île. Porté par les instincts les plus impérieux de son cœur aux études de spiritualité, Césaire fit de ces morceaux sa lecture de prédilection et se pénétra profondément de leur esprit. Sans s'effrayer du ton un peu trop sententieux de Fauste, il aimait ce guide des moines pour la sagesse de ses vues morales, où le bon et le mauvais côté, les avantages et les dangers de la vie monastique étaient opposés l'un à l'autre, tantôt dans une déduction suivie et serrée, tantôt avec le relief et la concision de la maxime. Aussi y faisait-il une ample provision de remarques qui laisseront plus tard une forte empreinte dans ses instructions de la même classe et dans ses règles monastiques, car on les reconnaît sans peine d'un bout à l'autre de ses discours et de ses épitres à ses religieuses ou aux moines, plus ou moins transformées par sa vivacité et sa familiarité naturelles, quand elles ne sont pas rapportées dans des termes identiques. Quant à ses règles, elles ne sont autre chose, sauf ce qui est entré de saint Augustin dans la règle des religieuses, que le fond des Instructions de Fauste, distribué en articles distincts, et revêtu d'une sanction plus stricte.

Le Maître amenait d'abord son disciple à se bien pénétrer de la vie monastique, à laquelle il s'était senti appelé [1]. « Le monastère était le lieu le plus propice pour s'avancer dans la perfection ; mais c'était le premier endroit pour se damner, si l'on n'y entrait pour y vivre de la vie parfaite. Mieux valait un chrétien d'une vertu ordinaire dans le siècle, qu'un moine vicieux ou d'une conduite relâchée dans le cloître. »

Fauste enseignait ensuite au novice le moyen d'acquérir cette perfection si essentielle au moine ; c'était de se combattre sans cesse[2]. « Le monastère ne devait pas être considéré comme un lieu de repos, où l'on pût s'endormir dans la paix, mais comme un camp, où l'on devait s'exercer sans relâche aux combats spirituels. Car on avait affaire à un ennemi d'autant plus à craindre qu'on l'avait au dedans de soi ; on pouvait le vaincre, jamais l'amener à composition. »

Convaincu de ces vérités par ce qu'il ressentait en lui-même, Césaire avait l'œil toujours ouvert sur les mouvements de son propre cœur ; il les suivait un à un, et, chaque soir, il pratiquait fidèlement la méthode de l'examen de conscience, qu'il trouvait enseignée dans les Instructions, et que lui-même aimera plus tard à recommander aux religieux

---

1. Migne, t. 50. *Euchar. Exhortatio ad monachos*, passim ; et : *Euseb. hom. 4 de epip.*, ci-dessus.
2. Serm. *Ad locum hunc.* V. nos *Sources*, p. XV etc.

qu'il instruira[1]. « Voyons, se disait-il, si j'ai passé cette journée sans péché, sans céder à l'envie, sans médisance et sans colère. Voyons si j'ai fait aujourd'hui quelque chose pour mon avancement spirituel ou pour l'édification de mes frères. Je crois aujourd'hui avoir scandalisé tel de mes frères par étourderie, avoir désobéi à mon ancien, avoir menti, m'être parjuré, avoir succombé à la colère ou à la gourmandise. J'ai ri, j'ai mangé et bu, j'ai dormi et je me suis écouté plus qu'il ne convenait. Qui me rendra cette journée que j'ai consommée en vains propos ? »

Non moins attentif envers la conscience de ses frères qu'envers la sienne propre, et convaincu par l'heureux sens de son esprit comme par les leçons de Fauste que la bonne harmonie entre frères et la modestie de la conversation sont le meilleur soutien de la vie en commun, jamais il n'eut à se reprocher d'avoir été pour quelqu'un un sujet de malédification. Rien ne tempérait à ses yeux la rigueur de la règle monastique comme la charité entre frères ; la joie d'édifier les autres était pour lui un encouragement à pratiquer la vertu. Non qu'il fût d'un naturel tranquille et doux. Il y avait au contraire dans sa volonté un fond d'énergie qui le provoquait à des mouvements fréquents de promptitude ; mais ces derniers étaient vite réprimés, et la bonne grâce avec laquelle il reconnaissait ses torts les lui faisait aussitôt pardonner. Aussi, ayant plus tard à enseigner aux autres le devoir de la charité fraternelle, il saura faire la part des mouvements échappés à la vivacité du caractère, défendant de les punir trop sévèrement, et ménageant les peines les plus fortes pour ceux qui refusaient d'accorder un pardon sincèrement sollicité.

Une classe de frères, pour lesquels son guide spirituel lui avait inspiré un profond éloignement, c'étaient ces esprits rebelles, uniquement complaisants pour eux-mêmes, toujours mécontents des autres et toujours prêts à la critique contre leurs supérieurs et contre les frères qui donnaient l'exemple de la régularité. Ils étaient à ses yeux, comme à ceux de Fauste, le dissolvant le plus actif des communautés. Il ne savait mieux les comparer qu'à ces mers agitées et troublées, qu'il avait vues quelquefois balancer les navires sur leurs ancres ; « ainsi », pensait-il, « ces mauvais frères ébranlent la tranquillité des autres, et en soufflant un vent d'orgueil, les poussent hors du port et cherchent à les entraîner dans leur naufrage. »

Le Maître de Lérins lui apprenait aussi à aimer le monastère où il avait fait profession[2] « comme l'oiseau aime son nid, et comme la bête

---

1. Serm. *Videte*. Id.
2. Serm. *Instruit nos*. Id.

sauvage aime le lieu où elle gîte ». Il le mettait en garde contre les petites négligences répétées, et contre ces impatiences, ces résistances à l'autorité et à la règle, qui, bien que vénielles, s'aggravent par la fréquence, et finissent par laisser au fond du cœur, avec le dégoût du monastère, un vague désir de briser ses liens et de retourner dans le monde. « On prenait d'abord pour prétexte l'espoir de se sanctifier plus aisément ailleurs, en se promettant de rester fidèle à son vœu monastique. Mais c'était courir à sa perte aussi infailliblement que si un nautonnier quittait le port où il se trouve en sûreté pour aller se jeter au milieu d'une mer en tempête. » Instruit à la fois par la raison et par l'image de ce danger sur la démonstration duquel ses lectures appuyaient à dessein, Césaire s'attachait à son cher Lérins avec d'autant plus d'énergie que les inconvénients de le quitter lui apparaissaient plus clairement. Il s'étonnait, à la vue de ces inconvénients, que les maîtres de la vie monastique n'eussent pas encore rendu la stabilité de rigueur dans les monastères. Sa règle montrera plus tard combien il était pénétré de la nécessité d'établir sur ce point une obligation plus stricte.

De toutes ces impressions puisées à ses lectures et développées par la réflexion, le nouveau disciple de Fauste s'était formé une conception de la vie monastique où la gravité, la circonspection, la fidélité scrupuleuse au devoir n'entraient pas seules. Il s'y joignait aussi une grande part de contentement et une vraie gaieté intérieure. Car en regard des écueils si nombreux de la vocation monastique et du jugement terrible qui attendait les moines infidèles à leur premier vœu, le maître prenait soin de montrer à celui qu'il instruisait la douceur qui accompagne ici-bas l'accomplissement du devoir, et de faire briller à ses yeux le bonheur qui en serait la récompense dans un monde meilleur. Alors la gravité de ses maximes s'interrompait pour laisser entendre une invitation à la paix et à la joie. L'absence de ce sentiment lui semblait même offensante pour Dieu ; il comparait volontiers celui qui servait Dieu sans joie et avec contrainte à un serviteur qui prendrait à l'égard de son maître l'attitude d'un mécontent. Césaire s'excitait donc, à la fin de ses méditations les plus sérieuses, à une grande gaîté de cœur, ce qui lui était d'autant plus facile qu'il avait, ses œuvres oratoires le prouvent, l'humeur ouverte à toutes les impressions riantes. Dégagé de tous liens avec ses parents et avec le monde, débarrassé de son héritage par une renonciation entière et spontanée, libre de tout souci extérieur, Césaire était vraiment heureux de son sort. Là est la source de cette vive allégresse qui éclate dans ses Instructions et ses règles monastiques. Toutefois, on ne le vit jamais excessif dans la gaîté. Ce rire qui détire les traits du visage, et qui semble maîtriser notre volonté, lui parut toujours, ainsi qu'à Fauste, incompatible avec l'empire que le moine doit toujours conserver sur soi-même. Mais sa réserve n'allait point sans doute en cela, comme on est porté à se représenter Fauste au ton général de ses discours, jusqu'à la sévérité ou à la froideur. Quand on lit saint Césaire, on se le figure avec ce sourire bienveillant et contenu qui est le signe d'une âme, non seulement maîtresse d'elle-même, mais remplie de sérénité et de douceur.

Un commerce aussi assidu avec le sentencieux maître de Lérins imprimait à Césaire une tendance d'esprit dirigée exclusivement vers la recherche de la vérité et de la vertu. Ressentant pour la liturgie de Lérins une estime et une affection qui l'engageront plus tard à l'introduire dans ses monastères, il n'était cependant pas homme à se bercer comme Eucher « dans la mélodie des voix s'élevant en chœur au-dessus du silence de la mer ». Il concevait une harmonie bien supérieure à celle des sons, c'était celle que Fauste voulait qu'on observât, celle à laquelle il s'efforcera lui-même d'initier les fidèles arlésiens : « Lorsque vous psalmodiez, ne soyez pas occupés seulement de la douceur des voix, mais aussi du sens de ce qui est chanté, et de même que le son harmonieux des chants chatouille vos oreilles, ainsi il est nécessaire que la signification des paroles soit douce à vos cœurs. Que notre vie s'accorde avec notre langue. Que chacun de vous, en psalmodiant le verset où il est dit : « Que les superbes soient confondus ! », s'efforce d'éviter l'orgueil et de ne pas mériter la confusion éternelle. Quand nous disons, « Vous perdrez, Seigneur, ceux qui se rendent coupables d'adultère envers vous », efforçons-nous d'éviter toutes les mauvaises concupiscences[1], etc... »

Devenu profès, Césaire ne tarda pas, par la sagesse et l'entière possession de soi-même dont il donnait des signes non équivoques, non seulement à s'égaler aux anciens, mais aussi à paraître un des plus capables de remplir les premières charges du monastère. Celle de cellerier étant venue à vaquer lui fut confiée par l'abbé Porcaire, du consentement des Anciens. C'est au cellerier que revenait le soin de pourvoir aux besoins matériels du monastère et au traitement des malades, et de recevoir les étrangers de passage ou à demeure dans le monastère. On doit croire que l'abbé Porcaire, en choisissant Césaire pour ces fonctions, s'inspira des traditions de charité et d'hospitalité que saint Honorat avait mises en honneur à Lérins. Césaire fit dans cette

---

1. Bibl. max., t. 6 : *Eusebii gallic. hom*, 44. — App. de saint Augustin, S. 224.

occasion l'apprentissage du ministère de charité qui devait être son titre le plus populaire à la vénération de l'église d'Arles. Les infirmes et les malades éveillèrent surtout en lui une tendre sollicitude qui nous est manifestée d'une façon touchante par sa règle pour les religieuses.

Mais les égards que les personnes placées dans ces conjonctures particulières obtinrent de lui ne préjudicièrent point à la fermeté qui appartenait à l'exercice général de sa charge, et les moines qui, sans motif raisonnable, réclamèrent des passe-droits contre le règlement, trouvèrent un cellerier qui n'entendait pas laisser fléchir la discipline. « Ceux qui avaient quelque besoin, il les contraignait de force d'accepter lors même que, par esprit de mortification, ils s'abstenaient de demander ; ceux qu'il savait n'avoir besoin de rien avaient beau demander, il ne voulait rien leur donner. » Impérieux dans l'offre comme dans le refus, tel apparaît Césaire ; c'est un nouveau trait de caractère avec lequel l'évêque d'Arles nous rendra plus familiers.

Dans ce mélange de bonté et de fermeté, ce fut la dernière qui fit seule impression alors sur les moines. Ils ne tardèrent pas à murmurer, puis à réclamer ouvertement contre un régime de sévérité auquel ils n'étaient plus habitués. Mais ce fut en vain. Le redressement de leurs griefs ne devait pas être obtenu par la condescendance de Césaire, soutenu par le sentiment invincible de la responsabilité attachée à sa charge[1]. « S'il y a quelqu'un à qui ma conduite puisse déplaire », aura-t-il coutume de dire lorsque son devoir l'exposera à provoquer le mécontentement, « qu'il considère mon propre péril. Si j'use de sévérité, c'est parce que je connais le compte que j'aurai à rendre au tribunal du Juge éternel. Je dois craindre que tous ceux pour lesquels j'aurai eu une fausse complaisance ne plaident contre moi, lorsqu'ils seront appelés en jugement devant le Christ. Je ne me sens ni assez de mérites pour prendre sur moi les péchés des autres, ni assez d'éloquence pour contredire, devant un Juge si puissant, tant de si grands saints qui ont fixé les règles de la discipline chrétienne. » A ceux de Lérins qui se plaignaient que les soins matériels leur fussent mesurés avec trop de parcimonie, il pouvait opposer en particulier ce passage d'une instruction de Fauste[2] : « Un moine doit fixer pour limite de ses désirs le nécessaire, et ne pas vouloir ce qui flatte la convoitise. On ne vient pas au monastère pour désirer tout avoir à sa discrétion, et il ne sert de rien d'avoir renoncé à ses biens propres, si on ne se détache aussi de la convoitise de tous les autres biens. »

---

1. V. la circulaire au sujet de *Contumeliosus*, et Serm. 249, 299, 301, etc.
2. Serm. *Ad hoc ad istum locum*. V. nos *Sources*, p. XV, etc.

Porcaire cependant, assiégé par les réclamations de ses religieux, ne crut pas devoir résister, et finit par changer son cellerier trop exact. Peut-être, en cela, n'eut-il pas tout à fait tort. Peut-être le jeune cellerier avait-il méconnu trop absolument l'art, qui s'acquiert surtout par l'expérience, de procéder avec ménagement à la réforme des habitudes contractées, de graduer la sévérité selon les cas et les personnes, d'atténuer les refus par la douceur des paroles et des manières, et ne se défiait-il pas assez de la propension des natures énergiques à se prendre elles-mêmes pour mesure de ce qu'elles peuvent exiger des autres. Quoiqu'il en soit, le fait seul qu'il ait pu se produire à Lérins, contre un préposé un peu trop zélé, une opposition assez forte pour obtenir sa révocation, est un indice non douteux que ce monastère avait déjà beaucoup dégénéré de son ancienne discipline et de sa première ferveur. Nous aurons plus loin occasion de déplorer sa décadence dans un autre domaine.

L'ancien cellerier, rentré dans le rang, n'éprouva, à propos de la disgrâce qui venait de lui être infligée, d'autre sentiment que la joie de pouvoir suivre plus librement et plus entièrement ses plus chers goûts. Prier, veiller et lire furent les occupations entre lesquelles se partagea toute sa vie dans la petite cellule qui lui fut attribuée à l'écart de la communauté. Car dans cette solitude si bien délimitée par la mer, chaque frère qui le désirait, et qui était jugé assez avancé dans la perfection pour ce nouveau genre de vie, pouvait se former un petit ermitage séparé du groupe des religieux, auxquels il ne se trouvait plus mêlé que pour la récitation commune de l'office, et passait ainsi, sans sortir de l'île, du régime de la Trappe à celui de la Chartreuse. Césaire n'abusa de la liberté que lui procurait l'isolement de la cellule que contre sa santé, en se livrant à un excès de macérations, usant, par exemple, pour toute nourriture, d'herbe bouillie, qu'il se préparait le dimanche pour la semaine entière. Sa santé ne résista pas longtemps à ce régime, qui tenait plus des exemples des Pères du désert que des traditions admises à Lérins, et qui paraît se ressentir de lectures toutes différentes de celle de Fauste. Car ce dernier avait paru, dans ses Instructions, attacher peu d'importance aux mortifications corporelles. Il avait prescrit, sans doute, que le moine ne donnât pas à son corps au delà du nécessaire, mais il n'avait rien dit qui pût donner lieu d'envisager les austérités corporelles comme une des conditions essentielles de la perfection monastique, et il n'en avait parlé, au contraire, que pour les mettre bien au-dessous des mortifications toutes spirituelles de l'amour-propre. Les excès auxquels Césaire se laissa porter dans les pratiques de l'ascèse doivent s'être inspirés à des livres d'un ascétisme moins discret, plus enflammé, d'une force au-dessus de l'ordinaire, tels que ceux où Cassien, Sulpice Sévère, Palladius, exaltaient les exploits des héros du monachisme. Ecrits en partie pour Lérins, ceux de Cassien ont certainement passé sous ses yeux, et ils lui ont laissé pour leur auteur une estime qui s'est révélée quelques années plus tard. Lorsqu'il eut projeté, à peine nommé évêque d'Arles, d'ouvrir aux portes de cette ville un grand monastère de femmes, c'est à l'école de Cassien, dans le monastère de femmes fondé à Marseille par l'illustre abbé, qu'il prescrivit à sa sœur Césarie d'aller se former au métier d'une bonne abbesse. Mais il n'est si admirable panégyriste, même de la vertu, qui n'ait été entraîné quelquefois, dans la chaleur de la louange, hors de l'exacte proportion. En voulant suivre trop à la lettre les exemples de la vie abstinente et presque immatérielle que Cassien ou Sulpice Sévère prêtaient à certains ascètes, Césaire fit à Lérins la regrettable expérience d'un fait brutal que ces graves écrivains avaient eux-mêmes observé, non sans le tourner à dérision, à savoir, que les estomacs des Gaulois étaient incapables des prouesses d'abstinence accomplies par les jeûneurs des solitudes d'Orient. L'état de santé du jeune moine devint assez alarmant pour que l'abbé Porcaire prît le parti de lui imposer un changement de résidence que rendait nécessaire, outre les intempéries propres au climat d'une toute petite île, l'éloignement de tout médecin; car la facilité de recours aux hommes de l'art avait compté très peu dans les calculs des fondateurs de l'ascétisme. C'est ainsi que Césaire fut envoyé à Arles. Il ne devait reparaître à Lérins que comme hôte et avec le titre d'évêque métropolitain. Ajoutons, à la louange de son caractère, que les contrariétés de nature diverse, dont son séjour en ce lieu avait été accompagné, ne voilèrent d'aucune ombre le souvenir des heures de quiétude et d'abandon confraternel qu'il se rappela toute sa vie y avoir coulées. Les discours qu'il y a prononcés[1] à l'occasion de plusieurs de ses visites respirent, envers l'abbé, une déférence qui rappelle celle de son prédécesseur saint Hilaire, contraignant l'abbé Fauste à prendre la première place en sa présence; ils témoignent, envers la communauté, tout le respect dû à l'antique renommée de Lérins.

1. Bibl. max., t. 8, hom. 18,25. Dans celle-ci, Césaire rappelle à ses auditeurs qu'il a été un des leurs « non parvo spatio »; nous croyons l'interpréter d'une façon approchée en plaçant son départ vers 496. La *vita Cæsarii* ne permet pas de remonter plus haut; car elle nous dit que Césaire fut ordonné diacre dès son arrivée à Arles; il avait donc au moins 25 ans.

CHAPITRE II

CÉSAIRE A ARLES (VERS 496). — COMMENCEMENTS DE SON ÉPISCOPAT.

Parvenu à destination, le solitaire de Lérins se trouvait jeté dans le mouvement d'une ville qui était à la fois grand port de mer, premier centre commercial et civil de tout le pays ayant appartenu autrefois à l'ancienne Province romaine, et première métropole ecclésiastique de la Gaule. Il y rencontrait, sous un ciel assez doux, un ensemble de séductions qui faisaient chez lui une puissante diversion à la contrainte et à l'uniformité du cloître, et, en même temps, une intensité de vie religieuse qui devait le protéger contre l'entraînement d'une grande agglomération urbaine.

Non que cette ville, qui avait passé depuis une vingtaine d'années[1], avec tout le pays compris au sud de la Durance, sous la domination des rois Wisigoths de Toulouse, fût restée dans des conditions aussi propices que celles qui avaient fait sa fortune pendant les derniers temps de l'empire. A l'influence puissante et pacifique d'une cour de préfet impérial, qui avait fait d'elle le foyer politique, commercial et religieux de toute la Gaule, avait succédé une administration barbare qui, si elle permettait volontiers les relations avec l'Italie dominée alors par un peuple de même race, les Ostrogoths, ne voyait pas du même œil celles que la ville pouvait continuer avec les provinces du Rhône que possédaient les Burgondes, ou avec celles d'au delà. Néanmoins, grâce à la bonne intelligence scellée par la mission du saint évêque de Pavie Epiphane (a. 494) entre Gondebaud et les chefs des deux grandes familles gothiques[2], continuaient de se rencontrer, dans le port formé à l'embran-

---

1. Jahn, II, p. 210, not. 2, se prononce pour l'an 476 ; le fait était accompli sûrement en 480.
2. La façon dont les relations de Théodoric avec Gondebaud sont définies dans les lettres d'Ennode et dans son panégyrique de Théoderic : *pax solidata, pax diuturna, Burgundio fœderibus obsecutus*, etc..., et dans les lettres de Théodoric (à Alaric, à Gondebaud, Var. III. 1, 2), contredit l'existence d'une première guerre antérieure à celle de 508-510, que Jahn admet encore (II.210..), après Binding. Cet auteur se fonde à tort sur les mêmes lettres d'Ennode, qu'il date trop tôt et interprète mal, sur le colloque de Lyon, aujourd'hui reconnu faux, et sur le témoignage de Procope, qui antidate par

chement du fameux canal de Marius à la mer avec le fleuve et épanché par plusieurs bassins vers l'une et l'autre rives[1], les deux courants commerciaux qui avaient été si intenses sous la domination impériale. Là, maints gros voiliers de l'ostrogothe Italie ou de la wisigothe Hispanie, venus par le canal, se croisaient encore avec les radeaux sur lesquels les riverains burgondes du Rhône, de la Saône ou de la Durance envoyaient leurs produits. Par le pont antique que protégeait en amont la forteresse d'Ugernum, ou par le pont de bateaux qui réunissait en aval, près du Palais de Constantin, la haute cité de la rive gauche à son faubourg moderne de la Camargue, sur la rive droite[2], les commerçants de la Narbonnaise et de l'Aquitaine soumise aux Wisigoths venaient se rencontrer, sous les portiques du forum arlésien, avec ceux venus de la Burgondie ou même de l'Italie. Il en fut ainsi jusqu'en l'an 500 où Gondebaud trahi, dans une guerre contre Clovis, par son frère Godégisèle, attira dans sa fuite l'armée des Francs jusque sous les murs d'Avignon. Mais leur querelle s'accommoda sans avoir de contre-coup immédiat en dedans des frontières d'Alaric.

Le mouvement ecclésiastique extérieur avait décru d'une façon beaucoup plus sensible dans la ville, et l'on n'y remarquait plus les allées et venues des évêques et des hommes d'église en instance auprès du Préfet, ou en visite chez le métropolitain, Vicaire et intermédiaire du Saint-Siège. Mais la dévotion locale qui ombrageait depuis deux siècles le tombeau du saint martyr Genès, fortifiée par la présence successive sur le siège d'Arles de deux membres insignes de Lérins, saint Honorat et saint Hilaire, puisait même un aliment nouveau dans la rivalité de l'église arienne, installée à demeure pour le service religieux de la garnison et du personnel goth. Arles, enfin, n'avait pas cessé d'être le modèle des églises par la distinction de son clergé, le grand nombre des ses associations cléricales ou monastiques, et par le dévouement de ses fidèles aux fondations d'hospitalité et de charité catholiques.

Entre ces dernières, il y en avait une qui était connue entre toutes les autres des pèlerins de tous pays et des habitants de Lérins en particulier. Elle avait pour soutien deux fidèles de race et de fortune sénatoriales, Firminus et la veuve Grégorie, sa proche parente. Ce fut là que Césaire vint demander l'hospitalité au nom de l'abbé Porcaire. L'accueil qu'il y reçut fut digne de la haute estime qu'on avait conservée à Arles

erreur l'intervention de Théodoric dans la deuxième guerre franco-burgonde (523-4). Qu'Alaric ait été en tiers dans ce bon accord, c'est ce qui résulte du rôle même que Jahn lui fait jouer avec fondement entre Clovis et Gondebaud, en 500, et de la correspondance de Théodoric avec ce dernier (Cassiod. *Var.*, III, 2).

(1) « Pande, duplex Arelate, tuos, blanda hospita, portus » (Auson. *Ordo urbium nobil.*).
(2) V. le Miracle de s. Genès, Bolland., août, V, p. 131.

pour tout ce qui venait de Lérins. Les grandes vocations qui se manifestaient dans la population arlésienne continuaient de s'orienter vers Lérins, comme vers le pôle de la perfection monastique ; les jeunes nobles allaient de préférence s'y faire oublier du monde [1]. De leur côté, les moines de Lérins étaient à Arles comme chez eux ; ils y venaient au moindre prétexte soit pour leur santé, soit même sans autre but que d'y rencontrer des parents qui désiraient les revoir. Tout cela se passait avec la permission de l'abbé, aux yeux duquel Arles était, après le monastère, le lieu le plus favorable à la préservation des religieux.

Firminus et Grégorie alliaient à la piété la moins contestable un goût de la belle littérature qui fait honneur à leur jugement. Croyant trouver chez leur nouvel hôte un terrain propice à la culture de ce goût, et désirant sans doute le rendre aussi digne des anciens de Lérins par les dons de l'esprit qu'il semblait l'être par sa piété, ils le mirent à l'école d'un maître dont le nom est le dernier cité d'entre ces rhéteurs, si nombreux encore au temps de Sidoine, qui s'efforçaient vainement, en plein domaine wisigoth ou burgonde, de défendre leurs écoles devenues sans objet, combattant comme pour sauver l'honneur [2]. Celui-ci s'appelait Pomère. C'était un de ces *peregrini* de l'église d'Afrique, que la persécution vandale avait jetés sur le littoral européen de la Méditerranée. Deux de ses compatriotes, Quintien de Rodez et Eugène d'Alby, nous sont connus par Grégoire de Tours pour avoir joué un certain rôle dans l'épiscopat aquitain [3]. Que savons-nous de lui en dehors de ses relations avec Césaire ? Un traité *De la vie contemplative*, écrit à Arles vers le temps où Césaire y commençait son séjour et que nous avons conservé, est attribué par le livre *Des Hommes illustres* d'Isidore (c.25) [4] à un certain Pomère qui avait déjà été admis de son vivant dans le catalogue *Des Écrivains ecclésiastiques* du marseillais Gennadius (c.98) [5] comme auteur d'autres ouvrages aujourd'hui perdus. Nous savons par la notice plus ancienne qu'il était africain et qu'il fut fait prêtre. Cette dernière qualité est la seule dont le biographe de Césaire ne fasse pas mention. Mais si cette omission devait donner raison aux critiques qui distinguent deux Pomères différents, il faudrait aussi en distinguer un troisième, qui est qualifié d'abbé et honoré comme ami d'Eone, le métropolitain alors régnant, dans plusieurs

1. Ennod. *Ep.* lib. VII, 14, à Arcotamie ; édit. Vogel, 319.
2. Voyez dans l'*Hist. littér. de la France*, t. 2, l'étude préliminaire et les pages indiquées par la table aux noms Arles, Bordeaux, Clermont, Lyon, Marseille, Vienne. Au temps de Pomère, l'école de Lyon était continuée par le rhéteur Viventiole (lettre d'Avit, 51).
3. Greg., *H. F.*, II, 3 ; *Vit. PP.*, c. 4 ; *De gl. Martyr.*, c. 57· édit. des M. G. H.
4. Migne, t. 83, col. 1096.
5. Id., t. 58. col. 1117 ; Il est probable que le *De Vita contemplativa* n'avait pas encore été écrit lorsque fut rédigée cette notice.

lettres de l'évêque Rurice de Limoges. La vraisemblance est bien mieux sauvegardée si l'on n'admet qu'un seul Pomère, ami d'Eone, auprès duquel il tint école de Belles-lettres pour les fils de sénateurs et les jeunes clercs, avant de devenir prêtre, puis abbé d'un monastère. Bien que l'auteur du *De vitâ contemplativa* semble démentir cette supposition, lorsqu'il s'excuse quelque part de n'avoir pas été à l'école d'un maître enseignant, « *non ab homine doctore didici* », on se tromperait en interprétant cette marque de feinte modestie, alors de bon ton, comme une preuve qu'il soit resté étranger à toute culture littéraire. Sa prétendue ignorance de la littérature ne l'empêche point d'invoquer les Stoïciens, Cicéron et Virgile, ni de faire parade d'une certaine connaissance du grec. Ajoutons, comme argument décisif ou peu s'en faut, que les traits en apparence différents attribués au rhéteur d'Arles et à l'auteur du *De vitâ contemplativa* se concilient à merveille dans la personne de ce Pomère, arlésien de domicile, que l'évêque de Pavie Ennode[1], originaire de cette même ville, appelle dans une de ses lettres le « nourrisson du Rhône », voulant signifier, en ce fils adoptif de la capitale du Rhône, « la plénitude des lettres grecques et latines, divines et humaines ». A la suite de cette lettre à Pomère, les écrits d'Ennode en donnent une autre adressée à Firminus, le même, autant qu'on peut le conjecturer, que l'ami de Pomère. Car Ennode le traite comme son parent, ce qui nous rapproche d'Arles[2], et l'éloge qu'il fait de sa passion pour les Belles-Lettres convient assez à l'hôte libéral et lettré qui avait mis Césaire à l'école de Pomère. « Vous en qui l'abondance est unie à la pureté, qui avez la période latine et le discours bien conformé, vous voulez chez les autres ce que vous pratiquez[3]. » Tel est l'éloge que lui décerne l'épistolier Cisalpin. Rien ne s'oppose à ce que nous voyions en lui ce Firminus à la curiosité littéraire duquel notre Sidoine a déféré en publiant ses dernières lettres non encore parues[4]. Si les raisons du cœur doivent faire autorité en histoire, on reconnaîtra également le sang de l'hôte de Césaire chez cet autre Firminus qui fut disciple, et plus tard suffragant et biographe du saint homme. On cherchera aussi dans le lien d'hospitalité contracté par Césaire avec la famille d'Ennode l'origine de l'amitié qui lia plus tard l'évêque de Pavie, sa correspondance en renferme un éloquent témoignage[5], avec l'évêque de sa ville natale. La piété, aussi bien que la distinction, était de tradition dans cette famille. Il n'y avait

---

1. Ennode, ép., L. II, 6 (lettre 39 de l'éd. Vogel).
2. Le père d'Ennode s'était lui-même appelé Firminus.
3. Ennode, ép., II, 7 (Vogel, lettre 40).
4. Sid., ép., IX, 1.
5. Ennode, ép., IX, 33 (Vogel, 461).

pas si longtemps que les Arlésiens avaient vu un de leurs concitoyens, à la parenté duquel Ennode se rattache par ses prénoms, Magnus Félix[1], embrasser l'ascétisme, après avoir été l'un des derniers Préfets du prétoire de Gaule, et solliciter par lettres la direction spirituelle de Fauste[2].

Les malheurs de l'invasion et le sentiment qui poussait tous les grands esprits vers les consolations de la religion n'avaient donc pas encore détaché tout à fait les Gallo-romains du soin de conserver la tradition du beau langage latin et du plaisir attaché au culte des Belles-Lettres. En dehors même du point d'honneur, encore si apparent dans la correspondance d'Ennode avec ses proches arlésiens, qui excitait certains patriciens à se hausser à l'éducation séante à leur noblesse, il subsistait encore à Arles, chez des chrétiens d'une piété non équivoque, un goût des lettres assez vif et assez éclairé pour que l'éducation la plus sérieusement imbue leur parût, même chez un homme destiné à la carrière ecclésiastique, ne réaliser point la perfection absolue, s'il y manquait cette culture. Mais un idéal si juste se heurtait déjà depuis quelque temps à un préjugé adverse, à des répugnances dont la force invincible se révèle par l'exemple de Césaire. Le protégé de l'abbé Porcaire s'était prêté d'abord d'assez bonne grâce aux vues de ses bienfaiteurs, si nouvelles pour l'âme d'un plébéien comme lui. Il écoutait les leçons de Pomère et il s'efforçait de les féconder, comme tout bon disciple doit le faire, en lisant les modèles anciens et modernes. Mais au contact de la sagesse mondaine, incarnée dans les œuvres des anciens, et devant les peintures séduisantes qu'ils avaient faites des passions humaines, son cœur se sentit vivement troublé, et une nuit qu'il s'était endormi sur un livre, peut-être sur un Virgile, que son maître lui avait prêté, il crut voir en songe un dragon qui lui mordait le bras avec fureur. Depuis ce moment, il n'ouvrit plus un seul livre de littérature profane.

Cette rupture prématurée avec l'étude des modèles littéraires ne se trahit malheureusement que trop, dans ses œuvres, par une inexpérience absolue de l'art d'écrire, qui empêche de goûter comme il faut toute la saveur originale dont elles sont imprégnées. L'influence de Pomère aurait-elle corrigé suffisamment ce défaut, pour que nous devions regretter qu'il s'y soit soustrait? Ce qu'il est permis d'affirmer, c'est que l'auteur du *De vitâ contemplativa* aurait pu apprendre à Césaire à développer ses pensées avec plus d'ampleur, à leur donner un enchaînement

---

1. Cassiodore, Var., II, 3.
2. Fauste, éd. Engelbrecht, lettre à Félix.

plus rigoureux, à trouver, pour les rendre, des phrases moins informes, des expressions et des tours plus variés. Il professait sur le style[1], et en particulier sur l'éloquence de la chaire, des principes assez judicieux pour ne point demander à son disciple, en retour des qualités qu'il lui eût infusées, de sacrifier la netteté et la vivacité naturelles de son esprit au clinquant de la rhétorique et à la pompe de la périphrase, défauts qui rendent si difficiles la lecture d'Ennode. Sans devenir un des grands modèles de l'éloquence chrétienne, Césaire, en sortant de son école, eût fait encore bonne figure à côté des Hilaire et des Eucher, ses aînés de Lérins, et son apostolat se fût exercé avec un égal bonheur sur les gens instruits et sur les illettrés. Les premiers lui reprochèrent toujours, non sans en avoir sujet, de faire trop peu d'attention aux habitudes qu'ils tenaient de leur éducation, de s'adresser trop exclusivement aux simples et aux ignorants, et de ne jamais parler pour eux. Cela ne les autorisait pas seulement à lui refuser les qualités de l'orateur; mais bien que sa sainteté les remplît d'admiration, les vulgarités qu'ils trouvaient en lui, et qu'il confesse lui-même humblement, devaient la leur rendre moins vénérable et la déparer un peu à leurs yeux.

C'est certainement à Lérins qu'il faut chercher l'origine des scrupules qui se firent jour dans la conscience du disciple de Pomère à l'occasion de ses lectures. On ne saurait bien s'expliquer la terreur religieuse que la seule vue d'un livre profane fut capable d'éveiller en lui, qu'en admettant l'exclusion absolue des œuvres des anciens dans le programme d'études de Lérins. Cette remarque contredit l'opinion, que rien d'ailleurs ne justifie, d'après laquelle Lérins se présenterait dans l'histoire comme un essai remarquable de fusion du monastère avec l'école[2]. Lérins n'a été dès l'origine qu'un monastère, c'est-à-dire, une communauté d'hommes que le besoin de la perfection et l'attrait de la solitude ont réunis dans un site merveilleusement adapté à leur but,

1. Dübner (Nouv. choix des PP. latins, Paris, Lecoffre, 1852, t. I, extr. 22) fait le plus grand cas du style de Pomère.
2. Nous prenons ce terme dans le sens qui n'est pas restreint à l'école monastique, établie pour les enfants offerts au monastère et pour les jeunes frères tels que Césaire. M. l'abbé Lahargou (*de Schola Lerin.*, thèse latine) nous paraît sortir trop facilement du second sens. En parlant des commencements de Lérins, il appuie plus que de raison sur l'exemple des deux fils d'Eucher qui habitait, on le sait, dans l'île voisine. Nous lui reprocherons en outre de s'en tenir un peu trop exclusivement à la *Chronologie de Lérins*, qui n'est qu'une source de second ordre, et qui l'entraîne dans de nombreux anachronismes, spécialement en ce qui concerne Césaire. Ce qu'il dit de la fonction d'écolâtre exercée à Lérins par Césaire, d'après la vie de saint Siffrein, est une mauvaise interprétation; la vie en question fait de saint Césaire un abbé « *ubi præerat sanctus Cæsarius* », ce qui d'ailleurs est faux, entendu de Lérins.

sans mélange d'aucune vue scientifique. Tant qu'il a été donné à cet institut de faire des prosélytes parmi les hommes qui avaient reçu dans le monde une éducation complète, il s'y est rédigé des écrits remarquables, par la forme comme par le ton, dont la gloire a rejailli sur l'institution tout entière. Malheureusement, les auteurs de ces écrits n'ont pas songé à léguer à ceux qui devaient vivre après eux dans leur monastère, avec les monuments de leur science, les méthodes d'éducation et de préparation littéraires par lesquelles ils s'étaient rendus eux-mêmes capables de faire honneur aux lettres chrétiennes. Ils se réunissaient pour les exercices communs de la prière, puis chacun d'eux regagnait sa cellule, pour y vaquer, avec une liberté sagement prévue par la règle, à des lectures et à des travaux isolés. Aussi, eux disparus, la génération qui les remplaça se trouva-t-elle livrée sans contrepoids à la néfaste influence que les malheurs des temps actuels exercèrent sur les études classiques, et au préjugé qui ne tarda pas à se former contre ces études parmi les hommes voués à la religion.

Les scrupules de Césaire au sujet de ce que nous appelons les classiques sont un indice, entre plusieurs autres[1], d'une époque où l'éducation monastique, et par contre-coup, l'éducation cléricale, se retirent du monde, se spécialisent et se confinent dans un programme d'où est exclus tout ce qui n'est pas directement inspiré par la théologie chrétienne. Ce n'est pas seulement l'élément séducteur de l'antiquité païenne qui devient pour l'homme consacré à Dieu un objet d'abomination ; toute étude où l'on se propose seulement de s'initier aux beautés de l'art est mise en contradiction avec la simplicité exigée du moine et du clerc, et tenue pour un vain amusement qu'il faut laisser aux séculiers. On n'attache plus aucun prix au nom de lettré, si cher encore aux écrivains ecclésiastiques de la génération précédente, non seulement à un bel esprit comme Sidoine Apollinaire, mais à un Vincent de Lérins, à un Salvien, aux Eucher, aux Hilaire, qui avaient continué de parler, sous la bure des moines, un langage digne de la toge romaine. Tel est l'empire que ce préjugé prend sur les consciences elles-mêmes qu'un Ennode, considéré pendant quinze ans comme le prince des lettres latines, se convertit de ses travaux littéraires, à la suite d'une maladie[2], comme d'autres se convertissent du péché. Maintenant donc, par l'effet de ce préjugé, une simplicité négligée conforme le parler des hommes d'église au costume, et l'étrange manie de se dire *rusticus*, c'est-à-dire, de passer pour ne parler guère mieux qu'un paysan, hante

---

1. Ennode, Lettre à Camille, IX, 9, ds. Migne; 431 ds. Vogel. — Pomère, passim.
2. Voy. sa *Confession*, édit. Vogel, opuscule 438.

même ceux d'entre eux, comme Ennode ou Pomère, que leurs habitudes passées enchaînent malgré eux à la bonne latinité.

Ce goût manifesté alors par les écrivains ecclésiastiques pour une simplicité outrée et vulgaire avait malheureusement pour excuse la corruption générale du goût public, que le triomphe final des nationalités germaines avait précipitée. Ces dernières, en occupant de préférence les villes, et en installant partout un personnel très mélangé aux places que les fonctionnaires impériaux avaient occupées avec beaucoup de distinction, avaient déposé jusque dans les milieux supérieurs de la société les éléments grossiers dont elles étaient chargées. Avec le grand monde romain devaient donc disparaître la politesse et l'élégance dont lui seul possédait la tradition. L'homme d'église, qui ne voyait plus au-dessous de soi qu'une masse compacte de paysans et de barbares, devait-il continuer à préparer ses discours pour un auditoire restreint de sénateurs et de lettrés ? Question difficile, que le même Ennode, écrivant à un poète, n'hésitait pas à résoudre contre l'opinion des beaux esprits[1]. C'était folie, pensait-il, de faire le délicat en paroles, au milieu d'une société qui ne se composait plus que d'illettrés.

Enfin, ceux même qui professaient encore le culte de l'antiquité, ayant cessé de la comprendre, contribuaient à jeter le discrédit sur elle par l'usage peu judicieux qu'ils en faisaient. Les vains ornements qu'ils lui empruntaient, semblables, selon Pomère, à ces plaques métalliques dont les militaires décoraient leur poitrine et les harnais de leurs chevaux, produisaient un cliquetis de mots et un éblouissement d'images au milieu desquels on cherchait en vain à distinguer une pensée juste. Leur exemple était peu fait pour réconcilier avec un sage emploi de l'art des anciens les hommes, tels que Césaire, auxquels des aspirations très élevées sur la piété faisaient suspecter cet art d'être aussi vain pour l'esprit que séduisant pour le cœur.

Le mouvement général qui emportait l'art antique vers sa ruine a fait passer presque inaperçu l'effort remarquable, pour quiconque s'intéresse à l'histoire de l'esprit humain, de deux hommes qui ont, seuls entre tous, porté dans l'église et essayé d'y faire régner les vues larges et éclairées qu'ils tenaient d'une tradition de famille et d'une éducation toutes patriciennes. Fils d'un sénateur auquel il venait de succéder sur le siège métropolitain de Vienne, Avit, resté fidèle au solide enseignement du maître viennois Sapaudus, se refusait à admettre que le beau langage romain dût subir le joug de la barbarie burgonde, ou que les lauriers de l'Hélicon pussent déparer un front épiscopal. Les discours

---

1. Lettre à Arator, IX, 1 (Vogel, lettre 422).

qu'il a prononcés dans les églises, ou le peu qui nous reste pour en juger, peut passer pour le dernier écho un peu harmonieux de l'éloquence des Pères, et l'on sent dans son poème épique de la *Virginité*, quoique entaché des défauts de l'époque, une inspiration souvent heureuse. Un suffrage encore plus explicite donné, en ce temps, aux lettres antiques et aux études libérales est celui d'un ministre de Théodoric qui appartient à l'histoire de la Gaule par une partie de sa correspondance politique, et à l'Église par les dernières années de sa vie, de ce grand Cassiodore, qui, après avoir apporté dans la chancellerie de trois rois barbares les sentiments élevés et le grand style de l'ancienne *majestas romana*, devait finir moine et ouvrir, dans son monastère de Viviers en Calabre, un asile commun aux Lettres divines et humaines. C'est là que joignant l'effet aux paroles, dictant des conseils et procurant avec munificence les moyens de les mettre en action, il réunit ensemble les œuvres des littératures profane et sacrée dans une des plus vastes bibliothèques qu'on eût vues, et qu'il rédigea un plan d'études[1] où il cherchait à déterminer la part de chacune d'elles dans la formation intellectuelle de l'homme d'église. Sans raisonner sur ce sujet aussi complètement que nous pourrions peut-être le faire, et en admettant en principe la subordination étroite du profane au sacré, ce qui est, en fait, le seul programme réalisable dans les études ecclésiastiques, il montrait du moins, avec la compétence qui lui appartenait, la nécessité de ne pas priver les lettres chrétiennes des trésors d'expressions et d'idées amassés par les anciens. S'il fallait abjurer absolument en morale et en religion la compagnie des anciens, on devait, disait-il en empruntant cette belle image à saint Augustin, imiter les Israélites, qui s'étaient enfuis de l'Egypte en emportant les trésors de leurs maîtres, et ne leur laissant que leurs idoles. Son plan d'études, qui accordait à l'influence de l'antiquité sur l'éducation chrétienne seulement l'indispensable, n'en eût pas moins préservé le monde de plusieurs siècles d'ignorance.

Cette question de l'utilité des profanes dans l'éducation chrétienne, qui est une des faces de la question souvent débattue de l'utilité des anciens dans l'éducation des modernes, trouvera toujours dans l'Église les mêmes défenseurs contre les mêmes adversaires. Toujours le préjugé contre l'antiquité et les classiques, qu'il se couvre de la religion ou de tout autre prétexte, sera le signe d'un esprit, ou trop peu familiarisé avec leur beauté, ou trop peu délicat pour la sentir. Toujours une connaissance profonde, et non pas simplement superficielle, de l'antiquité, sera pour l'initié l'objet d'une vive admiration, et, pour l'écri-

---

1. *De institutione divinar. litterarum.* Migne, t. 70.

vain ecclésiastique ou séculier, la source qui donnera la trempe à ses qualités naturelles. Un Chrysostôme ou un Bossuet ne naîtront jamais à une époque où la littérature chrétienne se sera tenue à l'écart des études libérales. Le mépris ou la négligence de l'antiquité et des classiques marqueront toujours une époque de grande décadence.

Loin d'avoir pu vaincre en cette matière le rigorisme de son disciple, Pomère semble en avoir bientôt après subi lui-même l'influence ; car il ne tarda pas à renoncer à la rhétorique pour entrer dans le clergé[1], ne laissant plus à la jeunesse arlésienne, aux Parthénius, aux Lupicin, d'autre moyen de s'instruire que d'aller en Italie, à l'école de Deutérius et des autres maîtres officiels de belles-lettres protégés par Cassiodore[2]. C'est probablement pendant qu'il vivait dans une des associations cléricales de la ville d'Arles qu'il écrivit, à la demande de l'évêque d'Avignon, Julien, son *Traité de la vie contemplative,* où, ayant à traiter quelque part des devoirs des prédicateurs, il brûlait ce qu'il avait adoré comme rhéteur, et affectait de ne plus faire aucun cas des ressources de l'art. Ses relations avec Césaire durent devenir encore plus étroites, lorsqu'avec l'amitié de Firminus et de Grégoire s'interposa encore entre eux celle de l'évêque Eone. Celui-ci, en effet, ayant reconnu dans le jeune protégé des pieux patriciens son compatriote, et même son parent, conçut pour lui une affection toute paternelle, et ayant obtenu de l'abbé de Lérins la permission de l'agréger à son clergé, le fit diacre, puis ensuite prêtre. Il est probable que Pomère, qui nous apparaît par la correspondance de Rurice de Limoges comme l'*alter ego* d'Eone, continua d'exercer une certaine influence sur son ancien disciple, même lorsque celui-ci se fut tourné tout entier vers l'étude de l'Écriture Sainte et des Pères. Sans aller jusqu'à faire dépendre de lui le culte voué par Césaire aux doctrines et aux œuvres de saint Augustin, on peut être sûr que sa conversation n'a fourni au disciple, devenu pour lui un confrère et un ami, que des motifs d'encouragement contre l'indifférence ou la prévention manifestées dans les milieux gallicans à l'égard du Docteur de la Grâce. Ce n'est pas à Lérins que Césaire a pu prendre avec son illustre modèle un contact aussi intime que celui témoigné par ses œuvres oratoires ; il n'en a eu là ni le temps, ni les moyens. Quoique Lérins n'eut pas pris une part ouverte aux querelles de la grâce, il est certain cependant que le long gouvernement de l'abbé Fauste n'y avait pas mis Augustin en faveur. C'est seulement à Arles que Césaire a pu

1. V. les lettres d'Ennode et de Rurice à l'abbé Pomère.
2. V. dans les œuvres d'Ennode ses *Dictiones* ou discours dédiés au précepteur de ses neveux (Vogel, 69e et 94e), ses lettres à Parthénius ou pour le recommander à Fauste et au Pape Symmaque (id., 369e, 225e et 226e).

entrer en communication intellectuelle avec ce Père. Les tendances qui le poussaient de ce côté y furent secondées, sinon suscitées, par un courant d'opinion particulier qui datait de l'évêque Hilaire, et qu'une intervention énergique de Fauste, dont il sera parlé plus loin, ne paraît pas avoir réussi longtemps à faire dévier. On voit en effet l'auteur de la *Vie contemplative* attacher un prix particulier à paraître en parfaite conformité de doctrine avec saint Augustin [1], ce qui suppose autour de lui un public bien disposé à accepter cette autorité. Pomère se montre ainsi à la fois comme artisan et témoin du mouvement d'opinion, favorable à saint Augustin, qui fut rencontré à Arles par Césaire.

Césaire venait d'être ordonné prêtre, lorsqu'une place de supérieur vint à vaquer dans un monastère situé dans une île de la banlieue d'Arles, qu'on suppose avec quelque vraisemblance correspondre au site de Montmajor ; du moins semble-t-il prouvé que le socle rocheux où se dresse aujourd'hui la célèbre abbaye était embrassé alors de tous côtés par deux bras du Rhône. Quoiqu'il en soit, comme les choses laissaient à désirer dans ce monastère, Eone y vit un champ propice aux aspirations et à l'activité de son parent. Aussi lui confia-t-il la place du supérieur disparu, avec mission, — c'est le biographe qui parle, — de façonner le personnel à *la discipline abbatiale*. Cette expression n'est pas indifférente ; elle fait allusion à l'état vague et instable de beaucoup de ces monastères primitifs, formés par la rencontre fortuite d'individus qui, ne s'étant liés à aucune autorité ni à aucune règle fixes, prenaient pour règle chacun sa propre volonté, et étaient toujours prêts à convoler ailleurs au premier caprice. C'est cette instabilité que Césaire eut pour mission de faire cesser en prenant, dans le monastère qu'on lui confiait, le rôle au complet d'un abbé, tel qu'il était conçu à cette époque, où les établissements monastiques n'avaient affaire qu'à l'intervention intermittente et très peu effective de l'évêque et ne recevaient pas encore l'impulsion des Ordres généraux. Etre pour tous les habitants du lieu l'autorité souveraine et la loi vivante, prescrire la règle à suivre et l'interpréter, attirer, retenir les volontés et les maintenir autour de soi en un faisceau uni et indissoluble, voilà ce à quoi l'on reconnaissait un abbé véritable, en qui revivait l'esprit des Paul et des Antoine. Césaire répondit à la confiance de son évêque d'une façon distinguée ; car ayant conservé la charge abbatiale seulement pendant un peu plus de trois ans, il mit son monastère sur un pied si excellent, qu'on le désignait encore cinquante ans plus tard comme un modèle

---

1. L. III, c. 31.

d'institut monastique[1]. C'est là que, se guidant sur les principes de direction ascétique qu'il avait vu suivre à Lérins, il fit la première expérience des idées réformatrices qui sont le fond de sa règle des moines, en s'efforçant par dessus tout d'assurer à l'autorité tout son prestige, et au lien professionnel toute sa solidité. Peut-être même la plupart des articles dont cette règle se compose aujourd'hui ont-ils vu le jour dès le temps où il était abbé, avant qu'il les adressât sous forme de décret encyclique, étant devenu évêque, à tous les monastères de sa juridiction, comme cela ressort du texte définitif. Mais d'ailleurs, Césaire allait passer rapidement des fonctions d'abbé à la dignité épiscopale[2].

* * *

Affligé d'infirmités et sentant sa fin prochaine, le vieil évêque Eone désira assurer de son vivant sa succession à son abbé de l'île d'Arles. Ce désir lui fut inspiré non par sa parenté avec Césaire, mais par des motifs de l'ordre spirituel dont il se décida à prendre son peuple pour confident. Ayant donc convoqué les membres de son clergé et de la curie arlésienne[3], il ouvrit sa conscience devant eux avec bonhomie et sincérité. Constatant avec douleur le relâchement dont ses infirmités avaient été l'occasion sur de nombreux points de la discipline ecclésiastique, il témoigna son désir de s'assurer pour successeur un évêque capable de rétablir l'ancienne régularité qui faisait la gloire de l'église d'Arles. Il connaissait parmi eux un homme qui avait montré l'énergie et la sagesse nécessaires pour remplir cette tâche : c'était le serviteur de Dieu, Césaire. S'ils voulaient bien dès ce moment promettre leurs suffrages pour son élection, leur vieil évêque emporterait dans sa tombe la consolation d'avoir préparé le remède à la situation créée par ses infirmités, et serait en quelque sorte associé après sa mort à l'œuvre de réformation qui serait accomplie par son successeur. Après que les électeurs chrétiens eurent répondu qu'ils trouvaient « digne » le candidat proposé par l'évêque, celui-ci jugea prudent en outre de s'assurer que le gouvernement ne ferait rien pour faire annuler l'espèce de contrat qu'il venait de passer avec ses ouailles au sujet de sa succession, et il envoya à cet effet une députation à la cour de Toulouse. Cette démarche, si curieuse au point de vue des rapports de l'église gallo-romaine avec les gouvernements barbares, n'a pas toutefois l'importance qu'on pourrait être tenté de lui attribuer. L'autorisation que les envoyés d'Eone allèrent solliciter à la cour d'Alaric n'a certaine-

---

1. *Vita Cæsarii.*
2. Il gouverna son monastère un peu plus de 3 ans (*Vita*, n. 12).
3. « *Clerum et cives... alloquitur* ».

ment rien de commun avec le droit de confirmation ou de présentation que l'épiscopat gallo-franc ne tardera pas à céder plus ou moins bénévolement aux fils aînés de l'église. Quelque frayeur que les violences d'Euric eussent inspirée aux évêques catholiques de son royaume, jamais ces derniers n'eussent pu être amenés à aliéner en faveur d'un Souverain arien, et d'un arianisme si prononcé, surtout en une matière de cette importance, une liberté sur laquelle les empereurs eux-mêmes n'avaient jamais osé entreprendre. La démarche d'Eone avait seulement pour objet de prévenir la susceptibilité d'Alaric, qui, pour être exempt des préoccupations de secte auxquelles avait obéi son père Euric, ne laissait pas que de rendre la situation très difficile à l'épiscopat catholique, à cause de la préférence dont il le soupçonnait, ici pour les Francs, là pour les Burgondes. La naissance de Césaire en territoire burgonde l'exposait particulièrement à des soupçons de cette nature, dont les effets ne se feront que trop cruellement sentir.

Eone mort, la ratification du vote émis d'avance en faveur de Césaire semble avoir rencontré dans le clergé d'Arles une certaine hésitation au sujet de laquelle un membre insigne de ce clergé, le prêtre Capillutus, aurait provoqué l'avis d'un vieil ami des précédents évêques d'Arles, l'évêque Rurice de Limoges[1]. Toutefois la principale opposition vint du candidat lui-même, dont le premier mouvement, à l'approche des hautes fonctions qu'on voulait lui faire accepter, fut un sentiment d'humilité et de saint effroi dont la rencontre est fréquente dans les annales primitives de l'épiscopat. Amené à Arles pour y être consacré, il essaya d'échapper aux trois évêques convoqués pour l'ordonner canoniquement, et il fallut, pour le retrouver, fouiller les monuments funéraires de cette fameuse cité des morts dont les Aliscamps d'aujourd'hui sont l'insignifiant débris. Mais autant le nouvel évêque s'était montré peu empressé à entrer dans sa charge, autant devait être prompte à se montrer sa haute conscience des devoirs qui en découlaient et des vertus dont elle devait paraître ornée.

Elevé sur le siège épiscopal, à peine s'aperçut-on qu'il eût quitté le monastère, tant sa vie ordinaire parut peu différente de celle d'un moine. L'empreinte du monachisme lui restera jusqu'à sa mort. On la retrouve en lui, soit qu'on étudie l'homme privé, soit qu'on regarde l'évêque.

Dans sa tenue et sa vie privée, Césaire s'efforça de conserver toutes les observances de la vie monastique qui pouvaient se concilier avec ses devoirs d'évêque. Il y avait dans le costume du haut clergé des usages

---

1. Rurici., *epist.*, l. II, 30 ; Migne, t. 58.

déjà trop bien établis pour qu'il songeât à s'en écarter, et il n'était pas homme à affecter le cachet monacal par des singularités de tenue semblables à celles que le pape Célestin avait cru devoir blâmer autrefois chez certains évêques de la province. Il porta donc extérieurement le même costume qu'on voyait porté alors par les évêques et les prêtres : la tunique longue ou aube serrée à la taille par une ceinture en cuir ; une boucle en ivoire ciselé représentant la Résurrection, qui formait la ceinture, est une des reliques conservées de lui dans son ancienne ville épiscopale[1] ; par dessus la tunique, de couleur claire, retombait la *planète* ou *chasuble*, de couleur sombre, d'étoffe commune pour l'usage ordinaire, soyeuse et riche pour l'accomplissement de la liturgie sacrée. La richesse plus grande des vêtements qu'il possédait pour cette dernière circonstance ne les mettait pas d'ailleurs à l'abri de ses saintes profusions ; il donna un jour à la fois pour le rachat d'un seul captif l'aube ou tunique blanche qu'il mettait dans l'octave pascale et la chasuble qu'il avait coutume de porter dans les processions. Il eut aussi les autres insignes dont commençaient à s'environner les évêques, et son bâton pastoral, dont un spécimen en bois d'ébène est aussi conservé à Arles, eut dans son diocèse le prestige d'une seconde verge de Moïse. Mais sous les dehors de l'évêque, il satisfaisait secrètement à son amour de la pauvreté par des mortifications de toute nature. L'argent ne parut jamais sur sa table ; tout ce qui lui était donné en métal précieux était aussitôt vendu et tombait dans le trésor de ses œuvres de charité. On savait par les indiscrétions de ses familiers que son linge de dessous et de toilette ne se composait que de misérables lambeaux d'étoffe, dans l'attouchement desquels les malades plaçaient une confiance particulière. Un Franc nous offre, dans le second livre de sa Vie, un trait de cette confiance, où nous reconnaissons la rudesse primitive de nos pères. Cet homme se présente un jour tout frissonnant de fièvre au diacre Etienne, demandant, en un latin qui rappelle les premières ébauches de nos écoliers, un morceau de drap ayant servi au saint évêque, qui venait de mourir : « Da mihi de drapo sancti Caesarii propter frigoras ». Etienne lui ayant apporté un linge avec lequel le corps du saint avait été essuyé : « Remporte, pourquoi mens-tu ? réplique l'homme de notre race avec indignation ; je sais bien que le saint ne se servait pas de linge, mais de haillons ; je veux en avoir un pour le laver et boire l'eau. »

Le dédain que ce simple trait marque chez l'évêque d'Arles non seulement pour le luxe, mais pour ce que nous appelons le confortable,

---

1. Au trésor de Notre-Dame de la Major.

n'est pas la seule empreinte laissée en lui par le monachisme. Son biographe nous dit qu'il conserva toute sa vie les pratiques établies à Lérins, ce qui nous montre sur le siège d'Arles un moine dans toute l'acception du mot, comme on en avait tant vus sur d'autres sièges, depuis saint Martin jusqu'à Fauste. Il n'est pas douteux que tant d'illustres exemples n'aient été présents à la pensée de l'ancien cellerier de Porcaire, lorsqu'il se vit chef d'église. Une marque particulière de l'idée rigoureuse qu'il se faisait de son devoir à cet égard est la fidélité qu'il garda jusqu'à sa mort à la récitation des heures de nuit appelées Nocturnes, prenant soin de réveiller lui-même chaque nuit, au moment venu, avec un grand souci de l'heure exacte, les clercs qui l'assistaient dans la récitation. C'était la règle de Lérins qui le tenait éveillé à cette heure, pendant que tous dormaient autour de lui.

L'affection dont Lérins l'avait pénétré pour la prière liturgique fut cause de quelques-unes des premières innovations de son épiscopat.

Dès les premiers jours, il établit dans son église métropolitaine la célébration des Heures liturgiques, sur le modèle de ce qui se faisait dans la plupart des monastères. Désormais les clercs de la ville, en outre des deux réunions liturgiques traditionnelles de *Matines* et de *Vêpres*, qui avaient lieu à l'heure des deux crépuscules, furent convoqués aussi chaque jour dans la cathédrale pour les heures de *Tierce*, de *Sexte* et de *None*. Tous n'étaient peut-être pas obligés de se trouver chaque jour à toutes ces Heures, et il est probable que Césaire, en instituant ce supplément de liturgie canoniale, établit entre ses clercs un roulement semblable à celui qu'on voit pratiqué aux siècles suivants dans les églises cathédrales, avant que cet office ait été assumé par les chanoines. L'important était qu'il y eût pour chaque séance liturgique un noyau suffisant de clercs, autour desquels pouvaient se réunir les fidèles pieux et les pénitents qui désiraient se mettre dans les dispositions convenables à l'approche du temps de leur réconciliation. Voulant donner à ces réunions tout l'éclat et tout l'attrait possibles, Césaire se souvint aussi des hymnes qu'on chantait à Lérins, de cette mélodie à laquelle les solitaires de cette île avaient trouvé tant de charme, et il décréta que dans toutes les Heures qui seraient célébrées à l'église cathédrale, la psalmodie usitée serait désormais rehaussée par le chant des hymnes, heureuse innovation qui s'imposera peu après par le concile d'Agde au reste de la Gaule. Ce surcroît d'office imposé au clergé, cette part de vie contemplative greffée sur son ministère actif par un évêque voué au monachisme dut nécessairement rendre encore plus précise qu'elle n'était déjà la démarcation entre cet ordre et le commun des laïques. Retenu par des devoirs de corporation qui allaient en se multipliant toujours davantage, et en quelque sorte consigné dans ses églises, le clergé était séparé du monde tous les jours un peu plus, et finissait par se trouver enfermé, par son double ministère d'action et de prière, dans un enchaînement d'occupations tout aussi étroitement et aussi exclusivement religieux qu'il l'était par vœu pour les personnes engagées dans les liens de la vie monastique. De là est née entre clercs et moines, liés par la communauté des devoirs que la religion exigeait d'eux, cette solidarité fraternelle qui se traduit un peu plus tard dans le langage public et dans les institutions de l'église. *Clericus fieri* signifiera également, au temps de Grégoire de Tours, être initié à la profession cléricale ou monastique. On verra à cette même époque l'union des deux ordres symbolisée d'une façon solennelle et touchante dans les cathédrales mérovingiennes, où viendront se relayer chaque semaine, pour l'exécution de l'office canonial, venus des diverses parties du diocèse sous la conduite de leurs archiprêtres et de leurs abbés, des groupes de chantres composés par moitié de clercs et de moines, un chœur de moines répondant toujours à un chœur de clercs.

Les moines toutefois, renfermés dans leurs monastères, sont tout à fait hors du monde et étrangers au mouvement de vie habituel du reste de la famille chrétienne. C'est le clergé qui représente seul officiellement et complètement le commun peuple chrétien auprès de Dieu, et qui se charge pour celui-ci, en retour des aumônes nécessaires à son entretien corporel, de prier et d'honorer Dieu tout le long du jour en toute saison. Quant au peuple même, courbé sur sa tâche journalière et tout occupé de ses intérêts temporels, il n'interrompt son labeur qu'aux jours de dimanches et de fêtes, et aux saisons de l'année spécialement consacrées à la piété et à la pénitence, telles que l'Avent [1] et le Carême. C'est alors qu'il vient prêter l'oreille aux chants de ses clercs, et se présenter lui-même d'un cœur dévot aux bénédictions qu'ils implorent pour lui. Mais sa voix ne sait point se mêler à celle des chantres attitrés, et il assiste muet à l'exécution savante et compliquée de la liturgie. Ce manque d'action auquel il est condamné engendre à la longue en son esprit, peu fait pour la contemplation, la lassitude de prier et le besoin de se distraire, et souvent un bruit de conversations indigne du Lieu saint se fait entendre dans les silences du chœur. L'inconvénient d'un tel état de choses frappa tout de suite Césaire, et lui inspira l'idée d'intéresser le peuple lui-même à la liturgie, suivant l'usage qu'il voyait déjà pratiqué dans quelques églises voisines. Il fit

---

1. L'Avent liturgique n'est pas encore établi, mais les exercices de piété qui précèdent Noël commencent à le dessiner.

composer à cet effet un recueil de liturgie populaire, contenant un choix de morceaux sacrés que les fidèles devaient chanter eux-mêmes, et rédigé dans les deux langues parlées à Arles, en latin pour les Gallo-romains, en grec pour la population de langue grecque amenée dans cette ville par un courant d'immigration issu probablement, pour la plus grosse part, de Marseille la grecque. Dans ce recueil, les fidèles trouvaient d'abord un certain nombre de psaumes, ceux-là surtout où la vertu et le péché, le juste et l'impie, le salut et la damnation, et, en un mot, les objets fondamentaux de la foi étaient caractérisés dans les termes les plus généraux et sous les images les plus expressives : tels étaient le psaume *Beatus vir* (I), le psaume pénitentiel (L), et le populaire psaume CXVIII, *Beati immaculati*[1]. Ils y trouvaient ensuite des modèles de cantiques sacrés qui se distinguaient des hymnes en vers par un rythme moins savant, une cadence plus simple et plus saisissable, un tour d'expressions et un choix de pensées moins étudiés, et qui, appropriées à des ouïes et à des intelligences moins délicates, devaient pour cela supplanter les hymnes dans l'affection populaire. Nous voulons parler des *proses* ; les morceaux que Césaire introduisait dans son recueil sont déjà désignés de ce nom[2].

Homme intérieur, Césaire cherchait l'aliment de l'oraison dans la lecture, et faisait consister sa tâche extérieure à propager le fruit de ses lectures chez les autres par l'enseignement et la prédication. Oraison, lecture, prédication[3], ces trois mots résumaient devant sa pensée le programme de vie tout entier d'un bon évêque, jaloux de suivre les traces des saints évêques des siècles précédents, qui furent, en effet, Docteurs et Pères de l'Église bien plus qu'administrateurs de fabriques[4]. Afin de pouvoir partager tout son temps entre ces occupations, il n'hésita pas à se départir dès les premiers jours de toute l'administration temporelle de son église, abandonnant entièrement cette partie, le détail du moins, à ses officiers ecclésiastiques, sous la direction supérieure de l'archidiacre et du *Vicedominus*. Son estime pour la lecture fut cause qu'il montra pour elle un vrai zèle de propagande. Il n'exemptait pas les simples fidèles eux-mêmes de l'obligation de cet exercice. Loin de penser, comme certaines personnes n'en seraient pas éloignées encore aujourd'hui, que l'ignorance fût chez le peuple la meilleure

---

1. Admonitions 284 et 285 (app. de s. Augustin).
2. *Vit. Cæsar.*, l. 1, c. 2, n. 15.
3. Id., n° 12. — Statut 3 de saint Césaire.
4. Nous ne faisons ici aucune allusion au présent. L'état actuel de l'Église a mis forcément au premier plan ce qui était alors au dernier.

sauvegarde des sentiments religieux, il ne négligeait aucune occasion d'exhorter les gens adonnés aux professions manuelles à chercher dans les bons livres l'instruction, qui pouvait seule les élever un peu au-dessus de leurs préoccupations matérielles. Dans un discours très curieux composé spécialement sur ce sujet, il engage les illettrés eux-mêmes à solliciter et, au besoin, à se procurer à prix d'argent le secours d'un voisin lettré[1]. Mais c'est naturellement chez ses clercs et ses moines qu'il s'attacha le plus à conserver et à développer la connaissance et la pratique de cet art élémentaire. Ni bon clerc, ni bon moine, d'après lui, sans la lecture. « Elle est pour l'âme, — c'est sa maxime, — ce que la nourriture est pour le corps, et l'huile, pour la lampe », c'est-à-dire, le principe de la force et de la lumière dans l'ordre des choses spirituelles. Aussi en établit-il l'usage dans son clergé et dans ses monastères par des prescriptions formelles. « *Litteras discant*, qu'ils sachent leurs lettres », dit-il aux uns et aux autres, et il tient à s'assurer que cette prescription est observée. Nul n'est admis aux ordres, s'il est à l'âge de majorité, qu'après avoir prouvé qu'il a lu l'Écriture sainte avec attention en entier au moins quatre fois. Quant aux plus jeunes, leur préparation est assurée, grâce à une institution prévoyante de Césaire dont il sera parlé plus tard, par l'école épiscopale dans la cité et par les écoles presbytériales dans les paroisses. Lui-même prenait plaisir à converser avec ses clers sur l'Écriture Sainte et sur les ouvrages relatifs à la religion, à piquer leur curiosité et à provoquer leurs questions sur les points obscurs ou difficiles, à mettre leur mémoire et leur pénétration à l'épreuve. Il le faisait surtout à l'occasion de la lecture, qui était faite à haute voix à sa table pendant le repas. Celle-ci était toujours servie pour tous ses clercs. Toute la prestation à fournir par eux, en retour de l'hospitalité qu'ils recevaient de l'évêque, consistait à subir ses interrogations sur l'objet de la lecture au sortir du repas. Tous n'y brillaient pas également. Quand le bon évêque commençait à demander, parlant en figure : « Voyons, qu'avons-nous eu à déjeuner, à dîner aujourd'hui ? », « beaucoup alors trahissaient par leur rougeur et par la sueur qui découlait de leurs fronts la stupidité ou l'étourderie de leur mémoire, et c'était le petit nombre qui parvenaient à résumer ce qui avait été lu, non sans peine et sans perdre souvent leur chemin ». En ce point comme en beaucoup d'autres, Césaire imposait ses habitudes personnelles aux autres évêques : il voulait que tous se fissent faire la lecture, comme lui, pendant leurs repas : son goût particulier pour cette dernière et le désir d'instruire ses

---

1. S 303 de l'append. de s. Augustin.

clercs ne lui conseillaient pas seuls cet usage ; il avait appris au monastère qu'il était indigne d'un homme consacré au service de Dieu « de satisfaire l'appétit corporel sans donner en même temps à l'âme la nourriture spirituelle qui devait l'aider à rester maîtresse du corps ».

Tout cela était fort loin, sans doute, de l'exactitude que nous apportons dans nos méthodes d'enseignement et de nos aspirations au savoir universel, et le bon saint Césaire, pour avoir eu quelques idées et pris quelques mesures judicieuses, mais d'une portée bornée, en matière d'instruction religieuse, ne nous fait pas figure d'un grand chef d'école. Mais du moins ses efforts, en entretenant autour de lui une certaine activité d'esprit, s'opposèrent au progrès que l'ignorance faisait partout ailleurs, et il n'est pas douteux qu'ils n'aient contribué pour une bonne part à conserver au clergé de la province la supériorité intellectuelle que lui reconnurent encore, pendant tout le sixième siècle, les autres églises de Gaule.

Les motifs qui soutenaient Césaire dans la pratique et la recommandation de l'étude avaient nécessairement le même poids pour la prédication. Toutes deux lui semblaient également indispensables à la conservation de l'esprit chrétien, l'une dans le clergé comme l'autre chez le peuple. Aussi, en parlant de saint Césaire, la prédication est-elle un sujet sur lequel on ne saurait passer légèrement. Aucun des devoirs de sa charge n'a obtenu de sa part plus d'attention et ne l'a plus absorbé. Non content de s'y appliquer lui-même de tout son zèle, nous le verrons mettre tout en œuvre, exhortations faites de vive voix et par écrit, décrets de synodes, modèles de prédication, tant pour contraindre ses confrères à s'en acquitter avec exactitude que pour leur en faciliter l'accomplissement. En ce qui le concerne lui-même, il s'était fait une règle de ne laisser passer aucun jour de dimanche ou de fête sans adresser quelque allocution aux fidèles assemblés pour la messe solennelle ; c'était également son habitude à Matines et à Vêpres, toutes les fois que ces offices attiraient un concours de fidèles plus qu'ordinaire, par exemple, à l'approche de Noël et pendant le Carême. Connaissant le peu d'endurance de son auditoire, de moins en moins capable d'attention soutenue, il prenait un soin particulier pour que la brièveté de ses discours allégeât la fatigue qui pouvait résulter de leur fréquence ; aucun de ceux que nous connaissons n'a dû exiger plus d'un quart d'heure pour être prononcé. Ce ménagement lui donnait le droit d'obtenir plus d'attention de la part des auditeurs, et ôtait toute excuse à ceux qui pouvaient essayer de se dérober à l'audition de la parole de Dieu, en s'échappant de l'église au moment de l'instruction. Cet abus invétéré chez les fidèles, et dont beaucoup de nos curés de campagne auraient encore bien sujet de se plaindre aujourd'hui, remontait dans l'église d'Arles jusqu'à l'éloquent Hilaire, qui, malheureusement, en s'abandonnant sans discrétion à l'abondance de sa faconde, n'y avait que trop prêté. Mais Césaire n'en toléra pas la persistance plus longtemps ; il attachait trop d'importance à la prédication pour qu'un groupe de fidèles se crût permis de n'y en attacher aucune. Les premiers qui firent mine de quitter leurs places, suivant l'ancienne habitude, au moment où il se dirigeait vers l'ambon, le virent aussitôt se précipiter sur leurs pas, et furent tellement confondus par la vivacité et la sévérité de sa réprimande, que le scandale cessa à l'avenir d'avoir lieu en sa présence.

Mais ce qui l'affligeait beaucoup plus, c'était de voir la paresse des auditeurs surpassée en quelque sorte par celle des prédicateurs. Le ministère de la parole en public était encore, à l'époque de son avènement, exercé exclusivement par les évêques. Il ne pouvait évidemment songer tout de suite à changer l'usage reçu, et à déposséder ses confrères du monopole du haut enseignement religieux. Il agit du moins autant qu'il put par exemple et par conseil, afin de les exciter à apporter à cette fonction importante un zèle d'autant plus grand qu'ils étaient seuls pour la remplir. Tout collègue qui venait le voir pouvait être sûr d'avance que la conversation serait amenée aussitôt sur ce sujet. Césaire trouvait-il que son visiteur était coupable de négligence ; plus soucieux de le convertir que de le ménager, il lui faisait voir ce qu'il y avait d'injuste de la part de celui qui avait seul qualité pour dispenser la parole de Dieu « à rester bouche close au milieu de son église, comme les chiens muets de l'Ecriture ». Il s'efforçait de le convaincre que l'office d'enseigner, étant la partie essentielle de son ministère, devait avoir la place la plus considérable dans la distribution de son temps. La négligence de cet office rendait l'évêque responsable, affirmait-il, de tous les péchés que l'ignorance ou l'indifférence en matière de salut feraient commettre dans son église. Sur ce sujet, la mémoire de Césaire ne tarissait pas de citations expressives tirées de l'Ecriture sainte [1], avec laquelle il se tenait en commerce d'étude assidu. Il les commentait, les éclairait et les appuyait par des réflexions frappées au coin du bon sens, et par des exhortations pleines d'autorité, et ne lâchait son interlocuteur qu'après l'avoir entièrement gagné à ses vues et à sa pratique.

On peut déjà juger, par ce qui vient d'être dit, que la discipline du monastère n'avait pas seulement imprimé à Césaire les vertus qui font

---

1. *Vit. Cæsar.*, l. I, c. 2. n° 14. — Cf. l'Admonition aux évêques, à notre appendice.

la sainteté personnelle, et qu'elle l'avait préparé aussi pour le gouvernement des autres hommes. Homme de vie intérieure en son particulier, on devine qu'il sera en même temps, à la tête de l'Eglise, homme d'autorité et de règle, et qu'il saura montrer, comme administrateur, un esprit entreprenant et vigilant. Rompu au commandement par les charges qu'il avait exercées dans les collèges monastiques où il avait passé, il y inclinait de plus par tempérament. Il en avait le ton avec tous, et ne souffrait jamais sans quelque impatience un manque d'obéissance, quel qu'en fût l'auteur ou quelle qu'en fût la cause. Personne, cependant, n'était tenté de lui tenir rigueur pour cette façon d'agir, si naturelle en lui, qu'elle se montrait jusque dans les innocents débats avec le prochain où son humilité seule avait intérêt à triompher, comme il paraît par ce trait-ci, que ses biographes tenaient de la bouche de l'évêque Eucher d'Avignon [1]. Un jour que ce dernier faisait route avec lui dans le pays des Alpines, la voiture des deux évêques ayant rencontré une pauvre vieille, dont le corps, entièrement courbé, semblait plutôt se traîner que marcher, Césaire, ému de compassion, fit descendre son compagnon pour bénir l'infirme, et lui ordonna ensuite de la relever en la prenant par la main. Eucher, peu sûr de son propre pouvoir pour opérer un tel miracle, se récusa avec une énergie très légitime, protestant de son indignité, et insistant pour que le risque d'une telle entreprise fût assumé par Césaire lui-même. Mais l'impatience du saint homme ne permit point au débat de se prolonger : « Eh quoi ! dit-il, toi qui te faisais fort d'entrer dans le feu pour m'obéir, tu n'es même pas capable de faire par miséricorde ce que la charité t'ordonne ! — Allons, ajouta-t-il d'un ton qui n'admettait pas de réplique, donne ta main à cette femme au nom du Seigneur, et relève-là. » Eucher dut donc courir le risque de cette périlleuse obéissance, qui fut, heureusement pour lui, exempte du désagrément auquel un autre de ses collègues se trouva sujet, en échouant devant un nombreux public dans une épreuve toute semblable [2]. Si la volonté de l'évêque d'Arles savait s'imposer à ce point dans les choses où la désobéissance eût été de saison, on doit juger de quelle force elle était capable de se montrer, lorsqu'il fallait exiger l'obéissance dans le domaine des mœurs et de la discipline. Un des premiers monuments de son épiscopat à remarquer à ce sujet, peut-être même est-ce le premier travail qu'il ait rédigé, est sa règle des moines. Composée probablement dans ses grandes lignes pour son ancien monastère de l'île d'Arles, comme il a été dit plus haut, elle n'a pas dû tarder beaucoup, lorsqu'il s'est vu à la tête d'un diocèse, à être notifiée à tous

---

1. Id., l. i, c. 4, n° 35.
2. Id., l. ii, c. 2, n° 13.

les monastères de son obédience ; car on n'y trouve encore aucune trace de la règle de saint Augustin, que Césaire a mise à contribution d'assez bonne heure pour la règle des religieuses, en la fondant avec sa règle des moines. Concision, netteté, ton incisif et qui ordonne fortement ce que les paroles veulent dire, on trouve déjà dans cette œuvre les qualités qui devaient faire de Césaire un des écrivains disciplinaires les plus considérables de l'Église gallicane. « Au nom du Seigneur, ceci est la règle qu'on devra observer dans tout monastère où il y a un abbé. — Que nul n'ait cellule propre, armoire, ou autre fermeture ; que tous habitent dans le même local. — Pendant que l'abbé, ou le prévôt, ou l'ancien, font une réprimande, on ne se permettra de répondre quoi que ce soit. — Celui qui sera convaincu d'avoir dit un mensonge recevra la correction légitime. — Si quelqu'un tarde à venir au signal donné, qu'on lui donne de la férule sur les doigts, etc... ». Césaire ne mettait pas seulement l'autorité dans les formules, mais il s'entendait aussi très bien, au besoin, à la faire passer dans le domaine des faits, comme il le fit voir dans certain monastère, où, par un relâchement inconcevable dans la règle, la plupart des moines ne se mettaient plus en peine d'observer l'abstinence, le silence ou la prière. Il s'y rendit en personne, et après avoir flagellé les coupables par des paroles sévères, il les menaça, si le désordre ne cessait, de revenir bientôt « non plus avec la simple férule de la langue et du discours, mais avec les châtiments qu'il tenait en réserve pour les cœurs endurcis[1] ». Le ton dont cette menace était faite dut leur ôter l'envie de s'y exposer.

Avec ses subordonnés et ses domestiques, Césaire, quoiqu'il ne fût pas affecté, comme d'autres évêques, par l'orgueil de race, et que ses aptitudes et ses sentiments, aussi bien que sa naissance, le portassent vers le populaire, en usait cependant comme les autres maîtres, sans dureté ni injustice, mais sans excès de familiarité ou d'indulgence. Sa charité envers les petits n'allait pas jusqu'à relâcher, en présence de leurs fautes, l'exercice de ses droits de contrainte et de répression. Ses disciples le louent de n'avoir jamais excédé, dans la correction de ses serviteurs, la mesure des trente-neuf coups usités, et de ce qu'il taxait d'homicide, de la part de ses officiers, le fait d'avoir causé la mort d'un esclave à force de le frapper. Cela est d'une humanité modérée, en prenant ce mot dans le sens que lui prête notre sensibilité.

Si son esprit n'a pas devancé notre conception de la liberté et de la dignité personnelles de l'homme, sauf cet état inférieur des idées de son siècle, il n'est point de souffrance ni de misère qui n'aient vivement

---

1. Homil. *Videte*. V. nos *Sources*, p. xv, etc...

et profondément touché son cœur, et qui n'aient attiré son activité au dehors, en dépit de ses goûts prononcés pour la vie intérieure, afin de les secourir dans toute la mesure possible. Dès son avènement à l'épiscopat, sa miséricorde pour les déshérités de ce monde se manifesta par une fondation importante. Il fit construire dans Arles, aux côtés de la maison épiscopale et de l'église, un spacieux hôpital, où un grand nombre de lits attendaient les infirmes destitués de toute ressource. Un médecin, spécialement affecté à leur service, leur dispensait gratuitement les secours de l'art; le voisinage de l'église leur assurait ceux de la religion. La piété avait inspiré à Césaire un plan ingénieux, qui permettait aux malades de suivre de leurs lits les offices de l'église, sans qu'ils fussent incommodés par le bruit des chants ou par le va-et-vient des fidèles. Cet insigne don de joyeux avènement annonça aux pauvres, dont tout l'espoir reposait alors dans l'Église, quelle part importante serait faite à leurs intérêts sous le nouveau règne épiscopal. Les pauvres furent une des préoccupations les plus constantes de Césaire; on pourrait presque dire qu'ils furent sa seule faiblesse. Pour eux, l'accès de la maison épiscopale n'était défendu à aucun moment; la seule consigne donnée à ceux qui observaient leur arrivée était de les traiter de telle sorte qu'ils se retirassent toujours contents. Comme Césaire avait pour maxime de ne jamais se réserver pour le lendemain ce qui pouvait sauver un pauvre de la faim pour le jour présent, ceux qui avaient la charge de son cellier, ou la garde de son trésor, trouvaient toutes leurs mesures de prévoyance et d'économie constamment dérangées par sa libéralité; ses commensaux habituels eurent à subir de ce fait plus d'un jeûne forcé. Enfin, la maison épiscopale justifiait pleinement le nom que les fidèles étaient accoutumés de lui donner : elle était vraiment la *maison de l'Église*, où tout fidèle était toujours sûr de trouver, selon ses besoins, le vivre, le vêtement, et tout l'indispensable de l'existence, tant que pouvaient y suffire les provisions de toutes sortes centralisées par la charité active de l'évêque.

Sentant qu'il se devait à tous ses diocésains également, Césaire se garda bien de vivre retiré dans sa maison épiscopale et dans son église métropolitaine, et s'efforça de faire parvenir jusqu'à tous le bienfait de son influence personnelle. Ses rapports habituels et publics avec les fidèles de la cité avaient lieu dans l'église de Saint-Etienne, sur l'emplacement de laquelle s'est élevée plus tard la remarquable basilique de Saint-Trophime. Il trouva que ce lieu était trop peu à portée de la population des quartiers excentriques de la cité, pour permettre à la plus grande partie de celle-ci de participer aux fruits de son ministère personnel; c'est pourquoi il choisit, sur un autre point de la cité, une station succursale, la basilique des Saints-Apôtres, où il allait de temps à autre officier et prêcher au milieu des fidèles qui ne pouvaient venir le voir et l'entendre dans l'église mère. La place que tiennent les paroisses rurales dans les récits que nous a transmis sur sa vie le diacre Étienne nous est une preuve que son activité extérieure ne s'est point bornée à la cité d'Arles. Chaque année, lorsque sa santé ou les circonstances le lui permettaient, il se mettait en route pour parcourir d'un bout à l'autre son vaste diocèse, depuis les extrémités de la Camargue jusqu'au bourg fortifié de *Luco*, au carrefour reculé des trois diocèses d'Aix, Toulon, Fréjus, en faisant halte dans les gros centres industriels ou agricoles, comme *Ernaginum* (Saint-Gabriel), *Glanum* (Saint-Remy), *Salone*, et dans les ports fluviaux ou maritimes importants, comme *Ugernum* (Beaucaire), *Tarasco* et *Cytharista* (Ceyreste). Ces visites fréquentes contraignaient le clergé des paroisses à se bien tenir, elles profitaient à la consolidation des anciennes paroisses ou à la constitution des nouvelles, et répandaient un peu partout la bonne semence de la parole épiscopale. Car n'importe où il s'arrêtait, Césaire ne manquait jamais de prononcer une de ces allocutions familières et onctueuses qui faisaient naître et croître dans les cœurs la vénération pour sa personne et le désir des vertus chrétiennes. « Nous rendons grâces à Dieu, nos très chers frères, de ce qu'au milieu de nos innombrables occupations, il a daigné nous ramener en présence de votre charité. Sa divine Clémence nous est témoin que, quand même nous pourrions venir au milieu de vous deux ou trois fois chaque année, nos vœux ne parviendraient pas encore de la sorte à être rassasiés. Car quel père ne désire voir fréquemment ses fils, surtout quand ils sont bons et fidèles[1] ? » C'est avec ces paroles simples et cordiales que Césaire s'offrait partout à la vue de ses diocésains : elles font comprendre, mieux que tout commentaire, dans quelle intimité de cœur il vécut avec eux, et combien vivace fut sur eux son influence.

1. Serm. 303, 69, etc.

CHAPITRE III

MÉTROPOLE ET PRIMATIE D'ARLES. — LES STATUTS DE CÉSAIRE. PERSÉCUTION D'ALARIC.

Après les premiers soins donnés à son église, Césaire crut n'avoir accompli que la moitié de sa tâche, et il songea aussi de bonne heure à ses obligations envers les autres églises comme métropolitain et Vicaire du Saint-Siège. C'est afin de satisfaire aux premiers devoirs de cette double primauté qu'il paraît avoir rédigé et mis en circulation dans les diocèses cette somme d'anciens canons et coutumes de l'Église qui a pour titre : Anciens statuts de l'Église, *Statuta Ecclesiæ antiqua*. Le but de ce travail paraît avoir été de mettre sous les yeux des évêques, dont peu avaient en leur possession les collections canoniques complètes, un résumé des points de discipline les plus essentiels, en attendant que les circonstances politiques permissent de réunir le grand concile qui devait se tenir à Agde. Mais avant d'étudier dans le détail les *Statuts* et le concile d'Agde, il faut dire ce qu'étaient la métropole d'Arles et cette primatie spéciale, appelée Vicariat, qu'elle tenait d'une concession exceptionnelle du Saint-Siège [1].

C'est en Orient qu'avait pris naissance l'idée d'étendre au domaine ecclésiastique le privilège de suprématie dont les métropoles des provinces impériales jouissaient au civil sur les simples cités. L'institution des métropoles ecclésiastiques, régularisée de ce côté par un canon du concile de Nicée, demeura étrangère à la Gaule jusqu'à l'époque, assez tardive, où le texte de ce concile y fut vulgarisé en son entier et éveilla, avec la conscience des privilèges, les compétitions réciproques. Le premier exemple d'une prétention au titre métropolitain rencontré dans l'histoire de l'Église de Gaule n'est pas antérieur au cinquième siècle, et c'est Arles qui le fournit par sa dispute avec Vienne au sujet de ce titre. Laquelle des deux cités devait être considérée comme la métropole

---

1. V. les études faites sur le même sujet par Loening, *Hist. du droit ecclés.*, tom. 1, et par Gundlach, *Neues Archiv*, tom. 14 et 15. Nous suivrons une opinion moyenne entre ces deux auteurs, qui nous paraissent exagérer en sens opposés la nullité ou l'importance de la primatie d'Arles. M. l'abbé Duchesne, dans un chapitre de son récent ouvrage : *Fastes épiscopaux de l'ancienne Gaule*, a remis en vie les discussions et les intrigues auxquelles ce privilège a donné lieu, et caractérisé les phases de la primatie.

de la grande province Viennoise ? Était-ce Arles, qui invoquait, outre l'antiquité de son siège épiscopal, le transfert récent dans ses murs de la sublime Préfecture de toutes les Gaules, ou Vienne, ancien chef-lieu de la Viennoise, et où avait siégé jusqu'à présent le vicaire des sept provinces méridionales ? Appelés à donner leur avis sur la controverse, les évêques de la Haute Italie, réunis à Turin, ne sachan trop que répondre, avaient conseillé un partage à l'amiable du ressor métropolitain entre les deux cités rivales. La querelle, un moment assoupie, moins probablement par cet arbitrage que par la guerre dont Arles fut l'enjeu entre l'usurpateur Constantin et le patrice Constance, s'était réveillée aussitôt après le triomphe de ce dernier. Une créature du patrice, Patrocle, élevé sur le siège d'Arles à la place du saint homme Héros, que sa bienveillance pour le vaincu avait fait chasser, mit en œuvre le crédit de son puissant protecteur auprès du Saint-Siège pour accroître son importance d'une façon extraordinaire. Sous lui, les prétentions d'Arles à la métropole franchissent audacieusement les limites de la Viennoise, et sur la question de la métropole, vient se greffer celle de la primatie.

L'extension de pouvoirs accordée à ce personnage paraît ne pouvoir être séparée de celle qui avait été déférée tout récemment au siège de Thessalonique. Il y avait peu d'années que, par un trait de haute diplomatie ecclésiastique, le pape Innocent[1] avait institué dans cette capitale de l'Illyrie un Vicaire du Saint-Siège, destiné à maintenir sous son autorité directe les provinces[2] de cette partie de l'empire relevant de l'Orient, qui pouvaient être attirées dans le cercle d'influence de l'évêque de Constantinople. Aux évêques de Thessalonique, les papes, par une série ininterrompue de décrétales[3], donnèrent sans compter les privilèges, dont les principaux consistèrent à accréditer par lettres formées les évêques qui allaient en voyage tant à Constantinople qu'à Rome, à connaître en premier ressort des affaires de toutes les églises, à convoquer et à présider les conciles, à ordonner tous les métropolitains, et à réformer leurs ordinations vicieuses. Ce fut sans aucun doute cet exemple qui inspira et favorisa les organisateurs de la primatie d'Arles sous le successeur d'Innocent, le pape Zosime. Ils pouvaient alléguer eux-mêmes la nécessité de constituer en Occident, au milieu du désarroi général causé de ce côté par les invasions barbares, un centre d'union des églises avec Rome et avec les pouvoirs civils, et il faut reconnaître

---

1. Précédé dans cette voie par Damase et Sirice, mais d'une façon moins explicite.
2. Ces provinces sont spécifiées dans la décrétale d'Innocent à Rufus. Migne, t. 20, p. 515.
3. Jaffé. *Reg. Pontif.*, n. 300, 350, 351, 393-396, 403, 404, etc.

que la ville d'Arles, par sa position excentrique et comme siège du Préfet, était toute indiquée pour ce rôle. Mais la légitimité du but qu'on poursuivait fut effacée par les mauvaises raisons que l'on donna, et par l'indignité du personnage pour qui la charge fut érigée. Le premier titre où celle-ci est produite, un décret de Zosime adressé en nom collectif aux évêques de Gaule et des Sept Provinces [1], trahit déjà les artifices de l'ambition de Patrocle, qui, se trouvant à Rome au moment de l'élection du nouveau pape, et y ayant peut-être contribué, fut ainsi en mesure de dicter lui-même ses privilèges. On y voit d'abord annoncée la procédure des *lettres formées* ; tout évêque ayant à voyager hors du pays est obligé de se munir de cette sorte de passe-port auprès de la chancellerie arlésienne, pour être reçu à la communion du pape ou de ses confrères. Puis, vient l'énoncé des droits métropolitains, qui sont étendus, non-seulement à toute la Viennoise, mais même aux deux Narbonnaises, à l'exclusion des métropolitains respectifs. Le but de ce second article est aisé à deviner ; on veut constituer au centre primatial un noyau compact d'églises obéissant au commandement direct du primat. Enfin, à propos de deux anciennes paroisses arlésiennes passées sous la juridiction de l'évêque de Marseille, Zosime revendique pour son protégé la juridiction supérieure *sur toutes les paroisses de la Gaule*, sous réserve des appels qui seraient portés au Saint-Siège ; privilège singulier et ambigu, à couvert duquel l'évêque d'Arles pouvait appeler à son audience toutes les affaires ecclésiastiques de la Gaule. Procédant moins franchement que ne l'avait fait son prédécesseur et que ne le feront ses successeurs en décrétant d'autorité la primatie de Thessalonique, Zosime faisait appel à d'anciens droits du siège d'Arles, remontant à saint Trophime, premier évêque de cette ville et premier apôtre de la Gaule, envoyé dans ce pays par le Saint-Siège.

Que penser de cette allégation, sous laquelle nous devinons sans peine celle de Patrocle lui-même ? La venue de saint Trophime de Rome en Provence, à une époque plus ou moins reculée, était l'objet d'une légende alors courante, qu'il n'y a pas de raison de rejeter. Mais certaines églises, telles que Toulouse, Auvergne et Limoges, se rattachaient pareillement au Saint-Siège par leurs premiers évêques, sans prétendre pour autant à la suprématie sur leurs voisines. Même à une époque plus basse de son histoire, Arles ne justifiait suffisamment cette prétention, ni par l'honneur d'avoir été siège du premier concile d'empire en 314, ni par l'influence moins honorable qu'elle avait exercée comme

---

1. Les sept provinces de l'ancien diocèse de Vienne. L'empereur Honorius en fit l'année suivante un groupement particulier ayant son centre à Arles, où leurs députés furent convoqués en assemblées annuelles.

boulevard du semi-arianisme occidental sous l'évêque Saturnin. Dans le feu des décrétales octroyées à Patrocle contre ses collègues réfractaires, contre Hilaire de Narbonne, métropolitain de la première Narbonnaise, et contre Proculus de Marseille, qui, étant de la Viennoise, tenait du concile de Turin des droits personnels sur une partie de la Narbonnaise IIe, un aveu échappé à Zosime nous donne la vraie mesure de l'autorité que l'évêque prétendait prescrite en sa faveur. Cela se réduisait à un droit d'ordination sur les évêques des *cités voisines*, droit pouvant s'exercer sur une certaine zone des deux provinces limitrophes, mais que Patrocle avait tort d'étendre de la partie sur le tout. En présence des moyens employés par ce personnage, Léon sera fondé plus tard à parler de *subreption*.

Aussi, une partie des avantages obtenus furent-ils reperdus en peu de temps. Il est plus que probable que l'obligation des lettres formées ne survécut pas à Zosime, qui mourut après un an de présence sur le siège pontifical. Quant à la métropole, diminuée de la première des deux Narbonnaises par une décision plus équitable du successeur de Zosime, et en fait, jusqu'à la mort de Proculus, de la partie de la deuxième que s'obstina à conserver ce vieil évêque, resté impassible sous les anathèmes, elle ne parvint à s'établir pour un peu de temps, grâce à l'énergie de Patrocle, que sur la Viennoise haute et basse. Avec les provinces annexes des Alpes, c'était encore un assez beau domaine. Le Rhône, les Alpes et la mer figurent à peu près les limites en dedans desquelles l'évêque d'Arles put exercer sans conteste les droits métropolitains, c'est-à-dire, convoquer et présider les synodes, juger en second ressort toutes les affaires ecclésiastiques, diriger les élections des évêques. Les contemporains de Patrocle lui reprochent de s'être acquitté de cette dernière tâche ou au profit de son trésor, ou selon les vues du patrice [1]. Celui-ci mort, et, peu après, l'empereur Honorius, Patrocle, privé de ses deux puissants protecteurs, après avoir tout brouillé, périt de mort violente.

Après lui, Arles était tombée sous l'influence religieuse de Lérins, qui lui avait envoyé successivement deux saints évêques : Honorat, fondateur de Lérins, qui n'avait fait que passer (426-429), puis Hilaire, son parent et disciple (429-449). Ce dernier, instruit, éloquent, zélé jusqu'à l'excès, n'avait pas hésité à prendre en main, et à exercer avec le concours des pouvoirs civils et militaires, toute l'autorité que Patrocle s'était attribuée ; mais il n'en avait usé que pour imposer le respect des canons dans sa province et dans toute la Gaule. Ce fut certainement

---

1. Chronique de *Prosper Tiro*. Migne, t. 51, p. 862.

par émulation de ses trois conciles de Riez (439), Orange (441), et Vaison (442) que se réunirent ensuite dans la Gaule du Nord les conciles d'Angers (453), Tours (461), et Vannes (465). Mais son caractère ardent et inflexible lui fit tort auprès du pape Léon le Grand, auquel en avaient appelé plusieurs des victimes de sa sévérité, entre autres Célidoine, un évêque de Besançon qu'il avait déposé un peu trop promptement. Léon, à qui il ne reconnut pas le droit de réformer sa sentence [1], ne lui fit pas seulement sentir que le titre de Vicaire du Saint-Siège, en vertu duquel il lui reprochait de bouleverser toute la Gaule, concession toute personnelle faite par surprise à Patrocle, était de sa part usurpé [2]; il n'invita pas seulement tous les évêques de métropoles à ressaisir leurs honneurs retenus par Hilaire; il priva ce dernier des fonctions de métropolitain pour les reporter sur son collègue de Vienne. La mort d'Hilaire mit seule fin à la disgrâce dont son siège avait été frappé avec lui. Après que Ravennius lui eut succédé, Léon, sur une supplique signée par la presque unanimité des anciens suffragants au nombre de dix-neuf [3], consentit à relever quelques-unes des prérogatives d'Arles. Au sujet de la primatie, dont le rétablissement était demandé par les signataires, il ne voulut pas paraître se rétracter; néanmoins toute sa correspondance ultérieure avec la Gaule a passé par l'intermédiaire de Ravennius. Quant au droit métropolitain, sa réponse tranchait d'une façon expresse, assez avantageuse pour Arles, le différend entre cette église et Vienne, attribuant à celle-ci les droits métropolitains seulement sur les quatre évêchés de Genève, Grenoble, Tarentaise et Valence, laissant le reste à sa rivale [4].

Quel était ce reste? Les noms des évêques de la deuxième Narbonnaise et des Alpes-Maritimes, dont Aix et Embrun avaient été les métropoles civiles, se rencontrent parmi les signataires de la supplique. Ceci prouve que les églises de ces deux provinces, les plus récemment démembrées de l'ancienne Viennoise, loin de songer à rompre leurs liens de dépendance vis-à-vis d'Arles, tenaient au contraire à le conserver. Leur attachement pour Arles se conçoit aisément. Honneur, commodité, indépendance même, tout devait leur faire préférer la domination de la grande métropole, qui était au siège de la Préfecture, à celle de métropoles obscures, qui, d'ailleurs, parce qu'elles étaient plus près

1. Le concile de Sardique adjugeait à l'évêque de Rome le droit de recevoir l'appel, et de le porter devant un nouveau tribunal, mais non de juger lui-même.
2. Migne, t. 54, *ép.* 10, p. 628.
3. Id., *ép.* 65, p. 879. Ces évêques font faire un nouveau progrès à la légende de saint Trophime, qu'ils rattachent, non plus seulement au siège de Rome en général, mais à saint Pierre lui-même.
4. Id., *ép.* 66.

d'elles, devait les gêner davantage dans leurs mouvements. Celles-ci mêmes paraissaient se soucier peu de leurs prérogatives. Ingenuus d'Embrun avait signé la supplique comme les autres. Saint Léon eut beau le blâmer de son excès de désintéressement. Il ne réclama un peu plus tard son titre de métropolitain [1] que pour faire pièce à l'évêque de Cimiez, qui semblait disposé à l'exercer à son défaut, et ce fut probablement sur les instigations de l'évêque d'Arles lui-même. D'ailleurs, la chute de l'empire, qui entraîna peu après la déchéance des métropoles civiles, ôta tout prétexte de réclamer la suprématie ecclésiastique à celles de ces dernières, comme Embrun et Aix, qui n'avaient pas fait valoir à temps leur titre.

Vis-à-vis de Vienne, la sentence arbitrale de saint Léon avait été acceptée comme définitive par les évêques d'Arles, auxquels elle laissait d'ailleurs le moins de sujet de réclamer. C'étaient les évêques de Vienne qui cherchaient maintenant à l'infirmer. En gens habiles qu'ils étaient, les Mamert [2], les Avit profitaient de toutes les occasions, des révolutions territoriales dans la vallée du Rhône, des changements de titulaires sur le Saint-Siège, pour essayer d'élargir un peu plus, au détriment d'Arles, les bornes de leur métropole. La dernière de ces tentatives touche au temps de saint Césaire. Le pape Anastase s'était laissé convaincre de modifier en faveur d'Avit, d'une façon que nous ne connaissons pas, la décision de saint Léon. Eone, dès qu'il le sut mort, dépêcha au plus tôt sa réclamation au nouveau pape Symmaque [3], qui l'admit. C'est ainsi que Césaire se trouva, en entrant dans la succession de saint Trophime, à la tête d'un ressort métropolitain qui embrassait encore, malgré les nouvelles démarcations politiques, toute l'ancienne Viennoise moins les cinq diocèses dont Vienne était la tête [4].

1. Saint Hilaire pape, *Movemur ratione*. Migne, t. 58, col. 20.
2. Id., *Sollicitis admodum*, col. 28.
3. Symmaque, *Movit equidem*. — *Dilectionis tuæ litteras*. Migne, t. 62, col. 49, 50.
4. Cependant nous devons bien reconnaître et nous montrons plus loin que la situation de plusieurs de ces diocèses en territoire burgonde ôtait toute action effective à la métropole située en pays goth. Nous donnons ici la liste des évêchés suffragants d'Arles :

PROVINCE ECCLÉSIASTIQUE D'ARLES (25 évêchés).

I. — VIENNOISE.

1. Arles.
2. Avignon.
3. Carpentras.
4. Cavaillon.
5. Die.
6. Marseille.
7. Nice.
8. Orange.
9. S.-Paul-Trois-Châteaux.
10. Vaison.
11. Viviers.
12. Uzès (ci-dev. à la Narb. I).

II. NARBONNAISE IIe.

1. Aix.
2. Antibes.
3. Apt.
4. Fréjus.
5. Gap.
6. Riez.
7. Sisteron.

III. ALPES-MARITIMES.

1. Castellane.
2. Cimiez.
3. Digne.
4. Embrun.
5. Glandèves.
6. Rigomagus.
7. Senez.
8. Vence.

Le nouveau métropolitain n'était homme, ni à céder une parcelle de l'héritage qu'il tenait de ses prédécesseurs, ni à en remplir les charges négligemment. Zélé et scrupuleux dans le devoir comme il l'était, Césaire éprouva certainement de bonne heure, en considérant l'importance exceptionnelle de sa métropole, une excitation puissante à ne pas se renfermer exclusivement dans le soin de son église propre, et à exercer aussi sa vigilance et à faire sentir son autorité, dans les choses qui la réclamaient, au-delà des limites particulières de son diocèse.

En ce qui concerne le Vicariat lui-même, l'attitude silencieuse observée par Léon n'avait pas suspendu longtemps l'accomplissement du vœu exprimé par les partisans de la primatie d'Arles. Car le successeur même de Léon, Hilaire[1], s'était empressé de remettre en vigueur les privilèges de cette église par une décision qui était, en raison des circonstances, un trait de sagesse. Comme il voyait les Wisigoths et les Burgondes, également ariens, et les Francs, encore païens, maîtres d'une grande partie de la Gaule, où il ne restait plus guère à l'empire que deux tronçons informes entre Loire et Somme et entre les Cévennes et les Alpes, il avait jugé avantageux de centraliser à Arles, au point le plus solide de celui des deux tronçons qui se raccordait seul avec l'Italie impériale, la résistance de l'Eglise catholique, menacée par les mêmes ennemis que l'empire. Plusieurs irrégularités commises dans la provision de certains sièges épiscopaux, tant à Narbonne, où les Wisigoths venaient d'implanter leur domination, que sur plusieurs points de la Viennoise, où les Burgondes faisaient des progrès non moins décisifs, lui donnèrent l'occasion d'intervenir de ce côté, à la demande même des chefs de ces deux nations. Mais il ne le fit que pour déléguer l'examen des affaires contestées à l'évêque Léonce, successeur de Ravennius, en essayant de constituer autour de lui les provinces les plus voisines en une sorte de *monarchie* ecclésiastique qui étendît son influence sur les états politiques contigus. Le mot est du pape lui-même, qui prend soin de préciser d'ailleurs les attributions dont il veut que le chef de ce vice-royaume ecclésiastique soit investi. A lui le droit et le devoir de convoquer chaque année les autres évêques en concile, pour statuer avec eux sur les affaires contentieuses des églises ou sur la discipline ecclésiastique. Il a aussi le droit de recevoir en appel les plaintes des clercs ; il doit examiner avec le concours de deux autres métropolitains le bien fondé de ces plaintes, spécialement en ce qui a trait aux lettres formées dont les clercs ont besoin pour voyager hors du territoire de leurs églises respectives. Il doit enfin se conduire

---

1. Migne, t. 58, p. 24, etc..., Décrétales : 7, *Miramur* ; 8, *Quanquam notitiam* ; 10, *Etsi meminerimus* ; 11, *Sollicitis admodum*.

comme délégué du Saint-Siège dans tout ce qui intéresse la religion.

Malheureusement, Léonce n'était pas l'homme qu'il fallait pour remplir en Gaule les vues d'un grand pape. L'histoire ne mentionne de concile un peu imposant convoqué par lui que celui où fut jugé le prêtre Lucidus, accusé de prédestinatianisme par Fauste de Riez, et où se trouvèrent les métropolitains de Lyon et de Narbonne ; grand déploiement pour une petite affaire (475). D'ailleurs, Arles tomba l'année d'après au pouvoir des Wisigoths. Le faisceau des églises, que l'indépendance de cette ville avait pu maintenir, se désunit, et les hommes tranquilles qui présidèrent l'église d'Arles pendant les vingt années suivantes eurent assez à faire de se défendre eux-mêmes contre l'arianisme des nouveaux maîtres, sans pouvoir s'occuper de ce qui se passait chez leurs voisins. C'est pourquoi la primatie d'Arles, n'étant plus exercée, fut comme si elle n'existait plus. Mais il ne fallait que l'avènement d'un Césaire pour que son influence se fît de nouveau sentir. Avant même que Symmaque la remît au grand jour d'une déclaration pontificale, Césaire en retrouvait les titres clairement formulés dans les décrétales du pape Hilaire, qui l'avait traitée, prenant en cela le contre-pied de Léon, comme un attribut du siège, non comme une faveur attachée à la personne, et qui dût s'éteindre avec elle ; d'où il suivait que chaque nouveau titulaire du siège devait se considérer, sauf une révocation expresse, comme investi du pouvoir de primat, sans attendre qu'une nouvelle promulgation lui en eût été faite personnellement. Parmi les premiers actes de Césaire, il en est un au moins dont la portée montre qu'il comprit ainsi son pouvoir dès le commencement. Si le désir de se révéler comme chef d'une grande métropole peut suffire à expliquer de sa part une entreprise comme celle des statuts, le concile d'Agde, par contre, manifeste en lui, non le métropolitain, mais le primat des Gaules.

*
* *

Les statuts, que nous n'hésitons pas à attribuer à Césaire, appartiennent à un moment tourmenté de son épiscopat. Nous croyons qu'ils doivent être rapprochés d'une crise d'antagonisme assez aiguë qui éclata, au début, entre cet évêque et le roi Alaric II, et qui provoqua de la part de celui-ci un ordre d'exil. L'exposition de ces faits nous paraît avoir place ici.

L'opposition de race et de religion ordinaire entre Romains et barbares suffirait à expliquer la disgrâce encourue par Césaire. Cependant, cette opposition a revêtu chez les Wisigoths un caractère particulier qu'il est indispensable de connaître.

De tous les barbares qui ont vécu côte à côte auprès des Romains dans les pays d'Occident, les Wisigoths sont ceux qui ont le moins pris à cœur de justifier ce titre d'*hôtes* sous lequel ils étaient venus[1]. Obligés à une certaine retenue, pendant les premiers temps, par le semblant de force que l'empire leur montra en plusieurs circonstances, à peine le virent-ils renversé, et se virent-ils eux-mêmes en possession de la meilleure part de ses dépouilles, qu'ils donnèrent libre cours à leur morgue de vainqueurs, et ne craignirent pas de blesser les Romains à leur point le plus sensible, dans leur religion et leur droit. Le reste, ceux-ci le leur abandonnaient avec une certaine égalité d'âme. Obligés de partager leurs champs et leurs demeures avec ces étrangers, ils s'apercevaient à peine que les choses fussent changées, tant qu'ils voyaient leurs églises et leurs tribunaux occupés comme auparavant par les ministres de leur culte et leurs magistrats. L'offense qu'ils ressentirent de la violation de ces libertés essentielles fut aussi profonde que les blessures du patriotisme dans les âmes modernes, et exalta en eux le désir de la délivrance.

Placés dans ces conjonctures délicates, les rois qui se succédèrent à Toulouse, puis à Barcelone, ne surent pas assez résister à l'excès de l'amour-propre national et confessionnel pour s'élever au beau rôle de conciliateurs, tels que le comprirent, en Burgondie et en Italie, d'autres rois ariens comme eux, chefs de guerre pour leurs nationaux, héritiers des empereurs vis-à-vis des Romains. Le plus grand d'entre eux, celui qui porta le plus loin leur empire, Euric, sembla d'abord prendre à tâche de pousser à l'extrême le dissentiment entre ses deux peuples. Son manque d'égards envers les catholiques aquitains, sur des points du pays où il est difficile de lui accorder l'excuse de complots à punir, donna prise contre lui aux hommes qui veillaient sur les intérêts du parti, et le fit précéder dans la province d'Arles par ces fameuses lettres de Sidoine[2], qui l'ont immortalisé, avec des couleurs sans doute un peu trop broyées, sous les traits du persécuteur. Entré bientôt après dans ce dernier pays, y justifia-t-il les accusations apportées par ces lettres ? Eut-on ici, comme en Aquitaine, le spectacle d'évêques mis en prison ou envoyés en exil, d'évêchés laissés en déshérence et pour ainsi dire abolis après la mort des titulaires, de paroisses destituées de pasteurs, de basiliques fermées faute de clergé pour y exercer l'office divin ? Les légendes locales, qui ne manquent pas de détails sur une

---

[1]. Leur politique religieuse a été exposée avec impartialité par Revillout : *L'Arianisme des peuples germaniques*. La tendance moderne nous paraît être d'intervertir les rôles de parti pris, en donnant raison aux barbares, et en réservant tout le blâme pour les Gallo-Romains.

[2]. A Basile, évêque d'Aix, VII, 6, et à Grecus, évêque de Marseille, VII, 2.

semblable persécution, sont trop jeunes pour mériter créance, et Sidoine lui-même nous peint vers cette époque un Euric plus traitable [1]. Cependant, l'exil d'un personnage tel que Fauste [2], qui était l'évêque le plus justement révéré de la province, fait supposer que les vexations n'ont pas manqué de ce côté. Ce n'est pas non plus calomnier Euric que de lui imputer les premiers exemples de l'abus de procédure que nous signale un document ecclésiastique contemporain [3], en s'élevant contre le jugement des catholiques par les hérétiques, en d'autres termes, des Romains par les comtes Goths ; et on voit par là que ces infractions à l'autonomie judiciaire des Romains n'échappaient pas elles-mêmes à l'odieux de la persécution religieuse.

Ces procédés, dont les effets se faisaient encore sentir au temps où Césaire devint évêque, ne pouvaient ne pas émouvoir sa religion. Jeune, rempli d'un zèle que le maniement de l'autorité dans les monastères ne l'avait pas exercé à retenir, il entra, plus vivement que ses prédécesseurs n'avaient osé le faire, dans les souffrances et les ressentiments de ses fidèles, et surtout il s'attacha, dans ses prédications, à former leur conscience sur le partage de leurs devoirs comme catholiques et comme sujets. Faisant à ce propos une distinction que les hommes d'église ont coutume de faire dans toutes les conjonctures semblables, il disait qu'il fallait obéir au roi, dans les préceptes qui n'offensaient pas la conscience, mais que devant celles de ses lois qui avaient pour but de nuire à la religion catholique et de favoriser l'hérésie, il fallait se souvenir de la parole de l'Evangile : Rendez à César ce qui est à César, et à Dieu ce qui est à Dieu. Contre de semblables lois, l'opposition, de sa part, ne se bornait pas à l'abstention et au silence respectueux ; il n'hésitait pas, dans l'énergie de sa franchise, à parler de son mépris pour ce qu'il appelait « la perversité du dogme arien ». Cette attitude concentra nécessairement sur sa personne toute l'animosité confessionnelle des adversaires.

Mais ce ne fut point en faisant appel à ce sentiment que ceux-ci déterminèrent contre le chef des catholiques d'Arles l'explosion de la colère de leur maître. Alaric répugnait par tempérament à la politique de combat contre le catholicisme suivie par son père, et, sans doute, n'était-il pas sans faire de sages réflexions sur les avantages décisifs que cette religion venait de remporter dans les deux États voisins, au nord de la Loire par la conversion de Clovis, à l'est du Rhône par l'ascendant de l'évêque Avit sur le roi Gondebaud. Les adversaires de

---

1. Éloge en vers d'Euric, dans l'épitre 9 du l. VIII.
2. Lettre de Fauste à Félix.
3. *Statuta Ecclesiæ antiqua*, 30, ds. Migne, t. 56, p. 883.

Césaire piquèrent le ressentiment du roi avec un genre d'accusation qui manquait rarement son effet sur ces rois barbares, celle de trahison. Césaire était né en pays burgonde ; ses fonctions de métropolitain le forçaient d'entretenir des relations avec les catholiques de la partie méridionale de ce pays. L'idée de mettre ces relations en suspicion s'offrit naturellement. Le propre notaire de l'évêque, Licinius, consentit à lui donner corps en accusant formellement son chef de vouloir livrer la ville aux Burgondes. Il n'en fallut pas davantage pour déterminer Alaric à éloigner Césaire de sa métropole.

Cette imputation et l'importance qu'Alaric lui donna aussitôt nous prouvent que les relations politiques, déjà passablement brouillées avec Clovis, ont pris une tournure non moins menaçante du côté de Gondebaud. Quel sujet de plainte unit maintenant les deux ennemis de l'an 500 contre leur commun voisin ? Peut-être est-ce le rôle équivoque que ce prince avait joué entre eux dans cette guerre, où l'on démêle confusément qu'après avoir sympathisé tour à tour avec Gondebaud, en acceptant la garde des prisonniers faits par lui sur les Francs, et avec Clovis, en lui renvoyant ces prisonniers [1], il se serait adjugé pour sa part d'arbitre la clef de la Burgondie, Avignon [2]. Quoiqu'il en soit, la guerre qui devait éclater en 507 lui fut annoncée plusieurs années d'avance par l'attitude des deux princes [3], du côté de Clovis par des menaces déclarées et des paroles fières, qu'Alaric, son égal par l'âge et la fierté, lui renvoyait avec la même intempérance ; du côté de Gondebaud, par une hostilité sourde et calculée. Celui-ci, n'osant, par crainte du voisinage de Théodoric, se déclarer ouvertement pour Clovis, le poussait secrètement à la guerre, espérant profiter de celle-ci pour reprendre les territoires, situés à l'ouest du Rhône et au sud de la Durance, que ses prédécesseurs avaient gouvernés autrefois comme patrices des empereurs, et que le victorieux Euric leur avait enlevés pour en faire les annexes de son royaume [4].

Au milieu de ces obscures questions de rivalité, nous ne prétendons pas définir la part de tort qui revient à chacun. Le tort le plus certain d'Alaric fut de faire retomber sur ses sujets romains le mal que lui voulaient ses ennemis. Après avoir beaucoup gémi sur la persécution déclarée

---

1. Grég., *H. F.*, II, 33.

2. Conjecture vraisemblable d'Jahn, sur ce qu'Avignon, après avoir servi de refuge à Gondebaud en 500, se trouve représentée avec les autres cités d'Alaric au concile d'Agde en 506. Nous y joindrions *Ugernum* (Tarascon), qu'Alaric détient aussi à cette époque, bien que la Table de Ravenne l'attribue aux Burgondes.

3. Bien indiquée par les lettres de Théodoric, Cassiod., *Var.*, III, 1-4.

4. Les allusions aux prétentions et espérances de Gondebaud sont signalées par Jahn (II, 225) dans les lettres d'Avit 40, 82, 84.

du roi Euric, les catholiques en étaient parfois réduits à se demander si elle n'était pas préférable à l'imprévu des mesures de rigueur auxquelles son fils était poussé par une susceptibilité excessive. Pour se défendre de celle-ci, le fils de Sidoine, que l'amour du pouvoir avait fait s'engager parmi les Romains au service d'Alaric, eut besoin alors de toutes ses influences[1]. Elle fut particulièrement redoutable pour les évêques des diocèses placés sur les deux frontières. Il suffisait que la métropole de Tours, sur la Loire, eût son ressort ecclésiastique de l'autre côté, chez les Francs, pour que chaque titulaire qu'elle nommait devînt aussitôt un homme suspect aux yeux d'Alaric, et dût se tenir prêt à prendre bientôt le chemin de l'exil ; après Volusien[2], mort en exil, c'était maintenant le tour de son successeur Vérus, relégué au pied des Pyrénées, et il est probable que plusieurs autres évêques de cette frontière partageaient alors le même sort. Comme celle de Tours, la métropole d'Arles confinait à une ligne de démarcation politique, la Durance, qui la séparait d'une grande partie de ses diocèses suffragants ; cette situation donnait quelque apparence à l'accusation dirigée contre le métropolitain. Ce qui met ici le souverain en butte à la sévérité de l'histoire, c'est moins encore la crédulité irraisonnée et toute barbare avec laquelle il accueille, au premier bruit, ces imputations contre des personnages qu'il ne connaît pas autrement, que le mépris despotique de toutes les formes de la justice dont il fait preuve envers les accusés, en les condamnant sans enquête, sans production de témoins et sans jugement, à une peine des plus graves. Rien n'accuse mieux ce détestable procédé, que la façon dont on agit envers Césaire, qu'un ordre brutal envoya à Bordeaux, à l'autre extrémité du royaume, sans que celui qui en était victime eût eu le temps ou la faculté de se disculper.

Mais heureusement, à l'égard de Césaire, les préventions du prince ne subsistèrent pas longtemps. Nous ne savons au juste quelles influences contribuèrent à les dissiper. Sans doute, parmi ceux qui approchèrent de l'exilé, y eut-il de hauts personnages gallo-romains, il n'en manquait pas dans l'entourage d'Alaric, qui lui ménagèrent une rencontre avec ce dernier, et donnèrent ainsi à l'un et à l'autre l'occasion de se mieux connaître. On rencontre à Bordeaux, justement pendant l'exil de Césaire, l'évêque de Limoges Rurice. Personnage sénatorial, lié avec les fonctionnaires supérieurs de la Cour de Toulouse, et qui fut l'ami de tous les évêques d'Arles, il était qualifié pour être un de ces médiateurs[3]. Le revirement qui se fit dans la pensée d'Alaric fut si prononcé, qu'il fallut

---

1. Saint Avit, lettres 45 et 46, écrites après 500.
2. Grég., *H. F.*, II, 23, 26, et X, fin.
3. Migne, t. 58, p. 108, lettres de Rurice, II, 32..

toute la force de l'intervention de Césaire pour arracher le notaire qui l'avait trahi à la lapidation, le supplice des calomniateurs. Quant à l'évêque, il fut renvoyé dans son église après un temps d'exil qui dut être très court. Il n'y revint pas seulement couronné de l'auréole du confesseur ; mais, ce qui était une compensation inespérée de son épreuve, c'est qu'il rapportait les gages de la pacification religieuse, et entre autres libertés rendues à l'Église, celle de réunir un grand concile national de toute la Gaule wisigothique[1]. Le concile d'Agde allait donc lui permettre de compléter presque aussitôt et d'étendre l'œuvre des *statuts*.

*
* *

Les *statuts* sont un résumé des collections primitives conservées dans les archives d'Arles, rédigé au point de vue de la discipline, avec prédominance de l'élément arlésien. Le souci de mettre en formules et de codifier les règles de la discipline ecclésiastique a été beaucoup plus tardif en Occident qu'en Orient. C'est seulement à partir du Ve siècle qu'il se manifeste dans l'Église gallo-romaine, par l'initiative des évêques et du clergé d'Arles[2]. A ce moment de grand développement pour l'Église de Gaule, la connaissance de ce qu'a déjà produit, en matière de morale et de discipline chrétiennes, l'esprit des Grecs, plus curieux et plus éveillé en toutes choses que celui des Occidentaux, fait sentir dans cette Église l'insuffisance des anciennes règles usitées dans le gouvernement des âmes. A la simple discipline de l'Évangile, qui avait suffi à maintenir l'ordre au sein de ses communautés, pendant la longue période où elles étaient restées relativement peu populeuses, et partant plus ferventes, elle est amenée à son tour à ajouter des dispositions de plus en plus complexes, appropriées à la multitude toujours croissante et à la diversité de plus en plus marquée de ses éléments. C'est ce qui explique l'empressement qu'elle manifeste, à partir du Ve siècle, pour les études et les travaux relatifs à la discipline. La métropole d'Arles prit l'initiative de ce mouvement. Elle s'appliqua d'abord avec beaucoup d'ardeur à collectionner les sources de la discipline suivie dans les églises des autres pays. Un simple examen de la collection Quesnel, dont il a été parlé plus haut, montre dans quel esprit elle a procédé à ce travail. Conciles grecs, conciles africains, décrétales des papes ont également capté son attention. Non toutefois qu'elle ait attribué à tout ce qui entrait dans ce recueil la même force de commandement

---

1. La lettre citée ci-dessus prouve que le projet de ce concile fut dressé à Bordeaux même.
2. Concile de Riez, c. 1 : « inveniabile sacerdotem sacerdotalia statuta nescisse ».

sur la conscience chrétienne. Parmi les conciles grecs, celui de Nicée, avec lequel les collecteurs gallicans avaient fondu la partie préceptive de celui de Sardique, était encore tenu, au temps de l'évêque Hilaire [1], pour l'unique document de droit canon faisant strictement loi en Gaule, en dehors des statuts locaux. Après lui, on prêtait aussi une grande attention aux décrétales des évêques romains, surtout à celles d'entre elles qui avaient été destinées à la Gaule, sans toutefois leur attribuer un caractère d'obligation aussi rigoureux que celui auquel ces décrétales semblaient prétendre. Quant aux conciles grecs autres que Nicée et aux conciles africains, on les recueillait, suivant l'exemple donné par l'église de Rome [2], comme pièces bonnes à consulter, sans se croire obligé de se conformer au détail de leurs prescriptions. On peut être certain que Césaire s'appliqua à l'étude et à la réalisation des préceptes contenus dans ces documents, que ses prédécesseurs avaient centralisés dans les archives de son église [3], avec tout le respect et tout le zèle auquel on l'avait habitué à Lérins pour tout ce qui représentait la tradition des anciens Pères.

C'est là une partie seulement des instruments d'étude que l'auteur des statuts [4] a eus en mains. La matière qu'il en a extraite représente dans son travail la part empruntée à l'étranger, emprunt peu important, si l'on veut, mais cependant remarquable, comme première manifestation de foi dans l'église de Gaule en faveur de la solidarité disciplinaire de toutes les églises et de l'universalité du droit canon. Mais l'Église de Gaule, l'église d'Arles en particulier, avait aussi une discipline indigène, et le culte dont elle l'environnait, l'importance toute spéciale qu'elle y attachait, se témoigne à nous par le soin qu'elle prit de tenir un recueil séparé des conciles où cette discipline avait été élaborée [5]. Dans le recueil spécial à son église, saint Césaire trouvait d'abord, pour le IVe siècle, les deux conciles d'Arles 314, et de Valence 374, n'offrant guère, il est vrai, à ses recherches, que des sentences rendues sur des questions d'actualité, et peu de ces dispositions d'une application universelle que l'on désignait, d'après les Grecs, du nom de *canons*. Ceux-

---

1. Ses conciles ne se réfèrent jamais à une autre source.
2. Innocent, ep. 5. *ad. Theoph. Alexand.*, Migne, t. 20.
3. V. nos *Sources*, p. IV.
4. Migne, t. 56, col. 879. Comparer : Laodicée, (Quesnel, § LX), c. 20-22, avec st. 59-60 ; c. 33, st. 82 ; c. 36-38, st. 83 ; c. 40, st. 9 ; c. 53-54, st. 75 ; Hippone, a. 393 (Q. § II) le 16e des *tituli*, st. 27 ; Gangres (Q. § V), c. 1, avec prolog. des st. « si nuptias damnet » ; c. 17, st. 77 ; Antioche, a. 341 (Q. § LIX), c. 2 (fin), st. 40 ; Néocésarée (Q. § IV), c. 11 (âge des prêtres fixé sur l'âge parfait de J.-C.), st., prolog., fin (âge des évêq. s. l'âge de J.-C.).
5. V. nos *Sources*, p. V.

ci, Césaire les rencontrait dans les conciles arlésiens du V⁰ siècle : dans le concile de Turin, étranger seulement par le lieu, mais gallican et arlésien par les questions traitées et par la déférence dont il était l'objet de ce côté-ci des Alpes [1] ; puis, dans les trois conciles présidés par Hilaire à Riez, Orange et Vaison. Dans le premier, il trouvait définies, ou du moins déjà indiquées, les règles relatives au droit métropolitain, aux ordinations épiscopales, à la continence du clergé. Dans ceux d'Hilaire apparaissaient une législation déjà plus détaillée et un essai remarquable de réunions périodiques de tout l'épiscopat local pour la confection d'un programme de discipline commun. C'est cette discipline locale que Césaire adopta comme fond essentiel de ses statuts [2], en s'efforçant de la rapprocher du mieux qu'il put de la discipline générale des églises d'outre-Monts, et en y introduisant les atténuations ou les renchérissements qui lui semblèrent réclamés par les exigences des temps modernes.

Mais d'abord, il importe de montrer la main de Césaire dans cette œuvre anonyme, que l'inadvertance d'un copiste a même fait placer, dans un certain nombre de recueils, sous l'invocation du concile de Carthage de 418 [3]. Loin d'appartenir à l'Afrique, l'œuvre, arlésienne par le fond, porte des indications de lieu qui ne peuvent guère convenir qu'à Arles. Telle est, par exemple, celle qui ressort de la divergence géographique entre le statut 22 et son original le canon 2 de Vaison au sujet des pénitents qui étaient surpris par la mort avant leur réconciliation. Le concile avait prévu le cas de mort subite survenue dans les champs. Le statut met à la place les accidents survenus en mer, et nous transporte ainsi d'un milieu continental dans un centre de grande activité maritime, comme était la ville d'Arles. C'est le genre d'accident que Césaire place toujours en première considération dans ses sermons contre le délai de la pénitence. Le statut 33 nous montre cette ville de mer livrée à la fureur des spectacles au point de négliger les solennités de l'église. C'est un abus contre lequel Césaire a prêché souvent. Le regard ne perçoit-il pas à travers ce statut une vision d'Arles chrétienne entre ses deux tentateurs païens, encore en partie debout aujourd'hui, le Théâtre et les Arènes ? On peut voir enfin une dernière indication géographique

1. M. l'abbé Duchesne (ouvrage cité) montre qu'au IV⁰ siècle les églises de cette partie de la Gaule s'orientent vers Milan, la nouvelle capitale d'Occident.

2. Leur dépendance des conciles arlés. a été mise hors de doute par M. Maassen.

3. L'inadv. a été commise en vue d'un recueil qui insérait les *Statuta*... à la suite de ce concile de Carthage. Dans le vieux m. s. de Corbie (Maassen, p. 563), ils viennent entre la série des conciles étrangers et celle des conciles gallicans. Il n'y a là aucune indication extrinsèque pour la paternité de Césaire.

assez précise dans un statut emprunté au grand concile d'Arles de 314, qui prescrit de fêter partout Pâques le même jour. La vigilance du chef de l'église d'Arles était naturellement portée sur ce point par la position de sa ville épiscopale, qui était le bureau intermédiaire et en quelque sorte canonique des lettres pascales entre Rome et la Gaule.

L'auteur était donc Arlésien. La supposition qu'on ait affaire à un fidèle ou à un clerc subalterne de cette ville s'adonnant en amateur au goût de collectionner est repoussée par le caractère même de l'œuvre, et ne saurait se concilier avec le fond, le ton et la forme de cette dernière. Le choix exclusif, à travers l'ancienne discipline, des dispositions purement actuelles, un cachet de simplicité toute pratique et de netteté incisive, un esprit de vigilance qui se répand, non sur une seule église ayant ses parties constituées, clercs des divers ordres, veuves, pénitents, mais sur les alentours mêmes de l'église, juifs, hérétiques, excommuniés, et même sur le corps épiscopal tout entier, tout cela indique un auteur qui vise à l'utile, et qui a charge d'âmes, non seulement dans une grande église, mais dans toute une province ecclésiastique. Nous devinons ainsi derrière les statuts la main d'un évêque d'Arles, dont il reste à déterminer le temps.

L'auteur ne peut être postérieur à saint Césaire, au temps duquel les statuts commencent à faire le tour des recueils ; mais il est sensiblement postérieur à saint Hilaire, dont il a copié la discipline, avec quelques modifications d'un caractère plus avancé. Un premier amendement à la discipline contemporaine de saint Hilaire est offert par le règlement concernant la pénitence administrée *in extremis*. Le premier concile d'Orange (c. 3), que les statuts ont manifestement copié, avait consacré une pratique traditionnelle en Gaule, consistant à administrer le viatique aux malades qui avaient reçu la pénitence à la dernière extrémité, sans les réconcilier par l'imposition des mains « *sine reconciliatoria manuum impositione* ». Les statuts (20) prescrivent au contraire de réconcilier le moribond avant de lui donner le viatique. C'était l'usage romain et africain. L'adoption de cet usage, qui mitigeait la pratique locale, convient tout à fait bien à Césaire, dont nous verrons la miséricorde à l'égard des fidèles moribonds contraster nettement avec les idées professées avant lui et autour de lui dans la province. En progrès est aussi le statut (11) relatif aux mutations d'évêchés. Pendant longtemps, l'Église occidentale avait condamné ces mutations comme constituant des divorces spirituels avec la première église épousée par l'évêque. Encore vers 460, il y avait eu grand scandale lorsque l'évêque Hermès, repoussé par ses diocésains de Béziers, s'était transféré dans sa cité natale de Narbonne, bien qu'il y fût appelé par le suffrage de ses concitoyens ; c'était même la première affaire pour laquelle le pape Hilaire eût remis en mouvement la primatie d'Arles. Mais les règles se plient avec le temps. Après que la chute de l'Empire d'Occident, qui survint, eut laissé l'épiscopat gallican partagé entre plusieurs gouvernements jaloux les uns des autres, on vit se multiplier les cas analogues à celui d'Aprunculus, qui, se trouvant en butte, comme évêque de Langres, aux soupçons des Burgondes, s'enfuit dans le royaume wisigothique, où il reçut l'évêché d'Auvergne[1]. Il devenait donc naturel d'admettre ce qu'on ne pouvait plus empêcher, en exigeant seulement, pour ces translations, les garanties des élections ordinaires, c'est-à-dire le suffrage de la cité où l'on était transféré et l'approbation du synode provincial. C'est la jurisprudence consacrée par les statuts.

Voici une date d'une extrême précision. Plusieurs statuts (30, 70, 72, 80, 81, 82) accusent en termes on ne peut plus clairs la présence de l'hérésie, et d'une hérésie d'État : car elle est représentée par des fonctionnaires, des *judices* ; elle a ses églises, ou plutôt, dit le rédacteur avec une horreur non dissimulée, ses convents du diable « *concilia diaboli, non ecclesias appellanda* », et elle persécute. Cet état de choses nous reporte sûrement après l'année 480, date approximative de l'occupation de la province par le roi des Wisigoths, Euric. Il est peu probable cependant que ce prince, à peine entré dans Arles, se soit empressé d'y persécuter à outrance, d'autant moins qu'on nous signale justement à cette époque un amendement notable dans sa conduite. Les documents qui nous ont renseigné sur les temps de Léonce et d'Eone, prédécesseurs de saint Césaire, et le caractère effacé de ces évêques, ne donnent pas d'ailleurs l'idée d'une crise de persécution, encore moins d'un épiscopat s'attaquant corps à corps avec elle. Au contraire, cette situation, représentée par les statuts, répond parfaitement aux commencements de l'épiscopat de Césaire. On a vu avec quelle facilité Alaric épousa dès l'abord la haine toute personnelle jurée à cet homme de Dieu par les ariens d'Arles. Semblables persécutions se renouvelleront contre lui dans les commencements de la domination de Théodoric, qui en fera, il est vrai, complète justice. Ces assauts répétés nous disent assez qu'il n'avait pas craint, peut-être pas assez craint, de dire leur fait aux ariens. L'exil ne fit point taire sa franchise, puisqu'à Bordeaux même, lieu de sa première relégation, il ne se gênait pas pour distinguer tout haut « entre l'obéissance qu'il croyait devoir au roi comme successeur de César, et son mépris pour l'hérésie, même couronnée ». Voilà bien l'homme qui mieux qu'Eone et que Léonce, prélats

---

1. Auj. Clermont-Ferrand. Grég., *H. F.*, II, 24.

d'humeur pacifique, a eu l'audace, comme les statuts l'indiquent, de traiter les assemblées des ariens de convents du diable, d'honorer et de nourrir à ses frais ceux qu'ils persécutaient, et de faire le désert même autour de leurs tribunaux, en interdisant aux fidèles comme aux clercs d'en appeler à des magistrats hérétiques.

Il y a donc là un premier trait personnel. Ce n'est pas le seul, et il est permis de creuser plus avant la personnalité de l'auteur des statuts.

Ainsi, l'œuvre débute par une série, écrite pour les évêques, où transpirent la franchise et la vigueur du successeur d'Eone. Il s'en fallait de beaucoup que la dignité épiscopale fût attribuée exclusivement, à cette époque, à l'élite, aux vétérans du clergé. Elle était souvent obtenue par des laïcs puissants, par des fonctionnaires, qui faisaient par elle leur entrée dans le clergé, en passant par dessus la foule des prêtres et des diacres arrivés à leur grade par l'échelle hiérarchique. Quoi d'étonnant, si les hommes ainsi promus apportaient dans le haut clergé des manières peu évangéliques: régnant dans leurs diocèses comme au sein de petites monarchies, écrasant leurs clercs, et même leurs prêtres, du faste de leur dignité, ordonnant qui bon leur semblait sans souci des canons, jugeant et condamnant arbitrairement clercs et fidèles, usant et disposant en propriétaires absolus des biens des églises, et cherchant à se pousser à des évêchés plus élevés ? Tel est le tableau que les statuts font de ces évêques. Il est digne d'avoir été tracé par la main de Césaire, qui lutta toute sa vie contre des abus du même genre, et qui fut pour ses confrères, son histoire nous en convaincra, un censeur intrépide et impitoyable, et on pourrait dire, un métropolitain peu commode.

Spécifiant les occupations dans lesquelles l'évêque doit se concentrer personnellement, l'auteur des statuts professe sur ce point les mêmes idées que Césaire[1]. Il veut que l'évêque abandonne toute l'administration temporelle de son église à ses officiers ecclésiastiques, pour s'adonner tout entier à la méditation de la parole de Dieu, à la lecture et à la prédication. Notons aussi ce goût exclusif pour la lecture et la prédication comme une correspondance singulière avec Césaire. Au sujet de la prédication, la correspondance peut se pousser plus loin. L'auteur des statuts admet le droit des prêtres, ou du moins des curés de paroisse, à prêcher ; on verra que c'est Césaire qui a consacré ce droit. Il exige (st. 31), de même que Césaire, une conscience scrupuleuse et un grand empressement en ce qui regarde la parole de Dieu, aussi bien de la part des fidèles pour l'entendre que des pasteurs pour la dispenser.

---

1. *Vit. Cæsar.*, l. I, c. 2, n° 13.

Contre les fidèles qui affecteraient le dédain à cet égard, il fulmine une sentence terrible : « Si quelqu'un sort de l'église au moment de la prédication, qu'il soit excommunié. » Ne perçoit-on pas, à travers ces paroles, un écho du courroux dont Césaire nous a donné la preuve en présence d'un fait semblable ? Encore au concile d'Agde, il crut devoir mettre une menace en faction à la porte de l'église, et le canon 47ᵉ invita les évêques à confondre publiquement ceux qui sortiraient avant la messe terminée.

N'est-ce pas surprenant que ces trois coïncidences, sur le seul sujet de la prédication, entre l'auteur des statuts et saint Césaire ? Voici un trait plus personnel encore ; c'est l'ascétisme, et un ascétisme d'une espèce toute particulière : « Que l'évêque n'ait que des meubles de vil prix, une table et un genre de vie pauvres, et qu'il ne cherche d'autre éclat que celui de sa piété et de ses vertus » (st. 4). L'évêque qui a rédigé les statuts, car il n'est pas douteux que ce ne soit un évêque qui les ait rédigés, est donc un ascète, et il paraît croire que tous ses collègues doivent, comme lui, se vêtir de laine grossière, vivre de pain et de légumes, et loger dans un vil mobilier. On reconnaît bien à cette austérité monacale l'ancien cellerier de Lérins, qui régla de telle façon l'ordinaire du couvent, qu'il n'y eût qu'un cri pour réclamer son changement ; le cénobite sévère pour lui-même encore plus que pour les autres, qui, après s'être réduit par l'excès de ses macérations à la nécessité de quitter son cloître, élu évêque d'Arles, s'offrit à la vue de tous comme le plus pauvre de son clergé.

Le rédacteur des statuts laisse un peu plus loin une marque de son cœur : « Que les pauvres et les vieillards de l'église soient honorés plus que les autres » (st. 32), c'est-à-dire, plus que les pauvres et les vieillards qui ne sont pas de l'église. Les pauvres de l'église sont les pauvres volontaires et les nécessiteux entretenus d'une façon régulière par l'église. Césaire a adressé aux riches, en faveur de ces profès de la pauvreté, qu'il appelle « les pauvres du Christ, » et des pauvres en général, des appels réitérés et chaleureux.

Une des considérations qu'on trouve développées au sujet des premiers, dans un de ses sermons [1], est la nécessité où seront les gens d'église, si les riches ne les secourent, de se concentrer dans les travaux terrestres plus qu'il ne convient à leur profession. Tout en admettant pour la profession cléricale ou monastique l'honorabilité du travail, même manuel (st. 29), il croyait que les soins relatifs au service de Dieu devaient y primer tout le reste, et rien ne l'affligeait comme d'entendre

---

1. Migne, t. 39, append., serm. 307.

des hommes voués à Dieu, voire des pasteurs d'église, s'excuser de leurs devoirs d'état les plus essentiels sur le profane prétexte de pourvoir, par leur travail, à leur subsistance et à celle de leurs pauvres [1]. Nous trouvons justement la même considération condensée dans un statut : « Que les clercs cherchent leur subsistance dans l'industrie ou l'agriculture sans négliger les devoirs de leur profession. »

L'ascétisme s'est rarement défendu contre un mouvement de défiance pour la littérature païenne, cette grande séductrice des esprits et des cœurs. On n'est donc pas extrêmement surpris que notre collecteur ait un statut contre la lecture des païens (st. 5). Cependant, si on considère que la littérature avait été longtemps cultivée à Lérins, qu'elle était encore honorée autour de Fauste, d'Avit, d'Eone, qui précèdent immédiatement Césaire ou ont vécu de son temps, on ne trouve guère que ce dernier qui ait pu dénoncer d'une façon si catégorique, dans un texte de droit ecclésiastique, le divorce avec l'étude des anciens.

On a dit plus haut l'effet regrettable que ce dédain pour la littérature a produit sur le style de ses œuvres. Celles de Fauste, d'Avit, de l'ex-rhéteur Pomère, dénotent encore une certaine entente de la phrase latine, et un certain souci de la correction. Mais dans Césaire, toute la construction se désagrège, et il ne reste plus trace de l'ancienne élégance.

En comparant son style avec celui des statuts, on aperçoit une ressemblance frappante, accusée non seulement par l'incorrection commune des deux styles, mais par un grand nombre d'expressions et d'idiotismes de même famille [2]. Même un statut, le 84e, qui formule l'interdiction d'admettre aux ordres les pénitents, se trouve rapporté textuellement dans la lettre circulaire de Césaire à propos du procès de l'évêque Contumeliosus. C'est pour nous l'équivalent d'une signature.

On pourrait presser la comparaison pour chacun des statuts. Qu'il suffise d'avoir rapproché les traits les plus originaux. Les statuts ont donc été rédigés à Arles dans le temps d'une occupation et d'une persécution ariennes qui existaient certainement au temps de Césaire, sans lui être beaucoup antérieures, et par un homme qui présente toutes les faces du caractère de cet évêque connues par l'histoire. Cet homme est, comme Césaire, constitué en dignité, intrépide devant la persécution, vigilant sur la discipline, d'une volonté ferme dans la correction des abus, voué à l'ascétisme, et également prévenu contre les pompes et les commodités de la vie, et contre les séductions de la littérature et les ajustements de l'expression. Nous trouvons d'ailleurs des

---

1. Admonition aux évêques, à notre appendice.
2. Nous faisons le rapprochement des deux styles à notre appendice.

coïncidences exclusives ou très singulières entre les vues, les goûts, les façons de parler du rédacteur et celles du saint évêque d'Arles. Dès lors, refuser à ce dernier la composition des statuts serait plus téméraire que de la lui attribuer.

Deux articles de la collection obligent de la rapporter tout à fait au début de l'épiscopat de Césaire. Le premier dispose que tout acte d'aliénation des terres ecclésiastiques fait par l'évêque doit être consenti et contresigné par ses clercs (50). Cette formalité, conforme à l'usage romano-africain, n'a pu être prescrite par Césaire après le concile d'Agde, qui en prescrivit une un peu différente, en exigeant, au lieu de la signature des clercs, celle des évêques les plus voisins. Encore moins a-t-elle pu suivre l'arrivée à Arles des canons des conciles de Symmaque, qui interdirent absolument toute sorte d'aliénation des biens d'église. Le début de l'épiscopat de Césaire est aussi indiqué dans les statuts par l'animosité religieuse qui a dicté plusieurs d'entre eux. L'histoire du concile d'Agde nous montrera qu'à ce moment l'état des esprits était complètement pacifié, et que le premier élan du zèle de l'évêque d'Arles avait été déjà bien adouci par les leçons de l'expérience. Il est vrai que les difficultés devaient renaître momentanément après l'entrée des Ostrogoths dans la province, mais on peut être sûr que la provocation n'est pas venue de Césaire. C'est d'ailleurs une époque où les statuts n'avaient plus du tout la même raison d'être qu'avant le concile d'Agde. Il reste à étudier l'ordonnance et le détail de cette œuvre.

Césaire veut que les règles de discipline qu'il trace ici soient appliquées par les évêques ; c'est pourquoi la première et la majeure partie des statuts concerne ces dignitaires (p. 18). En tête est un résumé des points de dogme sur lesquels on doit interroger l'évêque au moment de son ordination ; puis vient le défilé des statuts, et, comme conclusion (90-102), un rituel des ordinations et consécrations sous une forme très abrégée, mais d'une identité frappante avec le rituel encore en vigueur aujourd'hui. Le tout se présente ainsi comme un *bréviaire* des devoirs de l'évêque, et cet ordre des matières montre une fois de plus la main d'un haut dignitaire de l'Église.

Ce qui frappe davantage dans la série importante où l'auteur s'occupe directement des évêques (1-18), c'est le contre-poids qu'il s'efforce d'opposer chez eux à l'abus du pouvoir. Dans la plupart de ces articles percent son appréhension des abus du pouvoir ecclésiastique et son opposition bien arrêtée au gouvernement absolu de l'évêque. Aussi attaque-t-il sur tous les points les actes arbitraires de l'évêque, en faisant intervenir, pour toutes les décisions importantes, les deux conseils dont le rôle était défini par les canons de l'antique église : le *synode*, ou l'assemblée des évêques de la province ; le *presbyterium*, ou le conseil des prêtres de la cité. Le premier est interposé pour empêcher l'évêque de s'imposer dans une église par des voies illégitimes, ou de se transférer de lui-même de l'église où il a été élu à une autre église qui lui plaît mieux. Il juge les différends personnels de l'évêque avec un de ses collègues ou avec ses clercs ou ses diocésains ; il casse les abus de pouvoir qu'il a commis envers ses subordonnés ; il le dépose lui-même, en cas de prévarication. L'évêque doit aussi recevoir du collège de ses frères la règle de la foi et de la discipline. C'est pourquoi Césaire ne lui permet de s'absenter du synode que pour des causes d'empêchement grave, et, dans ce cas, il l'oblige à se conformer à l'usage, institué par les précédents conciles de la province[1], de se faire représenter par un membre de son clergé ; c'est d'après l'interprétation la plus rigoureuse de ce statut qu'il procédera lui-même comme président du concile d'Agde.

Dans son église, l'évêque est tenu, sous peine de nullité ou d'invalidation des actes qu'il accomplit, de s'entourer et de s'aider du conseil de ses prêtres, et quelquefois de l'assemblée de tout son clergé, soit qu'il établisse la liste des nouveaux ordinands, soit qu'il exerce ses fonctions de juge, soit qu'il projette quelque emploi inusité des biens de son église. Sur ce dernier point, les statuts ont prêté au concile d'Agde la grande maxime qui doit dominer à jamais le régime des biens d'église, à savoir, que l'évêque n'est pas le propriétaire, mais le simple administrateur de ces biens (stat. 15). Afin d'assurer l'intégrité de cette administration, l'auteur des statuts remet en vigueur le droit de contrôle et de suffrage attribué au clergé des cités par l'ancienne pratique des églises, en attendant que le concile d'Agde décrète à son tour d'autres précautions plus sérieuses.

Après les devoirs personnels de l'évêque, Césaire retrace ceux qu'il doit faire observer par ses clercs (25-29). A l'égard des prêtres, ses statuts portent la marque d'un profond respect, qui est un témoignage du mérite de ces vétérans du clergé, éprouvés par un long stage dans les ordres inférieurs, ce qui est particulièrement flatteur pour les prêtres du clergé arlésien. Ce respect ne se traduit pas seulement par l'importance qu'on a vu attribuer plus haut au Conseil des prêtres, mais par des égards touchants, et qui s'inspirent d'un véritable esprit de confraternité : « Que l'évêque ne souffre pas que ses prêtres se tiennent debout

---

1. Orange I, c. 29.

pendant qu'il est assis... » « Qu'il ait à l'église un siège un peu plus élevé que les prêtres, mais que chez lui, il se considère comme leur collègue. » Ces avis, qui ont ici la forme sèche de statuts, prennent vie dans les récits des biographes de Césaire, dont l'attitude et le langage témoignent toujours, lorsqu'il s'agit des prêtres, de sa profonde considération pour leur caractère.

A côté de cela, Césaire montre un grand soin de la bonne tenue du clergé. Désirant le rendre le plus étranger que possible aux mœurs et aux habitudes des laïques, il ne craint pas d'entrer dans le détail de tout ce qui le concerne. Dans le costume, il veut que la simplicité seule fasse distinguer les clercs. Libre au peuple de s'éprendre pour la barbe et les cheveux longs des barbares ; pour eux, ils doivent avoir le visage rasé et les cheveux coupés courts, suivant l'ancien usage romain (st. 25). Aucune autre marque particulière, encore au temps du concile d'Agde, n'affectait leur chevelure, et la tonsure miraculeuse avec laquelle Grégoire de Tours fait naître saint Nicet de Trèves, contemporain de Césaire, semble être un léger anachronisme ; toutefois ce signe distinctif de la profession cléricale apparaît peu après. Césaire n'oublie pas les lieux et les sociétés où le caractère propre du clerc peut être atteint plus ou moins gravement par le contact des laïques ; il lui interdit la fréquentation des foires, du forum, des places publiques, même sous peine de dégradation, hors les cas de nécessité ; de même celle des noces et festins, du moins il lui défend de mêler sa voix aux airs profanes qu'on y chante.

Césaire ne paraît pas avoir eu sujet de rappeler aux diacres et aux prêtres mariés de la province le précepte de continence mis en vigueur précédemment par les conciles de la région, depuis celui de Turin. C'est un point où le clergé aquitain lui donnera, au concile d'Agde, moins de satisfaction.

La situation des clercs mariés faisait passer alors presque inaperçu un grave abus, qui serait jugé aujourd'hui très scandaleux : il s'agit des unions libres de certains clercs avec des filles ou des femmes, qu'ils assuraient considérer comme leurs sœurs spirituelles. Césaire, autour de qui plusieurs faits de cette nature se produisaient encore[1], réclame contre eux la rigueur des canons (st. 27).

Son attention se porte ensuite sur les occupations des clercs. L'état de fortune des églises ne se prêtait pas encore à une application littérale du principe que le ministre de l'autel doit pouvoir vivre de ce qui est offert sur l'autel. Les statuts laissent donc à tout clerc valide la tâche

---

1. Pomère, II, c. 4, § 2.

de compenser par son travail l'insuffisance du *stipendium* qui lui est attribué sur les revenus de l'église, après qu'on a fait sur ceux-ci la part des pauvres, des *peregrini*, des infirmes, et des divers assistés de l'église. Il n'a peut-être pas une santé assez robuste pour exercer un des grands métiers, ou pour conduire la charrue sur la terre qu'il tient de son patrimoine, s'il est riche, ou que l'église est toujours disposée à lui concéder à précaire, s'il est pauvre. Mais il peut s'adonner à quelqu'un des petits métiers, faire le petit commerce, apprendre à transcrire les manuscrits en beaux caractères. Tout métier honnête lui est permis, qui ne le retient pas aux heures de service qu'il doit à l'église.

Césaire n'a garde d'oublier les vertus plus intimes dont les clercs devront se montrer imbus. Celles auxquelles il donne une mention spéciale sont les mêmes que dans sa Règle aux moines : la soumission envers les supérieurs, la charité et la concorde avec les égaux, la douceur envers tous, la modestie dans le maintien extérieur et la conversation.

Quant aux conditions d'entrée dans la corporation cléricale, les statuts insistent sur deux cas d'exclusion canoniques dont Césaire ne cessera jamais de réclamer l'application avec énergie. Le premier est celui des personnes qui avaient été soumises à la pénitence publique. Tout en reconnaissant qu'il y avait parmi les candidats de cette classe de braves gens « *ex pœnitentibus quamvis bonus clericus non ordinetur* », l'auteur des statuts se montre intraitable à leur égard. Il ne se contente pas de réclamer la dégradation des clercs ainsi introduits subrepticement dans le clergé ; il veut que l'évêque convaincu d'avoir procédé sciemment à de semblables ordinations soit privé du pouvoir d'ordonner à l'avenir (84). Mêmes dispositions contre l'ordination des bigames et des maris de veuves ou divorcées. Ce déploiement de sévérité contraste avec la tradition canonique de la Gaule, et de la province d'Arles elle-même, qui n'était point si exclusive à l'égard de ces catégories de personnes, et qui était plutôt favorable aux pénitents. L'accès des Ordres majeurs avait été seulement fermé aux bigames et maris de veuves[1]. Quant aux pénitents, non seulement aucune réserve de cette nature n'avait été formulée contre eux, mais un concile d'Hilaire avait permis aux clercs de se présenter à la pénitence publique, sans prononcer de ce fait leur déchéance[2]. Si on cherche la source de l'inspiration de Césaire, on trouve un canon de Nicée, le 10e de la Version connue en Gaule, qui

---

1. Orange I, c. 25. Angers, c. 11, Tours I, c. 4. Ces conciles ont atténué la législation adoptée précédemment par le concile de Valence (a. 374), c. 1.

2. Orange I, c. 4. C'est peut-être sur ce concile que se sont appuyés plus tard les partisans de Contuméliosus : V. ci-dessous, p. 156.

Cf. Collect. Quesnel (Migne., t. 56) : Décret. de Sirice à Himère (§ XXIX), tit. 8 et 14;

a été probablement visé par le canon 43 d'Agde. Mais ce décret lointain, et, de plus, assez peu explicite, ne saurait expliquer tout seul la vivacité et la persistance du scrupule nourri sur ce point par Césaire, spécialement à l'égard des pénitents. Ce sentiment n'a pu puiser la force que nous lui voyons que dans la tradition déclarée et constante des Pontifes romains, que Césaire avait apprise dans les nombreux actes insérés aux Recueils de son église. L'intransigeance qui a dicté les statuts dut toutefois composer avec les nécessités qui furent alléguées par les conciles. Celui d'Adge laissa pour le passé le bénéfice du fait accompli. Ce concile et celui d'Arles semblent de plus avoir laissé subsister la tolérance témoignée aux candidats des Ordres mineurs par les précédents conciles.

Le nombre des statuts consacrés aux pénitents (st. 18-22, 67) prouve l'importance numérique des fidèles assujettis à cette profession, sinon leur empressement à en accepter les devoirs. Une des tâches assignées à ceux qui accomplissaient leur temps de pénitence (st. 67) était de faire, dans les enterrements, l'office de porteurs et de fossoyeurs.

D'autres statuts nous font voir les épileptiques, convulsionnaires, et autres fidèles atteints de maux attribués à la possession diabolique, établis à demeure dans les dépendances de l'église, sous la garde des exorcistes, qui leur imposent les mains et leur dispensent la nourriture. L'église, en retour de son hospitalité, les emploie à l'entretien de la propreté dans ses édifices.

Les diaconesses ont disparu à cette époque du personnel féminin des églises, où l'on ne trouve plus d'autres groupes spéciaux que les religieuses, les veuves et les catéchistes chargées de préparer au baptême les femmes de culture bornée. C'est à ces dernières que s'adresse la défense d'administrer le baptême et d'enseigner les hommes (st. 41).

Pour suffire à l'entretien de tout ce personnel, l'Eglise était obligée de faire respecter rigoureusement ses droits sur les libéralités et fondations faites en sa faveur. C'est pourquoi l'auteur des statuts répète l'anathème prononcé par le concile de Vaison contre les héritiers « qui se font les meurtriers des indigents » en détournant dans les successions la part léguée aux églises.

Enfin sa vigilance s'étend à tout ce qui intéresse l'intégrité de la religion et de la morale dans le peuple chrétien tout entier. Elle se porte en particulier sur certains vices qui ont été également l'objet spécial des instructions oratoires de Césaire : la fureur des spectacles, les pratiques superstitieuses, les restes d'observances païennes, les querelles sanglantes, les exactions des grands et des fonctionnaires.

Innocent aux Macédoniens (XXII) et à Victrice (XXIV), t. 5 ; Zozime à Hésychius (XXXII) ; Célestin aux évêq. de la Viennoise (XXXV), t. 7 ; Léon aux Campaniens (LXXVI), t. 2.

CHAPITRE IV

LE CONCILE D'AGDE [1].
A. 506.

L'acquiescement d'Alaric à une manifestation aussi imposante de l'unité catholique était pour tous les catholiques, comme pour Césaire, le gage d'un revirement heureux dans la politique de ce prince. Ce ne fut pas le seul. A la même époque et dans le même ordre de faits se place la promulgation de l'abrégé du Code théodosien, connu sous les diverses dénominations de *Loi Romaine des Wisigoths*, *Bréviaire d'Alaric* ou *d'Anianus* [2], travail qui avait pour les Gallo-romains sujets d'Alaric et pour l'Eglise, au point de vue temporel, toute l'importance que les canons d'Agde devaient avoir dans les matières purement religieuses. La loi romaine n'avait jamais cessé, il est vrai, de subsister pour les Romains, à côté des lois nationales des Wisigoths, dont la première codification s'était faite sous Euric. Mais il était utile d'en promulguer un nouveau texte sanctionné par le souverain national, afin de la dégager de la diversité et des erreurs d'interprétation qu'y avaient introduites, depuis bientôt un siècle, la pratique de juges à demi barbares. C'était aussi le moyen d'y faire entrer officiellement les additions et les amendements que les Empereurs d'Occident avaient faits à cette loi postérieurement à la publication du Code théodosien. Afin de marquer davantage le but de conciliation qu'il poursuivait, Alaric appela des évêques, à côté des sénateurs, dans la commission qui fut instituée pour préparer cette refonte, sous la direction du référendaire Anianus. Cette œuvre, ainsi élaborée pendant l'hiver de 505-506, fut soumise en outre à l'approbation générale de l'épiscopat et de l'ordre sénatorial. En la publiant, Alaric n'ôta pas seulement aux églises et aux Gallo-romains sujets de sa monarchie un prétexte de porter envie aux sujets de Gondebaud, auxquels ce prince venait de donner un premier gage de sa déférence pour leur Droit par la publication de la loi Gombette [3] (an 502).

---

1. Sirmond, *Concil. Galliæ*, I, p. 161.
2. Edition Hœnel, Leipzig, 1849, avec prolégomènes.— Etudes générales sur cette loi dans : Savigny, II, 37-67, et VII, 40 ; Guizot, *Hist. d. l. civil. en France*, leç. 10 et 11 ; Benech, *La lex rom. Wisig.*, (*Mélange de droit et d'hist.*, 1857) ; Karlowa, *Hist. du dr. romain*, I, 976 ; A. Tardif, *Hist. d sources d. Dr. f...*, pp. 85-88 et 129 etc...
3. Edit. la plus récente dans les M. G. H. in-4 ; les caractères de cette loi sont résumés dans les prolégomènes. Comparez avec Tardif, p. 124-128.

Le service qu'il leur rendit devait lui survivre, et porter le bienfait de son règne bien au-delà de ses frontières. En effet, lorsqu'ils passèrent peu après sous la domination des Francs, le bénéfice du *Bréviaire d'Alaric* ne leur fut pas seulement conservé ; il fut étendu par les nouveaux maîtres à toutes les églises et à tous les sujets Gallo-romains de leur empire [1].

Toutes ces mesures d'excellente politique, coïncidant en même temps, ne dénotent pas seulement un changement en mieux dans les dispositions personnelles d'Alaric, mais aussi une détente dans la situation politique générale, qui a donné l'illusion de la paix, immédiatement avant la grande conflagration de 507. Il nous paraît inévitable de rattacher l'un et l'autre résultats à l'intervention de Théodoric, qu'on voit, précisément avant cette même guerre, tant par lettres que par missions [2], s'immiscer ouvertement dans les affaires de la Gaule, s'efforçant de ramener Alaric au calme et de corriger l'influence exercée par Gondebaud auprès de Clovis, en même temps qu'il fait craindre à ce dernier sa puissante diversion. Partant de ce fait diplomatique, l'esprit ordonne très aisément ceux qui l'ont suivi. C'est alors que les deux rivaux ont eu une entrevue dans une île de la Loire, au retour de laquelle le roi de Toulouse, plein du sentiment de sa sécurité et de celle de son royaume, a permis à Césaire, rentré en grâce auprès de lui, de réunir ses collègues en concile, et convoqué de tous les points du royaume ses notables, pour soumettre à leur approbation la nouvelle loi romaine. Il faut aussi, en parlant du changement de caractère accompli dans Alaric, faire la part de l'ascendant pris sur lui par les membres gallo-romains de son conseil. L'un de ces derniers, Eudomius, très lié avec l'évêque Rurice [3], est cité dans la lettre que Césaire [4] adressa à cet évêque, après le concile d'Agde, comme auteur d'un projet qui atteste la bienveillance et l'autorité de son influence. Satisfait du résultat obtenu par le concile d'Agde, il voulait en convoquer un autre pour l'année suivante avec le concours des évêques d'Espagne. Quant au concile d'Agde, l'honneur de l'avoir réuni revient tout entier à Césaire.

Le concile d'Agde a fait prendre une expansion considérable à cette discipline arlésienne que nous avons vue condensée dans les statuts.

1. Elle ne tarda pas à remplacer même en Burgondie le Papien ou *lex romana Burgondionum*, promulguée par Gondebaud postérieurement à 502.
2. Cassiod., *Var.* III, 1-4, lettres à Alaric, Gondebaud, Clovis, et à ses parents et alliés les rois des Hercules, des Varnes et des Thuringiens.
3. Rurie, *ép.*, II, 38, p. 423 du t. 21 d. l. collect. de Vienne.
4. Id., p. 440 ; l'éditeur dédouble à tort ce personnage, qu'il prend dans la 2ᵉ épitre, pour un évêque.

Par les évêques qu'il a rassemblés, tant de l'Aquitaine que de la Viennoise méridionale, il a mis en présence la législation respective des deux métropoles ecclésiastiques les plus en vue de toute la Gaule, Arles et Tours. Par la date où il se place, en 506, entre les conciles de l'époque romaine et ceux de la période mérovingienne, il fait la transition entre l'Église gallo-romaine et l'Église gallo-franque. Pour ces raisons, son étude est intéressante au premier chef pour l'histoire des institutions de l'Église de Gaule. Elle n'est pas d'un moindre intérêt pour l'histoire politique par les renseignements certains qu'elle fournit sur l'étendue du royaume wisigoth, et par les questions qu'elle soulève au sujet des relations d'Alaric avec l'épiscopat de son royaume.

La métropole de Tours avait exercé sur le développement des institutions ecclésiastiques dans le pays situé entre Loire et Seine à peu près la même action qu'Arles dans le bassin du Rhône. Elle devait cette influence à des causes de même nature. Ayant eu à sa tête, comme Arles, des hommes d'une sainteté éminente, bien qu'inférieurs par le talent, tels que Martin et Perpétue, et ayant eu l'heureuse fortune de se trouver, comme Arles, à l'écart de ces grands courants d'invasions peu propices au jeu régulier et pacifique de toutes les institutions, elle avait groupé autour d'elle et associé à son progrès disciplinaire toutes les églises, qui, de ce côté, étaient restées au pouvoir des Romains. Ses conciles faisaient même loi, au midi de la Loire, dans la province de Bourges[1], jusqu'à l'église d'Auvergne, où leurs actes avaient été communiqués dès la première heure. Aussi, peut-on affirmer sans témérité qu'ils ont partagé avec les canons apportés par Césaire l'attention des Pères d'Agde. Ils ont eu pour introducteurs, auprès de ces derniers, non seulement le métropolitain de Bourges et ses suffragants présents au concile, mais Vérus lui-même, le métropolitain de Tours, qui, bien qu'absent du concile, — car il était alors en disgrâce, — en suivit de près les actes et s'y fit représenter. Dans ces conditions, il n'est pas improbable que neuf canons du concile de Vannes, qui se trouvent insérés dans les collections parmi les canons d'Agde, aient été mis à cette place par le concile même[2]. Cependant, tandis que les emprunts faits aux conciles du Centre par l'assemblée d'Agde sont d'une importance purement secondaire, on reconnaît que la discipline arlésienne a inspiré les canons les plus nombreux et laissé l'empreinte la plus profonde. Cela ne tient pas seulement à l'inégalité de mérite et de situation des deux hommes qui représentaient au concile l'une et l'autre

---

1. Voir les signatures de ces conciles et les lettres annexées à leurs actes, Sirmond, *Concil. Galliæ.*, I.
2. V. notre introduction, p. VI.

discipline, mais aussi à l'inégalité de ces dernières. Grâce à son heureuse situation au bord de la Méditerranée et près de la frontière de l'Italie, la métropole d'Arles avait été en communication constante avec les églises des pays ultramontains, où le progrès en toutes choses était plus marqué, et elle avait pu se tenir à la hauteur de ce progrès. Tours n'avait pas eu les mêmes ressources. Isolée au centre de la Gaule, et complètement bloquée entre les trois races barbares qui se disputaient les derniers lambeaux de la Gaule romaine, elle s'était vue abandonnée à sa propre inspiration ; c'est pourquoi elle n'était point parvenue à constituer une législation canonique d'un cachet aussi avancé et d'un ensemble aussi imposant que son émule du Rhône.

Ce qui rend encore plus éclatante pour le droit canon arlésien l'adhésion du concile d'Agde, c'est l'importance de sa représentation. Les évêques qui ont répondu, de tous les points du royaume, à la convocation de Césaire, n'ont pas été moins de trente-quatre, dont vingt-quatre sont venus en personne ; les dix autres ont déféré à l'invitation qui leur avait été adressée, conformément à l'usage arlésien, d'envoyer leurs délégués. Les six provinces ecclésiastiques comprises en tout ou en partie dans le royaume d'Alaric se trouvent représentées, leurs métropolitains en tête. Quatre de ces derniers sont présents personnellement : ce sont, outre Césaire qui préside :

Cyprien	*Bordeaux*	AQUITAINE II
Clair	*Eauze*	NOVEMPOPULANIE
Tétrade	*Bourges*	AQUITAINE I

Le premier, qui avait donné l'hospitalité à Césaire dans son exil, coopéra sans doute activement avec lui à la réunion et aux travaux du concile. Il a signé premier après Césaire.

Vérus de Tours est représenté par le diacre Léon. Nous avons dit qu'il se tenait dans le voisinage du concile. Césaire eut, en effet, une entrevue avec lui, à l'endroit incertain d'où il écrivit à Rurice de Limoges, peu après la clôture de l'assemblée, peut-être à Toulouse.

L'autre métropolitain représenté seulement par un délégué est Capraire, de *Narbonne* (NARBONNAISE I), chose étonnante, vu la proximité d'Agde. Peut-être le point d'honneur empêcha-t-il ce dignitaire de se résigner à subir la présidence de l'évêque d'Arles dans sa propre province, dont Agde faisait partie. Cette dernière ville ne dut pas l'honneur d'être choisie comme foyer du concile à l'antiquité de son siège épiscopal. Car Sophronius, qui occupait alors le siège, est le premier qui nous soit connu par un document faisant autorité. Ce qui a fait choisir la ville d'Agde plutôt qu'une autre, c'est probablement son peu d'importance, autant que sa position intermédiaire entre les pays arlésien et aquitain ; les Pères s'y trouvaient à l'abri de la surveillance des ariens. Les sessions eurent lieu, non dans la ville même, mais en dehors, dans la basilique de Saint-André.

Il y a eu toutefois d'assez nombreuses abstentions, dont le canon 35 nous aide à démêler les motifs. Ce canon décrète que ceux des évêques qui n'ont pas répondu aux lettres de convocation seront suspendus de la communion de leurs collègues jusqu'au prochain synode, « à moins qu'ils n'aient été empêchés, soit par leur santé, soit par un ordre royal ». Un ordre du roi, retenant un évêque au moment où sa présence est réclamée par un concile, ce ne peut être qu'une sentence d'exil. Tel est le cas de Vérus. Ajoutons une troisième catégorie d'exceptions, pouvant se conjecturer dans quelques cas : les vacances de sièges. Cela prémis, nous pouvons faire l'examen des provinces au point de vue des abstentions.

Les plus largement représentées, circonstance en faveur d'Alaric, sont celles qui se groupent autour de Toulouse, capitale du royaume. Des sept sièges de la NARBONNAISE I dont cette ville fait partie, Béziers seule n'est mentionnée par aucune signature. On doit supposer, eu égard à la proximité du concile, que la vacance du siège épiscopal fut seule cause de cette abstention. Les autres sièges, sauf Narbonne, sont représentés par leurs évêques.

On trouve parmi les signatures d'évêques celle d'un certain Pierre, qui s'intitule *episcopus de Palatio*. Ce titre a beaucoup intrigué. Le plus simple ne serait-il pas de le prendre à la lettre, et de voir dans ce personnage un véritable évêque du palais, faisant le service du culte pour les catholiques de la suite d'Alaric ? Ce prince, de même que son parent Théodoric, avait des catholiques dans son ministère et dans son armée. Il est assez vraisemblable de supposer qu'il a tenu, surtout depuis son rapprochement avec l'Église, à avoir dans son personnel catholique un évêque de son choix, pour lui servir de conseiller et d'interprète auprès du parti catholique, et pour suivre la Cour dans les différentes stations royales de Toulouse, Narbonne, Aduris, etc.

Des six sièges de l'AQUITAINE II (*Bordeaux*), deux seulement, Bordeaux et Périgueux, se rencontrent parmi les signatures. Il manque Poitiers, Agen, Saintes et Angoulême. Voilà donc quatre abstentions pour une seule province. On ne saurait les attribuer toutes à des vacances de sièges survenues dans les conditions ordinaires. Sauf Agen, les trois autres sièges sont représentés par leurs évêques au concile d'Orléans en 511. On ne peut donc attribuer non plus l'abstention de leurs titulaires à une coupable négligence. Si on rapproche ces absences, et de l'exil de Vérus, et des deux absences que nous avons constatées sur la frontière burgonde, on est porté à les attribuer à la politique. La IIe Aquitaine était sur le chemin naturel de Clovis vers le centre du royaume d'Alaric, chemin plus long, mais beaucoup plus ouvert que l'Auvergne. C'est là, en effet, à Poitiers, qu'Alaric viendra attendre le choc de l'armée franque. Maître de ce chemin, Clovis le sera du royaume de Toulouse et du massif central, qu'il prendra à revers. On peut croire que les agissements contraires des deux rois se sont heurtés principalement sur ce point, avant l'éclat des hostilités, l'un flattant les évêques et les chefs de tout ordre, que l'autre s'empressait, en les exilant, de mettre hors d'état de lui nuire et de rendre service à son rival. Cette lumière éclatante que les catholiques de Poitiers[1] virent s'échapper, à l'approche du roi franc, de la basilique du grand ennemi des ariens, saint Hilaire, est un reflet manifeste de leur aversion pour les Wisigoths. Angoulême, dit Grégoire de Tours[2], vit tomber ses murs à l'aspect de Clovis : cela veut dire, sans doute, que le parti catholique romain lui en ouvrit les portes. L'auteur de la Chronique des Comtes et des Évêques d'Angoulême[3] ajoute ce détail, probablement authentique, que Clovis, ayant chassé de cette ville les Goths et l'évêque arien, y fit sacrer évêque Aptonius, qui aurait été ainsi le prédécesseur de Lupicin, le signataire d'Orléans 511. Il y aurait donc eu là une sorte de confiscation du siège par les ariens. Pour Saintes, la vie de saint Germier[4], qui aurait été sacré évêque de Toulouse en un temps où Clovis en était proche, nous donne un détail, entre autres, que l'auteur, quoique non antérieur au Xe siècle, n'a pas dû inventer ; c'est que le saint, ordonné d'abord sous-diacre par son évêque Grégoire de Saintes, aurait été ordonné diacre quelques années après à *Yconium* (Youssac, à quelques lieues de Saintes), par l'évêque de la province, c'est-à-dire, par le métropolitain de Bordeaux. Cette intervention ne s'expliquerait que par l'éloignement de l'évêque du lieu, ou une vacance prolongée à dessein.

Onze cités sur douze de la NOVEMPOPULANIE, province qui enserrait Toulouse de presque tous les côtés, sont représentées, et toutes par

---

1. Grég., *Hist. Fr.*, II, c. 37.
2. Id..
3. Labbe, *Nova Bibl.*, I.
4. Bolland., 16 mai.

leurs évêques, sauf la *civitas Turba*[1]. L'un de ces derniers, Galactoire[2], qui était évêque de *Béarn*[3], devait être honoré comme martyr ; la légende raconte qu'il fut surpris et tué par les Wisigoths, comme il conduisait une bande de Béarnais au secours des Francs. La seule abstention remarquée dans cette province est pour l'évêque de *Buch*[4] ; mais il est possible que cette ancienne cité n'existât déjà plus.

Dans L'AQUITAINE I (*Bourges*), sur huit cités, six sont représentées, trois seulement par leurs évêques. Euphrasius, évêque d'*Auvergne*, a délégué un prêtre à sa place. Un des abstentionnistes est Rurice, évêque de Limoges. Cette absence a provoqué un échange de lettres[5] assez piquant entre cet évêque, Sedatus de Nîmes, son ami, et Césaire. On y voit un homme à l'humeur caustique, soucieux de sa dignité comme de sa santé, et qui, tout en se plaignant du dédain qu'on lui semble affecter pour sa petite ville montagnarde, la trouve cependant avantageuse à garder à la saison des chaleurs ; car c'est pour cela qu'il a évité de se rendre à Agde. Césaire ne crut pas devoir se montrer sévère pour ce vieil ami des évêques d'Arles, que son âge excusait.

L'autre évêque absent est un voisin des Burgondes, celui des *Vélaves*. Un autre évêché de cette frontière qu'on s'attendrait à trouver représenté est celui des *Albenses* (*Aps*, puis Viviers), qui avait été détaché de l'ancienne Viennoise, actuellement burgonde, probablement par la conquête d'Euric. On est certain, par une inscription funéraire[6], qu'il était sous la dépendance d'Alaric en 496. Quelque supposition que l'on fasse sur ces trois abstentions, il n'est pas douteux qu'Alaric ne soit parvenu à se faire aimer dans cette province d'Aquitaine I si péniblement soumise par son père. C'est ce que prouveront bientôt et la belle conduite du contingent arverne, sous les ordres d'Apollinaire le jeune[7], à Vouillé, et l'exil de Quintien, évêque de Rodez[8], chassé comme ami des Francs par ses propres concitoyens.

---

1. *Civitas Turba ubi castrum Bigorra*, identifiée par Longnon avec *Cieutat*, près Bagnères-de-Bigorre.
2. Boll., 27 juillet.
3. *Civitas Benarnensium*, aujourd'hui Lescar.
4. *Civitas Boatium*.
5. Rurice, *ép*. II, 32 et 34, *Patrol.*, t. 58 ; Fauste, *ép*. 15, 18, 19, *id*. Nous ferons remarquer que les modernes éditeurs des lettres de Rurice le font mourir trop tôt (v. 508). Il a eu pour successeur son petit-fils Rurice II ; or la promotion de celui-ci est postérieure à celle de Cyprien de Toulon (Cf. Orléans IV, signatures) qui ne doit pas être beaucoup antérieure à 517 (V. *Nos sources*, p. III).
6. Le Blant, II, p. 206.
7. Grég., *H. Fr.*, II, c. 37.
8. Id., *Vit. Patrum*, c. 4.

Il reste à étudier les signatures de la province d'ARLES. Ici, la comparaison des souscriptions les plus septentrionales du concile d'Agde avec les plus méridionales du concile d'Epaone permet de considérer la Durance comme frontière exacte entre Wisigoths et Burgondes, sauf une déviation autour d'Avignon. En effet, l'évêque de cette dernière ville, Julien, le même, probablement, que celui à qui Pomère avait dédié son *De Vita contemplativa*, a délégué un de ses prêtres au concile d'Agde [1].

Chose remarquable, c'est cette province d'Arles qui a au concile d'Agde la représentation de beaucoup la plus faible, eu égard au grand nombre de ses évêchés. Elle vient sous ce rapport même après la province de Bordeaux. Après les souscriptions de Césaire et du délégué de Julien, on n'en trouve plus que quatre : celles des évêques de Digne, Senez, Antibes et Fréjus, ce dernier représenté par un prêtre délégué. Il manque : Aix, Marseille, Toulon, Riez, Glandèves, Vence, Nice et Cimiez, en tout huit sièges, ou seulement sept, si l'on suppose que les deux derniers sièges, qu'on voit réunis définitivement au Ve concile d'Orléans en 549, l'étaient peut-être déjà en 506.

Pour Aix, nous savons par une plainte adressée un peu plus tard au pape Symmaque[2] par Césaire, contre le titulaire de ce siège, que le mauvais vouloir a été l'unique motif de son abstention. Peut-être aussi son collègue et voisin de Marseille a-t-il obéi au même sentiment ; c'était affaire d'une vieille rancune[3]. Les six autres abstentions ne peuvent toutes s'expliquer par la maladie, qui, d'ailleurs, n'aurait pas dispensé les évêques malades de se faire représenter, ni par des vacances de sièges, auxquelles Césaire, en vue du concile, eût certainement pourvu. Les quatre évêques de la frontière des Alpes sont parmi les abstentionnistes. Bien que les Wisigoths et les Ostrogoths ne se regardassent pas comme une seule et même nation, on ne peut cependant, surtout à pareille époque, attribuer ces abstentions à un état de méfiance entre les souverains des deux nations parentes et voisines. Ne semblent-elles pas plutôt indiquer un mouvement assez vif d'opposition rencontré par Césaire chez une partie de ses suffragants ? Il n'est pas téméraire de penser que les premiers actes d'autorité du jeune métropolitain, et en particulier ses *Statuts*, avaient froissé une partie de ses collègues, qui n'étaient plus habitués depuis longtemps à ce déploiement d'énergie, et il y a beaucoup à parier que c'est contre ce groupe d'abstentionnistes

1. On peut supposer aussi que, sans faire partie du royaume d'Alaric, il s'est fait représenter pour la partie de son diocèse située à rive gauche de la Durance.
2. Migne, t. 62, col. 65.
3. Les origines en sont racontées par M. l'abbé Duchesne, *Fastes épiscopaux*.

qu'a été dirigée spécialement la sévérité du canon 35, dont il a été parlé plus haut.

En se voyant ainsi réunis en grand nombre et de tous les points après tant d'années si dures pour l'Église, les Pères du concile obéirent à un mouvement touchant de reconnaissance envers le prince qui leur rendait la liberté, et ils tombèrent à genoux en priant Dieu pour le roi et pour le royaume. C'est ce que nous montre une déclaration, en manière de prologue, placée par Césaire en tête des actes, et que les Pères du concile de Clermont, en 535, ont jugée eux-mêmes très convenable pour exprimer leur reconnaissance au roi catholique Théodebert. Si l'on fait attention aussi que les actes du concile ne contiennent pas un seul canon visant les ariens, même sous la qualification générale d'hérétiques, on aura la preuve qu'un esprit de parfaite conciliation commençait alors à régler les relations d'Alaric avec l'Église.

Le rôle de président tenu par Césaire, et ce que nous savons de son zèle pour la discipline, autorisent suffisamment à le considérer comme l'âme de l'assemblée d'Agde. A ces raisons générales s'ajoutent les nombreuses marques de son inspiration personnelle dans la rédaction des canons. Enfin, nous ne saurions avoir une meilleure preuve de son action prépondérante que son propre témoignage. En signant le premier les canons, il répète la formule autoritaire employée par son prédécesseur Hilaire au concile de Riez, et il dit s'être inspiré des statuts des anciens Pères, autant qu'il lui a été possible pour rallier l'unanimité de ses collègues « *statuta Patrum secutus... juxta id quod sanctis coepiscopis meis placuit* ». C'est nous dire que le concile d'Agde est son concile.

Le concile, mentionnant lui-même en tête de ses canons la source où il s'est inspiré, désigne les Canons et les Statuts des Pères « placuit ut *canones et statuta Patrum* per ordinem legerentur ». La précision ordinaire aux conciles nous interdit de voir dans la seconde expression, les *Statuts*, une répétition de la première, *les Canons*. Il faut comprendre sous le second titre un groupe disciplinaire où entraient d'autres éléments que les canons, tels que les décrétales des évêques de Rome, ou les usages établis en dehors des conciles par la pratique des anciens Pères. Si les paroles du concile ne démontrent pas dans la dernière rigueur qu'il faille identifier cette seconde source avec ces *Statuta Ecclesiæ antiqua*, œuvre de Césaire, qui déjà font suite aux conciles étrangers dans les manuscrits de ce temps, elles laissent du moins un aveu précieux à retenir, c'est que Césaire apportait au concile dont il venait prendre la présidence un esprit grandement imbu de l'ancienne discipline de l'Église, et familiarisé avec les textes de toute nature où cette discipline était contenue. Cette conclusion si évidente est loin de contredire celles que nous avons tirées en parlant de l'auteur des statuts.

.·.

Définissant leur programme, les Pères annoncent, dans le prologue, qu'ils vont s'occuper *de disciplind vel ordinationibus clericorum vel pontificum, vel ecclesiæ utilitatibus* : ils veulent traiter, premièrement, des conditions d'ordination et de la discipline du clergé, deuxièmement, du temporel des églises. Comme on le voit, le concile obéit surtout à la pensée de réformer et de consolider les institutions cléricales. Il ne s'occupe que secondairement des laïques, considérant, sans doute, que tant vaudra le clergé, tant vaudront les fidèles.

Une première question intéressante est celle de la juridiction ecclésiastique.

Pour ce qui est de l'exercice du pouvoir épiscopal, comme dans les statuts, Césaire s'efforce d'opposer à l'abus qui peut en être fait l'intervention du synode (c. 3). Il est vrai qu'il n'ose plus brandir cette arme du synode avec la même décision, et on sent, à la manière dont il aborde cette question délicate, son souci de ménager les trente-quatre Pères qui sont autour de lui. Il commence par formuler un blâme contre les clercs qui protestent coupablement contre la sévérité de leurs évêques en se retirant du service clérical. Encore ces *contumaces*, c'est le qualificatif qu'il leur donne, éprouvent-ils l'effet de sa mansuétude ; il ne les excommunie ni ne les dégrade ; il croit suffisant de les rayer de la matricule de l'église jusqu'à ce qu'ils viennent à résipiscence (c. 2). Les excès de sévérité de la part des chefs du clergé l'inquiètent beaucoup plus, et son désir de les restreindre est ce qui transperce le plus à travers les circonlocutions auxquelles il a recours. Les statuts disaient : « Si un clerc trouve injuste la punition de son évêque, qu'il en appelle au synode. » Le concile dit : « S'il arrive à quelque évêque, oublieux de la modération qui sied à sa dignité, d'excommunier un clerc sans fondement ou pour une faute légère, ou de repousser durement le clerc qui implore sa grâce, les évêques du voisinage voudront bien s'interposer et ne pas refuser leur communion aux victimes jusqu'au prochain synode », « de peur, ajoute-t-il, qu'elles ne soient exposées à mourir en dehors de la communion de l'Église. » Grande immunité des consciences, qui soulage l'historien catholique, en présence de ces excommunications dont l'épiscopat féodal a tant abusé dans le Moyen-Age ! Les chrétiens sont avertis désormais, par un canon de l'Église elle-même, qu'il existe pour eux un recours contre les arrêts injustes de leurs chefs, et que, si la faculté de ce recours ne leur a pas été accordée avant leur mort, la sentence immiséricordieuse de leur juge terrestre ne prévaudra en rien contre eux au jugement de Dieu ; car, c'est ce qu'ajoute Césaire au nom de son concile, elle retombera tout entière sur celui qui l'a portée, « *ad excommunicatoris peccatum*» . En ce qui le concernait, Césaire se faisait une règle de n'user de cette arme qu'avec une extrême circonspection, même dans les cas où son emploi était légitime, de peur de l'émousser en la maniant trop souvent [1].

Ayant ainsi garanti les fidèles et les clercs contre les abus de pouvoir de leurs chefs, Césaire ne pouvait permettre aux clercs de décliner la juridiction ecclésiastique pour recourir à la justice séculière. Il présenta les mesures compatibles avec la loi civile qui devaient prévenir de semblables faits d'indiscipline.

La bonne entente entre les canons du concile et le Bréviaire d'Alaric sur la question des juridictions est un indice, ajouté à tous les précédents, de la parfaite réconciliation qui s'est faite entre l'Église et le roi. L'Église, représentée par le concile, se guide le plus fidèlement que possible sur la loi civile, et se contente simplement d'assurer par ses canons le respect des privilèges que la nouvelle loi lui confirme, sans essayer de les étendre. Rien ne fait songer encore à ce privilège du for, très respectable d'ailleurs, tant invoqué au Moyen-Age ; le Code civil et les canons ecclésiastiques l'ignorent également. On trouve, il est vrai, dans le Bréviaire (L. XVI, t. i, 2), en faveur des évêques et des prêtres, la confirmation d'un rescrit des empereurs Constant et Constance, qui défendait de les accuser devant les juges publics. Mais il ne s'agit ici que de ces accusations vagues, tendant à mettre en suspicion la moralité et l'honneur des personnes spécifiées, plutôt qu'à les convaincre de contravention contre des points précis de la loi civile. Lorsque cette dernière est en cause, une loi de Valentinien III, qu'on rencontre quelques feuillets plus loin, déclare en termes très précis les prêtres et les évêques mêmes, justiciables des tribunaux civils, au contentieux comme au criminel. Toute la faveur qui leur est faite, par égard pour leur caractère, est de pouvoir se faire représenter par tiers aux débats dans les procès purement délictueux (t. xii), sans encourir la condamnation par contumace. Il y a loin de ce petit privilège au privilège du for proprement dit.

Pour les procès entre clercs, le Bréviaire, à la suite de Majorien,

---

1. Il expose son sentiment à ce sujet dans les Serm. 229, n. 4, — 288, n. 2, — 289, n. 5, de l'append. de saint Augustin.

abrogeait certaines restrictions posées par Valentinien III à la compétence déjà anciennement reconnue de la justice arbitrale de l'évêque. Cet empereur avait mis pour condition que les deux parties fussent d'accord. Cette réserve est supprimée par le Bréviaire, de sorte qu'il suffit que l'un des deux clercs porte le procès à l'évêque pour que l'autre soit contraint de le suivre. Cette suppression, si peu importante qu'elle paraisse, répondait au plus cher vœu des chefs d'église ; car ils restaient maîtres de prendre maintenant telles mesures qu'ils voudraient pour imposer aux clercs le respect des libertés que la loi accordait à la corporation, et ils pouvaient leur interdire par la loi ecclésiastique de porter leurs procès réciproques devant les tribunaux séculiers ; c'est ce qu'ils ne manquèrent pas de faire au concile d'Agde (c. 32).

En matière spirituelle, la loi d'Alaric, aussi bien que le Code théodosien, proclamait l'inviolabilité des jugements rendus par l'Église. Le concile n'hésite pas à fulminer l'excommunication contre les clercs qui en appelleraient de ces jugements aux juges séculiers, et même contre ces derniers, s'ils persistent, contrairement à la loi civile elle-même, à donner leur appui aux appelants. S'agissait-il de procès contentieux ou criminels ; le concile ne pouvait légalement empêcher un laïque de déférer au tribunal séculier un clerc dont il croyait avoir à se plaindre. Aussi, ne songe-t-il pas à entraver chez le laïque la liberté de se porter accusateur ou demandeur. Mais il ne le perd pas de vue pour autant. Il l'attend au sortir du tribunal pour lui demander raison de sa conduite, et soumet à la pénitence publique le calomniateur convaincu par le juge. Avec les membres du clergé, le concile n'avait pas à garder la même réserve ; il fixe une ligne de conduite dont il leur interdit de s'écarter. Si on les assigne, il les engage à répondre. S'ils ont eux-mêmes à se plaindre d'un laïque, il leur permet de s'adresser à la justice séculière, mais seulement après que la nécessité de le faire aura été admise par l'évêque (c. 32). Quant aux affaires criminelles, le concile témoigne, comme l'Eglise l'a toujours fait, *l'horreur du sang*, et interdit aux clercs de soutenir en justice une accusation criminelle.

La sagesse et la discrétion du concile éclatent, d'un bout à l'autre des canons relatifs à ces questions, dans la façon dont il interprète le Bréviaire pas à pas et en se servant des mêmes expressions ; on devine qu'il l'avait sous les yeux.

Aucun écho des plaintes proférées par les statuts contre les juges non catholiques ne s'est répercuté dans les canons d'Agde. Ce silence est une preuve que les conflits entre les juridictions devenaient moins fréquents et moins aigus. D'ailleurs, ils n'avaient plus la même chance de se produire, depuis que la promulgation d'une loi spéciale pour les

Romains du royaume avait soustrait leurs affaires à l'ingérence des comtes goths. Car la séparation des codes avait eu nécessairement pour corollaire une séparation plus rigoureuse qu'auparavant entre les juges établis pour les appliquer[1], et les jurys romains devaient avoir une compétence aussi exclusive dans les procès des Romains, qui étaient les catholiques, que celle des jurys goths dans les procès des Goths, qui étaient les ariens. Ce fut en ce point que l'exemple donné par Théodoric exerça une de ses influences les plus heureuses.

Une deuxième question importante traitée par le concile fut celle de la continence des clercs, et en particulier de la profession de continence obligatoire pour les clercs des Ordres supérieurs, évêques, prêtres et diacres. Comme on le pense bien, ce n'est pas au concile d'Agde que revient l'initiative de cette observance morale si difficile pour la nature. Il y avait longtemps qu'elle était née dans l'Église, sous l'empire d'idées religieuses très élevées puisées dans l'Ancien et le Nouveau Testament; la force même des choses l'avait ensuite développée. Introduite d'abord sans autre cause déterminante que le libre choix des personnes qui désiraient se consacrer à une vie entièrement dégagée des sens, elle prit un caractère d'obligation de plus en plus strict, sous l'influence de l'ascétisme, qui porta au plus haut degré, chez les âmes chrétiennes, l'estime de l'état de continence. Il arriva ainsi un moment où le clergé, du moins le clergé supérieur, ne fut plus libre de se soustraire à la pratique de ce genre héroïque de mortification, vers lequel se portaient en foule de simples fidèles appelés *moines*, et il y fut poussé par la force inéluctable de la conscience du peuple lui-même, qui ne comprenait pas que des ministres de Dieu, des hommes qui remplissaient les fonctions sacrées de l'autel, ne pratiquassent point ce que tant de simples laïcs pratiquaient. Cette obligation prit une consistance particulière dans l'Église d'Occident, où l'on savait moins user de subterfuge contre le sentiment du devoir. Tandis que le clergé oriental, tout en admettant en principe l'interdiction du mariage postérieur à l'Ordre sacré, réussissait à conserver, sauf pour les seuls évêques, l'usage du mariage contracté antérieurement, et réduisait ainsi le principe de la continence cléricale à n'être guère qu'une simple fiction, on voit en Occident, de la fin du IIIe siècle au commencement du Ve, les conciles par leurs canons[2], les pontifes romains par leurs décrétales[3], les Pères par leur

---

1. Le bréviaire d'Alaric nous montre des *Judices* ou Juges romains dans les cités, hors des cités, et des *Judices provinciæ* dans les métropoles.
2. Turin, c. 8. Orange I, c. 22, 23 (*Concil. Galliæ*. I).
3. Sirice à Himère de Sarragosse (*Patrol*, t. 13, col. 1131); Innocent à Victrice de Rouen, à Exupère de Toulouse (*Patrol.*, t. 20, col. 468 et 495).

exemple et leurs admonestations, conspirer pour amener à l'observation de la chasteté la plus absolue tous diacres, prêtres, aussi bien qu'évêques. La tâche du concile d'Agde était d'assurer d'une façon décisive de la part du clergé de Gaule l'accomplissement du précepte vers lequel tous ces efforts avaient tendu. Elle était moins facile qu'on ne peut le penser. La Gaule est un des pays où la continence cléricale a rencontré l'opposition la plus forte et la plus durable. Même au Ve siècle, pour peu que l'on sache prêter d'attention à certains canons des conciles de ce pays et aux aveux des historiens et hagiographes, on voit qu'un assez bon nombre de diacres et de prêtres, et même quelques évêques, ou repoussaient la loi de continence, ou, peut-être, cherchaient à s'accommoder avec elle de la même façon que les orientaux. L'insistance particulière avec laquelle Césaire a cherché à attirer sur ce point l'attention du concile d'Agde prouve assez que, de son temps encore, la résistance n'était pas complètement vaincue.

En mettant la question dont nous parlons à l'ordre du jour du concile, ce n'est point à son église ni même à sa province qu'il songea. Il y avait longtemps que celle-ci s'était mise en harmonie avec les églises les mieux réglées d'Occident. Elle devait ce progrès aux échanges de vues fréquents qu'elle avait eus avec les églises de la haute Italie et avec Rome, au contact de collèges monastiques d'une dignité de tenue et d'une sévérité de mœurs éclatantes, qui étaient des séminaires d'évêques pour la province, et enfin à l'action d'un gouvernement ecclésiastique très concentré entre les mains des évêques d'Arles. Déjà Hilaire avait puisé assez de confiance dans la conduite de son clergé pour statuer, dans les cas d'infraction à la loi, ces mesures sans ménagement que l'on n'ose prendre qu'avec les lois bien établies. Une mesure préventive, adoptée par le concile d'Orange (c. 12), fut d'exiger de tout candidat aux Ordres sacrés à partir du diaconat ce qu'on appelait *conversionis propositum*; ce qui était l'équivalent de l'engagement de chasteté perpétuelle que prennent nos sous-diacres. Le fait d'avoir un enfant de sa femme, si on était prêtre ou diacre, était un scandale que l'Église punissait de la dégradation cléricale. Césaire trouva donc le clergé marié de la province parfaitement pénétré de son devoir, et n'eut pas, en rédigeant ses statuts, à le lui rappeler.

Mais il ne lui avait pas fallu un long séjour dans l'Aquitaine pour constater dans le clergé de ce pays une facilité de mœurs qui appelait une réaction prudente, mais ferme. Cela datait de loin. Déjà un siècle avant, les plaintes acerbes de Sulpice Sévère[1] nous font connaître la pro-

---

1. *Dialog.* II, 8, 11, 13.

pension des clercs aquitains pour les femmes. Un peu après, celles de Salvien avaient stigmatisé le penchant de tous les Aquitains en général à la luxure. Le milieu où l'on respirait de pareils exemples était une atmosphère peu propice à la continence des clercs mariés. Aussi, tandis que la province d'Arles se rangeait de son propre mouvement à la pratique la plus sévère, en Aquitaine, le Saint-Siège lui-même se voyait obligé d'intervenir pour empêcher la pratique la plus relâchée de prévaloir. Innocent écrivit sur ce sujet à l'évêque Exupère de Toulouse. Mais l'écho de sa décrétale ne parvint pas à tous ceux qu'elle concernait, et les révolutions politiques par lesquelles le pays passa bientôt après ne pouvaient avoir pour effet de la faire obéir. L'occupation wisigothe, qui eut lieu dès 419, empêcha la réformation de l'église aquitaine, en l'isolant des provinces voisines où la vie cléricale était mieux réglée, et en étouffant en elle-même toute force de relèvement par une persécution spécialement dirigée contre le clergé. Ne recevant plus l'impulsion directe des évêques, qui étaient relégués souvent à d'énormes distances de leur diocèse, le clergé vivait sans direction et sans lumière, au gré de ses volontés et de ses habitudes. Même présent dans son diocèse, l'évêque zélé pour la loi canonique se voyait souvent désarmé par la pénurie de clercs dont souffraient ses paroisses. Pour ne pas voir un certain nombre d'entre elles dépourvues de clergé, ne faisait-il pas sagement de laisser chacun juge en sa conscience d'actions dont la culpabilité, toute relative, n'était pas encore bien claire pour tous les yeux ?

Plusieurs évêques, enfin, se souciaient peu d'imposer à leurs subordonnés un joug qu'ils se savaient incapables de porter. Hommes du monde, promus à l'épiscopat sans plus de stage qu'il ne leur en avait fallu pour se marier, et dont le meilleur titre était de s'être montrés d'honnêtes maris, la consécration épiscopale ne les rendait pas toujours continents du premier coup comme saint Germain d'Auxerre, un des leurs, témoin les faits qui, parfois, éclataient dans la maison épiscopale. C'était déjà un trait de vertu héroïque, pour celui qui avait abaissé sa dignité d'évêque devant son épouse, d'avoir la modestie d'en faire pénitence. Pour un trait semblable, Urbicus, évêque d'Auvergne, a mérité d'être mis sur les autels [1]. Telle était la situation dans l'église aquitaine. On peut être persuadé que le désir d'y porter remède fut pour beaucoup dans la résolution que Césaire avait prise de convoquer en concile les chefs d'église de ce pays.

Le soin particulier avec lequel a été composé le canon concernant la

---

1. Grég., *Hist. Fr.*, I, c. 39.

continence des Ordres sacrés (c. 9) montre combien l'auteur était pénétré de ce qu'il faisait. Il n'hésite pas à déroger à la brièveté ordinaire des canons afin de porter à la connaissance de tous, par le texte même du concile, les autorités qui fixaient le droit, selon lui, dans la question envisagée. Ces autorités, c'étaient trois décrétales des pontifes romains, qui étaient alors conservées dans les archives de toutes les églises bien ordonnées. L'une était cette décrétale d'Innocent à Exupère de Toulouse, qui avait été destinée au pays même. Césaire l'omet et se contente de faire insérer des extraits des deux autres, qu'on était censé connaître moins ; l'une, du même pape à l'évêque de Rouen Victrice ; l'autre, de son prédécesseur Sirice à l'évêque espagnol Himère. Toutes ces pièces avaient, bien qu'adressées à des églises particulières, un caractère d'universalité que les papes avaient soin de marquer eux-mêmes, en recommandant aux destinataires de leur donner la plus grande publicité qu'ils pourraient. Leur insertion dans le texte du concile équivaut de la part des Pères à la reconnaissance de leur autorité, ce qui n'est pas le trait le moins remarquable à relever dans l'histoire de ce concile.

Il ne suffisait pas d'avoir remis en pleine lumière la notion du devoir ; il importait d'y mettre aussi une sanction efficace. Césaire ne pouvait songer à prendre, dans toute sa sévérité, celle que lui offraient les conciles arlésiens. L'ignorance, la coutume établie excusaient ou atténuaient les infractions commises et exigeaient des ménagements dans la répression. D'autre part, on ne pouvait espérer guérir le mal en imitant la tolérance, ou, tout au moins, l'indulgence montrée par le précédent concile de Tours. Ce concile, tout en déclarant qu'il privait de la célébration de la messe ou du service de l'autel les prêtres et les diacres qui usaient de leurs femmes, paraissait avoir pris égard plutôt aux prétentions de ces clercs qu'à l'intérêt de la discipline ecclésiastique. Car non content de leur laisser toutes leurs fonctions autres que celles concernant le sacrifice de la messe, il s'était abstenu d'indiquer aucun moyen de répression pour l'avenir. Césaire adopta une ligne de conduite également éloignée de l'excès de rigueur et de l'excès d'indulgence, pareille à celle qu'il trouvait tracée dans la décrétale de Sirice. Il admettait pour le passé l'excuse de l'ignorance, et laissait à tous ceux qui avaient contrevenu les honneurs de leur Ordre, les fonctions seules exceptées. Mais, en même temps, il ôtait à tous ceux qui oseraient continuer d'user du mariage à l'avenir l'espoir de bénéficier d'une semblable excuse, en décrétant expressément qu'ils seraient dégradés et refoulés dans l'état laïque.

C'était bon de supprimer à l'avenir l'excuse de l'ignorance. Pour faire disparaître l'ignorance elle-même, Césaire n'eut qu'à proposer au concile (c. 16) ce qui se pratiquait depuis longtemps dans la province d'Arles, où l'on n'admettait aux ordres majeurs aucun homme marié, sans avoir exigé, et du candidat, et de son épouse elle-même, la promesse de continence. Cette précaution était si essentielle, que l'on ne conçoit pas que le concile de Tours ait omis de la prescrire. Car, en vérité, on ne pouvait blâmer bien sévèrement l'homme marié, qui s'était vu élever au diaconat ou à la prêtrise de plus ou moins bon gré, de ne pas modifier ses habitudes conjugales, alors qu'une obligation de cette nature n'avait pas été spécifiée dans le contrat de son ordination. Encore moins pouvait-on faire un crime à l'épouse de continuer à réclamer l'usage de ses droits, dans l'abrogation desquels son consentement n'était nullement intervenu. En subordonnant les ordinations à venir à l'engagement de chasteté des deux conjoints, comme on le lui demandait, le concile fit acte de justice autant que de prévoyance.

Enfin l'examen de cette question devait attirer l'attention de Césaire et de ses collègues sur les autres dispositions de détail capables de préserver la chasteté des clercs en général. De là, les canons relatifs à l'âge des ordinands, à la cohabitation des clercs avec les personnes du sexe, à leurs fréquentations, à leur tenue.

L'âge avancé des ordinands était une garantie sérieuse de la solidité de leur vocation et de leur persévérance. Césaire suivait chez lui l'indication la plus sévère, qu'il trouvait ou croyait trouver dans les décrétales de Sirice à Himère de Tarragone, et de Zosime à Hésychius de Salone [1], et ne promouvait à aucun Ordre majeur, même au diaconat, avant l'âge de trente ans. Le recrutement abondant et bon de son clergé lui permettait ce surcroît de précaution. Mais cette abondance n'existait pas pour tout le monde. Il dut renoncer, devant l'opposition qu'il rencontra dans le concile [2], à imposer sa façon d'agir, et admettre les limites d'âge fixées par l'usage général : vingt-cinq ans pour les diacres, trente ans pour les prêtres (c. 17). Ces règles étaient encore plus sévères qu'elles ne le sont aujourd'hui. Mais cette infériorité est grandement compensée par la préparation que nos ordinands reçoivent dans les séminaires.

La qualité des personnes avec lesquelles les clercs habitaient n'importait pas moins à leur vertu qu'à leur bonne réputation. Déjà dans les Statuts, Césaire avait rappelé sommairement aux clercs le précepte qui leur interdisait d'avoir sous leur toit des femmes *étrangères*. Le con-

---

(1) Coll. Quesnel, § XIV, tit. 9 et 13 ; § XXXII.
(2) Il s'en plaint dans le petit traité sur la prédication que nous donnons en appendice, p. 30. Nous n'avons pas trouvé dans la législation de l'Orient et de l'Afrique le précédent allégué par ce traité.

cile d'Agde précisa davantage (c. 10), et exclut de l'habitation commune avec les clercs les personnes du sexe autres que la mère, la sœur, la fille et la nièce ; la tente semble devoir être comprise implicitement dans cette liste. Le concile ne parle pas de la présence de l'épouse ; c'est que la chose allait de soi. Plus tard, cependant, certains abus obligeront les conciles à prescrire la séparation du lit, de la chambre, et même du toit.

Non content d'avoir établi la décence dans l'intérieur de la maison cléricale, le concile veut aussi que les clercs évitent la familiarité avec les femmes du dehors. Ils y étaient exposés, soit, dans le cellier de l'église ou de la maison épiscopale, avec les servantes qui apportaient les commissions, soit, dans les sacristies, avec les femmes qui venaient faire leurs confidences pieuses. Le concile appelle sur ces endroits la vigilance des dignitaires ecclésiastiques. Il emprunte au concile de Vannes ses décrets contre les clercs qui se mêlent aux fêtes mondaines, telles que les noces, ou s'adonnent à certains vices répandus chez les fidèles, l'ivresse, les pratiques superstitieuses ; aux Statuts, il emprunte la défense de laisser croître les cheveux et la barbe. Sur ce dernier point, il invite l'archidiacre à rappeler à l'ordre les clercs qui se mettent à la mode barbare, et même à leur couper les cheveux et la barbe *de force*, s'il y a lieu. Voilà un emploi de la force qui peint Césaire.

La question des biens d'église, qui est la troisième importante traitée par le concile, était à l'ordre du jour des assemblées ecclésiastiques à Rome comme en Gaule. L'unanimité avec laquelle nous voyons les assemblées ecclésiastiques des deux côtés des Monts renouveler ou renforcer les prohibitions déjà anciennement posées par divers conciles [1] prouve l'importance que la richesse de l'Eglise avait prise dans le cours du siècle précédent. A la formation de cette richesse avaient concouru et continuaient de concourir plusieurs sources différentes. La profession ascétique y avait d'abord contribué en développant chez une foule de personnes un esprit de renoncement dont les églises profitèrent aussi bien que les pauvres et les monastères. C'est parmi les fidèles voués à l'ascétisme près des églises ou dans les monastères que prit naissance et que se développa le plus fortement ce mouvement de libéralité qui entraîna ensuite la société tout entière dans un élan commun de pieuse générosité, et fit de l'Eglise mérovingienne

---

1. Sur la formation et le régime des biens de l'Eglise en Gaule, voir Hauck, *Hist. eccl. d'Allemagne*, I, p. 128 etc...

2. Cf.: Antioche a. 341, c. 24 et 25. — *Codex can. Eccl. afric.*, c. 26 (d'un concile de Carthage réputé V[e]). Ce dernier can., pour lequel nous verrons le concile d'Agde se prononcer, a dû venir à sa connaissance par une autre voie que la Coll. Quesnel, peut-être par Quintien de Rodez, africain d'origine.

une puissance territoriale. Déjà bien avant Césaire, l'église d'Arles en avait bénéficié pour sa part dans une large mesure. Le clergé de cette église gardait à Hilaire [1] un souvenir reconnaissant pour les nombreux héritages qu'il avait fait entrer dans la propriété commune, et dont la plus grande partie provenait sans doute du collège d'ascètes que ce pontife avait fondé dans sa maison épiscopale. Césaire ne laissa pas tarir cette veine précieuse ; il l'encouragea si bien qu'il a pu se féliciter, en écrivant son testament, d'avoir presque doublé la fortune de son église. L'un et l'autre, enfin, ont témoigné par des décrets de conciles le prix qu'ils attachaient à ce mode d'acquisition. Les statuts et le concile d'Agde, empruntant à un concile d'Hilaire un mot énergique contre les héritiers qui retiennent les legs faits à l'Eglise par leurs parents, les appellent « les assassins des pauvres [2] ».

Mais l'Eglise n'avait peut-être pas de meilleurs pourvoyeurs de sa fortune que ses clercs eux-mêmes, grâce aux lois successorales des derniers empereurs, qui détendaient leurs liens avec la famille naturelle pour les resserrer d'autant avec l'Eglise, leur famille spirituelle. Étaient-ils célibataires ou sans enfants ? et on a vu que ce cas tendait à devenir la règle générale en Occident, en vertu des lois qui les obligeaient à la continence. L'Eglise devenait alors leur héritière la plus directe, et percevait *ipso facto* après leur mort, s'ils ne laissaient pas de testament, tout ou partie de leur succession ; et on conçoit ce qu'elle dut gagner à agréger à la corporation de ses ministres un Eucher, un Avit, et tant d'autres membres des plus grandes familles. Avaient-ils des fils ? Elle avait encore l'avantage de pouvoir partager avec eux, et, le plus souvent, elle pouvait espérer acquérir la part des fils eux-mêmes, qui entraient généralement dans la carrière de leur père. C'est ainsi que l'héritage d'Eucher, déjà diminué de ce qu'il laissa en mourant à l'église de Lyon, dont il fut évêque, acheva de se disperser sur les églises où ses fils devinrent évêques à leur tour. Mal en prenait à un évêque, dont l'état de fortune personnel avait une certaine consistance, de ne se créer aucun titre à la reconnaissance de son église après sa mort. Sa mémoire n'était pas seulement privée des bénédictions qui illustraient la tombe des bons évêques, mais elle était un objet de malédiction et de scandale, tandis que l'héritage même du défunt était livré à la discussion des officiers de l'église, chargés de rechercher les dépenses indûment faites par lui de son vivant, et d'assurer le dédommagement de l'église.

Le concile d'Agde reflète un pareil état d'esprit. Dans un canon (33)

1. Pomère, l. II, c. 9.
2. Vaison I, c. 4 ; Agde, c. 4 ; stat. 86.

où transpire sa mauvaise humeur contre les prélats qui ne laissent rien à leur église, il détermine la part à revendiquer sur leur succession, et s'arrange de façon que la fortune de l'église, qu'ils n'ont pas daigné favoriser, ne souffre du moins de leur fait aucune diminution. Toute dépense accomplie par eux en vue d'un intérêt ecclésiastique est laissée au compte de l'église ; tout ce qui a été dépensé en dehors est mis à la charge des héritiers. On trouvera peut-être sévère qu'un évêque n'ait pu favoriser sa famille avec les émoluments de sa charge. Mais il faut songer que la disposition est prise contre des personnages qui avaient une fortune personnelle suffisante pour la subsistance de leur famille. Aujourd'hui même, si les catholiques souffrent volontiers qu'un membre du clergé assiste ses parents peu aisés avec les revenus très modestes de sa charge, ils ne souffriraient pas qu'un évêque se permît de distraire quoique ce fût des fonds ecclésiastiques, dont la gestion lui est confiée, pour établir ou enrichir les siens, soit de son vivant, soit par testament. La signature des trente-quatre Pères au bas du canon mentionné plus haut était de leur part une sorte d'engagement pris envers leurs églises. Césaire s'en est souvenu dans son testament. Réduit à l'état de pauvreté par la condition de fortune de sa famille et par choix d'état, il n'eut pas de bien propre à léguer à son église. Il s'en excuse dans son testament avec l'accent d'un sincère regret, et il prend bien soin d'avertir ses parents qu'ils n'ont rien à prétendre sur les biens de sa mense, ni sur son mobilier épiscopal.

Le gouvernement impérial avait aussi contribué à l'accroissement de la propriété ecclésiastique, non pas tant par des concessions de biens du fisc, telles qu'en feront les rois mérovingiens, que par la promulgation d'édits[1] ayant pour but d'étendre la capacité de l'Eglise à recevoir les libéralités des simples fidèles aussi bien que des clercs. Ces édits avaient fait arriver dans les archives des églises des titres en bonne et due forme qui établissaient leurs droits sur un grand nombre de propriétés. Aussi les héritiers avares, et tous ceux que ces pièces gênaient dans leurs prétentions aux biens des donateurs, faisaient-ils le guet autour des archives où ils savaient qu'elles étaient renfermées. Quelquefois, ils trouvaient aide dans la complicité de certains clercs, qui n'hésitaient pas, par complaisance, ou poussés par des motifs moins avouables, à livrer aux ennemis de l'église à laquelle ils appartenaient les gages de sa fortune. Le concile d'Agde eut de semblables trahisons à réprimer. Comme ces dernières lui ôtent toute action légale contre les recéleurs, c'est aux traîtres eux-mêmes, c'est-à-dire, aux clercs, qu'il s'en prend.

---

1. Cod. théod., L. 5, t. 3. — *Novell. Martiani*, t. 5.

Il ne se contente pas de prononcer contre eux la peine spirituelle de l'excommunication (c. 24), il prend contre eux un recours d'ordre temporel, et les condamne à dédommager l'église avec leurs biens propres. C'était là une demi sûreté pour l'église lésée, car il n'est pas douteux que le gouvernement ne fut tout disposé à prêter le bras séculier à tout jugement ecclésiastique rendu contre un clerc conformément à ce canon.

Toutes ces mesures prises par le concile pour assurer contre les usurpations du dehors l'accroissement légitime du fonds temporel des églises avaient certes leur importance. Mais ce qui importait encore davantage, c'était d'empêcher que ce fonds ne pût être dissipé par ceux-là même qui le détenaient et qui vivaient sur lui, par les évêques ou les clercs.

Le péril est surtout à prévenir du côté des évêques, en raison de l'universalité et de la supériorité des droits qu'ils exercent. Ils doivent savoir, sans doute, qu'ils ne sont pas les propriétaires, mais seulement les dépositaires des biens de leur diocèse. Le concile d'Agde, en le leur rappelant, ne fait que répéter une maxime courante. Mais cet aphorisme si juste était loin de valoir un bon règlement. C'est ce que pensa Césaire. Sa tâche à cet égard consistait moins, à vrai dire, à innover, qu'à renforcer ce qui existait. L'ancienne coutume de l'Église, que lui-même avait essayé de remettre en vigueur par ses statuts (50), et que saint Léon[1], un demi siècle avant lui, avait rappelée aux évêques de Sicile, avait établi un contrepoids au pouvoir des évêques sur le temporel de leur église : c'était le contrôle de leur clergé ; ils ne devaient conclure aucun contrat d'aliénation sans le consentement et la signature du haut clergé de leur entourage. Mais ce contrôle n'embarrassait plus guère les hommes autoritaires qui occupaient aujourd'hui les sièges épiscopaux ; il en fallait donc un plus imposant.

La propriété ecclésiastique offrait l'avantage de se prêter excellemment aux mesures de défense, parce qu'elle consistait en objets dont l'échange ou l'aliénation, sujets à des formalités publiques, ne pouvaient être dérobés à la connaissance de ceux qui avaient intérêt à s'y opposer. La terre et les esclaves, des biens immobiliers ou des travailleurs en grande partie attachés à la glèbe, étaient presque l'unique capital que l'Eglise admît. Les dons en nature, apportés au jour le jour, étaient dépensés au jour le jour. Il en était de même de l'argent, que l'Eglise se refusait, avec une répulsion insurmontable, à considérer comme un capital pouvant fructifier par l'intérêt, et dont elle usait simplement comme d'un équivalent des subsistances à acquérir imposé par les conventions, le distribuant aux pauvres ou le dépensant pour ses

---

1. *Ep.* 17. Migne, t. 54, col. 703.

besoins au fur et à mesure qu'il arrivait dans son trésor. Thésauriser, à entendre parler tous les Pères de l'Église depuis saint Ambroise à saint Césaire, c'était accaparer le prix de la subsistance des pauvres. Garder dans les trésors de l'Eglise les sommes données ou léguées par les fidèles dans un but de piété passait pour plus monstrueux encore ; c'était étouffer dans le germe les fruits que la charité des donateurs devait produire pour leur salut de leur vivant, ou pour le rachat de leurs peines après leur mort. Un semblable méfait avait été reproché à Patrocle, et n'avait pas peu contribué à l'impopularité qui l'avait suivi jusque dans la tombe. Au contraire, l'empressement avec lequel saint Honorat, à peine institué, avait écoulé tout cet or accumulé par son prédécesseur, produisit dans le public arlésien un sentiment de reconnaissance dont Hilaire, dans l'éloge funèbre de ce saint, a su tirer un effet oratoire très heureux.

Par suite de cette prévention respectable, l'argent monnayé tenait une place si précaire dans la réserve des églises, qu'il n'est même pas nommé par le concile d'Agde ; le métal n'y est mentionné que comme matière des vases sacrés et ustensiles employés pour le service de l'autel.

Pour garantir la conservation de la propriété ecclésiastique, l'assemblée avait le choix entre plusieurs degrés de sévérité. Elle pouvait ou interdire tout à fait l'aliénation du bien d'église, ou seulement l'assujettir à des formalités qui la rendissent plus difficile. Le premier de ces deux systèmes venait justement d'être adopté par l'église de Rome, qui avait fait preuve jusque là d'une assez grande tolérance[1]. Il avait été présenté une première fois, après le décès du pape Simplicius, dans une assemblée mixte du sénat et du clergé de Rome tenue sous les auspices du roi Odoacre. Bien qu'une défense faite dans ces conditions n'obligeât en rien le successeur de Simplicius, Symmaque, cependant, afin de couper court aux accusations de simonie que ses ennemis dirigeaient contre son élection, et aussi parce que c'était le vœu de tous, fit sien le règlement de l'assemblée d'Odoacre, dans un synode tenu en 502[2].

En conséquence des décisions de ce synode, qu'un édit de Théodoric[3] rendit valable en droit public pour toute l'étendue de sa monarchie, aucun pape, aucun membre du clergé italien n'était plus maître de distraire pour quelque raison que ce fût une seule parcelle du domaine confié à sa gestion. L'usufruit et le bail restant les seules formes sous lesquelles une concession de terre ecclésiastique pouvait être faite, soit

---

1. Voir une décrétale du pape Hilaire aux évêq. de Gaule, *Patrol.*, t. 58, *ép.* 8, fin.
2. Hardouin, *Conciles*, t. II, p. 990.
3. Mon. Germ. hist., *Leg.*, V. p. 169.

à des clercs, soit à des personnes étrangères à l'église, le domaine de cette dernière se trouvait ainsi immobilisé et assuré à jamais contre tout risque d'écoulement. Ce régime devait donner une consistance et un développement exceptionnels à la puissance territoriale de l'Eglise en Italie, et en particulier à celle du Saint-Siège. Ne perdant jamais et s'accroissant toujours, le patrimoine de Saint-Pierre deviendra le plus riche des patrimoines souverains, jusqu'au temps des Carolingiens, où l'abus des usufruits et baux à longs termes à des conditions presque gratuites ouvrira la porte toute grande aux inféodations, qui le dissiperont.

La décision si considérable prise par le concile romain à l'égard du régime des terres ecclésiastiques émut-elle le concile d'Agde? D'abord, il est peu probable que ce dernier en ait eu même seulement connaissance. Les conditions troublées dans lesquelles s'étaient trouvées jusqu'alors les églises situées dans le royaume d'Alaric n'avaient pas favorisé les échanges de vue entre ces églises et celles du dehors. Puis, le fait était trop récent, pour s'être imposé de lui-même à l'attention du clergé gallo-romain. L'édit même de Théodoric, qui lui donna une plus grande publicité, n'avait pas encore paru. On n'est donc pas en droit de chercher dans le concile de Rome l'inspiration du concile d'Agde. Ajoutons que les Pères d'Agde ne se fussent pas résignés facilement à suivre les Romains jusqu'au bout. S'ils étaient d'avis de protéger le patrimoine général de l'Eglise par des mesures sérieuses, ils désiraient cependant conserver dans l'administration temporelle de leurs diocèses respectifs une sage liberté, et répugnaient tous plus ou moins, Césaire comme les autres, à se lier les mains entièrement. Ils trouvèrent la législation modérée qui leur convenait dans la pratique des églises d'Afrique. Ici [1], on n'empêchait pas l'évêque de faire les contrats que la charité, ou la commodité et l'intérêt même de son église pouvaient parfois réclamer. Mais on mettait un frein à sa prodigalité, en exigeant, lorsqu'il s'agissait d'aliéner, qu'il se munît du consentement et de la signature des évêques de sa province, *sicut prisca canonum praecepit auctoritas*. On ne doit pas chercher ailleurs la patrie du canon qui a suggéré au concile d'Agde la pratique qu'il fait sienne, sauf une légère différence: au lieu de l'intervention des évêques de la province, le concile d'Agde se contente de celle des évêques les plus voisins.

L'adoption du canon africain enlevait au clergé son droit de contrôle et de consentement dans les contrats passés par l'évêque. Mais ce serait une erreur de croire que Césaire, en introduisant ce changement,

---

1. *Codex canonum eccl. afric.*, c. 26, Héfélé, t. II, p. 303.

se soit laissé guider par le désir de flatter ses collègues. Car loin de favoriser ces derniers, la nouvelle procédure assujettissait leurs actes à un consentement beaucoup moins facile à solliciter et à obtenir que ne pouvait l'être celui des clercs, toujours prêts à se rendre à la première convocation de leur chef, et toujours disposés, dans une certaine mesure, à approuver ses volontés.

En spécifiant les contrats pour lesquels la nouvelle formalité est requise, le concile ne nomme pas seulement la vente, mais encore le simple usufruit, donnant par là avis aux évêques de n'accorder que très difficilement ce genre de concession, qui, sans enlever à l'église ses terres, aliénait leurs forces de rendement en faveur des usufruitiers, et favorisait les efforts que ceux-ci pouvaient faire pour en prescrire la propriété elle-même. Gênés par les entraves que le concile avait posées, les évêques devaient nécessairement préférer, à la concession en usufruit, celle en précaire[1]. Concédé à courte échéance, et toujours révocable au gré de l'octroyant, le précaire offrait le double avantage de sauvegarder entièrement les droits de l'Eglise comme propriétaire, et de tenir sous son étroite dépendance ceux qui vivaient sur son domaine. C'est par l'octroi de précaires que l'Eglise pourvoyait à la subsistance de ses clercs, de ceux du moins qui n'avaient pas de patrimoine, trouvant plus économique de les mettre directement en contact avec la terre, lorsqu'ils pouvaient la travailler, que de s'entendre avec des colons pour en percevoir un revenu souvent aléatoire. Le précaire était aussi l'aumône ordinaire de l'Eglise au pérégrin pauvre. Ainsi appelait-on l'exilé, qui était porté sur le registre de ses assistés. Le précaire, enfin, quoiqu'il ne soit pas nommé dans le texte du concile d'Agde, deviendra désormais, par suite des dispositions édictées par lui, le mode de concession prépondérant dans l'Eglise. C'est par là que le concile d'Agde doit prendre place dans l'histoire de ce mode de tenure que les grands propriétaires laïques n'ont pas tardé à trouver très avantageux pour eux-mêmes, et qui a été un des facteurs principaux de la constitution du sol et de la hiérarchie sociale dans la Gaule mérovingienne.

Recevoir toujours et ne se dessaisir de rien, telle paraît être à cette époque la maxime universelle de l'Eglise. A voir ses assemblées promulguer partout ces lois et ces prohibitions qui s'inspirent de la même maxime, ne dirait-on pas une vaste conspiration pour organiser l'accaparement des terres entre les mains de la société ecclésiastique ? Ce point de vue ambitieux était loin pourtant de la pensée de l'Eglise

---

1. Autorisée pour l'église par une constitution de l'an 470 (C. Just.; I, 2).

d'alors. En présence de ce mouvement, notre esprit doit s'abstraire tout à fait du souvenir des derniers siècles de l'ancien régime. Toutes les prohibitions que nous venons de voir posées par l'Eglise étaient hautement justifiées par la nécessité d'assurer sa subsistance et celle de ses assistés pour tout l'avenir. Au temps du concile d'Agde, ce n'est pas en jouant sur les mots que l'Eglise appelait son domaine le bien des pauvres, en entendant ce mot, non-seulement des clercs pauvres, mais des laïques pauvres. Ce domaine n'était pas employé en grande partie, comme il le fut en dernier lieu, à constituer de riches prébendes, en faveur d'une aristocratie de quelques personnes engagées dans le clergé. Imbus d'un noble préjugé sur la destination du revenu de l'Eglise, les clercs à la conscience délicate se faisaient scrupule, s'ils avaient personnellement de quoi vivre, de percevoir dans la distribution de ce revenu la part afférente à leurs services, tant on était habitué à considérer le bien de l'Eglise comme le patrimoine des pauvres[1]. Sans doute, les faits n'étaient pas toujours conformes à cet idéal, et quelques-uns trahissaient déjà leur cupidité dans l'emploi des biens qui leur étaient confiés. Mais ces faits, que l'Eglise s'efforçait de restreindre à mesure qu'ils se produisaient, n'étaient encore que des exceptions. La règle, l'histoire de saint Césaire le mettra dans une lumière toujours plus grande, était une admirable organisation d'assistance, de charité, et on oserait presque dire, de communisme chrétien.

Le concile d'Agde laissait encore quelques libertés qui devaient disparaître dans le conflit avec le droit canon romain. Même les grandes aliénations du domaine ecclésiastique pouvaient encore avoir lieu, mais beaucoup plus difficilement et plus rarement. Surveillées et discutées par des conseils d'évêques, elles devaient se limiter strictement aux cas de *nécessité ou de grande utilité*, tels que la fondation ou la dotation de monastères ou d'établissements charitables ; il eut été douloureux pour Césaire, plus que pour tout autre, de ne pouvoir favoriser avec les biens de son église des œuvres si chères à son cœur. Un article (c. 45) introduit en dernier lieu dans les actes du concile atténua la défense sur un autre point, en permettant, pour les terrains de peu de valeur, ou d'une exploitation difficile, que l'évêque pût de lui-même engager tel contrat de vente ou d'échange qu'il jugeait utile, sans avoir besoin du consentement de ses collègues. Il y avait donc là encore une petite porte laissée à l'arbitraire de l'évêque. Il est probable que ce fut Césaire lui-même qui fit inscrire cet amendement. Dans son testament, il réclame l'indulgence pour avoir aliéné en faveur de son monastère des terres

---

1. Ce sentiment est vigoureusement défendu par Pomère dans son Traité *De la Vie contemplative.*

d'église « de peu de valeur et trop éloignées pour être exploitées utilement ».

Chose digne de remarque, c'est à l'égard des esclaves de l'Église que le concile montre les dispositions les plus libérales. En principe, il range l'esclave au nombre des objets faisant partie de la propriété ecclésiastique qu'il est défendu d'aliéner. Il y allait de l'intérêt de l'esclave, comme de l'Église ; car rarement, l'esclave gagnait à échanger la domination de l'Église contre celle du maître qui l'achetait. Toutefois, le concile n'entend pas du tout, en vertu du principe qu'il a posé, fermer à l'esclave l'accès de la liberté personnelle. Bien loin de là, il relâche en sa faveur la rigueur de ses décrets sur l'emploi du temporel ecclésiastique, et il n'hésite pas à tenir ouvert pour lui le trésor de l'Église, fermé pour les autres, en permettant à l'évêque qui veut affranchir un de ses esclaves de lui concéder, comme prime et garantie de sa liberté, soit une terre, soit une vigne et un gîte pour s'y abriter avec sa famille. Car il sait bien que la liberté personnelle, sans la terre pour subsister, serait pire que la servitude. La concession ainsi octroyée à l'esclave affranchi n'est ni un simple précaire, ni un usufruit: aucun terme, dans l'énoncé du canon, ne restreint le titre que l'Église accorde sur la terre qu'elle octroye ; elle l'octroie en propre, en limitant seulement la valeur à 20 sous d'or (1800 fr.), capital suffisant alors pour la subsistance d'un travailleur. C'est le premier texte aussi large et aussi explicite offert par la législation ecclésiastique sur ce sujet intéressant. Il est vrai que le droit canon romain obligera les conciles postérieurs à limiter au précaire la faculté de faire des libéralités aux affranchis.

Il est bien entendu, le concile a soin de le spécifier (c. 26), que toutes les prohibitions faites aux évêques en matière de temporel ecclésiastique doivent s'étendre *a fortiori* aux curés et aux administrateurs des biens des paroisses. Pour eux, aucune liberté de disposer des terres qu'ils administrent. Comment l'auraient-ils, alors que les évêques mêmes ne peuvent disposer de rien sans l'assentiment de leurs collègues ? A remarquer toutefois, en ce qui regarde les affranchissements, un canon de provenance inconnue (c. 49), qui s'est introduit plus tard dans la partie adventice des actes, et qui semble attribuer au curé les mêmes droits qu'à l'évêque.

On demandera maintenant quelle valeur les décisions du concile ont pu avoir en droit de l'État. On a déjà vu, à propos des questions de juridiction, avec quelle attention le concile s'étudiait à mettre ses dispositions d'accord avec celles de l'État, indiquées par le bréviaire. Dans certains canons, ce n'est pas seulement un esprit d'accord qui est témoigné pour le droit de l'Etat, mais une véritable considération. Cela se voit, par exemple, à l'égard de plusieurs articles de la loi civile auxquels le concile prête la sanction de la loi ecclésiastique, tels que ceux qui réglaient la tutelle des enfants trouvés (c. 24)[1], l'âge de l'imposition du voile aux vierges consacrées à Dieu (c. 19)[2]. Quelques canons, tels que ceux édictés sur la cohabitation des clercs avec les femmes[3], sur leurs familiarités avec elles dans les celliers ou les sacristies, ne sont que des extraits du Bréviaire. Il y a réciprocité de bienveillance de la part de l'Etat : le concile se sent sûr de l'appui de ce dernier pour toutes celles de ses lois dont l'exécution réclamera le concours du bras séculier, et il règle sur ce concours ses sanctions vis-à-vis des personnes ou des biens. Un moine a-t-il déserté son monastère ? Le concile ordonne qu'il soit ramené à son abbé ; il est bien entendu que c'est la force publique qui s'en chargera. Le Bréviaire faisait rentrer dans la curie, dans les corporations ou les autres charges onéreuses, les clercs que l'Eglise avait dégradés de leur rang. Le concile fait de cette sanction civile le pivot de sa pénalité. Quand il rencontre de ces irrégularités qui sont à ses yeux une violation irrémédiable du caractère clérical, comme l'incontinence, la bigamie, la profession de pénitence publique, il prononce la peine de dégradation, pour l'avenir du moins ; pour le passé, prenant égard aux situations acquises, il sauvegarde l'immunité cléricale, en laissant l'honneur, sans les fonctions. Pour les fautes, même graves, que le seul repentir suffit à laver, il se garde bien de pousser la répression jusqu'à cette extrémité, et se contente des sanctions dont l'effet doit se limiter à la vie ecclésiastique, depuis l'excommunication jusqu'à la *peregrina communio*, qui réduit le clerc coupable à la condition des étrangers.

C'est surtout à l'égard des biens de l'Eglise que le concours de l'Etat était nécessaire. Il est clair que les lois établies par l'assemblée ecclésiastique en pareille matière ne devaient être obéies et suivies d'application qu'autant que l'Etat les ferait siennes. Ce concours ne fut pas refusé. La bonne volonté du gouvernement d'Alaric à cet égard n'est pas prouvée seulement par l'assurance avec laquelle le concile la présume, lorsqu'il déclare que les aliénations faites en violation de ses règlements « seront nulles » *aliter facta venditio non valebit*. Alaric voulut, sur ce point, qui touchait de plus près au droit civil, donner au concile la même sanction que le concile romain avait obtenue de Théodoric. Nous ne connaissons pas les termes de l'édit qu'il publia ;

---

1. Theod., L. 5, t. 7.
2. Id., *Novell. Majoriani*, t. 8.
3. Id., L. 16, t. 1.

mais l'existence de ce dernier nous est certifiée par une décision rendue un peu plus tard par Théodoric lui-même[1], en exécution de cet édit, pour faire rentrer l'église de Narbonne dans quelques terres qui avaient été distraites contrairement au droit ecclésiastique. Enfin, l'intention annoncée à Césaire par le ministre Eudomius de réunir l'année d'après un nouveau concile ne signifie-t-elle pas clairement qu'Alaric était fermement résolu à donner au concile d'Agde toute la suite qui pouvait lui être donnée ? Malheureusement pour ce prince et pour son royaume, que sa politique religieuse devait consolider, un de ces aveugles coups de la force, qui ne furent que trop dans les procédés de la barbarie, vint briser, avec sa personne, les espérances qui reposaient sur elle.

1. Cassiod., *Variar.*, IV, 17.

CHAPITRE V

THÉODORIC-LE-GRAND EN PROVENCE. CÉSAIRE COMPARAIT DEVANT CE PRINCE
EN ITALIE (A. 508-513).

Le concile d'Agde avait été clôturé le 3 des ides de septembre de l'an 506 (11 sept.). L'année suivante, probablement vers la même saison, Alaric se rencontrait avec Clovis dans les plaines de Vouillé, à quelques lieues au nord de Poitiers, et tombait frappé mortellement par la main même de son rival. « Je supporte avec chagrin que ces ariens possèdent une partie des Gaules ; marchons, avec l'aide de Dieu, et réduisons leur pays en notre pouvoir. » Ce mot, prêté à Clovis au moment où il entraîne ses guerriers, donne à première vue l'idée d'une guerre de religion entreprise pour délivrer les églises du midi de la Gaule du joug oppresseur des Wisigoths. Une semblable idée ne correspond pas tout à fait à la situation que nous a montrée le concile d'Agde. Même chez les peuples catholiques qui ont été l'enjeu de la guerre entre les deux nations ennemies, elle n'a pas été acceptée universellement. Tandis que, pour le pays de Tours et les provinces les plus proches de la Loire, la défaite d'Alaric est saluée dans les écrits du temps comme une délivrance, en Auvergne, on voit la fidélité au gouvernement de Toulouse poussée jusqu'au dévouement, et en beaucoup de lieux, l'invasion des Francs a laissé le souvenir de vexations sans nombre et de souffrances inouïes[1]. Les sentiments des évêques et des hommes d'église n'ont pas été différents, devant ces événements, de ceux des populations. Si quelques-uns d'entre eux ont manifesté trop ouvertement leur sympathie pour les Francs, ou même ont pu leur ouvrir la voie, la plupart ne sont intervenus que pour se mettre en travers des déprédations commises par les vainqueurs. Alaric, le fait est consolant à constater, n'est donc pas tombé victime de l'ingratitude de ses sujets, et il ne dut son malheur, comme Théodoric le lui avait prédit, qu'à l'infériorité de son armée amollie par une longue paix.

Lui disparu, rien ne pouvait plus soutenir en deçà des Pyrénées

---

[1]. Rapprocher de la *Vita Cæsarii* (I, c. 3) la *Vita sancti Maxentii* (*Acta SS. Ordinis s. Bened.*, sæc. I, app.), celle de saint Eptadius (Bouquet, III, 384), concile d'Orléans, a. 511, et la lettre de Clovis, en tête de ce concile.

le faisceau des provinces que le concile d'Agde nous a montrées réunies sous son sceptre. La plus grande partie de ces dernières tombe sous le joug des Francs, dont le gros de l'armée, commandé par Clovis en personne, poursuit le cours de ses conquêtes jusqu'aux sources de la Garonne, pendant qu'une autre armée va, sous Thierry, l'aîné des fils de ce prince, prendre à revers les hautes terres de l'Auvergne et des Cévennes. Sur les autres points, le peu qui reste de l'empire des Wisigoths est menacé par un nouvel ennemi. En effet, pendant que les vaincus essayent de se reformer à Narbonne, et que, laissant le jeune Amalaric, fils d'Alaric, chercher refuge à Barcelone, ils croient se donner un roi dans la personne de Gésalic, frère naturel de cet enfant, Gondebaud, avec ses Burgondes, franchit la Durance, puis le Rhône, et par sa seule approche, met en fuite Gésalic, dont la lâcheté rend bientôt un parti à Amalaric[1]. Les divisions intestines des Wisigoths l'auraient mis plus sûrement en possession du pays conquis. Mais il était réservé à l'intervention puissante de Théodoric le Grand de faire reprendre une vigueur et une face nouvelles à la domination de la race gothe sur ces dernières provinces.

C'est seulement le 24 juin 508[2] que les troupes de Théodoric quittèrent leurs garnisons et se mirent en marche vers la Gaule. Théodoric paraît donc s'être décidé un peu tard à intervenir. Cependant, on ne peut l'accuser d'avoir permis à dessein la défaite d'Alaric afin d'en profiter. Confiant dans le bon résultat apparent de ses actives démarches pour réconcilier les deux adversaires, il avait été surpris par la rapidité avec laquelle les sentiments du roi des Francs s'étaient retournés. Puis, il avait été retenu par une démonstration maritime de l'empereur Anastase, de complicité avec Clovis. Maintenant que le mal était fait, la mesure dans laquelle il convenait de le réparer et le choix des moyens étaient des questions laissées à son appréciation, et dans la solution desquelles la plus élémentaire prudence lui faisait un devoir de ne pas séparer l'intérêt des Ostrogoths de celui des Wisigoths.

Arles devint son point d'appui, d'abord pour reconquérir les provinces méditerranéennes récemment envahies par les Burgondes, puis pour les réorganiser. Elle était alors assiégée par une armée coalisée de Francs et de Burgondes. Sans doute Thierry et Gondebaud, ne rencontrant plus d'ennemis des deux côtés des Cévennes, s'étaient-ils donné rendez-vous au pied de ses remparts romains, dans l'espoir, s'ils parvenaient à s'en rendre maîtres, de faire tomber le dernier boulevard

---

1. Isidore, *Hist. Wisigoth.*, era. DXLV ; chroniq. de Victor de Tunnuna ; chroniq. de Cassiodore ; Jordanis, *De rebus Geticis*.
2. Cassiod , *Var.*, I, 24.

des Wisigoths, et de rendre vaine d'avance la démonstration préparée par Théodoric. Mais l'énergie de résistance que trouva cette ville dans la force numérique de sa garnison, et aussi, comme Théodoric se plut à le reconnaître dans la suite[1], dans la fidélité courageuse de ses habitants, donna le temps d'arriver aux troupes de ce prince, commandées par le duc Ibbas. Un effort vigoureux du général Tulum[2] pour dégager le pont qui reliait la ville haute à l'île de la Camargue découragea les ennemis, qui levèrent le siège. Ils durent même subir dans leur retraite de grandes pertes, ou peut-être une grande défaite ; car les Goths, en rentrant dans la ville, ramenèrent « une quantité immense » de prisonniers, qui encombrèrent les basiliques, et même la maison de l'évêque. Cet événement paraît avoir été décisif pour le succès de l'entreprise de Théodoric.

Ce siège eut pour Césaire plusieurs conséquences douloureuses. La première fut la ruine des travaux, déjà très avancés, qu'il avait entrepris pour la construction du monastère destiné à sa sœur Césarie. Cet édifice, situé hors des murs d'Arles, à l'endroit où le rocher qui supportait la ville commençait à s'effacer pour faire place à la plaine[4], avait été un des premiers endroits visités par l'aveugle fureur des assiégeants, qui n'y avaient rien laissé debout. Cette épreuve, causée par l'ennemi du dehors, ne fut rien à côté du redoublement de soupçons et de tribulations auquel sa personne fut en butte de la part de ses ennemis du dedans. Leur haine éclata à propos d'un incident regrettable. Au moment où les assiégeants paraissaient près de l'emporter, un jeune clerc, qui était parent de l'évêque, craignant ce qui pourrait lui arriver dans une prise d'assaut, prit les devants et passa lui-même dans le camp des assiégeants. Il n'en fallut pas davantage pour que l'évêque fût accusé de vouloir livrer la ville aux ennemis ; le transfuge passa pour son émissaire. Sur ce premier bruit, qu'ils ne prirent pas la peine d'approfondir, les Goths envahirent la maison épiscopale, se saisirent de la personne de l'évêque, et après l'avoir fait monter de force sur une embarcation, ils s'apprêtaient à le transporter par la voie du Rhône dans la forteresse d'Ugernum, et peut-être à se défaire de lui dans le trajet. Mais, heureusement pour lui, l'ennemi tenait les rives du fleuve bloquées ; force fut pour ceux qui l'escortaient de le ramener dans sa

---

1. Junghans nous semble avoir démontré que le siège n'a pu se prolonger beaucoup au delà du temps où l'armée de Théodoric est arrivée en Gaule.
2. Cassiod., *Var.*, III, 32.
3. Id., VIII, 10.
4. Nous supposons que le premier monastère occupait l'emplacement où fut érigée ensuite la basilique de Ste-Marie, destinée à la sépulture des sœurs ; mais c'est une simple supposition.

maison, où ils le tinrent gardé quelque temps, jusqu'à un nouvel incident qui porta ailleurs leur colère. Les Goths, dans cette affaire, n'avaient été que les ministres inconscients de la haine des Juifs. Ces derniers, qui étaient nombreux dans la ville, n'avaient certainement aucun juste grief contre Césaire. Dans la partie de ses sermons qui est relative à l'ancien Testament, Césaire est souvent amené à parler des Juifs. Jamais un mot qui ressente ce que nous appellerions le fanatisme religieux. Ses paroles n'expriment à leur égard d'autre sentiment qu'une sincère commisération pour leur destinée temporelle et spirituelle. Dans la conjoncture critique où ils le virent alors, ils eurent le tort inexcusable de n'écouter que leurs passions et l'intérêt de leur race; et crièrent contre l'évêque d'autant plus fort que leur indignation était moins sincère. Mais ce manège finit par être révélé aux Goths par la découverte d'un billet qu'un Juif avait lancé du côté des assiégeants, s'offrant de les introduire par un endroit du mur où ses coreligionnaires étaient de garde, à condition que lui et les siens fussent épargnés dans le sac de la ville. L'odieux qui rejaillit de cette preuve individuelle sur la secte entière fut du moins heureux pour Césaire, qui fut aussitôt remis en liberté.

Ces moments pénibles passés, un autre sujet de douleur l'empêcha toutefois de goûter comme il aurait fallu la joie de sa délivrance et de celle de sa ville épiscopale; ce fut le spectacle lamentable des misères que la guerre, et une guerre entre nations barbares, laissait derrière elle, et dont le soulagement le concernait avant tous les autres. La dévastation et la ruine des cités et des campagnes, des édifices profanes et des lieux sacrés; les souffrances subies par les personnes, bien plus tristes que la perte des biens, et propagées sur une multitude innombrable d'individus, les uns massacrés ou atteints d'irréparables blessures, les autres traînés en captivité; le mal des corps aggravé par celui des âmes; et, par dessus tout cela, la peste, qui glane presque toujours où la guerre a beaucoup moissonné; telles étaient les variétés de misères que ses yeux avaient eu la tristesse de contempler. Par elles se peignaient en outre à sa pensée toutes celles qu'il n'avait pas vues, et qui avaient sévi semblablement sur une foule d'autres pays. « Que sont devenues tant de contrées, tant de cités d'entre les plus illustres? disait-il en ramenant avec douleur sur ces choses la pensée des Arlésiens[1]..... Nos yeux ont été importunés par la vue des calamités d'un siège cruel, et ils sont affligés maintenant par celle d'une mortalité telle que, de tous ceux qui restaient, il y en a à peine assez pour donner la sépulture à ceux qui

---

1. *Patrol.*, t. 39, Serm. 298.

meurent.... Que si nous passons à la considération des maux de la captivité qui ont décimé des provinces entières, n'avons-nous pas vu les matrones forcées de partir, les seins qui étaient près d'enfanter déchirés, les femmes qui nourrissaient séparées de leurs nourrissons, qu'on arrachait de leurs mains et qu'on jetait sur les routes, sans leur permettre, ni de garder avec elles ceux qui étaient vivants, ni d'ensevelir ceux qui mouraient ?... De dures corvées étaient imposées par les barbares, sans aucune considération d'humanité, à des femmes délicates et de sang noble... Quel plus juste sujet de deuil, quel signe de la colère de Dieu pour lequel il faille gémir plus haut, que de ce qu'il n'a épargné même ni églises, ni clergé, ni vierges sacrées, ni aucune cité ? »

Combien le tableau tracé ici transporte l'esprit loin du but annoncé par Clovis ! C'est en vain que le chef des Francs, pour mieux marquer le caractère religieux de son entreprise, avait déclaré prendre sous sa sauvegarde les églises et leur personnel. Ceux qu'il commandait ne s'étaient pas plutôt sentis sur le territoire à conquérir, que leur vieil instinct barbare de piraterie s'était réveillé et avait pris le dessus sur tout autre sentiment. Depuis les alentours du champ de bataille de Poitiers, où le monastère de l'abbé Maixent conserva longtemps après le souvenir de leur brutalité, jusqu'aux rives du Rhône, où ils aidèrent et surpassèrent probablement les ravages des Burgondes, le passage des Francs fut à peine moins funeste aux personnes et aux lieux sacrés qu'au reste de la population. Baptisés de la veille, ce n'est pas en un clin d'œil, et comme en forçant la nature, que le baptême pouvait changer, pour employer une image biblique, ces loups en agneaux. Encore vingt-cinq ans plus tard, au temps de leur campagne définitive contre la Burgondie, les moines de la célèbre abbaye de l'île Barbe, apprenant l'approche d'une de leurs bandes, n'osèrent l'attendre, et durent se féliciter d'avoir fui, en apprenant plus tard par quelles tortures inouïes l'un d'entre eux, un vieillard, resté seul, avait expié son excès de confiance[1]. C'est seulement à la longue que l'Eglise pouvait espérer éteindre en eux le vieux germe de barbarie qui était dans leur sang, en leur prêchant la douceur, en leur faisant aimer les arts de la paix, en leur enseignant à régler leur humeur par les lois, et surtout en protestant d'exemple contre les sévices qu'elle n'avait pu empêcher par son zèle à y remédier.

Dans le soulagement des maux faits par la présente guerre, nul ne prit une part aussi active que Césaire. Pendant que les évêques dont les diocèses venaient d'être réunis à l'empire franc importunaient le vainqueur des doléances de leurs églises et de leurs fidèles, et s'effor-

---

1. Vie de saint Léobin, Migne, t. 88, col. 549.

çaient, non sans mérite, de poser leur nouveau monarque en justicier et en protecteur des opprimés, lui de son côté, resté sur le théâtre où la guerre avait été la plus acharnée et la plus cruelle, se multipliait et épuisait toutes ses ressources pour assister les nombreuses misères qui l'entouraient. Sa charité ne fut pas au-dessous de celle qui avait rendu fameux au-delà et en deçà des monts l'évêque saint Epiphane de Pavie, dans les derniers événements militaires de la Haute Italie. Les prisonniers ennemis retenus dans la ville d'Arles et les habitants du pays emmenés en captivité par l'ennemi eurent part les uns comme les autres à sa sollicitude. L'humanité, associée dans son cœur avec la religion, l'empêchait de distinguer entre catholiques et ceux qui n'étaient ni catholiques, ni même chrétiens. Parmi les soldats laissés par l'ennemi entre les mains des Goths, et que ceux-ci tenaient renfermés dans les basiliques et dans la maison de l'évêque, Césaire en trouva un certain nombre qui étaient dans ce dernier cas. Ils reçurent de lui, comme leurs compagnons catholiques, non-seulement la nourriture et le vêtement, mais encore, autant que ses ressources le lui permirent, le prix de leur rançon. Il se disait « qu'il était préférable de leur procurer la liberté de retourner dans leur pays, où ils ne seraient entourés que d'influences catholiques, que de les laisser exposés, s'ils devenaient esclaves des Goths ou des Juifs, à embrasser la religion de leurs maîtres ». Ce motif stimulait sa charité, à plus forte raison, quand il s'agissait de catholiques. Quelques-uns appartenaient aux diocèses septentrionaux de sa métropole, et étaient à un certain degré ses ouailles ; c'étaient tous les habitants de la rive droite de la Durance tombés aux mains des Goths, après avoir été forcés par les Burgondes de marcher avec eux sous les armes, comme c'était l'habitude des barbares, au moins dans les provinces voisines du pays où ils se proposaient de porter la guerre. On peut être persuadé que le sort de ces gens fut pour Césaire l'objet d'une vive pitié. Enfin, ce qui le sollicitait encore plus vivement, c'était le désir de tirer des mains des Francs et des Burgondes ceux de ses propres diocésains qui avaient eu le malheur d'être rencontrés par le flot de ces masses barbares refluant avec dépit vers leurs pays. La pensée que des chrétiens de son diocèse souffraient en captivité, que des femmes, des vierges, des enfants, dont le salut lui était confié, étaient assujettis à toute la brutalité de soldats pétulants et grossiers, était de nature à ne lui laisser aucun repos jusqu'à ce qu'il eût pourvu à la délivrance de tous.

Il s'en fallait de beaucoup que tous ces prisonniers fussent assez riches pour se racheter eux-mêmes. Le grand nombre de ceux qui étaient hors d'état de le faire exigeait, pour acquitter leur rançon, une centralisation de ressources prodigieuse. Pour accroître celles que la charité publique lui procura, Césaire n'hésita pas à employer un moyen extrême que déjà saint Ambroise et plusieurs des plus saints évêques avaient employé dans des nécessités semblables, et il y consuma absolument tout le mobilier précieux de l'église. Calices, patènes, encensoirs, chandeliers, toute l'argenterie léguée à l'église par Eone et ses prédécesseurs y passa. La hache s'abattit sur les corniches et sur les balustrades, afin d'en détacher les colonnettes et les autres motifs en argent qui les ornaient. Rien ne fut réservé. Certaines personnes, des clercs, des évêques, trouvaient cette charité exagérée ; d'autres ne reculaient pas devant le mot de sacrilège. « Je voudrais bien savoir, répondait Césaire, ce que diraient ceux qui me critiquent, s'ils étaient à la place des captifs que je rachète. Dieu, qui s'est donné Lui-même pour prix de la rédemption des hommes, ne m'en voudra pas de racheter des captifs avec le métal de son autel. » Le sacrifice auquel il venait de se résoudre l'obligeait de se servir pendant quelque temps d'ustensiles de matière commune pour la messe ; il s'en justifiait en rappelant que le Christ ne s'était pas servi de vases d'argent pour l'accomplissement de la Cène eucharistique. C'est ainsi qu'il vengeait la charité par le bon sens. Malgré toute l'énergie de ces mesures, il est clair que leur but ne pouvait être atteint en un seul jour. Le rachat de tant de personnes ne pouvait être complet qu'après beaucoup de temps. Césaire dut procéder au fur et à mesure de ses ressources, et tenir un service organisé. Cinq ans encore après le siège d'Arles, nous voyons des clercs et des abbés placés par lui aux principaux endroits sur les deux frontières, afin de poursuivre et d'opérer le recouvrement des captifs de la province qui n'avaient pas encore été rendus à leur foyer.

Non content de donner le trésor de son église pour délivrer ces malheureux de la servitude, Césaire donnait, pour les préserver de la faim, les provisions de son cellier et de sa table, avec la même insouciance du lendemain. Il lui arriva ainsi un jour, après avoir partagé toutes ses provisions de bouche avec une troupe d'hommes libres et de nobles qui attendaient, leur rançon payée, qu'on leur permît de partir, d'être complètement à court de vivres. Tous ceux, et ils étaient nombreux, qui vivaient d'ordinaire à sa table, se demandaient avec anxiété combien de temps leur jeûne forcé se prolongerait, quand arrivèrent, avec un à propos qui parut l'effet d'un miracle, trois bateaux chargés de blé, que les rois Gondebaud et Sigismond adressaient à l'évêque d'Arles. Ce don de reconnaissance royale nous témoigne l'importance des services rendus par Césaire aux sujets de ces rois qui avaient été prisonniers des Goths.

Seraient-ce ces services qui auraient motivé pour la troisième fois une accusation contre lui ? Ce fut sans aucun doute pour un grief se rapportant à la haute trahison qu'il fut dirigé sous bonne garde vers la Cour de Ravenne en 513, à une époque où l'on ne s'attendrait pas à rencontrer un fait aussi fâcheux. Les succès décisifs des généraux de Théodoric avaient arrêté depuis plus de trois ans les grands mouvements des armées franque et burgonde. Libre de ces deux côtés, le roi d'Italie avait ensuite tourné le poids de ses armes contre Gésalic, qu'il avait voulu punir, soit d'avoir trahi son alliance en intriguant avec les souverains ennemis, comme il le lui reprochait, soit peut-être aussi de s'être opposé aux droits qu'il prétendait conserver sur une partie du pays reconquis par ses armées. Vaincu par le général Ibbas dans une grande bataille près de Barcelone, Gésalic avait vainement essayé de prolonger la lutte avec l'argent du roi des Vandales. Atteint au nord de la Durance par les soldats de Théodoric, il périt par leurs mains en 511. La victoire sur Gésalic, en mettant entre les mains de Théodoric tout ce qui restait de l'ancien royaume d'Alaric après la conquête franque, lui avait permis de l'organiser tranquillement et selon ses vues. Aussi, depuis 510, sa domination était-elle la seule reconnue des deux côtés des Pyrénées ; toutefois, avec une différence essentielle. Souverain seulement de fait en Espagne et dans la Narbonnaise jusqu'au Rhône, comme tuteur du jeune Amalaric son petit-fils, Théodoric gouvernait pour son propre compte ce qui était en deçà du Rhône. Il était donc le souverain de droit pour tout le pays sur lequel s'exerçaient, en dehors des frontières de la Burgondie, la juridiction métropolitaine de Césaire. Cette annexion, qui pouvait être considérée comme une indemnité raisonnable et légitime des frais d'expédition de Théodoric, était en même temps la garantie réciproque de la sûreté des deux nations gothes, qu'elle mettait à portée de se secourir l'une l'autre. Mais c'est surtout au pays annexé lui-même qu'elle devait profiter.

Rien ne traduit mieux, de la part du fondateur de la monarchie ostrogothe, l'idée arrêtée de faire envisager son règne comme le prolongement de l'empire, que les lettres expédiées par lui de Ravenne à Arles [1]. Que les habitants de la province puissent se considérer, non comme un peuple conquis, mais comme délivrés : c'est son mot d'ordre aux généraux chargés du commandement de l'expédition, comme aux comtes préposés au gouvernement des villes. Toute sa correspondance relative à la

---

1. Cassiod., *Var.*, III, 38, 42, 16, 17.

Gaule se résume dans ce point de vue. Et quand il exprime l'idée de délivrance, ce n'est pas seulement de l'invasion des Burgondes et des Francs qu'il entend parler ; il désigne toute la période des trente années pendant lesquelles les habitants ont été sous un autre régime que celui de l'empire, auquel il prétend les ramener. « Réjouissez-vous, leur écrit-il après les premiers succès remportés, de ce que vous êtes de nouveau replacés dans la tradition romaine, vous qui gémissiez depuis si longtemps d'en être séparés. » Il n'a qu'une crainte, c'est que l'influence déjà longue de la barbarie n'ait trop déteint sur leur caractère, et qu'ils ne soient plus en quelque sorte assez Romains. « Rentrés en possession de votre antique liberté, revêtez des mœurs dignes de la toge ; dépouillez-vous de la barbarie, rejetez loin de vos âmes l'inhumanité ; il ne vous convient pas, sous l'équité de notre loi, de suivre les mœurs des étrangers. » Ainsi parle Théodoric.

Et la réalité fut approchée autant que possible de la fiction exprimée par ces paroles. La mesure la plus frappante pour ceux qui avaient connu l'empire, la plus efficace pour dissiper tous les froissements, ce fut certainement la nouvelle constitution des hauts pouvoirs civils et militaires. Confinés pour la plupart dans l'exercice du commandement militaire, les ducs et les comtes Goths placés à la tête des armées, les comtes préposés à la défense des villes fortes, furent avertis avec insistance de ne troubler en rien la quiétude des habitants. Les emplois civils redevinrent, en général [1], le haut monopole de ces Romains et Gallo-romains, que l'aristocratie wisigothe avait confinés dans la tâche de rendre la justice aux Romains, sous sa surveillance [2]. Ce système, introduit de l'Italie dans la Gaule du Sud par Théodoric, n'y changea peut-être pas beaucoup la proportion des hommes de race gothe et de race romaine qui occupaient les emplois de toutes sortes, mais il rétablit l'équilibre en faveur des derniers, dont la puissance était par trop diminuée, et donna aux habitants l'illusion qu'ils recommençaient à s'administrer eux-mêmes, et à ne dépendre plus que de leurs propres lois. La nouvelle hiérarchie fut couronnée et protégée par l'installation d'un haut magistrat romain, le Vicaire, qui recevait directement le mot d'ordre de la cour, et dont la présence, rehaussant l'importance de la ville d'Arles, lui faisait moins regretter le temps où elle était siège de Préfet ; encore, ce dernier lustre allait-il bientôt lui être restitué, et rayonner d'elle sur une partie de son ancien domaine préfectoral. Les nobles arlésiens furent les mieux partagés dans les faveurs et les dignités du nouveau

---

1. Nous signalons une exception ci-dessous.
2. Sur l'aristocratie wisigothe, voyez Dahn, *Hist. primit.*, t. I, p. 467 et suiv.

régime. Le fils de Magnus Félix eut l'honneur unique d'être le consul de 511[1]. Deux neveux d'Ennode[2], Lupicin et Parthénius, furent admis aux écoles de Rome, où s'instruisaient ceux que Théodoric destinait aux dignités romaines. Le second alla ensuite faire à Ravenne l'apprentissage des hautes charges qu'il devait exercer plus tard dans son pays[3].

Si Théodoric ne renonça pas plus que ses prédécesseurs wisigoths aux exigences fiscales des empereurs, il y mit du moins les mêmes ménagements que les meilleurs de ceux-ci. Les habitants apprirent le maintien du cens par une lettre qui les exemptait pour la première indiction après la guerre finie, en considération des pertes endurées[4]. La ville de Marseille, ayant prouvé à cette occasion que les empereurs l'avaient exemptée à perpétuité, rentra en possession de ses immunités. Des franchises et dispenses de taxes accordées aux principaux articles du pays rendirent le courage aux industriels et aux marins. Enfin, tandis que des secours en argent ou en nature étaient envoyés aux villes, telles qu'Arles, les plus éprouvées par la guerre, la part libérale prise par le trésor du roi dans les frais de subsistance de l'armée d'occupation[5], la sécurité que cette armée donnait aux habitants en les exemptant eux-mêmes du service des armes, adoucirent pour tous la rigueur du tribut annuel.

Dans quelle mesure les édits de Théodoric déteignirent-ils sur le droit local ? Il avait confirmé, quelques mois avant l'expédition de Gaule, les décrets du concile de Symmaque sur l'inaliénabilité des terres ecclésiastiques, par un édit qui fut communiqué ensuite à l'église d'Arles. La loi appelée par antonomose son Edit a suivi la même direction[6]. D'ailleurs, ces édits n'ont pas supplanté l'excellente loi d'Alaric. Les changements qui furent éprouvés par les sujets de la *lex romana Wisigothorum* furent des changements en mieux ; une sincérité plus grande qu'auparavant dans l'application de leur loi ; et un esprit de suite, dans les bons desseins annoncé par le nouveau

---

1. Cassiod., *Var.*, II, 1-3.
2. Ses deux neveux tiennent une grande place dans ses lettres et *Déclamations*.
3. V. le poème qu'Arator lui a dédié, Migne, t. 68, col. 245.
4. Jordanès. L'historien des Goths affirme qu'après la mort de Théodoric, le *tributum* établi par lui fut aboli de concert par les souverains des Ostrogoths et des Wisigoths. Il est probable que les nationaux Goths eurent seuls part à cette exemption. On sait que Théodoric les avait compris dans le cens.
5. Mommsen (*Études ostrog.* dans *Neues Archiv*) croit que Théodoric prit pour ses soldats le tiers des terres de Provence, comme cela s'était fait pour l'Italie. Il n'étendit certainement pas les *sortes* que les Wisigoths s'étaient attribuées, et sur lesquelles une partie de ceux-ci restèrent jusqu'en 526. Nous croyons, avec Dahn, que les soldats de Théodoric furent plutôt groupés dans les garnisons que dispersés sur les terres.
6. Édités par Bluhme dans les M. G. H. *Leg.* V, p. 169-170, et 145 et suiv.

monarque, qui avait manqué à son prédécesseur. Les chefs d'église n'eurent pas à s'excepter des espérances que donnait Théodoric. La correction et la dignité toutes royales de son arbitrage deux fois interposé entre le pape Symmaque et ses ennemis, la bienveillance de son abord pour les membres de l'épiscopat catholique, ses dons et concessions d'immunités aux églises, tant de qualités, que le panégyrique d'Ennodius avait certainement déjà publiées dans ce pays, donnaient le ferme espoir que ce prince, tout arien qu'il fût, ramènerait la politique des empereurs orthodoxes.

Sous ce prince libéral envers ses sujets, et qui suivit désormais, à l'égard de ses voisins, une politique de paix aussi constante que digne, la province d'Arles se remettait peu à peu de ses désastres. Ceux de ses habitants qui avait fui à l'approche de la guerre s'empressaient de réintégrer leurs foyers[1]. Césaire lui-même, tout en se dépensant pour les captifs, trouvait le temps et les ressources suffisantes pour relever son monastère de femmes, détruit pendant la guerre. Il venait d'en faire la dédicace le 26 août 513, quand, aussitôt après, vint l'ordre qui l'assignait à Ravenne devant le souverain.

Quoique cette mesure ait été décidée, non par Théodoric, mais par le gouvernement local, elle n'a pas moins lieu de nous surprendre, venant de Gemellus, qui occupait la charge de Vicaire. On peut trouver que pour un Romain, ce magistrat ne s'inspira guère, en cette circonstance, des instructions contenues dans la lettre où son souverain l'accréditait[2]. « Que la province fatiguée reconnaisse en toi un magistrat envoyé par un monarque romain...., qu'elle n'éprouve rien de semblable à ce qui l'affligeait du temps qu'elle regrettait Rome. » Mais Gemellus avait probablement reçu contre Césaire une accusation en forme. Le pouvoir de juger sur place un si haut dignitaire de l'Église n'étant pas renfermé dans son mandat, il devait porter l'affaire au comitat royal[3]. Le seul reproche qui pourrait lui être adressé serait de n'avoir pas tenu tête à l'accusation, et rien ne dit que cela ait été en son pouvoir. Contrebalancé, tout comme les magistrats romains qu'il dominait, par un comte goth installé à Marseille avec attributions civiles[4], il avait en outre à compter avec ces ducs et ces comtes militaires goths,

---

1. Cassiod., *Var.*, III, 18.
2. Id., III, 6.
3. Les exemples sont nombreux dans Cassiodore.
4. Le comte Marabadus, que concerne l'ép., *Var.*, III, 34, et auquel sont adressées les épit., *Var.*, IV, 12, 46. Dans l'ép. IV, 12, un procès pour divorce lui est déféré conjointement avec Gemellus. Sa fonction paraît répondre à celle d'un Défenseur avec rang et pouvoirs exceptionnels.

dont les rancunes étaient aussi tenaces que leurs colères étaient promptes. Un trait d'arbitraire, pour lequel un de ces derniers s'est exposé au juste blâme de Grégoire de Tours [1], nous montre bien que même les instructions si formelles de Théodoric ne parvenaient pas toujours à réfréner, chez ceux qu'elles auraient dû trouver les plus respectueux, la haine du Romain et du prêtre. Il s'agit du duc Aram [2]. Dans un accès d'humeur contre un archidiacre de l'église de Nîmes, par qui il se croit offensé, ce terrible homme n'hésite pas à dépêcher un de ses officiers chargé de lui ramener le prétendu coupable attaché sur son cheval. On peut concevoir quelle eût été sa vengeance, sans l'étourderie de l'officier, qui amena un subalterne, à la place du dignitaire cause de l'offense. Entouré de gens qui savait si mal commander à leurs colères, Césaire avait lui-même avantage à ce que sa cause fût entendue par le souverain en personne.

Quant à la cause même, il est permis par conjecture de la rattacher à l'esprit d'hostilité qui subsistait, après la grande guerre finie, entre Goths et Burgondes. L'intervention des premiers avaient causé à Gondebaud plusieurs désagréments dont il lui était malaisé de se consoler. Il lui en avait coûté non seulement la part des dépouilles d'Alaric dont le victorieux Ibbas lui avait ravi la conquête, mais encore son boulevard méridional, Avignon, qui avait été occupé et était gardé par le comte Wandil [3], au milieu d'une imposante garnison, sans compter ce que ses états avaient eu à souffrir du côté des Alpes par l'invasion du comte Mammo [4] (509), et, sur le Rhône, par une autre invasion qui s'était avancée jusqu'à Orange, dont Césaire trouva la population entière captive en Italie. De ce dernier fait, rapproché de l'apparition de Gésalic de ce côté de la Durance, on est autorisé à conclure qu'un traité de paix formel n'était pas intervenu entre les deux peuples ennemis, au moment où Césaire tomba pour la troisième fois en disgrâce. La charité du bon évêque envers les captifs, s'élevant au-dessus de toutes les considérations de nationalité, peut très bien avoir fourni prétexte à l'accusation pour laquelle il fut amené à Théodoric.

Mais heureusement, Théodoric le Grand n'était pas ouvert aux mêmes passions que ses subalternes. Dès la première entrevue avec Césaire, qui parut devant lui l'œil clair et la contenance assurée, son attitude révéla le néant auquel son esprit réduisait l'accusation et la

---

1. *De gloria martyr.*, c. 78.
2. Il commandait probablement à Narbonne ; plus tard, nous le verrons à la tête de la province d'Arles.
3. *Var.*, III, 38.
4. Marius d'Avenches, *Chronique.*

profonde estime que lui inspirait la personne de l'accusé. S'étant levé et découvert à l'entrée de l'évêque, il alla à sa rencontre, et l'interrogea avec la plus grande affabilité, non sur le sujet qui l'amenait en sa présence, mais sur sa santé, son voyage, sur les Arlésiens et sur ceux de nationalité gothe qui tenaient garnison dans Arles. Dès que son illustre visiteur fut sorti, il exprima vivement son mécontentement de ce qu'on eût contraint un personnage si recommandable à tous égards à subir les ennuis d'un long voyage, dans la tenue d'un prisonnier, contre toute justice. Puis donnant une forme délicate au prononcé de son jugement, il lui envoya un plat d'argent massif, en le priant de le conserver en souvenir de lui. Un don de 300 sous d'or complétait ce témoignage de bienveillance royale. Évidemment, le jugement de Théodoric était formé d'avance. Des hommes avaient éclairé sa religion sur l'innocence et les mérites de l'évêque d'Arles. Ennode, devenu évêque de Pavie ou sur le point de le devenir, nous apprend[1] qu'il avait les yeux sur ce procès. Césaire lui notifie par lettre le résultat ; Ennode répond qu'il n'en est pas surpris, qu'il l'a prévu ; il aurait pu ajouter sans doute qu'il avait été un des plus empressés à le préparer. Nous avons montré autour de Théodoric plusieurs autres Arlésiens, dont l'influence n'a pas dû rester neutre. Sa digne attitude achevèrent auprès du souverain la bonne impression qu'on s'était attaché à lui faire concevoir.

Les avantages que Césaire retira, contre toute espérance, de son voyage forcé à Ravenne, ne se limitèrent pas à la déclaration de son innocence. On parla bientôt à la cour de la multitude de pauvres et de captifs dont l'évêque d'Arles marchait partout escorté, et qui assiégeaient sa demeure, attendant de lui leur rédemption ou le soulagement de leur misère. On apprit même que le précieux souvenir dont le roi lui avait fait hommage avait été aussitôt mis aux enchères et vendu un fort prix, en faveur de ces malheureux. Ce fut aussitôt à qui d'entre les courtisans souscrirait aux bonnes œuvres du saint homme pour le plus grand nombre de captifs. Bref, les aumônes tombèrent en telle abondance dans ses mains, qu'au retour de ce voyage, où il avait délivré un grand nombre de prisonniers, parmi lesquels la population entière d'Orange, il put rapporter en surplus la somme, énorme pour le temps, de 8000 sous (280.000 fr.). On se raconta aussi que des guérisons avaient été obtenues par son intercession, et la gloire qu'il s'était faite par sa charité fut couronnée par l'auréole des miracles.

L'effet de vénération produit dans cette ville par la présence de Césaire ne tarda pas à se communiquer jusqu'à Rome, où se tenait le

---

1. Ennod., *Lettres*, IX, 33, (de Migne).

sénat, et où l'on était au courant presque jour par jour de ce qui se passait à Ravenne. Cédant aux instances du pape Symmaque et des sénateurs, qui exprimaient un vif désir de le voir, et partageant sans doute lui-même ce désir en songeant aux intérêts de sa métropole, il se dirigea vers la Capitale du monde catholique. Ce voyage fut pour son mérite l'occasion d'un nouveau triomphe encore plus significatif, et qui fut marqué par des avantages très importants. Le pape Symmaque, par un témoignage unique d'honneur rendu à la personne et au titre de son visiteur, lui accorda l'usage du *pallium*. Cette longue écharpe de laine, brodée de petites croix, que nous voyons retomber par devant et par derrière sur la chasuble de nos archevêques, était encore l'insigne spécial réservé aux papes. Seuls dans l'Occident, l'évêque d'Ostie, à titre de consécrateur des papes, et le métropolitain de Ravenne, dont la ville était le chef-lieu du royaume d'Italie, en avaient peut-être déjà reçu la concession. Cette dernière avait donc pour Césaire une signification honorifique exceptionnelle. Le pape y ajouta, pour les diacres de l'église d'Arles, celle de pouvoir porter la *dalmatique*, à l'exemple de ceux de Rome. Ces concessions d'insignes ne furent que la parure des concessions de privilèges dont Césaire rapporta les actes ou la promesse. Avant de quitter Rome, il fut nanti de l'acte en forme confirmant son privilège de métropolitain (6 nov. 513). L'acte de confirmation de son privilège de Vicaire du Saint-Siège devait lui être adressé quelques mois après son retour (11 juin 514). Mais ces deux actes, en raison de l'importance qu'ils ont eue, doivent arrêter un peu plus longtemps notre attention.

CHAPITRE VI

PREMIÈRES RELATIONS DE CÉSAIRE AVEC LE SAINT-SIÈGE. — DIFFÉREND AVEC SAINT AVIT. — PRIVILÈGE PRIMATIAL (513-514).

Par la complaisance avec laquelle Cyprien rapporte tous les moindres détails du voyage de Césaire à Ravenne et à Rome, s'attachant à en relever tout le côté glorieux, nous pouvons mesurer la place importante que les incidents de ce voyage ont prise dans la vie de son héros. Nous nous sentons à un moment où la personnalité de Césaire se dégage pleinement, et s'impose à l'attention du monde chrétien. Sorti victorieux d'une grande épreuve subie sur un grand théâtre, il revient à Arles accompagné de cet éclat décisif qui suit d'ordinaire la vertu triomphante, non moins hautement apprécié du roi, qu'il laisse pleinement convaincu de sa droiture et de sa modération, que du pape, à qui il est apparu comme la plus grande incarnation de la dignité épiscopale et métropolitaine dans l'église de Gaule, et vénéré comme saint par tout ce que l'Italie compte d'illustres personnages. A ces hommages d'estime venus d'en haut se joint l'aveu du suffrage populaire, à qui il appartient de mettre le sceau à toute solide renommée, et son nom, béni par les milliers de captifs rendus par lui à leur patrie, vole de bouche en bouche. Protégé désormais par la vénération publique contre toute nouvelle entreprise de la malveillance, il va pouvoir poursuivre, avec une autorité et une vigueur nouvelles, l'exécution du programme qu'il s'est tracé pour la réformation du clergé, des monastères, et des fidèles.

La lettre d'Ennode déjà citée nous apporte elle-même l'écho, un peu obscurci par la rhétorique de l'auteur, des ovations faites à Césaire en Italie et à Ravenne. « J'avais espéré d'avance, répond-il à son ami, ce que votre vénérée épitre m'annonce..... Qui s'étonnera de ce que les Puissances de la terre se sont inclinées devant le plus noble des pontifes, et de ce que cette Puissance terrible aux méchants a été désarmée à l'aspect de votre sainteté ? Quand la pourpre des princes s'est-elle cru permis d'infliger l'affront au cilice ou au pallium ? » Faisant ensuite allusion aux travaux disciplinaires et oratoires qui avaient déjà fait connaître au loin l'évêque d'Arles, il salue en lui la gloire de la Gaule : « D'où est venue aux Transalpins une telle prérogative ?..... Tu surpasses tous les autres comme le soleil surpasse en grandeur et en éclat les autres astres. » Enfin, il constate l'impression de respect sous laquelle la présence de Césaire a laissé toute la cour : « Etait-il au palais un sommet si altier qui ne dût s'abaisser devant toi, un front capable de se raidir contre toi, qui, plus doux que la brebis, ne te montre agressif qu'envers le péché ? » L'effet de cette heureuse impression paraît ne s'être plus démenti jusqu'au dernier moment de la domination des Ostrogoths en Gaule.

La faveur de la cour de Ravenne se porta vers Césaire sans qu'il l'eût recherchée ni sollicitée. Mais on n'en saurait dire autant de celle de la cour de Rome. On ne peut nier que, à l'égard du Chef du catholicisme, le bon saint Césaire ne se soit montré courtisan fort empressé, en prenant ce terme dans le meilleur sens. Dans la situation politique créée par les derniers événements, l'appui du Saint-Siège importait trop au succès de son plan de gouvernement ecclésiastique, pour qu'il ne mît pas un empressement particulier à l'obtenir. Un nouveau concile ayant l'ampleur du concile d'Agde ne pouvait plus être espéré, depuis que l'empire goth était réduit en Gaule à un mince cordon de provinces au bord de la Méditerranée, coupé lui-même par le Rhône en deux parties qui avaient cessé de former corps ensemble. La ressource des synodes provinciaux, qui aurait pu faire encore quelque effet, à cause de l'étendue exceptionnelle de la province, se trouvait aussi écartée, tant que les délimitations politiques actuelles subsisteraient, et que la moitié des évêques dépendants de la métropole d'Arles serait sujets du roi burgonde. Césaire ne pouvait donc compter, pour exercer désormais une action d'une portée un peu étendue sur le mouvement ecclésiastique de la Gaule, que sur le déploiement de son autorité personnelle comme métropolitain et Vicaire du Saint-Siège. Mais cette autorité était-elle assez bien établie pour se promettre d'arriver seule au succès de ses fins ? Césaire ne le pensait pas. L'histoire de ses prédécesseurs et l'attitude présente de quelques-uns de ses comprovinciaux le détournaient également d'un tel excès de confiance. Au milieu de ces difficultés, qui eussent découragé quelqu'un de moins zélé, c'est de sa part le trait d'une sagesse remarquable d'avoir cherché à s'appuyer sur la plus haute autorité reconnue, et à associer le Saint-Siège à son action.

L'initiative qu'il comptait prendre dans cette association étant fondée sur ses titres de métropolitain et de primat, on comprend que leur confirmation ait été le premier objet pour lequel il recourut au Saint-Siège. Mais ce ne fut ni le seul, ni le dernier. Investi de la primatie par une déclaration individuelle qui avait manqué à Hilaire, il fut très attentif à éviter l'écueil auquel ce dernier s'était heurté en montrant la prétention de gouverner directement tout l'épiscopat gallican. Il considéra sa charge de Vicaire du Saint-Siège comme une simple délégation de surveillance, qui l'obligeait à éclairer la religion du chef de l'Église d'Occident sur ce qui se passait en Gaule, et à lui dénoncer toutes les affaires qui pouvaient réclamer sa haute intervention. Mais tout en paraissant se tenir dans ce rôle modeste, c'est sa propre volonté qu'il imposait, en ayant soin de se couvrir chaque fois derrière celle du pape, qu'il s'efforçait toujours de former d'avance sur la sienne. « Le saint Pape de la ville de Rome l'a ainsi ordonné ; ma conscience ne me permet pas d'aller contre un commandement venu de si haut[1] » : combien il est heureux de pouvoir opposer cette excuse à ceux qui se plaignent de la sévérité de ses règlements ? C'est ainsi, grâce à lui, qu'un facteur nouveau, les décrétales des papes, est entré dans le droit ecclésiastique gallican. Nous ne voulons pas dire que les documents de cette provenance étaient jusqu'alors inconnus à la Gaule. Loin de là. La parole des pontifes romains était intervenue de ce côté-ci des Alpes pendant tout le cinquième siècle d'une façon presque continue, soit pour terminer des compétitions de privilèges, ou des discussions relatives au dogme, soit aussi pour établir des points de discipline. Mais les décrétales de cette dernière catégorie, envoyées à la requête d'évêques dont l'autorité se limitait à un très petit cercle, n'étaient considérées, par ceux qui arrivaient à les connaître, que comme de simples consultations dont la portée se limitait à ceux qui les avaient provoquées ; elles étaient lettres-mortes pour un grand nombre d'évêques, qui les ignoraient complètement, ou n'en possédaient pas le texte. L'innovation apportée par Césaire consiste non seulement à les avoir rendues plus fréquentes et à leur avoir donné une plus grande publicité, mais encore à s'en être servi comme d'un instrument régulier de législation, et à les avoir fait entrer dans les documents de la discipline sur le même pied que les canons des conciles. Nous avons déjà vu deux de ces anciens documents, qui appuyaient ses vues sur la continence cléricale, insérés par son œuvre dans les actes du concile d'Agde. Nous verrons la volonté du Saint-Siège appelée par lui à se déclarer de nouveau, toutes les fois qu'une question un peu sérieuse aura besoin d'être définie.

On voit combien le Saint-Siège lui a été redevable. C'est à l'action persévérante de ce dévoué Vicaire qu'il faut attribuer la déférence et l'obéissance qu'il a obtenue, à partir de cette époque, de l'épiscopat de Gaule, et non au caractère des papes qui l'ont occupé en ce temps, personnages bien inférieurs à leurs prédécesseurs du Ve siècle. Ceux-ci

---

1. Circulaire contre Contumeliosus, Mansi, VIII, p. 811, et Hard., II, p. 1156.

avaient dépensé les efforts les plus énergiques pour faire accepter leur direction par l'épiscopat gaulois, sans y avoir réussi complètement, faute d'avoir trouvé, au sein de cet épiscopat, un coopérateur assez intelligent ou assez désintéressé. Césaire réalisa leurs visées sans y être encouragé par l'initiative de leurs successeurs, et même malgré leur peu d'empressement et leur timidité, obligé qu'il était de les stimuler sans cesse, et ne se lassant jamais de leur demander des décisions qu'ils donnaient sans enthousiasme et d'un ton très réservé. Désolée par des brigues et des schismes qui se renouvelaient à chaque changement de titulaire, la papauté paraissait moins que jamais en état d'imposer à une grande Église comme celle de Gaule le sentiment de l'obéissance. Mais la déférence que Césaire lui témoignait en toute occasion, l'empressement qu'il montrait à aller au devant de ses ordres et à assurer leur parfaite exécution, dissimulaient aux yeux de ses collègues la faiblesse de celui à qui ses hommages s'adressaient, et les habituaient à placer dans le Saint-Siège la première source du droit et de la foi, et à attendre tout de sa direction. De Césaire découle l'ascendant que les évêques de Rome ont pris sur la Gaule pendant tout le VIe siècle, jusqu'au dernier et au plus grand d'entre eux, saint Grégoire, qui a pu faire la loi dans ce pays presque comme dans son propre diocèse.

La confirmation de la métropole d'Arles, rapportée de Rome par Césaire, atteignit, en pleine possession de l'influence et de la gloire, un évêque qui avait été jusqu'alors la personnalité la plus considérable de l'Église gallicane, saint Avit. Assis sur le siège de Vienne depuis 490, Avit jouissait alors, dans cette Église, d'une considération universelle, que la durée déjà longue de son épiscopat n'avait fait qu'affermir. Les mérites de plusieurs sortes qui l'avaient mis en relief étaient d'un ordre moins exclusivement religieux que chez son émule d'Arles, et révélaient tout le contraire d'un homme du cloître. Fils de sénateur, devenu évêque après s'être trouvé dans le mouvement du grand monde comme étudiant, puis comme chef d'une illustre famille, Avit apporta à sa sainte profession le meilleur des qualités et des séductions de l'homme du monde. Amour du bien dire répandu dans ses discours, dans ses lettres, et même dans quelques poésies religieuses non dépourvues d'agrément, fin discernement de ce qu'exigeaient les personnes et les circonstances au milieu desquelles il vivait, penchant à se communiquer, et talents rares de société et de gouvernement, qui attiraient ses semblables en leur inspirant le respect, furent autant de ressources prêtées par le sénateur et le lettré à l'évêque pour étendre vite et loin son influence. Au lendemain de sa promotion à l'épiscopat, il était déjà devenu célèbre par l'aide efficace qu'il avait prêtée à saint Épiphane et à Théodoric le Grand pour obtenir la délivrance des captifs faits par Gondebaud en Ligurie. Vers le même temps, on l'avait entendu, le premier, saluer en Clovis le fils aîné de l'Église; et, pendant la période suivante, toutes les impressions que les événements rapprochés ou lointains paraissent avoir rapportées à l'Église de Gaule ont passé d'abord par lui, comme par le cœur et la tête de cette Église.

Si, pendant ce même temps, les églises établies au milieu des Burgondes jouirent du calme le plus complet, le tempérament particulier de ce peuple n'en est pas la seule cause. Avit y avait eu une grande part comme directeur du parti catholique, s'efforçant par tous les moyens de retenir les siens dans les voies de la prudence, et empêchant qu'ils ne fournissent à l'adversaire aucun prétexte à représailles. Son exemple aurait pu apprendre et apprit sans doute à Césaire comment un évêque pouvait, sans ralentir son zèle, vivre en paix avec des barbares engagés dans l'hérésie. Porté plus que Césaire, par ses études de rhétorique, par son goût pour la parole et pour l'action, aux discussions de doctrine et aux œuvres de prosélytisme, il avait prudemment évité de tenter la conversion en grand de la masse des Burgondes, et une réfutation publique de l'épiscopat burgonde, avec la solennité supposée par le faussaire qui a inventé la fameuse conférence de Lyon[1], répond peu à ce que ses lettres font penser de son caractère. C'est dans la famille royale, par un apostolat discret, bien que direct, et en témoignant son intérêt pour tout ce qui touchait cette famille, qu'il avait jeté les semences de conversion de la nation, sentant bien, malgré les objections contraires du roi Gondebaud, que, chez ce peuple habitué à suivre aveuglément et docilement ses chefs, l'attachement de la masse à l'arianisme ne tiendrait pas longtemps contre l'exemple du roi. Déjà, il touchait au couronnement de ses efforts. Si le roi opposait encore une résistance qu'il devait prolonger jusqu'à la fin, la conversion solide du prince Sigismond, déjà associé à son père comme roi, ou sur le point de l'être, faisait présager la conversion prochaine de la nation tout entière. C'est pourquoi la cour de Burgondie, loin de détourner vers Clovis les aspirations des Romains catholiques, attirait à elle, au contraire, la sympathie et les espérances des habitants catholiques de la frontière orientale des Wisigoths. On a vu combien ce mouvement des esprits faillit coûter cher à Césaire. Ces excellents résultats, qui étaient dus à Avit, n'étaient certes point faits pour nuire à son prestige. Investi par le respect de ses

---

1. Voy. Julien Havet, *Les découvertes de Jérôme Vignier*, Biblioth. de l'École des Chartes, t. 46, 1885, p. 205, etc.

collègues de la primatie morale sur les églises enclavées dans le royaume de Gondebaud, il se crut en mesure d'enlever à Arles le rang de première métropole, ou, au moins, d'obtenir contre elle un nouveau partage plus favorable à son église que celui établi en dernier lieu par le pape Léon.

Nous avons vu le succès de la première démarche qu'il avait accomplie à cet effet, en 496, auprès du pape Anastase. Après que la décision de ce pape eut été annulée par le pape Symmaque, sur la plainte d'Eone, Avit eut le bon esprit de ne point protester, et il vint même avec un louable empressement au secours du nouveau pape, mis en jugement, sur une accusation d'immoralité, par la faction qui avait auparavant fait opposition à son élection. Dans une lettre adressée aux sénateurs, il protesta avec éloquence, au nom de tous les évêques de Gaule, contre l'irrégularité et l'inconvenance de la procédure à laquelle on prétendait soumettre le Chef de l'Église, en exprimant le regret que les circonstances politiques ne lui permissent point de réunir un concile de toute la Gaule, pour la défense de la suprématie du Saint-Siège. Il prenait ainsi, vis-à-vis de ce pays, un rôle prépondérant, qu'Eone, accablé d'infirmités et proche de sa fin, n'était guère en état de lui disputer (502).

Les crises par lesquelles passa l'église d'Arles dans les dix années qui suivirent ne maintinrent pas seulement la supériorité d'influence d'Avit, elles lui fournirent un motif plausible de passer outre à l'arrêt de Symmaque. Wisigoths et Burgondes, séparés par la Durance, semblaient veiller avec le même soin jaloux à ce que les agissements de l'autorité ecclésiastique ne pussent traverser cette ligne politique. L'humeur ombrageuse et tracassière des premiers, d'ordinaire peu favorable à l'exercice des droits que l'évêque d'Arles possédait de l'autre côté, l'interrompit violemment à deux reprises. Il était assez naturel, en de telles conjonctures, que le métropolitain de Vienne, en l'absence forcée de celui d'Arles, prît à sa place le soin des affaires qui nécessitaient l'office du métropolitain. Quant au roi des Burgondes, sans avoir aucun motif de suspecter l'intervention de l'évêque d'Arles sur ses terres, il n'était pas fâché de voir l'autorité d'Avit y progresser, et peut-être, dans l'aide qu'il fournit aux empiètements de son métropolitain, trouvait-il une petite compensation à l'échec politique et militaire qu'il subit de ce côté. Symmaque reproche à Avit de s'appuyer sur l'autorité séculière « *patrocinia sæcularia* », ce qui désigne assez clairement la cour burgonde. Voilà donc ce que Césaire avait dû subir en silence, jusqu'au moment où nous le trouvons en présence de Théodoric et de Symmaque. Sa comparution devant le premier dut certainement lui fournir l'occasion de s'expliquer franchement au sujet de ses droits et de ses relations en territoire burgonde. Libéral, éclairé, en paix parfaite chez lui avec Rome et avec les catholiques, Théodoric ne pouvait éprouver que du plaisir à voir l'évêque d'Arles obéi de l'autre côté de sa frontière, et peut-être l'encouragea-t-il lui-même à reprendre possession de la partie de sa province ecclésiastique dont il avait été évincé. Quant à Symmaque, son jugement s'était déjà prononcé du temps d'Eone, et les derniers événements, loin de pouvoir le modifier, devaient au contraire le fortifier encore davantage. Les changements qui affectaient à cette époque les frontières politiques étaient trop fréquents et trop peu durables pour que l'Église mît, à conformer ses juridictions à ces changements, la complaisance qu'elle y met aujourd'hui. Bien que ses diocèses se fussent délimités à l'origine d'après les circonscriptions administratives adoptées par l'état romain, maintenant qu'elle était habituée dans ces moules, l'instinct de la stabilité et de l'ordre l'excitait à s'y maintenir aussi fortement que possible. Rien n'était plus contraire à son penchant conservateur que l'instabilité de ces peuples, que les révolutions de la guerre déplaçaient constamment et à l'improviste. Hier aux Burgondes, la rive droite de la Durance venait d'être occupée par les Ostrogoths, dont la domination devait progresser, avec le temps, jusqu'à l'Isère, puis disparaître à son tour devant celle des Francs. Fallait-il donc qu'à chaque vicissitude semblable, la direction religieuse du pays oscillât perpétuellement entre l'évêque d'Arles et celui de Vienne? Symmaque ne le pensa point, et pour que sa nouvelle sentence ne donnât plus lieu à l'avenir à aucune discussion, il prit soin de la rendre, cette fois, claire et précise, fixant les limites des deux métropoles dans les mêmes termes que Léon, et rappelant à l'évêque de Vienne qu'en dehors des quatre églises de Genève, Grenoble, Valence et Tarentaise, il n'avait rien à prétendre sur le reste de l'ancienne Viennoise. Quoique les évêques des autres églises aient reçu quatre ans après la convocation d'Avit au concile burgonde d'Epaone et y aient obéi, nous pouvons être certains que la décision provoquée par Césaire fut, entre ses mains, autre chose qu'une simple décrétale de plus.

Les concessions d'honneurs toutes spontanées dont celle-ci fut accompagnée eurent pour Avit plus de signification que pour aucun autre. Lui aussi, peu d'années auparavant, s'était présenté à l'audience du Chef de l'Église, et celui-ci avait reçu avec une bonne grâce parfaite l'avocat de son élection et l'ami des mauvais jours[1]. Mais le souvenir reconnaissant qu'Avit lui en conservait pouvait-il dérober à sa vue les insignes de la primatie, qui ornaient les épaules de son émule?

1. Avit, lettre 27 ; Migne, t. 59.

La déclaration expresse de ce second privilège[1] suivit de près la précédente, et fut adressée à Césaire l'année après son retour de Rome, à sa requête[2].

On voudra peut-être savoir les raisons de ce délai.

Notons d'abord que l'acte de Symmaque ne crée pas le Vicariat, et ne fait que le confirmer[3]. Il n'est pas douteux, néanmoins, que l'effet que Césaire en attendait ne dût être considérable, et, sans doute, eu égard au surcroît d'autorité et d'honneur qui devait en résulter pour sa personne, voulut-on se donner le temps de sonder les sentiments du souverain, et laisser s'affermir les bonnes impressions que la présence de Césaire lui avaient laissées. Un détail que nous relevons plus loin ferait croire que les limites du Vicariat ont été arrêtées de concert avec Théodoric. Ce n'est pas le seul cas où le pouvoir civil s'est trouvé mêlé aux destinées du Vicariat. Son concours n'avait pas peu favorisé Patrocle et Hilaire. Les successeurs de Césaire ne feront que se conformer à ces précédents, en sollicitant, pour chaque renouvellement du privilège, le consentement du roi franc régnant.

Quant à la requête de Césaire, elle nous montre clairement en vertu de quelle convention subsiste le Vicariat. On ne se trouve pas ici en présence d'un pouvoir ordinaire et autonome, tel que le patriarcat ou la métropole, mais d'une simple délégation de pouvoir personnelle et révocable, reposant sur la confiance particulière du pape dans le personnage qu'il délègue comme son Vicaire. Un privilège aussi considérable une fois concédé à un des évêques d'Arles, et non retiré, il était sans doute assez naturel que ses successeurs se réglassent sur la supposition qu'il se continuait sur chacun d'eux. Condamnée par le pape Léon dans la personne de l'évêque Hilaire, qui en avait fait un usage immodéré, cette supposition avait été érigée à la hauteur d'un droit par le pape Hilaire, qui avait blâmé l'évêque Léonce de n'avoir pas montré une conscience assez vive de sa charge de primat. Césaire prit une attitude moyenne entre ses deux prédécesseurs. Sans avoir attendu l'invitation ou le consentement exprimé du pape pour prendre conscience de ses droits et devoirs de primat, il comprit bien, cependant, que l'action effective du privilège dont ses prédécesseurs lui avaient laissé l'héritage ne serait jamais qu'en raison du lien personnel qu'il s'efforcerait de nouer avec le pape

---

1. Symmaque, *ep. 9, Qui veneranda* ; Migne, t. 62, p. 66.
2. Éditée avec les lettres de Symmaque ; id., p. 65.
3. Ce point de vue est clairement indiqué par la requête de Césaire et par la réponse de Symmaque.

gnant. Ce lien, ce fut sa requête qui le forma, et de la façon qui convenait au Saint-Siège [1].

Des charges déléguées à Césaire par le décret de Symmaque, la première et la plus importante est la surveillance générale des affaires ecclésiastiques, et, spécialement, la convocation des conciles. Pour le cas où une question d'importance ne pourrait être résolue par la voie du concile, le Vicaire est invité à la porter à la connaissance du pape, qui décidera, d'après ses indications, ce qui devra être observé. L'une et l'autre attributions répondaient au vœu essentiel de l'évêque d'Arles, et il est aisé de conjecturer que lui-même les avait indiquées à ses envoyés, comme les points sur lesquels ils devaient insister dans l'exposé verbal de leur mission. L'exercice de sa primatie se renfermera étroitement dans le programme tracé ici par Symmaque.

Le privilège de délivrer les lettres formées est encore mentionné cette fois, mais en second lieu, et il est difficile de croire que les évêques arrivés à Rome sans cette lettre se soient vus refuser l'audience du pape. Cependant, il y avait dans la clause relative à ces lettres une indication que peu d'entre eux durent négliger de propos délibéré.

Symmaque assigne, pour sphère de ces pouvoirs, la Gaule et l'Espagne. Soit qu'on veuille entendre par ce dernier pays toute l'Espagne, ou seulement cette province gauloise des Wisigoths que l'on commençait à appeler la *Septimanie*, il y a ici un desscin manifeste de rapporter le Vicariat à l'empire de Théodoric, dessein qui n'a pas dû être pris sans le consentement, ou, peut-être, la demande du prince. On peut se demander jusqu'à quel point l'exercice des droits conférés à Césaire a été effectif dans les contrées indiquées. L'histoire ne signale de sa part aucun acte rigoureux de juridiction accompli en dehors de sa province propre. Sans doute faut-il y voir la preuve du tact avec lequel il s'acquitta de sa tâche de primat. Il sentit fort bien la différence qu'il devait y avoir entre les allures d'un primat dont le pouvoir était inusité et exceptionnel, et celles d'un métropolitain investi dans sa province d'une juridiction définie par les canons. Autant ses comprovinciaux éprouvèrent le poids de sa volonté absolue et inflexible, autant son intervention en dehors de sa province, comme lieutenant du Saint-Siège, s'étudia à rester modeste, exempte de brusquerie, respectueuse des droits et du rang

---

1. Les choses ne se passèrent pas autrement avec les évêques de Thessalonique, dont plusieurs se crurent même obligés de solliciter le renouvellement de leur privilège chaque fois que le titulaire du Saint-Siège venait à changer ; exemple : Anysius (Jaffé, 259, 285), Rufus (J. 300, 350-351), Anastasius (J. 393-396, 403-404). Ici, d'ailleurs, les papes montraient eux-mêmes un zèle particulier à ne pas laisser s'interrompre l'institution, pour la raison que nous avons donnée plus haut.

de chacun, suivant les instructions contenues dans sa lettre de pouvoirs. Certains personnages se trouvaient investis eux-mêmes d'une sorte de primatie par la confiance de leurs collègues : tel était Avit en Burgondie. De grandes métropoles, Tours, dans la Celtique, Bordeaux, Bourges, dans l'Aquitaine, étaient centres d'action et d'intérêts communs entre plusieurs provinces ecclésiastiques. Tolède exerçait la même influence au delà des Pyrénées qu'Arles en deçà. Il fut loin de la pensée de Césaire d'user de sa primatie pour détruire ces situations privilégiées et pour chercher à se substituer à ceux qui les occupaient. C'est par des moyens d'influence discrets, et exempts de tout calcul ambitieux, qu'il s'étudia à rendre sa primatie réelle.

C'est pour cela que les actes accomplis par Césaire comme primat se devinent, sans qu'on puisse en qualifier aucun d'une manière précise. Ainsi, lorsque ses historiens nous parlent des homélies qu'il expédiait dans les provinces les plus lointaines de la Gaule et de l'Espagne, et jusqu'en Italie, en prenant pour courriers les évêques qui venaient le voir, ils nous montrent l'évêché d'Arles comme but de voyage de beaucoup d'évêques qui venaient, soit pour se munir, à la chancellerie, de la lettre formée qui leur était nécessaire pour aller plus loin, soit uniquement pour consulter le primat. Le désir de prendre conseil amenait les visiteurs de très loin. Parmi ceux-ci, une biographie de ce temps nous signale un évêque du Mans, saint Aubin [1], venu tout exprès pour soumettre ses scrupules et ses difficultés au jugement de Césaire. En sa compagnie se trouvait un futur évêque de Chartres, saint Léobin (ou Leubin), alors abbé d'un monastère qu'il avait laissé sans chef pour aller chercher à Lérins une perfection imaginaire ; une verte remontrance que lui fit Césaire à ce sujet le décida à rebrousser chemin. Les exemplaires des conciles arlésiens, y compris Agde, qui sont connus dès ce moment un peu partout en Espagne et en Gaule, avaient pris sans doute aussi la même voie que les homélies. Stimuler partout la réunion fréquente de ces assemblées était la plus importante des charges tracées dans le privilège de Césaire, et on peut croire qu'il y déploya tout son zèle. C'est à lui que se rattache le mouvement extraordinaire de conciles régionaux et nationaux qui se produit des deux côtés des Pyrénées, et surtout en Gaule, à partir de cette époque. Seul d'entre ceux qui ont été tenus de son vivant en Gaule, le concile I d'Orléans, en 511, réuni sur un ordre personnel de Clovis, qui fait ici figure d'un nouveau Constantin, peut être considéré comme le produit d'une inspiration spéciale, proba-

---

1. Bolland., 1 mars.

blement ecclésiastique, mais qui paraît bien être indépendante de Césaire. Tous les autres, depuis celui d'Epaone en Burgondie (517) jusqu'au IV⁰ d'Orléans (541), antérieur de deux ans à la mort de Césaire, se rattachent si visiblement par leur dispositif aux conciles de la province d'Arles, et en particulier aux statuts de Césaire et au concile d'Agde, qu'on dirait une conspiration de toute la Gaule pour l'adoption de la discipline arlésienne. Le fait que Césaire n'a plus présidé, après Agde, de concile étranger à sa province, n'autorise pas à dire que les assemblées telles que celles d'Epaone, Clermont, Orléans II-IV, se sont tenues tout à fait en dehors de lui. Les grands métropolitains qui ont convoqué et présidé ces assemblées ont certainement subi son influence plus ou moins avouée.

La première en date de ces assemblées est celle d'Épaone [1] (517). Il y a, dans la lettre de convocation adressée par Avit [2] à ses comprovinciaux, un mot qui ne doit pas échapper à notre attention. — Voilà plusieurs fois, dit-il en s'excusant de déranger ses collègues, que le pape Hormisdas le tourmente pour qu'il tienne un concile. — On ne voit pas quelle raison spéciale aurait eu Hormisdas d'insister pour la réunion d'un concile burgonde. On conçoit mieux Césaire excitant sous main Hormisdas à stimuler cet homme influent. L'occasion d'exercer une semblable pression sur son voisin ne lui a pas manqué. Car une lettre au moins d'Hormisdas [3] a été adressée à Avit par l'intermédiaire des clercs de Césaire ; peut-être, si cette lettre nous eût été conservée, y trouverions-nous l'expression des instances alléguées par saint Avit. Les questions traitées sous sa présidence se ramènent d'ailleurs à peu près aux mêmes points de vue généraux que celles traitées par le concile d'Agde, et empruntent leur solution à la discipline arlésienne, sauf sur quelques points où le concile se trouve en présence d'intérêts locaux, ou subit une impulsion spéciale. En matière de biens ecclésiastiques, le concile d'Épaone (c. 12) subordonne les aliénations faites par l'évêque, non au suffrage des voisins, comme l'avait ordonné le concile d'Agde, mais au consentement du métropolitain. Ce canon trahit l'inspiration d'Avit, homme de commandement, et attaché à la réalité de sa prérogative, non plus que Césaire, mais d'une façon différente. Un autre canon à relever (8) est relatif à la situation des esclaves employés à la culture sur les domaines des monastères. Le concile défend absolument aux abbés de les affranchir, s'indignant « que des esclaves soient mis en liberté,

---

[1]. Mansi, t. VIII, p. 555.
[2]. Saint Avit, lettre 88 . *Patrol.*, t. 59, col. 282.
[3]. Il y est fait allusion dans une lettre d'Avit éditée avec les lettres d'Hormisdas. Migne, t. 63, col. 394.

pendant que les moines restent astreints au travail de la terre ». Cette interdiction peut avoir été provoquée par quelque abus particulier ; elle affecte toutefois dans la forme comme dans le fond une dureté que nous n'avons pas trouvée dans le concile d'Agde. La plus importante des questions qui s'imposaient à l'examen des Pères d'Épaone était celle des temples ariens, que la conversion du roi Sigismond et d'une partie de la nation mettait au pouvoir des catholiques. Quelques confrères d'Avit voulaient qu'on les confisçât tous pour les consacrer au culte catholique. Ils avaient derrière eux l'exemple donné par le concile d'Orléans 511 (c. 10). Tel n'était pas l'avis de l'évêque de Vienne, qui avait déjà exprimé ses réserves dans une lettre à l'évêque de Grenoble[1], et montré la nécessité de ne pas s'exposer, par une conduite intolérante, à un retour offensif toujours possible des hérétiques. Bien des chagrins eussent été épargnés quelques années après aux catholiques d'Italie et au Saint-Siège, si on eût observé cette prudente réserve à Rome et à Constantinople. Le concile d'Épaone, subissant l'heureuse influence de son président, distingua dans la question entre les églises que les ariens avaient usurpées aux catholiques, et celles qu'ils avaient fondées eux-mêmes (c. 33) : il reprit les premières ; quant aux secondes, il témoigna sa répugnance absolue à y célébrer le culte catholique, « tant il les avait en abomination ». Cette raison spécieuse, sous laquelle on voilait celle que l'on ne voulait pas avouer, trahit Avit : elle est d'un politique. Ce qu'on peut conclure de ces détails, c'est que l'esprit d'Avit, tout en subissant indirectement l'influence de Césaire, a présidé activement au concile d'Épaone.

Avit mourut l'année après ce concile (a. 518)[2], trop tôt pour Sigismond, avec lequel ses liens s'étaient encore resserrés davantage, depuis que ce dernier régnait souverainement[3]. Il n'eut donc pas à subir le contre-coup des événements douloureux qui devaient terminer ce règne, sur lequel il avait fondé tant de belles espérances. Il n'emporta non plus en mourant aucune amertume contre son saint émule d'Arles. Nous en avons pour garant une lettre[4] qui paraît se placer à l'époque où nous sommes arrivés. En recommandant à l'hospitalité de l'évêque d'Arles un de leurs collègues, venu d'une contrée lointaine pour se faire soigner d'un mal d'yeux par les hommes de l'art arlésiens, il fait une allusion délicate à la réputation universelle de celui à qui il écrit. Une autre

---

1. Saint Avit, lettre 6. Migne, t. 59, col. 224.
2. Date établie par M. l'abbé Duchesne, *Fastes*, p. 147.
3. Il lui servait de chancelier pour sa correspondance avec l'empereur d'Orient. Voyez la lettre d'Avit à Anastase. Migne, t. 59.
4. Id., p. 229.

lettre échangée avec le préfet Libère [1], au sujet d'une affaire de captifs restés en Burgondie, prouve que lui-même n'était pas en reste sur les exemples de charité et de courtoisie qui lui venaient du côté d'Arles. Que le sentiment des mérites de Césaire soit devenu puissant sur les Avit, c'est ce qui nous est témoigné par le voyage que fit à Arles, vers 520, un frère aîné d'Avit, l'évêque de Valence saint Apollinaire [2]. Ce qui l'amena, au dire de sa vie, écrite par un de ses clercs, ce fut, en partie, le désir de saluer ses parents, les Parthénius et les Ferréol ; mais ce fut surtout celui d'embrasser, avant de mourir, l'évêque sur lequel se portait la vénération de la Gaule entière, hommage que celui-ci lui rendit, en le recevant aux côtés du Préfet Libère, et entouré de tout son peuple.

Nous ne trouvons rien, dans les documents relatifs à saint Césaire, qui nous permette de mesurer l'étendue de son influence au-delà des Pyrénées. Nous ne saurions cependant ne pas faire observer que c'est peu d'années après l'acte qui prolongeait le ressort du Vicariat jusque sur cette région, que la tradition des conciles, depuis longtemps interrompue, y reprend cours d'une façon remarquable, sous la direction des métropolitains. De ce côté, nous ne rencontrons pas moins de quatre conciles provinciaux pendant la période où Théodoric gère la tutelle du fils d'Alaric ; deux en 516 et 517 à Gérunda (Girone) et à Tarragone (Sarragosse) ; un à Valence, et peut-être un autre à Lérida en 524. Un cinquième concile s'est tenu à Tolède sous Amalaric ; puis la série se continue, comme en Gaule, sans interruption. Un signe, outre la concordance des temps, que l'influence de saint Césaire n'a pas été étrangère à ces réunions, c'est que les conciles arlésiens y font loi pour les assistants [3].

Nous parlerons plus loin de plusieurs conciles francs où Césaire, sur la fin de son épiscopat, a pris une part plus avouée et plus importante que dans ceux dont il vient d'être parlé.

*
* *

L'usage le plus fréquent et le plus efficace que Césaire fit de sa primatie fut de provoquer l'intervention directe du Saint-Siège sous la forme de décrétales. La première pièce de ce genre envoyée en Gaule à sa prière est même un peu antérieure à la notification de son privilège ;

---

1. Id., p. 249.
2. Bolland., 5 oct..
3. Invoqués expressément par les canons 6, 11 de Tarragone, 3 de Lérida, 2 de Valence, et par le métropolitain de Tolède Montanus, dans sa lettre au clergé de Palente (Mansi, VIII, col. 788).

elle est du temps de son voyage à Rome. Comme les points qui s'y trouvent réglés ont été suggérés par Césaire lui-même dans une requête[1] dont nous avons le texte, c'est cette dernière qui mérite surtout de retenir notre attention. Elle fixe, après les statuts et le concile d'Agde, comme un troisième jalon dans les travaux disciplinaires de Césaire.

Le premier point à noter est un essai d'amendement au 7ᵉ canon d'Agde touchant l'aliénation des biens d'église. L'idée de cet amendement avait été inspirée à Césaire par la discipline de Rome, qui était venue à sa connaissance d'abord par l'édit civil de Théodoric, peu après les événements de 508, et qu'il avait été à même d'étudier dernièrement de plus près sur les actes du concile de Symmaque. Mais s'il se sentait disposé à introduire dans le régime des biens d'église un renchérissement de sévérité que paraissait nécessiter la nouvelle orientation de son église vers Ravenne et Rome, et qui lui semblait sage, c'était avec certaines atténuations que Symmaque ne consentit pas à sanctionner. De là, une première déception dans les espérances qu'il avait fondées sur la faveur du Saint-Siège. Ce fut son monastère qui y donna occasion. Pour doter cet établissement, qui lui était cher par dessus tout, Césaire avait été contraint de vendre un lot de terre ayant appartenu à son église. Il l'avait fait sans scrupules, en conformité avec le concile d'Agde, en un temps où les dernières défenses édictées par le Saint-Siège n'étaient pas connues en Gaule. Maintenant que la règle lui était connue, pouvait-il en conscience tenir pour valides les aliénations qu'il avait faites dans l'ignorance de la règle? Ne devait-il pas craindre aussi qu'elles ne lui fussent objectées par ceux de ses confrères auxquels il s'agissait maintenant de faire accepter les nouvelles restrictions venues de Rome. Outre les scrupules que ces questions éveillèrent dans sa conscience, et qui paraissent l'avoir obsédé pendant plusieurs années, Césaire éprouvait, d'ailleurs, une grande répugnance à se lier entièrement les mains pour l'avenir à l'égard des œuvres pies, hôpitaux, monastères, qui, sans rentrer dans le cadre rigoureux des œuvres diocésaines, pouvaient avoir besoin d'être sustentées à l'aide des fonds de l'église. Dans la perplexité où ces considérations le jetèrent, il essaya de dicter à Symmaque les termes de la défense à publier. « Empêchez tout-à-fait d'aliéner les biens d'église, » dit-il au chef de l'Eglise,— « à moins toutefois, se hâte-t-il d'insinuer, que ce ne soit pour un motif pieux, comme lorsqu'il s'agit de doter un monastère ». Symmaque[2] consent à intercaler dans sa réponse le correctif

---

1. Edictée avec les lettres de Symmaq. *Patrol.*, t. 62, col. 53.
2. *Hortatur*, c. 1. Migne, t. 62, col. 54.

demandé, mais en des termes qui en détournent toute la portée; car il prend soin de spécifier que les terres données par les évêques aux monastères seront concédées seulement en usufruit, la propriété de ces terres devant demeurer à l'église. Ce n'était pas là ce qui pouvait tranquilliser Césaire. Aussi se décida-t-il, quelques années plus tard, à demander franchement au pape Hormisdas l'allégement de ses scrupules. Il le pria de vouloir bien légitimer par une déclaration explicite ces ventes de terre qui l'inquiétaient, espérant, disait-il, que l'intervention du Saint-Siège empêcherait ses confrères de s'autoriser de l'exemple qu'il avait donné. Hormisdas[1] accéda à son désir, non sans faire entendre quelques remontrances. C'est à ce prix que Césaire fut délivré de ses scrupules.

A vrai dire, il ne se trouva jamais à l'aise au milieu de ces restrictions posées par Rome. Dans les dernières années de sa vie, voulant fonder une œuvre d'hospitalité, il s'adressa au pape Agapet pour obtenir la permission de vendre à cette fin quelques terres de son église, et il eut la douleur de recevoir, pour toute réponse, un refus adouci par de bonnes paroles, mais catégorique[2]. Son testament décèle la crainte qui l'obséda jusqu'au dernier moment de se trouver en contradiction avec la discipline romaine. Spécifiant plusieurs parcelles de terres qu'il distrait du domaine de son église, et qu'il lègue au couvent de Saint-Jean, il semble ne les énumérer qu'en tremblant, à l'idée qu'on pourra les lui reprocher, et il plaide les circonstances atténuantes. Il rappelle que son passage sur le siège d'Arles a presque doublé la fortune de son église, qu'il lui a obtenu de la part des souverains les immunités les plus étendues; puis enfin, comme il sent bien que toutes ces excuses ne peuvent légitimer une expropriation, il ordonne que ses legs, le jour où le monastère viendra à disparaître, fassent retour à l'église d'Arles. Ce testament est donc établi conformément à la décrétale de Symmaque.

Il convient toutefois d'ajouter que les scrupules de Césaire ne furent point partagés par la généralité de ses confrères gallo-romains. Avit lui-même, dont les relations avec le Saint-Siège furent cependant très suivies, et qui n'avait pu ignorer ni le concile de 502, ni la correspondance échangée entre Symmaque et Césaire, ne jugea pas à propos de prescrire chez lui l'observation du règlement de Rome. Nous avons vu en effet plus haut une pratique moins sévère adoptée par le concile d'Epaone. D'une manière générale, l'église gallo-franque finit par s'en tenir au système que saint Césaire avait essayé sans succès de faire

---

1. *Exsulto*. Id., t. 76, col. 1285.
2. Agapet, décrét. *Tanta est*. Id., t. 66, col. 46.

consacrer par le pape Symmaque. Elle admit en principe et protégea par ses canons l'inaliénabilité des terres d'église. Sur ce point, les efforts de Césaire pour mettre fin à l'arbitraire furent donc suivis d'effet. Mais lorsqu'il s'agissait de monastères à doter, les évêques s'accordaient volontiers les uns aux autres leurs signatures pour légitimer les concessions de terres qu'ils faisaient à ces établissements par chârte ou testament. L'usage relativement accommodant établi par le concile d'Agde prévalut donc, pour ce cas du moins, contre l'usage plus sévère préconisé par le Saint-Siège. Ces dispositions libérales vis-à-vis des monastères s'expliquent par la dépendance étroite où ces établissements se trouvaient en Gaule à l'égard des Ordinaires. Fondés très souvent par l'évêque lui-même, qui, d'ailleurs, lorsqu'il n'était pas le fondateur, dictait ou approuvait la règle, nommait ou confirmait l'abbé, auquel il faisait rendre compte, surveillait et inspectait les moines, et les appelait en partage des charges de son clergé, les monastères étaient des établissements diocésains. Ce que l'évêque leur donnait, en prenant sur le domaine de son église, ne sortait pas à proprement parler de la propriété de cette dernière.

La seconde question sur laquelle Symmaque fut prié de se prononcer était la stabilité de la profession religieuse en ce qui concernait les femmes ; l'occasion d'en parler viendra plus loin. Nous devons nous occuper ici de la troisième et de la plus grave ; c'est celle qui a trait aux conditions de régularité des candidatures aux Ordres sacrés, spécialement au premier de ces Ordres, l'épiscopat. Le *libellus Cæsarii* est la première protestation élevée avec force en Gaule contre deux abus, qui seront la plaie de l'épiscopat mérovingien : l'intrusion des Grands du siècle dans les charges ecclésiastiques, au mépris des interstices, et sans aucune des épreuves préliminaires de la vocation ecclésiastique ; la brigue et la simonie, employées comme moyen d'assurer ces candidatures. L'aristocratie gallo-romaine est clairement dénoncée comme auteur de ces abus, « *potentes, judices, vel certe qui rexerint aliqua potestate provincias* ». Le mal n'atteignait pas seulement l'épiscopat ; nous verrons bientôt les conciles provinciaux de Césaire s'efforcer de soustraire à sa contagion les Ordres du second rang, la prêtrise et le diaconat. Mais l'évêque d'Arles jugea sagement que la réforme devait d'abord se faire en haut lieu, avec le concours du Saint-Siège.

Il y avait deux faces à considérer, dans l'élévation des hommes de marque aux premières charges ecclésiastiques : l'empressement des peuples chrétiens à les y nommer ; l'empressement des Grands à se pousser eux-mêmes à ces charges par les voies blâmables spécifiées plus haut. Rien n'est plus fréquent, dans les promotions épiscopales des IVᵉ et Vᵉ siècles, que le cas de grands personnages que le peuple acclame d'enthousiasme, attiré qu'il est vers eux, soit par le spectacle d'une vie déjà vouée aux plus pures pratiques de la piété chrétienne, comme cela s'était vu, pour nous en tenir à la Gaule, chez un Eucher, un Avit, à un moindre degré, chez un Rurice de Limoges ; soit aussi par la considération de mérites particuliers qui s'étaient révélés dans les fonctions de l'empire, et qu'on espérait voir se révéler encore dans les fonctions ecclésiastiques. Ainsi avaient été élus Ambroise, à Milan, n'étant que catéchumène, Germain à Auxerre, Sidoine à Clermont, et tant d'autres en Gaule. En portant son suffrage sur ces hommes, le public chrétien n'obéissait pas seulement à un sentiment respectueux pour le pouvoir qu'ils avaient exercé ou exerçaient encore dans le siècle, mais il montrait aussi un sens très clairvoyant des avantages divers que l'Église était en droit de se promettre d'un chef en qui la piété s'alliait avec la distinction, la richesse et la puissance. Distingué d'esprit et de manières, l'homme noble élu évêque offrait dans sa personne un je ne sais quoi d'éminent dont l'absence, même chez de grands plébéiens comme Martin et notre Césaire, ne passait pas inaperçu, et qui le secondait surtout dans le ministère de la parole, jusqu'alors réservé aux évêques seuls ; ce cachet ne laissait pas de se communiquer à un certain degré à son clergé, et contribuait à la bonne réputation du diocèse. Riche, il faisait l'église qu'il avait été appelé à gouverner usufruitière de ses biens, de son vivant, et souvent son héritière, après sa mort, chose fort appréciée à une époque où la propriété ecclésiastique n'était pas encore constituée, et où les églises étaient relativement pauvres. Enfin, puissant, considéré, et familiarisé avec le maniement des foules, il était mieux préparé qu'un autre à tenir d'une main sûre les rênes du gouvernement spirituel, et pouvait donner une protection plus efficace à la cité, tirée en sens divers par les exigences du souverain, l'arbitraire de ceux qui le représentaient, les habitudes pillardes des milices barbares qu'il employait. Combien de ces anciens fonctionnaires de l'empire rassurèrent et préservèrent comme évêques, à l'exemple de saint Germain d'Auxerre, les populations qu'ils avaient fait trembler comme juges des cités ou chefs des armées ! Renfermée dans ces caractères, l'occupation des fonctions épiscopales par la noblesse, loin d'être un fait à déplorer pour l'Église, lui était avantageuse à tous égards. Qui sait ce qu'elle reprendrait de vigueur et de prestige, au milieu de ses épreuves actuelles, si ses cadres, un peu trop méthodiquement formés, se prêtaient au recrutement de l'épiscopat et du haut clergé des villes par les hommes pieux venus des rangs élevés de la société, par exemple, de la magistrature, de l'université ?

Ces considérations n'ont point échappé à l'esprit de Césaire. Aussi, n'entend-il pas détourner des Grands le suffrage des peuples, mais seulement empêcher les Grands de s'imposer au choix des peuples sans vocation et par des voies indignes des fonctions sacrées.

Cet empressement des hommes de race vers les hautes charges ecclésiastiques, conséquence inévitable du triomphe décisif de l'Église sur une société dominée par l'aristocratie, devint surtout prononcé à partir de Théodose et de ses successeurs, dont la libéralité envers l'Eglise, en favorisant le développement de sa puissance et de sa richesse, sembla la désigner comme le plus beau domaine ouvert à l'ambition de la caste. Ceux mêmes qui avaient exercé les hautes magistratures de l'État n'hésitèrent pas à quitter la chaise curule pour le siège épiscopal, devenu plus honoré, et d'où ils risquaient moins d'être renversés. L'obligation d'obtenir du suffrage du populaire chrétien les nouvelles dignités ne fut pas un obstacle sérieux à leur désir, cet organe perdant de son indépendance, à mesure que l'Eglise semblait prendre de l'accroissement. En effet, le progrès du christianisme dans les masses, en faisant entrer dans le corps électoral chrétien des éléments nouveaux de moins en moins choisis, avait rapproché peu à peu le public chrétien et le populaire proprement dit. Il suffit aux Grands de laisser faire le temps, pour se trouver armés dans l'Eglise des mêmes moyens de domination dont ils avaient disposé autrefois sur le corps politique. Un évêché était-il à pourvoir ? Rien ne leur était plus facile que de faire converger les acclamations de la communauté sur leur nom ou sur celui qui leur était agréable, en mettant en mouvement les ressorts divers que leurs pères avaient si bien su faire jouer au temps où les magistratures s'obtenaient par l'élection, en employant tour à tour promesses, menaces, largesses, vexations. A ces manœuvres déplorables, le seul contrepoids sérieux était le pouvoir possédé sur la ratification de l'élection par le métropolitain et les évêques de la province, qui restaient toujours libres, en cas d'élection contestée, de casser le choix de la multitude, en lui préférant celui qui avait été fait par la *sanior pars*, par l'élite des électeurs. Mais des trois ordres qui formaient cette élite, et auxquels appartenait effectivement la décision de l'élection, l'un, la curie, était lui-même sous la dépendance étroite de la noblesse, qui, étant le deuxième, se trouvait ainsi presque toujours assurée de faire passer son candidat, sauf dans les rares centres où le clergé, qui était le troisième, faisait assez de figure pour contrebalancer au besoin la volonté des électeurs laïques. On s'explique par une semblable prépondérance de l'élément aristocratique dans les assemblées électorales les longues séries de personnages nobles fournies par les listes épiscopales de certaines églises, de Tours, par exemple, où, après saint Martin, l'honneur des prélats issus de la plèbe, jusqu'à Grégoire de Tours, c'est-à-dire, dans le cours de deux siècles, c'est à peine si on vit une fois ou deux la dignité épiscopale sortir des familles de sénateurs. Nous citons l'exemple de Tours, non pour le critiquer, car il fut un des plus heureux, mais pour montrer que c'était avec l'aristocratie et le clergé, et surtout avec la première, que les prétendants aux fonctions épiscopales avaient à compter. C'étaient les gens influents de ces deux ordres qu'il s'agissait de ménager, de gagner, et, au besoin, de corrompre, ce qui ne pouvait se faire sans de louches compromis, où entrait un odieux trafic des fonctions et des bénéfices de l'église à pourvoir. On sait qu'un marché de ce genre avait été reproché au pape lui-même avec assez de vraisemblance pour mettre en doute la validité de son élection aux yeux de beaucoup de Romains. Ce fait, s'il ne prouve rien contre Symmaque, montre du moins combien la manœuvre dont on l'accusait était communément usitée. Ainsi, pression exercée en bas sur le populaire, vénalité et simonie pratiquées en haut à l'égard des laïques puissants et des membres influents du clergé, tels étaient les abus qui se mêlaient la plupart du temps aux élections faites sous l'influence de l'aristocratie. Ils sont clairement indiqués dans la dénonciation adressée au pape par Césaire.

On s'imagine aisément ce que pouvaient être les faux pasteurs qui s'étaient hissés sur les sièges épiscopaux par des moyens aussi inavouables. Ne s'imposant aucune contrainte pour conformer leurs mœurs à leur nouvelle profession, ils continuaient, pour la plus grande malédification de leurs ouailles et de leur clergé, de suivre au milieu des attributions de l'épiscopat les goûts des hommes du siècle. Leur administration, non moins désastreuse pour le temporel de l'église que pour le spirituel, rendait vaines toutes les sages mesures que les conciles édictaient dans l'un et l'autre domaines, sans parler des éléments vicieux dont leur intrusion dans l'épiscopat infectait directement la composition et l'esprit de ces assemblées. Le zèle ecclésiastique de Césaire n'avait donc que trop de raison de s'alarmer du mal signalé par sa requête.

Et toutefois, il est si éloigné de vouloir fermer aux Grands l'accès des charges ecclésiastiques, qu'il se montre tout disposé, lui, l'avocat de l'ancienne discipline, qu'on trouvait toujours prêt à suivre le Saint-Siège en toutes choses, à sanctionner, pour cette catégorie de candidats, un abrégement des épreuves canoniques depuis longtemps admis en Gaule, mais auquel contredisaient l'ancienne discipline de l'Église et la tradition nettement déclarée de l'église de Rome. Les épreuves canoniques consistaient dans les *interstices*. La langue ecclésiastique désigne par ce terme les stages que le candidat aux fonctions cléricales doit accomplir dans chacun des degrés inférieurs de l'Ordre avant de pouvoir solliciter sa promotion aux degrés supérieurs. Les interstices tenaient aux mêmes racines que la hiérarchie. Ils en étaient la sauvegarde, et y occupaient la même place, les papes le faisaient observer avec raison [1], que le *cursus* dans la hiérarchie civile et militaire. Aussi n'y fut-il guère dérogé dans les églises dont la constitution reposait sur une tradition déjà longue, et dont le clergé, pourvu d'un fort noyau d'hommes de valeur par un recrutement abondant et distingué, avait su rester une corporation respectée en face des laïques. C'est par là que le clergé romain avait su maintenir inviolable son droit traditionnel à fournir le titulaire du Siège de Pierre. Par Rome, l'observation des interstices s'était conservée pareillement dans les églises de la Basse Italie, qui subissaient de près l'impulsion de l'église de Rome. La promotion des laïques *per saltum* fut un usage récent, qui impliquait, dans les cités où elle avait lieu, une violation de la règle ecclésiastique, et témoignait un amoindrissement du respect que les fidèles avaient professé autrefois pour la hiérarchie. C'est pour cela que saint Ambroise se montra si fortement scandalisé, lorsqu'au milieu de ses efforts pour pacifier, comme gouverneur de Milan, catholiques et ariens en lutte pour le choix d'un évêque, il vit les suffrages s'accorder tout à coup sur son nom, par une de ces inspirations heureuses qui traversent quelquefois les foules. Considérant comme une folie que les habitants de Milan l'eussent élu pour évêque, lui qui n'avait encore passé par aucun degré de la cléricature, et qui n'était même pas baptisé, il fit des folies pour essayer de les ramener à la sagesse. se montra au milieu de l'appareil de la torture, pour se faire apparaître cruel, fit entrer des femmes publiques dans sa maison, pour être convaincu de libertinage. Forcé dans son refus par la constance admirable de cette foule, qui lui criait sans cesse qu'elle prenait son péché sur elle, il voulut du moins faire amende honorable à la loi canonique des interstices, que son élection semblait outrager, et il exerça une à une, dans les huit jours qui suivirent son baptême hâté, toutes les fonctions renfermées dans la série des Ordres, en commençant par le plus infime. Malgré ces preuves de modestie, et quoique l'irrégularité de son élection eût été levée par ses confrères, il mani-

---

1. Zosime, *ep.* à Hesychius de Salone, et *ep.* à Patrocle *Quid de Proculi*. Migne, t. 20, p. 669 et 668.— Célestin, *ep. Cuperemus*, c. 3. Id., t. 50, p. 576.

festa jusqu'à la fin une certaine inquiétude au sujet de la façon expéditive dont elle s'était faite.

Mais on fut sujet à moins de scrupule dans les pays où l'on ressentait moins directement l'influence de Rome. L'usage des ordinations *per saltum* se pratiqua couramment en Espagne, en Afrique, et surtout en Gaule. Dans ce dernier pays, beaucoup de clergés locaux ne s'étant constitués que fort tard, de même que les diocèses, ne pouvaient invoquer la tradition en faveur de leur corporation, et ils ne surent pas non plus la fonder. A leur défaut, ce furent les moines qui prirent en main la défense de la sainteté des fonctions cléricales. Entre eux et les nobles se répartirent la plupart des évêchés de la Gaule, au grand mécontentement des papes, qui s'exprimèrent avec une égale véhémence contre les uns et contre les autres, et s'efforcèrent vainement de ramener le suffrage des électeurs vers le clergé des cités. Mais l'ascendant de plus en plus fort que les moines prirent sur les masses électorales imprima du moins à ces dernières un sentiment plus vif des vertus spéciales qui devaient être apportées au ministère épiscopal. Les évêques issus de l'institut monastique usèrent d'autorité de leur côté pour l'inculquer aux candidats eux-mêmes, en exigeant, de ceux qui venaient de l'état laïque à l'ordination, à titre d'épreuve, pendant un temps d'une certaine durée, une profession de vie conforme à celle qu'on attendait des ministres sacrés, spécialement en matière de chasteté. C'est ce qu'ils appelaient *præmissa conversio* ou *conversionis propositum*. Au concile d'Orange, l'évêque Hilaire, ancien moine de Lérins, l'érigea en loi pour la province d'Arles, et en fixa la durée minimum à un an. Il se servit lui-même de la société d'ascètes qu'il avait formée autour de lui pour fournir les évêchés de sa province de candidats conformés à son règlement, sans se laisser arrêter par les paroles amères que le pape saint Célestin avait proférées naguère contre ces *séminaires d'évêques*[1]. Il n'est pas douteux qu'une préoccupation du même ordre ne l'ait stimulé dans la tournée de réformateur qu'il fit à travers la Gaule en compagnie de saint Germain d'Auxerre. Ce dernier était entré, il est vrai, dans l'épiscopat, ou tout au moins dans la prêtrise, sans qu'il y eût eu d'intervalle au sortir de sa charge de duc militaire. Mais la violence qu'il avait fallu faire à sa modestie pour le contraindre de se laisser ordonner, et l'austérité de mœurs extraordinaire qu'il avait montrée aussitôt après, parlaient elles-mêmes, comme de glorieuses exceptions, en faveur du règlement édicté par Hilaire. C'est ainsi que la profession de vie ascétique s'était fait considérer en Gaule, même par les

---

1. Épître ci-dessus.

esprits les plus sévères, comme un préliminaire suffisant de l'ordination, quel que fût le degré de l'Ordre à recevoir. Elle ne se substitua pas entièrement aux interstices, mais elle prit à côté d'eux une place importante [1].

Le *libellus Cæsarii* tend précisément à la légitimation de cet usage, considéré comme un expédient nécessaire. Passant à dessein sous silence la loi des interstices, l'auteur prie le pape d'interposer son autorité auprès des évêques de Gaule pour les obliger à refuser l'ordination aux laïques non *conversi*. C'était manifester d'une façon non équivoque en faveur de l'admission des *conversi*. En se prononçant de la sorte, Césaire ne pouvait être suspecté d'obéir à un mobile d'intérêt personnel, étant de ceux qui étaient venus de la plèbe par la filière des interstices. Mais assez de raisons graves militaient alors pour un abandon, au moins momentané, des règles d'avancement canoniques. Et d'abord, montrer une exigence trop absolue à l'égard des interstices, c'eût été noter d'irrégularité une grande partie de l'épiscopat actuel, arrivé par l'autre voie. Le blâme en eût rejailli sur des hommes d'un mérite hautement reconnu, tels qu'Avit ou Ruricc. Était-il à espérer que ces évêques, qui formaient le grand nombre, prêtassent volontiers l'appui de leur autorité à une loi qui semblait la condamnation de leur présence sur des sièges épiscopaux ? Ensuite, les interstices étaient-ils eux-mêmes une garantie tellement supérieure de la valeur du personnel qu'ils avaient fourni au clergé ? Cette valeur dépendait beaucoup de la formation spéciale donnée aux jeunes gens qui se destinaient à la cléricature. Or, cette formation laissait beaucoup à désirer en Gaule ; il y avait là une lacune que Césaire devait plus tard signaler et essayer de combler. La profession de piété et d'ascétisme qu'on demandait aux ordinands laïques, lorsqu'elle était bien démontrée, donnait à un degré suffisant la garantie qu'on voulait obtenir. Enfin, subordonner à l'observation des interstices l'élection des grands personnages qui offraient cette garantie, c'était priver l'Église de l'éclat qu'ils étaient capables de donner à ses dignités. On pouvait être bien sûr qu'ils n'entreraient point dans ces dernières par la voie commune. Comment attendre, en effet, de personnes d'âge mûr, qui avaient vécu dans les fonctions et les milieux les plus élevés, qu'il leur vînt même seulement à la pensée de venir prendre rang dans le bas clergé, en

---

[1]. Elle multiplia aussi au sein de l'aristocratie g. romaine les *conversi*, après l'exemple déjà donné par les Paulin et les Sulpice Sévère. Les uns embrassèrent cet état par l'ambition de parvenir ; les autres furent gagnés par l'exemple, qui devenait très commun. La lettre de Fauste à Félix peut-être considérée comme le programme de vie de ces *conversi*. M. Engelbrecht (*Faustus-Ruricius*) les prend a tort pour des *clercs*, dénomination qui eût semblé injurieuse à ces hauts personnages.

compagnie d'individus en majorité fils d'artisans et de paysans, et, de plus, artisans et paysans eux-mêmes, pour attendre humblement leur tour d'avancement dans la hiérarchie cléricale? La chose eût été d'un exemple aussi rare que le serait aujourd'hui celui d'un haut fonctionnaire, d'un homme de famille noble ou riche, qui descendrait de son rang dans la société, pour aspirer à la prêtrise en passant par le séminaire. Entrer dans un monastère ou professer l'ascétisme chez soi, cela se prenait en aussi bonne part que de se faire aujourd'hui jésuite, dominicain, ou chartreux. Renoncer au siècle n'était pas déroger. Le clergé séculier, fondé par les interstices, était essentiellement démocratique. C'est par la dispense des stages dans le clergé séculier inférieur, c'est-à-dire, des interstices, que la milice cléricale a pu faire un si grand nombre de recrues dans l'aristocratie romaine. Sans elle, l'Église d'Italie ne compterait pas parmi ses lumières des Ambroise et des Paulin, ni l'Église de Gaule des Germain, des Eucher, des Sidoine, des Avit. Le souvenir de ces glorieuses promotions *per saltum* était encore trop peu éloigné du temps de Césaire et commandait trop le respect pour qu'il pût songer à en interrompre le cours par des mesures aussi exclusives que l'eût été l'application rigoureuse des interstices. C'est pourquoi la *promissa conversio* lui parut avec raison digne d'être conservée. L'important à ses yeux était que cette épreuve, de même que la liberté et l'intégrité des élections, fussent placées sous bonne caution. Sa requête désigne pour cette surveillance le métropolitain. Elle demande que l'acte d'élection ne puisse être rédigé et revêtu, suivant l'usage, des signatures du clergé et des notables, avant que le chef de la province ne se soit assuré par lui-même ou par son visiteur de la parfaite correction des opérations électorales, et n'en ait approuvé d'avance le résultat. La réponse de Symmaque ratifia sur tous ces points la volonté de Césaire, mais, toutefois, en laissant voir, en ce qui concernait les ordinations *per saltum*, qu'il ne se relâchait qu'avec peine de l'inflexibilité de ses prédécesseurs[1]. Sans blâmer positivement ces ordinations, et en exigeant comme minimum de garantie l'épreuve réclamée par Césaire, il prend soin d'ajouter que l'ordination d'un laïque ne doit être consentie par le métropolitain que très difficilement et par exception, et il résume à ce sujet les considérations développées plus au long et sur un ton plus catégorique par les décrétales antérieures.

Les observations adressées à l'épiscopat gallican par Symmaque, à la

---

1. Par mesure exceptionnelle et temporaire, à raison des guerres de l'Italie, le pape Gélase avait renfermé tous les interstices dans l'espace d'un an pour les moines, et d'un an et demi pour les laïques ; cette mesure n'a rien de commun avec les ordinations *per saltum* dont nous parlons (Migne, t. 56, col. 691).

requête de Césaire, appuyées ensuite par plusieurs conciles, n'empêcheront pas les laïques d'arriver encore assez souvent aux charges ecclésiastiques sans vocation et par brigue, servis, sous le régime franc, par des influences de cour dont Césaire n'avait pu encore prévoir l'entraînement[1]. Toutefois, elles atténueront cet abus, et feront loi pour tous les hommes soucieux de l'intégrité de la hiérarchie cléricale. C'est afin de se conformer à la règle dont il vient d'être question que saint Eloi, un siècle plus tard, transféré de la charge de trésorier du roi à l'évêché de Noyon, réclama un délai d'un an pour se préparer à la vocation ecclésiastique. Grâce à saint Césaire, Grégoire le Grand et les hommes qui l'ont secondé dans son entreprise de réforme sur l'Eglise de Gaule, vers la fin de ce siècle, ont trouvé un terrain encore assez ferme pour lutter avec quelque succès contre l'intrusion des laïques dans le haut clergé.

1. Le premier exemple est donné par saint Remi, qui s'en justifie dans une lettre à l'évêque Heraclius (D. Bouquet, IV. 52) : il a ordonné Claudius prêtre *per saltum* sur le *bon témoignage* et l'*injonction* de Clovis. Le régime franc devait aussi rendre plus fréquent un cas accidentel de dérogation à la règle des interstices qui s'était déjà vu plusieurs fois sous l'empire : nous voulons parler de celui où l'on conférait les Ordres de gré ou de force à un homme public, qu'il s'agissait de sauver d'une vengeance politique, ou de rendre inhabile aux fonctions politiques, exemple : Constantin, Avitus, saint Cloud.

CHAPITRE VII

RÉUNION DES ÉGLISES DE LA PROVINCE D'ARLES SOUS LE SCEPTRE DE
THÉODORIC. CONCILES PROVINCIAUX DE CÉSAIRE (523-533).

Dix ans après ce voyage de Césaire en Italie, qui avait été si fécond en résultats importants, s'ouvre la série de ses conciles provinciaux. Sur l'intervalle qui sépare ces deux dates, les renseignements sont peu nombreux. Les plus marquants sont deux lettres du pape Hormisdas, qui avait succédé à Symmaque en 514[1]. Elles témoignent des efforts accomplis par Césaire pour rendre ses relations avec le Saint-Siège de plus en plus étroites et cordiales. Il suivit avec intérêt les négociations engagées par le Saint-Siège avec l'Orient pour mettre fin au schisme d'Acace. Une des deux lettres d'Hormisdas dont nous parlons eut pour but de le tenir au courant. Mais cette question, à laquelle on voit Avit s'intéresser également de son côté, ne pouvait guère avoir pour la Gaule qu'un attrait de curiosité et de sympathie.

La seconde lettre d'Hormisdas, de date incertaine, règle, avec des paroles très flatteuses, la situation spirituelle et temporelle du monastère de Saint-Jean, conformément aux vœux exprimés par l'évêque d'Arles, en formulant toutefois, au sujet de la vente de quelques terres d'église, un blâme mitigé, dont nous avons parlé.

Il est peu probable que la correspondance de Césaire se soit limitée seulement à ces deux pièces jusqu'en 527, date où se place une décrétale de Félix IV qui fait suite aux précédentes. Son commerce d'amitié avec Rome a dû se renouveler quelquefois dans cet intervalle, soit à l'occasion de la délivrance des lettres formées, soit par des envois directs de députations chargées de commissions verbales, soit enfin par des lettres qui n'ont pas été classées parmi les pièces à conserver[2]. L'étude des lettres pontificales qui ont trouvé place, après celles d'Hormisdas, dans les archives de Césaire, se relie étroitement à celle de ses conciles provinciaux.

Deux circonstances très heureuses pour Césaire lui ont permis de

---

[1]. Décrétales *Justum est* et *Exsulto*. V. *Nos Sources*, p. VII.
[2]. La 1re lettre d'Hormidas accrédite auprès de lui un certain Urbanus comme *défenseur* de l'église romaine, ce qui suppose des relations suivies entre les deux sièges.

renouer dans sa province la tradition des conciles, interrompue depuis Agde. L'une est d'ordre intérieur: c'est la préfecture de Libère. L'autre est un fait politique extérieur : l'annexion à l'empire de Théodoric des cités burgondes qui dépendaient ecclésiastiquement de la métropole d'Arles.

Libère, — sous ce nom se présente à nous un personnage dont l'influence est désormais étroitement associée à celle de Césaire, sous les auspices duquel la province d'Arles a joui d'une longue paix civile et religieuse, et avec la participation duquel les entreprises de l'évêque d'Arles ont pu s'accomplir, et ont heureusement abouti.

Il fut le titulaire sur qui se porta de suite le choix de Théodoric, lorsque ce monarque, animé d'une émulation toujours plus grande pour la tradition impériale, se décida à donner un supérieur au Vicaire Gemellus et à relever la Préfecture d'Arles. La décision fut prise peu après le retour de Césaire [1] dans sa ville épiscopale, et, s'il nous est permis d'émettre ici une conjecture, non sans égard à sa dernière péripétie. L'infortune de Césaire avait été un événement fâcheux entre tous, qui montrait l'insuffisance du Vicaire de Gaule; insuffisance d'autorité, comme nous l'avons expliqué plus haut, insuffisance de caractère, qui lui est reprochée avec précaution dans une lettre de Théodoric [2]. L'élévation de Libère au poste de Préfet en Gaule donnait sûreté à nos compatriotes sous les deux rapports. Ne connaissant comme Préfet d'autre autorité supérieure à la sienne que celle du souverain, Libère exerçait en fait sa charge souverainement, sans avoir même à prendre mot du souverain, comme un vice-roi, avec juridiction exceptionnelle sur l'élément militaire : *exercitualis vir*, est-il dit de lui [3]. Et il avait le caractère à la hauteur de sa charge. Théodoric ne pouvait donner à ses sujets gaulois une plus grande marque de sa sollicitude qu'en les plaçant sous la tutelle de cet homme, qui avait géré plusieurs emplois supérieurs, puis la Préfecture du Prétoire d'Italie, avec un rare mérite (495-499). Une première fois appelé aux affaires par Odoacre, après lequel il avait voulu vivre retiré de la politique, puis ramené par les instances de Théodoric, il avait présidé au fameux partage des terres

---

1. Une lettre d'Avit à Libère citée plus haut (p. 117) prouve que celui-ci était déjà en charge peu après la cessation de l'état de guerre. La date est marquée encore avec plus de précision par plusieurs lettres adressées en Gaule à ce fonctionnaire par Ennode, non encore évêque. Étant donné que celui-ci était évêque en 515, et que Libère n'était pas encore en charge au temps de la disgrâce de Césaire en 513, on ne doit pas trop s'écarter de l'année 514.

2. Cassiod., *Var.*, IV, 24.

3. Id. XI, 1. L'amplitude des pouvoirs attribués aux Préfets du Prétoire sous Théodoric est connue par la formule qu'en a donnée Cassiodore, *Var.*, VI, 3.

entre les Ostrogoths et les Italiens, inspiré l'*Édit de Théodoric*, et contribué au même titre que Cassiodore, Symmaque et Boèce, à l'éclat de ce grand règne, qui déjà penchait vers sa fin. Joignant la religion et la piété à toutes les qualités d'un bon administrateur, il se montra, dans sa nouvelle préfecture, aussi dévoué à l'intérêt des églises qu'à celui des cités, étendit leurs immunités, contribua à la construction de plusieurs basiliques, et favorisa la réunion des conciles, quand il ne les honora pas de sa présence. Les récits où les biographes de Césaire [1] le mettent en scène nous peignent ses relations et celles de sa famille avec l'évêque d'Arles sous les traits d'une touchante intimité. La province aura le bonheur de le conserver jusqu'en 533.

Le milieu de sa préfecture coïncide avec un événement qui valut à Théodoric une grande extension de territoire au nord de la Durance. Il s'agit de la guerre au cours de laquelle les fils de Clotilde envahirent pour la première fois le royaume de Burgondie, et par suite de laquelle Sigismond perdit misérablement la vie après le trône.

Privé des conseils d'Avit depuis 518, Sigismond s'était laissé entraîner de faute en faute par un retour de l'ancienne nature très commun chez ces barbares convertis. Au lendemain de la mort d'Avit, on l'avait vu entrer aussitôt en lutte avec son épiscopat, en voulant défendre le mariage incestueux de son favori Etienne ; puis, sur un soupçon odieux, il avait sacrifié son fils Sigéric, le petit-fils de Théodoric le Grand, à la haine d'une marâtre. Enfin, tombant d'un excès dans un autre, il avait dégradé la majesté royale devant son peuple en prenant à Agaune l'habit des pénitents. Sa triste fin et celle de sa famille furent la conséquence de ces fautes réunies. Théodoric ne s'était senti à coup sûr aucune envie d'empêcher le désastre de son voisin des Alpes. Il se souvenait que Sigismond avait recherché contre lui l'alliance de l'empereur Anastase [2]. Ostrogothe n'étant plus, il ne voyait plus en lui un gendre, et le meurtre de Sigéric criait plutôt vengeance à son cœur d'aïeul. Toutefois, ce sentiment ne lui fit pas commettre la faute de s'unir aux agresseurs. Trop éclairé sur les intérêts de son empire pour aider les Francs, qui étaient les plus forts, contre les Burgondes, dont la faiblesse ne lui laissait aucun sujet de crainte, ce fut dans une attitude plutôt favorable au parti attaqué qu'il ordonna à son général Tulum ou Tolonic [3] d'occuper les cités du nord de la Durance. Ce mouvement, qui eut probablement lieu en 523 avec le consentement de Godomar, lorsque ce frère de Sigismond voulut reprendre aux Francs son royaume et celui de

---

1. Liv. II, c. 1, n. 9-12.
2. S. Avit ; lettre à Anastase.
3. Cassiod., *Var.*, VIII, 10 « *sine cæde victorian* ».

Sigismond, assura à Théodoric la possession de tout le pays jusqu'à l'Isère, à l'exclusion de Die[1], sans qu'il lui en coûtât une seule goutte du sang de ses sujets goths ou gallo-romains. Ainsi fut justifiée l'insistance que Césaire avait mise à revendiquer les droits de sa métropole sur les églises de cette partie de la province. Séparées depuis environ quarante ans, les églises des deux rives de la Durance allaient reprendre leur existence commune sous sa direction, et former de nouveau, comme autrefois, une masse solide et compacte capable d'imprimer le mouvement religieux à toute la Gaule.

Les synodes de Césaire sont au nombre de cinq. Le premier s'est tenu à Arles, au mois de juin 524, à l'occasion d'une convocation adressée aux évêques de la province pour la dédicace de la basilique de Sainte-Marie. Les actes de ce concile portent déjà les signatures des évêques du pays au nord de la Durance, ce qui prouve que Théodoric prit possession de ce pays à une date un peu antérieure à la bataille de Vézeronce, où succomba Clodomir. On voit que Césaire montra le même empressement que Théodoric à y faire acte d'autorité. Ce sera chez lui une conduite suivie. Sur les quatre autres synodes, trois se tiendront dans des villes de cette partie de la province. L'intervalle de trois ans entre la première convocation synodale et la seconde, qui fut donnée à Carpentras en 527, a été rempli, du côté des Ostrogoths, par des événements tragiques, pendant lesquels la province dut sentir le prix de la présence d'un homme tel que Libère. C'est le moment où Théodoric est précipité par la politique religieuse de l'Orient dans un véritable accès de folie furieuse, dont la violence s'assouvit cruellement sur ses meilleurs ministres, Symmaque et Boèce, et sur le chef de l'église romaine, le pape Jean. Après quoi, il descend dans la tombe, laissant le trône à son petit-fils Athalaric, sous la tutelle de sa fille Amalasonthe. Ces événements semblent n'avoir troublé en rien la tranquillité de la province d'Arles, qui paraît seulement avoir subi une petite attaque de la part des Wisigoths, à propos de la délimitation de la frontière, en Gaule entre Athalaric et son cousin Amalaric, où, toutefois, Libère, gratifié d'un nouveau titre, celui de Patrice *présent*[2], avec droit de commander directement les soldats, faillit perdre la vie[3]. Un jour que le Patrice se trouvait au-delà de la Durance, il tomba dans une embuscade dressée par des Wisigoths qui avaient traversé le Rhône, espérant

---

1. L'abbé Duchesne, Hist. de la Primatie d'Arles, ds. *Fastes épiscopaux*.
2. C'est-à-dire, attaché à la garde de la personne du roi, titre impliquant une fonction militaire (Mommsen, *Étude ostrog.*).
3. *Vita Cæsarii*, l. II, c. 1, n° 9.

peut-être, si leur tentative réussissait, s'emparer plus aisément, en l'absence du chef de la province, des pays possédés autrefois par leurs princes [1]. Mais, heureusement pour la province et pour Césaire, Libère en fut quitte pour une blessure faite par un coup de lance, dont il se sentit guéri, dès qu'il vit à ses côtés l'évêque d'Arles, accouru au premier bruit de l'attentat. Le traité intervenu, d'après Procope [2], entre Amalaric et Athalaric, pour fixer au Rhône la ligne de séparation de leurs États, et qui stipula, pour les Wisigoths qui s'étaient mariés dans le pays, le droit d'y demeurer, délivra la province de cette occasion de trouble. C'est ainsi que Césaire put, dès la première année du nouveau règne, présider le synode de Carpentras.

Les deux réunions suivantes eurent lieu coup sur coup à Orange et à Vaison dans la même année, en 529 ; la première, sur une convocation spéciale adressée aux évêques par Libère, pour obtenir leur présence à la dédicace d'une basilique donnée par sa munificence à la ville d'Orange ; la seconde, sur la convocation du métropolitain, en vertu des canons. La dernière assemblée se tint quatre ans après à Marseille (533). Après cette date, Libère est rappelé de Gaule ; puis, la domination de la province passe en d'autres mains. Tel est le cadre extérieur des cinq conciles provinciaux de Césaire.

Eu égard aux matières discutées et définies, ils se divisent en trois classes. Trois d'entre eux se sont occupés de règlements disciplinaires ; ce sont les deux premiers et le quatrième. Un autre a eu à se prononcer, par exception, sur un point de dogme, et est devenu règle de foi pour les catholiques ; c'est le concile d'Orange. Le dernier, celui de Marseille, a été convoqué par Césaire pour juger un évêque qui avait donné le scandale. Ces deux derniers conciles demandent chacun une étude à part.

Les décrets portés par les conciles de la première classe s'adressent exclusivement au clergé. La plupart se contentent d'assurer dans la province l'application exacte des règles générales de discipline déjà formulées antérieurement. Leur seul caractère original consiste dans l'attention dont est l'objet le clergé des églises rurales, attention qui dénote le développement considérable pris par le service paroissial en dehors des cités.

A l'origine, le christianisme avait élu domicile dans les cités. De ce centre d'action, l'évêque et ses ministres dispensaient les bienfaits de

---

1. Un autre sujet de querelle était le trésor d'Alaric, que Théodoric avait conservé auprès de lui à Rome. Amalasonthe le rendit à Amalaric.
2. *De bello Goth.*, l. I, c. 13.

l'évangile ou du ministère sacré aux campagnes par des tournées périodiques, comme cela se pratique de nos jours en pays de missions. La cité, où l'évêque et tous les services dépendant de lui se tenaient en permanence, fut le premier et le plus solide point d'appui du christianisme. C'est dans les *pagi* ou cantons ruraux que le paganisme lui opposa la plus longue résistance. Lorsque les églises épiscopales furent enfin assurées de leur stabilité, alors seulement des colonies de clercs détachées de la cité commencèrent à s'établir à demeure dans certains centres ruraux, sous la dépendance de l'évêque ; ce fut là l'origine des paroisses, *parochiæ*, ou diocèses, *diœceses*, noms qui trahissent l'origine orientale de ces divisions ; elles prirent de ce côté une rapide extension. Mais le mouvement paraît avoir été beaucoup plus lent en Gaule, d'autant plus lent, qu'on s'éloigne davantage des provinces méridionales, où les évêchés étaient eux-mêmes d'origine plus ancienne et moins clairsemés. Tandis qu'à Tours, où on le suit pas à pas, grâce à Grégoire de Tours [1], il avait commencé seulement avec saint Martin, dans la province d'Arles, on voit déjà, par les soins d'un contemporain de saint Martin, l'évêque de Marseille Proculus [2], plusieurs évêchés s'établir à la place d'anciennes paroisses. Ici, les conciles d'Hilaire nous montrent un peu plus tard le territoire rural de la province partagé en circonscriptions ecclésiastiques, desservies chacune par son clergé spécial, sous la direction d'un prêtre ou d'un diacre, qui administre comme curé [3]. L'augmentation toujours croissante des besoins du culte amenait de jour en jour, au milieu des circonscriptions déjà existantes, des sectionnements nouveaux, dont les frais d'organisation et d'entretien étaient généralement supportés par les grands propriétaires, évêques ou laïques. Comme les fondateurs s'inquiétaient peu de l'avis de l'évêque du lieu pour faire procéder, ou procéder eux-mêmes, s'ils étaient évêques, à la dédicace des églises, et assurer la provision des bénéfices, il fallut prendre des mesures pour faire respecter les juridictions épiscopales. On réserva la dédicace et la provision de l'église à l'évêque du lieu ; on accorda aux fondateurs le droit de présenter au choix de l'évêque les sujets qui leur plairaient [4]. Le patronage et le bénéfice, appelés à jouer un rôle si considérable dans l'existence de l'Église, se trouvèrent ainsi constitués.

Le titre de la paroisse à être considérée comme la succursale rurale de l'église mère, et comme lieu des réunions officielles du culte pour

---

1. *Hist. Franc.*, L. X, c. 31.
2. Voir concile de Turin. Hard. I, p. 958.
3. Vaison I, c. 3. *Concil. Gall.*, I, p. 76.
4. Concile d'Orange I, c. 10. Id., p. 71.

les chrétiens éloignés de la cité, dut être maintenant défendu par Césaire et par les conciles de son époque contre la concurrence croissante des *oratoires*. Ainsi appelait-on les chapelles édifiées dans un but privé. De ce nombre étaient les monuments érigés par la piété des fidèles pour perpétuer le souvenir des Saints locaux. Le Ve siècle montra une grande ardeur à tirer la mémoire des saints Martyrs locaux de l'oubli où les avaient laissés les générations précédentes. De ce même nombre étaient les chapelles érigées par les Grands sur le territoire de leurs *villæ*, pour y suivre le service divin avec plus de commodité pour eux et les leurs, avec le concours d'un clerc à poste fixé, remplissant l'office de chapelain. C'étaient ces dernières chapelles qui échappaient surtout à l'exercice de la juridiction paroissiale et à la surveillance de l'évêque lui-même. Aussi, leur établissement était-il vu en général avec peu de faveur par les autorités ecclésiastiques. Une loi du concile d'Agde (c. 21), répétée par plusieurs des conciles postérieurs, obligea la clientèle de ces chapelles, sous des peines très sévères pour le chapelain, à célébrer les grandes fêtes de l'année dans l'église de la paroisse. On pensait ainsi rappeler aux Grands leur dépendance à l'égard de la communauté chrétienne, et les empêcher de constituer dans leurs *villæ* des centres privilégiés, où l'autorité de l'Ordinaire ecclésiastique ne pourrait se faire sentir.

Le concile d'Arles[1], s'occupant à son tour des paroisses, constate leur augmentation toujours croissante. On reconnaît à ce témoignage, à la place que prennent, dans les récits de la biographie de Césaire, ses visites pastorales dans les campagnes, au cachet campagnard de beaucoup de ses discours, un nouveau trait marquant de son gouvernement épiscopal : le zèle pour la diffusion des ressources et des pratiques religieuses dans les campagnes. Personne, après saint Martin, ne l'a poussé à ce point. Il fallait pourvoir au service de toutes les paroisses nouvellement fondées. Comme le clergé recruté par les interstices ne pouvait plus donner une élite de prêtres et de diacres suffisante pour fournir des curés capables à toutes ces paroisses, cette insuffisance inclinait très naturellement les évêques, lorsqu'ils se trouvaient en présence de sujets d'ailleurs capables, à se montrer très faciles sur les conditions de régularité requises pour les promotions aux Ordres majeurs, et, surtout, sur les conditions d'âge et d'interstices, qui n'avaient pas encore été fixées expressément par les conciles de la province. A cette cause de facilité s'ajoutait la pression exercée sur eux

---

1. *Concil. Gall.*, I, p. 604. — Maassen, p. 35.

par les patrons qui sollicitaient l'ordination pour les sujets trop jeunes, ou encore laïques, qu'ils destinaient aux cures placées sous leur patronage. Les inconvénients de cet état de choses se conçoivent sans qu'il soit besoin de les expliquer. Césaire décida les évêques réunis au synode d'Arles à porter sur la matière des règlements qui obligeraient spécialement la province, afin, est-il dit dans les actes, de soustraire les évêques à l'importunité des solliciteurs de toute catégorie. On exclut rigoureusement de la capacité au diaconat et à la prêtrise les sujets qui n'avaient pas atteint l'âge canonique, et, de plus, les bigames et les pénitents. A l'égard des laïques, tout en prenant acte de l'ancienne discipline de l'Église sur les interstices, on sanctionna la solution précédemment indiquée par le *Libellus Cæsarii* et conforme à l'usage gallican, en exigeant de ces candidats pour unique condition la *præmissa conversio* pendant un an.

Aucun de ces statuts n'était d'une sévérité inusitée, et le dernier, concernant l'admission des laïques aux Ordres, s'inspirait même d'une large tolérance. Cependant, il se trouva quelqu'un pour les enfreindre. Ce fut Agrecius, évêque d'Antibes, dont le cas délictueux donna lieu à la convocation du concile de Carpentras. Les actes du concile parlent de l'ordination d'un certain Protadius, faite en violation des canons du dernier concile d'Arles, sans indiquer le canon précis auquel il avait été contrevenu. Mais d'une lettre de Félix IV postérieure de deux mois au concile, et qui dut être écrite en réponse à une lettre où Césaire rendait compte de l'affaire d'Agrécius, il est aisé d'inférer que Protadius avait été ordonné prêtre n'étant que laïque, sans avoir accompli l'année de probation qui était de précepte. L'acte d'Agrécius était d'autant plus fâcheux, que lui-même avait souscrit par délégué au canon enfreint par lui. La crainte de ne pouvoir plus empêcher les infractions à l'avenir, si celle-ci était passée sous silence, décida Césaire à procéder, sans égard pour les années d'épiscopat du coupable, qui avait déjà souscrit comme évêque d'Antibes au concile d'Agde, plus de vingt ans auparavant. Mais sans doute voulait-il simplement le contraindre à faire des excuses. Agrécius, malheureusement pour lui, aggrava encore sa faute, en refusant de se présenter devant ses juges. Césaire, qui n'était pas homme à se laisser braver dans une affaire où la discipline était intéressée, le suspendit pour un an du droit de dire la messe, peine qui est de son invention, et qu'on voit aussitôt les conciles de Gaule adopter comme sanction de leurs décrets. Cette sentence fut notifiée à Agrécius par une lettre de Césaire écrite sur un ton haut et bref, au nom du concile ; mais, en tout ceci, le rôle du concile se réduisit à souscrire docilement aux volontés du métropolitain.

Cette affaire engagea l'évêque d'Arles à solliciter du Saint-Siège, au sujet de la *praemissa conversio*, un avis un peu plus formel que celui de Symmaque. C'est un point sur lequel la décrétale de Symmaque s'était montrée par principe aussi réservée et aussi peu explicite que possible, en représentant fortement l'obligation d'observer les interstices, et en recommandant aux évêques de ne consentir que très difficilement à l'ordination des laïques. L'insistance de Césaire eut enfin gain de cause auprès de Félix IV[1]. Ce pape, abandonnant les maximes inflexibles de ses prédécesseurs, donna en faveur de l'usage gaulois la déclaration formelle souhaitée par Césaire.

Il ne suffisait pas que le clergé paroissial fût bon. Il fallait qu'il pût vivre. Le désir de lui garantir la subsistance temporelle inspira la seconde proposition présentée par Césaire à la signature des Pères de Carpentras. Ce fut encore la façon d'agir tout arbitraire de certains évêques qui attira son attention de ce côté. Les actes du concile se plaignent, en effet, que plusieurs évêques gardent pour eux seuls presque tout le revenu des paroisses de leur diocèse, ne leur laissant pas même de quoi suffire à la réparation des édifices du culte et à la subsistance du clergé desservant. Cet abus soulevait un problème nouveau, qui n'avait pas encore été envisagé par les conciles antérieurs de Césaire. Le concile d'Agde avait placé les biens fonds des paroisses sous la garde de l'évêque, en faisant défense absolue aux clercs qui les détenaient de les aliéner ou d'en disposer par contrat ; mais il n'avait rien prescrit sur l'emploi des revenus. Quels étaient sur ces derniers les droits respectifs du trésor épiscopal et du clergé desservant ? Une réponse encore assez vague à cette question se trouvait seulement dans un canon du Ier concile d'Orléans (c. 15), qui avait distingué entre les offrandes et les biens fonds, décidant que les deux tiers des premières appartiendraient au clergé, et que les seconds demeureraient *dans le pouvoir de l'évêque*, ce qui semble bien signifier un pouvoir sans restriction, aussi bien sur les revenus que sur les fonds. Ce système, centralisant le revenu des paroisses à l'évêché, offrait certains avantages au point de vue de la gestion commune des intérêts religieux, surtout dans les diocèses dont l'église chef disposait de ressources médiocres. Mais il avait surtout un grave inconvénient ; c'était de permettre à des évêques tels que ceux dont se plaignait le concile de Carpentras de considérer en bloc les menses paroissiales de leur diocèse comme une sorte de petit fisc d'une nature particulière, qui devait fructifier pour eux

---

1. *Legi quod inter.* Migne, t. 65, col. 11.

seuls, et qu'ils pouvaient exploiter comme le roi lui-même en usait avec le fisc, en maîtres absolus, non en simples et intègres administrateurs. Quel appât qu'une masse de ressources aussi importante pour ceux qui espéraient se pousser à l'épiscopat par la brigue et la simonie ! Déjà, on pouvait remarquer dans les rangs de l'épiscopat gallo-romain plusieurs de ces concussionnaires dont un type achevé est cet évêque d'Auvergne, Cautinus[1], qui, arrivé en faisant la cour aux rois, ne respectait même pas les libéralités qu'ils avaient faites à ses prêtres, et tirait tout à lui d'une main rapace, « se vengeant sur les faibles de la résistance qu'il trouvait chez les forts ». Déjà, par plusieurs traits dont on a vu que la province d'Arles elle-même n'était pas exempte, commençait à se dessiner, entre le haut et le bas clergé, au point de vue du partage des revenus de l'Église, cette inégalité choquante que le moyen âge devait développer d'une façon extraordinaire.

Élevé par sa vertu et son désintéressement au-dessus de toutes ces vues d'intérêt propre, Césaire n'hésita pas, dès que le conflit entre l'église centrale et ses succursales en fut venu à un certain degré d'acuité, à prendre ouvertement parti pour les succursales. A chaque paroisse sa mense propre, pour elle seule, telle était la meilleure condition qu'on pût désirer de réaliser, la seule aussi qui répondît aux intentions de ceux dont les générosités avaient permis aux paroisses de s'établir. La volonté des donateurs, d'accord avec l'intérêt bien entendu de l'institution provinciale, réclamait en faveur de celle-ci un régime d'autonomie n'excluant pas la surveillance de l'évêque, et ne lui interdisant pas de prélever une portion modérée du superflu, mais, du moins, donnant droit au clergé établi sur la mense de chaque paroisse d'en avoir l'usufruit principal et privilégié avant tout le monde, avant l'évêque même.

C'est ce que Césaire discerna du premier coup avec une grande netteté de vue. En effet, le court statut qui représente, avec la lettre à Agrécius, toute l'œuvre manuscrite du concile de Carpentras, nous montre que le droit des paroisses à conserver pour elles-mêmes le principal de leurs revenus fut admis en principe, et placé hors de toute conteste. Dans les diocèses où l'évêque a des ressources en suffisance, le concile lui interdit d'exiger des paroisses quoi que ce soit. Dans ceux où l'évêque est pauvre et sujet à beaucoup de charges, il lui permet de se faire secourir par les paroisses, mais seulement par les paroisses riches, et sans les mettre en péril de manquer du nécessaire.

En se séparant, les évêques présents au concile de Carpentras

---

1. *Hist. Franc.*, IV, c. 12.

avaient pris rendez-vous pour l'année suivante dans la ville de Vaison. On ne sait pourquoi cette nouvelle réunion s'est trouvée ajournée au mois de novembre 529, quelques mois après le concile d'Orange[1]. On y arrêta encore plusieurs mesures qui devaient être très favorables au bon fonctionnement du régime des paroisses.

La première est relative au recrutement et à la formation du clergé de ces circonscriptions. Le concile ordonne la création des écoles *presbytérales*. Dans chaque paroisse, le curé est invité à réunir dans sa maison tous les jeunes *lecteurs* non encore engagés dans les liens du mariage, pour leur donner assidûment l'instruction et les préparer à leur vocation. Arrivés à l'âge d'homme, ces jeunes clercs ont liberté de prendre femme, si c'est leur désir ; mais il est clair que ceux qui auront usé de ce droit sont condamnés à rester dans les degrés inférieurs de la cléricature. Comme on le voit, les écoles ainsi créées n'ont rien de commun avec l'enseignement public. Elles ne sont ouvertes qu'aux jeunes clercs, et l'instruction qu'on y donne, conforme aux exigences de l'état ecclésiastique, se restreint presque exclusivement au chant d'église et à l'Ecriture Sainte[2]. Mais il n'en fallait pas davantage pour conserver au sein du clergé des paroisses le niveau d'instruction absolument nécessaire et l'esprit du corps. A ce point de vue, l'idée était très heureuse.

L'Italie, au témoignage du concile, avait dans cette voie précédé la Gaule ; c'est sur son exemple qu'on se guida. Le concile ne fait pas mention des écoles *épiscopales*. Déjà constituées à peu près partout, elles durent être elles-mêmes un précédent favorable à la création des écoles de paroisse.

Le second canon du concile de Vaison décrète une extension du ministère de la prédication qui doit profiter spécialement aux paroisses de campagne. Il met fin au monopole que les évêques ont jusqu'alors exercé sur ce domaine[3], et attribue aux prêtres le droit de prêcher. En cas d'empêchement du prêtre, il veut qu'il soit permis aux diacres de faire lecture aux fidèles d'une homélie des Pères, alléguant justement que, puisqu'on les charge de lire devant l'assemblée des fidèles l'Evangile et les Prophètes, à plus forte raison peut-on leur permettre de lire les écrits des Pères. Comme cet argument *a fortiori* se trouve répété dans

---

1. Sirmond, *Conc. Gall.*, I, 225. — Maassen, p. 55.
2. Une lettre d'admonestation adressée par Ennode, peut-être à l'instigation de Césaire, à sa parente Camille, dont le fils se destinait à l'état ecclésiastique, nous montre combien l'exclusion des auteurs profanes est devenue sévère dans le régime d'études suivi pour les clercs (lettre 43 de l'édit. Vogel).
3. Voir plus haut, p. 33.

la biographie de Césaire et dans son Admonition aux évêques, nous avons ici une nouvelle preuve qu'il tenait à dresser de sa main les actes de ses conciles.

Dans le second de ces documents, qui est intéressant à rapprocher du concile de Vaison, Césaire invoque l'exemple de l'Orient. Il aurait pu citer également celui de l'Afrique, où nous savons qu'Augustin commença à prêcher n'étant que simple prêtre. Mais il lui eût été difficile d'invoquer ici celui de l'Italie. A Rome même, on ne se contentait pas de laisser les prêtres à l'écart de la chaire; c'était système de leur en interdire l'accès. Les observations adressées un siècle avant par le pape Célestin [1] à quelques évêques de la province d'Arles, qui avaient déjà commencé à se décharger sur leurs prêtres du devoir de prêcher, font preuve, à cet égard, d'une grande rigidité de principes. Il faut que Césaire ait joint à son respect pour l'autorité du Saint-Siège une certaine indépendance d'esprit pour s'efforcer d'établir universellement un usage qu'il devait savoir lui déplaire.

La question se présentait, il est vrai, aujourd'hui sous une face un peu différente. Célestin s'était montré justement préoccupé de la sûreté de la doctrine, en voyant plusieurs évêques délaisser par paresse ou par dédain leur mission d'enseigner, et la déléguer dans leur propre ville à de simples prêtres, auxquels ils permettaient de porter devant les auditoires des opinions hasardées sur la grâce. Mais, dans la pensée de Césaire, il ne s'agit plus d'imprimer à l'enseignement chrétien une certaine direction, il s'agit de le vulgariser, de le répandre hors des villes, et de l'opposer partout au progrès menaçant de l'ignorance. Quel plus sûr moyen d'atteindre ce but que de communiquer aux prêtres le droit de prêcher? En Italie, où les circonscriptions épiscopales, très multipliées, surtout dans le centre, ne dépassaient guère la dimension des grandes paroisses de Gaule, un évêque zélé et qui ne craignait pas le voyage pouvait à toute force se faire entendre à tous ses diocésains à des reprises plus ou moins fréquentes. Cette tâche était matériellement impossible pour la plupart des évêques de Gaule; c'est à peine si Césaire lui-même, avec la meilleure volonté du monde, pouvait faire en moyenne une visite par an à ses plus importantes paroisses de campagne [2]. A moins de laisser celles-ci complètement dépourvues d'ins-

---

1. Décrét. 21, *Apostolici verba*. Migne, t. 50, col. 528. C'est probablement dans le cercle de Marseille, auquel cette décrétale fut destinée, que fut écrit le traité *Des 7 Ordres*, dont l'auteur, s'adressant sous forme épistolaire à un métropolitain, revendique énergiquement pour les prêtres le droit à prêcher, et se plaint qu'il leur soit refusé dans la plus grande partie de la Gaule. Migne, t. 30, p. 148-162.

2. Ci-dessus, page 37.

truction religieuse, il fallait donc concéder aux prêtres qui les régissaient le pouvoir de prêcher. Dans le diocèse d'Arles, on n'avait pas attendu la décision du concile de Vaison pour donner un semblable exemple ; déjà, dans les statuts (56), le discours en public est mentionné parmi les attributions des recteurs de paroisses [1].

Mais l'intérêt des villes elles-mêmes qui ont l'évêque à demeure n'est pas étranger non plus à la mesure édictée par le concile de Vaison. La présence du premier dignitaire du diocèse n'était pas toujours une garantie suffisante de l'instruction chrétienne de la population groupée autour de l'église épiscopale. Loin de suffire à la publication de l'évangile dans tout leur diocèse, beaucoup d'évêques se sentaient même incapables d'évangéliser la ville où ils résidaient, et ne paraissaient plus dans leur chaire qu'à de rares intervalles. Césaire n'est pas le seul dont les remontrances nous aident à juger à quel degré la lassitude déjà constatée chez ces dignitaires par le pape Célestin en était arrivée. Ce fait s'accuse fortement dans les considérations que Pomère avait adressées naguère à l'évêque Julien. Si la négligence en était à ce point dans la province d'Arles, qui passait encore pour la mieux ordonnée des provinces ecclésiastiques, à quel degré ne devait-elle pas être poussée dans beaucoup d'églises des autres provinces ? Aussi, non content d'adresser sur ce point les recommandations verbales les plus pressantes aux évêques qui venaient le visiter, Césaire voulut-il consigner dans un écrit adressé à la généralité des évêques les réflexions que le sujet lui suggérait. De là cette *Admonition aux évêques* que nous publions ici en appendice. A travers la prolixité des observations, arguments, et déductions bibliques qui la remplissent, nous y voyons très bien quelles espèces de prétextes coloraient ou encourageaient chez ces dignitaires l'omission du premier de leurs devoirs.

Chez les uns, c'était le soin du temporel de leur église. Possesseurs de terres aussi nombreuses que les plus grands seigneurs terriens, ils prenaient facilement les allures et le train de vie de ces derniers. Toute leur vie se passait à inspecter des terres, à passer des contrats de fermage, à prélever des cens. On eût dit qu'en cela consistait tout le métier d'évêque ; le reste ne comptait plus pour rien. Les raisons spécieuses ne leur manquaient pas pour colorer ces profanes habitudes. A

---

1. Par conséquent, dans ce diocèse, toute l'innovation est pour l'église mère, *l'ecclesia*, où Césaire délègue des prêtres ou des diacres pour prêcher à sa place ou lire des homélies. Voy. *Vit. Cæs.*, l. I, n. 41 ; il dut en être de même ds. quelques diocèses voisins, d'où le concile de Vaison : « *placuit... ut non solum in parochiis, sed etiam in civitatibus faceremus presbyteris potestatem* ».

les entendre, s'ils agissaient autrement, leur église allait être ruinée, leurs pauvres allaient mourir de faim. Césaire discute avec force ces vaines allégations. Les intérêts dont ils se préoccupent, dit-il, sont suffisamment assurés par leurs officiers et par les clercs qui exploitent directement les terres de l'église. Que les évêques se fassent rendre compte à eux-mêmes de l'état et du rendement général de ces dernières, il y consent ; mais c'est là, à tout prendre, l'affaire d'une heure ou deux chaque jour. Et ne vaut-il pas mieux s'exposer à perdre quelques-uns de leurs revenus en s'occupant un peu moins de leurs terres, que de laisser en souffrance tous les intérêts spirituels dont le soin leur incombe personnellement ? Quant aux pauvres, ils ne mourront pas de faim parce que l'évêque consacrera le temps voulu à ses devoirs d'état. La détresse qu'on feint de craindre de ce côté serait plutôt un motif, ajoute-t-il avec une franchise un peu austère, de restreindre les dépenses que certains évêques font pour leur table.

D'autres évêques, et ceux-là plus sincères, se déclaraient totalement incapables de prêcher. Un tel aveu, dans la bouche des premiers dignitaires ecclésiastiques, démontre mieux que tout ce que nous pourrions dire quel progrès désespérant a déjà fait l'ignorance publique. Aussi, l'auteur de l'Admonition aux évêques ne montre-t-il que de la compassion à l'égard de ceux qui souffraient de ce mal profond. Il s'efforce de leur démontrer qu'il n'est pas si difficile qu'ils se le figurent d'adresser aux fidèles quelques paroles capables de les édifier. Pour y parvenir, il n'est pas nécessaire de pouvoir amplifier un sujet savant à la façon des rhéteurs ; la simple exposition de la morale chrétienne suffira. Que si cette simple tâche est encore au-dessus de leurs forces, ils peuvent prendre comme modèles les homélies laissées par les Pères, les copier au besoin. Enfin, au pis aller, ils ont des gens capables parmi leurs prêtres, leurs diacres ; qu'ils les fassent monter dans la chaire à leur place. En ce point, l'Admonition aux évêques se rencontre avec la décision du concile de Vaison. Elle en paraît d'ailleurs contemporaine. Car Césaire y résume, sous forme d'exemples, toute la substance de sa propre prédication, ce qui nous indique une époque où son épiscopat avait déjà donné à peu près tout son fruit.

Ce n'est donc pas dans un esprit hostile aux prérogatives de ses collègues que l'évêque d'Arles a fait entrer les prêtres en partage de la prédication, mais plutôt par condescendance pour leur faiblesse et leur inexpérience. Cette mesure est à rapprocher de la publication de ses modèles de sermons qui seront étudiés plus loin.

En dehors des deux canons dont nous venons de parler, nous nous bornons à signaler l'invitation adressée aux évêques et aux prêtres de faire mémoire du pape régnant à la messe, comme un nouvel indice des dispositions dont Césaire était animé envers le Saint-Siège. Il nous reste maintenant à parler du concile d'Orange.

*
* *

Ce qui fait l'importance de ce concile [1], ce n'est pas seulement qu'il est le seul des conciles de Césaire et le premier en Gaule qui ait rendu une décision en matière de foi ; c'est aussi qu'il a obtenu, par la sanction du Saint-Siège, la même créance que les conciles œcuméniques, et qu'il a tranché d'une façon définitive la grosse querelle de la grâce, qui durait depuis plus d'un siècle.

L'Ecriture, en parlant des choses célestes comme excédant tout à fait la capacité naturelle de l'homme, avait posé en fait l'ordre surnaturel. Constitué dans l'état surnaturel par un don inestimable du Créateur, puis retombé, par le péché originel, dans la condition de nature, et même dans une condition pire, puisqu'elle était déchue, — ce que le style énergique de l'Ecriture signifiait par le terme de malédiction, — et enfin réhabilité par Jésus-Christ, l'homme ne pouvait toutefois accomplir aucun acte ayant de soi quelque valeur pour la fin surnaturelle autrement que par un secours spécial d'en haut, la *grâce*. C'est par la grâce qu'il recevait l'application des mérites du Christ. Quant vint Pélage, niant le péché originel et la nécessité de la grâce, et exaltant l'homme naturel, tous ceux en qui vivait le vrai sens de la foi au Christ comprirent qu'il y allait de la Rédemption et du christianisme tout entier, et souscrivirent de tous côtés à la vigoureuse polémique de saint Augustin contre le moine breton.

Après la condamnation de cet hérésiarque, la querelle finit par se localiser à peu près en Gaule ; c'est là qu'elle eut le plus long retentissement. Non que le pélagianisme eût fait beaucoup d'adeptes dans ce pays. Au contraire, nulle part la doctrine du péché originel et de la nécessité de la grâce n'avait rencontré une aussi grande unanimité. Mais cette doctrine une fois établie, ce fut sur ses conséquences et ses corollaires que se porta la discussion. Dans quelle mesure le libre arbitre était-il censé concourir avec la grâce ? Où commençaient, dans ce concours, la part de la grâce et celle du libre arbitre ? Tout le monde avait-il la grâce suffisante pour se sauver ? Était-ce l'abondance ou l'insuffisance de grâce, ou le bon et le mauvais usage du libre arbitre qui décidaient si on était élu ou réprouvé ? Questions dont l'intérêt est toujours aussi

---

1. Hardouin, II, p. 1097. — Maassen, p. 44.

vivant pour tous les croyants. Tandis que, en poursuivant sur tous ces points le triomphe de la grâce, Augustin et ceux qui s'autorisèrent de sa doctrine allèrent plus d'une fois jusqu'au-delà du but, les théologiens de Gaule, mûs au contraire par le souci de préserver le libre arbitre, préférèrent s'arrêter en deçà, et avancèrent plusieurs propositions qui côtoyaient le pélagianisme. C'est ce qui les a fait désigner assez justement sous le nom de *semipélagiens*. Le semipélagianisme est une opinion théologique spéciale à la Gaule. On peut y distinguer deux phases, dont la première est la plus prononcée, et revêt un caractère d'hostilité contre saint Augustin.

Le premier signalement qui nous en est donné est antérieur de juste un siècle au concile d'Orange. C'est une lettre adressée à saint Augustin en 428 ou 429 par Prosper [1], un lettré aquitain dévoué aux doctrines de ce Père, et qui devait se faire un nom lui-même par divers travaux théologiques et historiques. Elle nous marque l'origine et le berceau du semipélagianisme, tout en rendant pleine justice à la bonne foi et aux mérites des gens qui l'ont inventé. Ce sont « des serviteurs de Dieu de la ville de Marseille », c'est-à-dire des ascètes, « gens très considérés et distingués dans l'exercice de toutes les vertus, dont plusieurs même brillent depuis peu dans le rang suprême de l'épiscopat ». Le plus illustre de ces ascètes marseillais était Cassien. Les propositions dénoncées par Prosper se trouvaient déjà formulées depuis plusieurs années dans une des *Conférences* de cet abbé, la XIIIe ; et c'est lui qu'on peut considérer comme le chef de cette école de Marseille. Celle-ci, d'ailleurs, ne tint pas sa doctrine sous clef, et ne conserva pas toujours non plus envers ses contradicteurs le ton bienséant et loyal que Prosper se plaisait d'abord à lui reconnaître. Nous voyons bientôt ce défenseur d'Augustin, à qui la mort n'avait pas laissé le temps de répondre, obligé de faire face à des attaques venues un peu de tous les côtés, de Genève [2], de toute la Gaule. Parmi ses adversaires, un certain Vincent [3] se signale par l'expression énergique et le ton virulent de ses objections.

Dans la thèse soutenue par les sémipélagiens, il faut distinguer une partie négative et une partie doctrinaire. Le premier mouvement auquel on se laissa aller en Gaule, et il fut unanime, fut de se scandaliser des propositions un peu hardies avancées dans les derniers ouvrages d'Au-

---

1. Prosper d'Aquitaine, Migne, t. 51, col. 67.
2. Id. *Pro Augustino responsiones ad excerpta quæ de genuensi civitate sunt missa.* — *Pro Aug. resp. ad capitula objectionum vincentianarum.* — *P. A. r. ad capitula objectionum Gallorum.*
3. Ne pas le confondre avec saint Vincent de Lérins.

gustin, notamment dans le livre *De Correptione et Gratia*, ayant pour sujet la prédestination et l'efficacité de la grâce. Augustin posait en raison première de la destinée finale des hommes la *prédestination*. Ce qu'il entendait par là était un acte absolu de la volonté de Dieu, qu'Il concevait destinant les uns au salut avant tous les temps, et abandonnant les autres à leur perdition, sans autre raison que parce qu'Il le voulait ainsi. Passant de là à la considération de la grâce, comme du moyen par lequel Dieu poursuivait dans le temps la réalisation de son décret, il était amené par la logique à en attribuer l'efficacité à Dieu lui-même. Sans reculer devant aucune des conséquences de son principe, il admettait que tous les hommes n'avaient pas en partage le pouvoir d'arriver au salut, et, par conséquent, que Jésus-Christ n'était pas mort pour tous, ou, du moins, que l'écoulement de son sang n'arrivait pas jusqu'à tous. La forme absolue que souvent, dans la chaleur de son plaidoyer pour la grâce, prenaient ces diverses assertions, heurtait fortement le sentiment de nos compatriotes. La violence du choc fait à leurs idées les empêchait de lui tenir compte des tempéraments qu'il essayait parfois d'apporter à sa doctrine. Ils n'étaient guère en état d'observer, par exemple, que sa prédestination n'excluait pas en Dieu la considération du mérite humain, que sa grâce efficace n'excluait pas en l'homme le libre arbitre, fortifié, et non contraint, et qu'enfin, s'il rapportait à Dieu l'efficacité de ce secours, par contre, il en imputait l'inefficacité à l'infidélité de l'homme, et non à l'insuffisance de la grâce. Chacun, en le lisant, selon sa sensibilité ou sa logique particulière, faisait rendre un sens plus ou moins pernicieux aux assertions un peu trop absolues qu'il rencontrait. Si tous n'allaient pas, comme ce Vincent dont nous avons parlé, jusqu'à lui reprocher de nier le libre arbitre et de faire Dieu l'auteur du mal moral et de la damnation, on s'accordait unanimement à trouver que son système conduisait à une espèce de fatalisme dangereux pour la vie chrétienne. Et, en effet, l'idée que le sort éternel était fixé d'avance pour chacun par un décret certain, et qu'il était en voie de se décider par des influences dont l'effet lui-même était pesé, et la mesure déjà arrêtée d'avance, idée qui paraissait se dégager nettement de la doctrine d'Augustin, laissait bien peu de stimulant à la volonté personnelle. On ne peut donc guère disconvenir qu'Augustin n'ait pas assez mesuré l'expression de sa doctrine. Les Calvinistes et les Jansénistes n'ont-ils pas soutenu plus tard en son nom, en le poussant à l'extrême, le système décourageant qui lui est précisément imputé ici par nos compatriotes ?

Opposant leur système à celui d'Augustin, les docteurs de l'école de Marseille posèrent au premier plan de la destinée surnaturelle la

Prescience divine. Le choix de ce point de départ leur permettait de faire au libre arbitre de l'homme le champ le plus grand possible. Par malheur, dans l'excès de leur bonne intention à son égard, ils ne l'ont pas toujours tenu assez étroitement subordonné à l'action de la grâce, et n'ont pas fait tout le départ nécessaire entre le naturel et le surnaturel.

Ils admettaient que, par le péché originel, le libre arbitre avait été affaibli, mais non frappé de mort. Il n'était plus assez fort pour accomplir sans le secours divin toute la série des actes nécessaires au salut, mais il gardait assez de force pour en accomplir quelques-uns, et mériter ainsi la grâce nécessaire pour les accomplir tous. Tout le plan de la prédestination était basé sur la prévision du bon ou du mauvais usage de notre libre arbitre. Dès la moindre disposition au bien que Dieu apercevait dans notre volonté, il envoyait aussitôt la grâce, qui devait mener ce commencement de bonne volonté à bon terme. Le commencement du salut appartenait donc au libre arbitre, et il en était de même de la fin. Prosper a très exactement saisi tout ce système, qui est point pour point ainsi exposé dans Cassien. Les partisans de cet abbé ajoutaient que tous les hommes avaient dans leur libre arbitre un pouvoir suffisant pour se sauver ou se damner, la grâce aidant. Si quelques-uns paraissaient être restés en dehors de la commune distribution des grâces, — tels étaient les enfants morts sans baptême, — c'est que Dieu avait prévu de leur part l'abus de ce secours. Et quant aux peuples qui n'avaient jamais entendu parler de l'Évangile, ils pouvaient opérer leur salut en observant fidèlement la loi naturelle inscrite dans leur conscience. En sorte qu'on pouvait dire en toute vérité que le Christ était mort pour sauver tous les hommes.

Tout cela, il faut en convenir, faisait un ensemble bien lié. Le point faible était l'attribution au libre arbitre du commencement du salut ; c'est sur ce point que Prosper appuie l'accusation de pélagianisme. Mais encore, l'erreur de nos compatriotes ne venait-elle que de ce qu'ils faisaient une application trop étendue d'un principe vrai, méconnu par la plupart des partisans d'Augustin, à savoir, que le libre arbitre était par lui-même capable de mouvements et d'actes qui étaient autre chose que des péchés ; mais ils avaient tort de transporter la valeur de ces actes à l'ordre surnaturel. Un autre point sur lequel Prosper a encore raison, c'est lorsqu'il critique l'arbitraire du système consistant à damner par prévision les enfants morts sans baptême. Mais il n'ose discuter la valeur que les adversaires attachent à la loi naturelle en ce qui concerne le salut des peuples étrangers à l'évangile. En résumé, dégagée des erreurs que nous avons indiquées, les propositions soutenues par les Gaulois constituaient une opinion bien humaine, particulièrement fortifiante pour l'ascétisme, et qui ouvrait un champ plus grand à la miséricorde divine, moyennant qu'on y fît entrer la grâce.

Augustin étant mort, après avoir confirmé sa doctrine dans de nouveaux livres, et Prosper montrant une ardeur extrême à le défendre, seul contre tous les Gaulois avec un laïque nommé Hilaire, il était difficile que les deux partis finissent par s'entendre. Le seul personnage bien qualifié pour amener un rapprochement était l'évêque Hilaire d'Arles. Partisan modéré de la doctrine d'Augustin[1], il se tenait également éloigné des thèses extrêmes soutenues par les deux écoles en présence. Mais il était nouvel évêque; peut-être cette circonstance l'empêcha-t-elle de proposer ou de faire aboutir sa médiation. Peut-être aussi l'impatience que Prosper montra de triompher ne laissa-t-elle pas à ce pontife le temps nécessaire pour agir. Dès l'année 431, on voit Prosper et son ami à Rome, renseignant le pape Célestin, et le sollicitant de prendre en mains la défense d'Augustin. La cause, de ce côté, était d'autant plus aisée à gagner que ce pape était alors disposé peu favorablement à l'égard des évêques du sud de la Gaule. C'est ce que montre une lettre décrétale[2] qu'il avait adressée quelques années avant aux évêques de la Viennoise et de la Narbonnaise, pour les réprimander sur l'inobservation des canons dans les ordinations du haut clergé, et sur les refus de pénitence opposés par eux aux malades *in extremis*. Sur ce dernier point, sa lettre contenait déjà un blâme indirect de leurs idées sur la grâce; car c'était la confiance illimitée qu'ils plaçaient dans le libre arbitre qui les rendait incrédules à l'égard de ces coups de la grâce paraissant survenir à l'improviste à la dernière heure. Ainsi prévenu défavorablement contre ces évêques, Célestin n'hésita pas à envoyer une nouvelle décrétale[3], adressée à tous en général, et nommément à l'évêque de Marseille et à plusieurs évêques de la province qui avaient probablement été engagés plus avant que leurs confrères dans la querelle. Toutefois, il se montra dans cette pièce plus circonspect que Prosper ne l'avait sans doute désiré. Il couvrait de son autorité la personne d'Augustin, dont il louait la foi et la science; mais il évitait prudemment de se prononcer sur le fond de la controverse. Son avertissement paraît néanmoins avoir décidé les Gaulois à

1. D'après l'aveu de Prosper lui-même (*Aug. ep.* 225 fin.) aveu confirmé par plusieurs passages du panégyrique d'Honorat par Hilaire très avantageux à l'action de la grâce, notamment c. 5 (Migne, t. 50, p. 1261...)
2. Décrét. 4, *Cuperemus*, Migne, t. 50, col. 430.
3. *Apostolici Verba*. Id., col. 528. Les chapitres depuis 3 sont adventices. L'absence de cette décrétale dans les recueils arlésiens indique assez que l'évêque d'Arles a été excepté du nombre des destinataires.

apporter certains amendements essentiels dans l'exposé de leur doctrine, qui entre peu après dans une phase nouvelle.

Dans cette seconde phase, l'école semipélagienne, si toutefois on peut encore la qualifier de ce nom, subit l'influence de Fauste, devenu évêque de Riez un peu avant l'année 462[1], et, semble-t-il, celle de Lérins.

Quoique ce monastère eût évité de se trouver mêlé directement à la querelle, cependant, on peut deviner, à certains indices, que l'école marseillaise y avait été vue d'un œil pour le moins indulgent. On y cultivait l'amitié de plusieurs chefs ou hauts partisans de cette école, tels que Cassien et Léonce de Fréjus, un des évêques désignés nommément dans la décrétale de Célestin. C'est à Honorat, fondateur du monastère et encore abbé, que le premier avait dédié sa treizième Conférence, où la doctrine sémipélagienne s'était si nettement formulée. Peu après l'avertissement de Célestin parut le *commonitorium* de Vincent de Lérins, ouvrage magistral où étaient mises en lumière la valeur et les conditions d'autorité de la tradition en matière de dogme chrétien. La tradition était un des arguments sur lesquels les Gaulois faisaient le plus de fond. Le choix du sujet permettrait déjà de soupçonner chez l'auteur du *commonitorium* une intention favorable à leur cause ; plusieurs allusions la rendent tout à fait transparente. Enfin, nous ne saurions avoir un meilleur témoin de l'état d'esprit auquel on était tourné à Lérins que Fauste lui-même.

Dans les discussions qui ont lieu désormais, la personne d'Augustin est laissée hors de cause. A peine, çà et là, hasarde-t-on une critique discrète, tempérée aussitôt par l'éloge de sa science et de sa sainteté. L'adversaire de maintenant ce sont les *prédestinatiens*. A-t-il existé une sorte d'hommes enseignant en réalité la grossière erreur qui fait Dieu l'auteur du bien comme du mal ? C'est peu probable. On dirigeait contre des adversaires imaginaires des arguments qui devaient ricocher contre les adversaires réels[2]. Le seul cas qui pourrait être allégué est celui d'un prêtre du nom de Lucidus, que Fauste contraignit de rétracter son erreur devant un concile de vingt-neuf évêques réunis à Arles sous le métropolitain Léonce[3]. Mais rien, dans l'acte de sa rétractation, n'indique un prédestinatianisme formel, et tout son tort paraît avoir été de s'être aventuré avec trop peu de précaution, le mot est de Fauste

---

1. D'après une lettre du pape Hilaire, Migne, t. 58, col. 25.
2. A remarquer encore une note traîtresse dans la Chronique marseill. de 452, c. 81 : « Prædestinatorum heresis, quæ ab Augustino accepisse initium dicitur... » (M. G. H. *Chron. gall.*, I, p. 656, c. 81.
3. Nous connaissons ce concile seulem. p. Fauste, Migne, t. 58, col. 681-685.

lui-même, dans l'opinion contraire à celle de ses compatriotes. On saisit cette occasion pour faire une déclaration de doctrine, et Fauste fut invité par le président à lui donner l'appareil de la démonstration scientifique. C'est alors qu'il publia le Ier livre du *De gratia Dei et libero arbitrio*, auquel il ajouta peu après un IIe livre sur le vœu exprimé par un concile tenu à Lyon. La doctrine qu'il y défend se trouve aussi répétée dans ses sermons à un point de vue pratique que nous étudierons en parlant des sermons de Césaire.

Il faut d'abord une grande attention au lecteur du Ier livre du *De Gratia* pour en distinguer le point faible, qui est en ce qu'il ne fait pas apparaître assez nettement la grâce *concomitante* et la grâce de *persévérance* après la grâce *prévenante*. Celle-ci n'intervient guère, comme le premier moteur de Descartes, que pour donner une simple *chiquenaude* au libre arbitre, qui paraît ensuite marcher tout seul, en vertu de l'impulsion reçue. Néanmoins, l'insistance avec laquelle l'auteur revendique pour la grâce le commencement de la vie surnaturelle révèle de sa part un souci d'exactitude qu'on ne retrouve plus au IIe livre. Portant ici la question sur le domaine historique, à l'époque antérieure à la Rédemption (c. 7)[1], il n'hésite pas à affirmer la valeur propre de la raison naturelle et de l'Ancienne Loi pour le salut indépendamment des mérites du Christ à venir, repoussant ainsi une restriction que les Pères d'Arles avaient tenu cependant à exprimer dans la profession de foi imposée à Lucidus[2]. Il a aussi le tort de ne parler jamais de la foi que comme d'un simple produit de l'intelligence humaine, où la grâce n'aurait point de part. Quoique ce qu'on peut lui reprocher n'aille pas au delà d'un semipélagianisme inconséquent[3] et en quelque sorte rétrospectif, c'en serait assez pour justifier néanmoins la note de suspicion inscrite au nom de Fauste dans le décret de Gélase, s'il était prouvé que celle-ci fût authentique[4].

La réserve avec laquelle il s'exprime dans la partie dédiée à l'évêque d'Arles est une preuve de sa condescendance pour la théologie plus

---

1. Distinction historique déjà indiquée au l. I. c. 6 : « Inter duo gratiæ tempora... lucentem catholicæ fidei regulam perdidisti. Tempus gratiæ, quo redempti sumus, merita hominum non exspectavit.... »
2. Migne, t. 53, col. 684 : « Tamen ab initio mundi, ab originali nexu, *nisi intercessione sacri sanguinis non absolutos* ».
3. La préoccupation de l'auteur de rester orthodoxe se témoigne encore dans ce IIe livre par cette réserve, qui vient au chap. 8 : « Nihil hic, ut opinor, redolet præsumptionis... præsertim cum in omnibus voluntatis motibus ad opus gratiæ referam, vel inchoationis initia, vel consummationis extrema ». Pas plus que ses aînés, il ne conçoit la distinction des ordres naturel et surnaturel : de là son incohérence.
4. Contre l'authenticité, voy. : *G. Friedrich, ds. Sitzunsber. d. Münchener Akademie, philol., u. histor. Cl.*, 1888, p. 54...

scrupuleuse qu'avaient fait prévaloir, dans les écoles de cette ville, l'exemple d'Hilaire et son panégyrique d'Honorat, les actes des conciles africains et des pontifes romains contraires à Pélage conservés dans les recueils locaux, et tout récemment, une consultation de Léon contre les refus de pénitence communiquée par l'évêque de Fréjus au métropolitain. Environ vingt ans plus tard, peu après l'arrivée de Césaire, nous voyons son prédécesseur donner une nouvelle preuve de la pureté de la foi de son église en dénonçant au pape Anastase quelques partisans du traducianisme, doctrine qui aboutissait par un autre chemin que le pélagianisme, en enseignant la transmission des âmes par la génération, à restreindre également l'action directe de Dieu sur les âmes [1]. Cette tradition d'orthodoxie qui s'était conservée dans l'église d'Arles aurait déjà suffi à prémunir Césaire contre les tendances erronées de l'évêque de Riez. Son tempérament miséricordieux devait encore l'en éloigner davantage. Plus humain à première vue, le système de Fauste était loin d'élargir le chemin du salut. Car s'il prêtait plus de force au libre arbitre, il exigeait de lui en proportion. Le salut devenait, dans son point de vue exclusif, une œuvre compliquée et de longue haleine, dont la réussite était manquée fatalement, si l'on ne s'y prenait assez tôt. Il lui retirait la propriété si consolante et si évangélique de pouvoir se réparer à toute heure, même à la dernière, dans le temps d'un simple regard échangé entre le Créateur infiniment bon et la créature repentante. La répugnance de Césaire pour cette sévérité est peut-être ce qui l'a incliné le plus fortement vers Augustin.

Nous ne pensons cependant pas qu'il lui soit venu à l'esprit de commencer lui-même une attaque, même détournée, contre l'ancien maître de Lérins. Une telle entreprise eût été contraire à sa vénération pour Fauste, qu'il n'hésitait pas à qualifier comme saint, même après le concile d'Orange [2], aussi bien qu'à la moyenne d'opinion dans laquelle il se tenait, à l'exemple de son éminent prédécesseur Hilaire. Son éclectisme intelligent apparaît par le grand nombre d'observations relatives à la vie spirituelle qu'il a puisées dans Fauste, sans reculer même devant ce II⁰ livre du *De Gratia*, d'où est sortie l'une de ses plus belles expositions de l'Ancien Testament, le sermon sur l'endurcissement de Pharaon [3]. Enfin, il

---

1. Thiel, *Anast. ep.* 4, p. 634. Le traité perdu de Pomère, *De natura animæ*, a dû être écrit sous la même inspiration.

2. V. la circulaire contre Contumeliosus, Mansi, col. 841 etc. Nous signalons à M. Gundlach, qui dit n'avoir pas trouvé la mention de Fauste dans ses manuscrits (*Ep. meroving.*, p. 52, not.), le résumé de la circul. dans le *Parisinus* 12097 (6⁰-7⁰ s.), fol. 193, l. 25 « Faustus in epistola sua ».

3. Migne, t. 39, app., S. 22, n⁰ 5. Le passage : « Quam rem circa vernaculos nostros exercere consuevimus » est tiré du c. 1 du livre II du *De Gratia*.

ne faut pas se dissimuler que les derniers événements de la province avaient détourné l'attention de cette question spéculative. Elle apparaît un peu dans les sermons de Césaire sur l'Ancien Testament ; on l'apercevrait à peine dans ses autres œuvres, si l'on n'avait pas le concile d'Orange. Elle est tellement étrangère à Avit, qu'ayant à répondre à une consultation de Gondebaud sur l'écrit de Fauste relatif au délai de la pénitence, il rejette de bonne foi l'écrit suspect sur l'homonyme manichéen de ce personnage (ep. 4) [1].

Les attaques contre le *De Gratia Dei* vinrent de l'étranger, notamment, de l'Orient et de l'Afrique. Le signal en fut donné par les moines Scythes, gens brouillons, qui croyaient tenir le remède aux disputes de l'Orient dans une nouvelle formule christologique de leur invention. L'évêque africain Possessor, alors retiré à Constantinople, ayant eu la mauvaise inspiration de recourir contre eux au traité de Fauste, fit dévier la querelle sur ce personnage [2]. Pressé entre Fauste et Augustin par les adversaires si malencontreusement heurtés, il se tourna vers Hormisdas, qui lui recommanda la doctrine d'Augustin, sans toutefois vouloir condamner Fauste, et en qualifiant sévèrement ceux qui avaient provoqué ces disputes. Cette réprimande ne déconcerta point nos moines. Feignant qu'elle n'était pas authentique, ils sollicitèrent l'avis des évêques d'Afrique, alors exilés en Sardaigne, par deux lettres successives, où ils associaient habilement leurs griefs à l'intérêt que ces évêques devaient éprouver pour la gloire d'Augustin, et accolaient le nom de Fauste, comme d'un pire hérétique, à ceux de Pélage et de Célestius [3]. Un exemplaire de l'ouvrage incriminé, qu'ils joignirent à la deuxième lettre, acheva sur ces bons évêques l'effet d'émotion désiré. Aussi, non contents d'avoir répondu en nom collectif, chargèrent-ils le plus éloquent d'entre eux, l'évêque de Ruspe, saint Fulgence, de prendre la réplique en leur nom [4].

C'est ainsi que virent le jour coup sur coup deux ouvrages de Fulgence sur les questions de la grâce et de prédestination : un ouvrage en sept livres, aujourd'hui perdu, où il prenait Fauste corps à corps : puis les trois livres *De veritate Prædestinationis et Gratiæ*. Dans ces documents, les Africains ne se montrent pas seulement injustes pour Fauste, qu'ils traitent comme un tenant du libre arbitre contre la grâce, mais ils

---

1. Le dernier écho de la dispute est ds. les notices de Gennadius sur Augustin, Prosper, Cassien.
2. Migne, t. 63, col. 490.
3. Cf. les ép. de Fulgence 16, 17 : Migne, t. 65.
4. Id. 15.

tombent eux-mêmes, sans y prendre garde, dans les erreurs ou témérités opposées à celles qu'ils lui reprochent. Ils soutiennent, comme des points de foi, que Jésus-Christ n'est pas mort pour tous les hommes, que la grâce n'est pas accordée à tous, que personne ne peut être sauvé en dehors de la connaissance de l'Évangile. Aux textes de l'Ecriture opposés à leurs théories, ils répondent par de mauvaises distinctions telles que celles-ci : — Dieu veut le salut de tous les hommes, disait l'Ecriture. — Oui, répondent-ils, mais de tous les hommes qui doivent être sauvés. — Aussi excessifs que Fauste, tandis que celui-ci tient pour prédestinatiens tous ceux qui ne pensent pas absolument comme lui sur le libre arbitre, ils réprouvent comme pélagien quiconque ne partage pas leur opinion sur la prédestination divine.

De 523, date la plus haute de la deuxième lettre des moines et du dernier traité de Fulgence, après le retour d'exil des Africains, jusqu'en 529, année du concile d'Orange, le contre effet de leurs attaques contre Fauste a eu juste le temps suffisant pour se produire en Gaule. Le concile, par les nombreuses expressions qu'il a extraites de Fauste en leur rendant un sens orthodoxe, par le choix des textes scripturaires, et par les points formulés, se tient si exactement dans le cercle d'idées circonscrit par les documents cités plus haut, qu'il est difficile de lui supposer une autre cause. Nous croyons donc que les discussions des Orientaux et des Africains ont produit en Gaule une réviviscence des idées semi-pélagiennes que Césaire a jugé prudent d'arrêter dès les premiers symptômes, de concert avec le Saint-Siège. Si toute allusion aux personnes en cause est écartée des actes de son concile, cela prouve le tact avec lequel il a su mener à bien cette entreprise dangereuse. Il a eu l'habileté de répudier les erreurs reprochées plus ou moins justement à Fauste, en laissant son nom en dehors, et d'éviter ainsi une nouvelle querelle entre son pays et l'Afrique.

Les évêques qui vinrent à Orange, au nombre de 14, n'eurent pas même à s'inquiéter de la formule qu'ils devaient souscrire. Venus dans cette ville pour la dédicace de la basilique de Libère, ils n'eurent d'autre peine que d'entendre les propositions adressées par Félix IV ou proposées par Césaire, qui leur furent lues après la cérémonie en présence de Libère lui-même, puis d'y apposer leur signature. En dehors du prologue et de la conclusion, les actes du concile se divisent en deux parties: les canons proprement dits, au nombre de 8; puis faisant suite à ces derniers, en guise de commentaire, 25 propositions sur la grâce extraites des Sentences de Prosper dans l'entourage de Félix IV. La liste dressée à Rome en contenait un plus grand nombre. Césaire s'est attribué le droit de supprimer celles qu'il trouvait inopportunes : telles furent celles qui avaient trait à la prédestination. Ecartant toute question de personne, le concile s'en tient uniquement à l'énoncé de la doctrine. On confirme dans les deux premiers canons la doctrine catholique sur le péché originel et la nécessité générale de la grâce pour le salut. Passant de là aux points spéciaux mis en controverse par les semipélagiens ou obscurcis par Fauste, on proclame la nécessité de la grâce, soit prévenante, soit concomitante, avant comme après la Rédemption, pour chaque action de la vie surnaturelle, y compris la foi, qui en est le commencement, et pour la persévérance finale. On évite d'entrer dans la question abstruse du concours du libre arbitre avec la grâce. Quant à la prédestination, à la place des propositions supprimées sur la liste dressée par le Saint-Siège, Césaire introduit une déclaration très nette, par laquelle il répudie avec horreur toute solidarité avec ceux qui enseignent la prédestination au mal, « s'il en existe ». Cette déclaration est évidemment ajoutée pour donner satisfaction aux Gaulois ; mais l'expression, « s'il en existe », nous montre combien l'existence de vrais prédestinatiens doit être considérée comme peu probable. Au qualificatif excessif que les Africains donnaient à la nature déchue, la déclarant morte, *exstinctam*, Césaire préfère le correctif contenu dans la déclaration de Lucidus, qui avait parlé seulement de débilité, d'infirmité « attenuatam, inclinatam, infirmatam ». Enfin, on voit que les catégories au sujet desquelles les parties affirmaient ou niaient la possibilité du salut ont attiré son attention. Il donne aux uns comme aux autres une leçon de discrétion, en s'abstenant à dessein de rien affirmer sur les enfants morts sans baptême et sur les infidèles, et il porte la question sur son vrai terrain. Tous les chrétiens ont-ils le pouvoir de faire leur salut ? — Ils en ont et le pouvoir et le devoir, affirme-t-il. N'était-ce pas ce qu'il importait uniquement de croire en foi de chrétien ? Par les points ainsi empruntés aux deux opinions adverses, le concile d'Orange revêt donc le caractère d'un compromis, où, toutefois, la part de beaucoup la plus grande est faite à saint Augustin.

Tel fut le formulaire de doctrine auquel les comprovinciaux de Césaire souscrivirent. A leur suite, signèrent également Libère et quelques-uns de ses officiers, présents à la séance. Quoique purement honorifique, la signature de ces laïques puissants devait donner du poids aux décisions du concile.

Ces précautions n'empêchèrent toutefois pas qu'une certaine opposition ne se manifestât dans cette province de Vienne, qui obéissait encore aux Burgondes, et dont l'antagonisme à l'égard d'Arles s'était déjà maintes fois déclaré. Rien ne montre mieux combien la sagesse et la modération d'Avit étaient déjà oubliées dans ce pays que la décision à laquelle on s'arrêta de réunir un contre-concile à Valence[1]. L'opposition contre Césaire s'exprima en même temps par des lettres émanées de personnages haut placés dans l'Eglise, qui lui reprochaient amèrement d'avoir trahi la foi des Gaulois. Mais si on espéra reprendre ainsi sur le terrain de la doctrine l'avantage perdu sur le terrain des privilèges, ce fut un calcul malheureux; on fournit simplement à Césaire l'occasion d'assurer le triomphe de sa doctrine. Son alter ego Cyprien, envoyé directement à Valence, mit les adversaires à bout d'arguments. Pendant ce temps, d'autres envoyés de Césaire prenaient le chemin de Rome, où ils allaient soumettre les actes d'Orange au pape Félix IV et solliciter sa sanction explicite. Ils furent reçus par le successeur de Félix, Boniface II. Sa sanction (25 janvier 531) donna à la petite assemblée d'Orange une portée œcuménique[2]. C'est le sens que Césaire lui prête lui-même dans une note qu'il a dictée en plaçant la décrétale dans son recueil en tête du concile d'Orange[3]. Cette déclaration, entre toutes les autres marques de sa déférence envers le Saint-Siège, le classe parmi les Pères infaillibilistes. Pour expliquer sa conviction sur ce point, il n'est pas besoin de supposer qu'il a eu connaissance de la formule d'Hormisdas aux Orientaux à laquelle le concile du Vatican a attaché une si grande importance. Il a accepté le sentiment indiqué, ou hautement exprimé par les nombreux documents africains et romains qu'il trouvait contenus dans les recueils arlésiens[4].

* * *

Le dernier des synodes provinciaux de Césaire tient une place à part. C'est une assemblée d'évêques qui se sont constitués en tribunal à Marseille[5] pour juger un membre de l'épiscopat provincial. Il n'est,

---

1. *Vit. Caes.*, l. I, c. 5. Nous admettons contre Héfélé la postériorité de l'assemblée de Valence, comme s'accordant mieux avec l'état d'esprit signalé par la décrétale de Bonif. II et avec la date tardive de cette décrétale.
2. *Per filium nostrum.* Migne, t. 65, col. 31.
3. Maassen, *Concilia*, p. 45-46 : « In hoc loco continetur synodus Arausica, quam per auctoritatem sanctus papa Bonifatius confirmavit. Et ideo quicumque aliter de gratia et libero arbitrio crediderit, quam vel ista auctoritas continet vel in illa synodo constitutum est, contrarium se Sedi apostolicæ et universæ per totum mundum Ecclesiæ esse cognoscat... » Nous ne doutons pas que cette note ne soit de la main de Césaire.
4. La procédure suivie par Césaire n'est que la mise en pratique de la règle tracée un siècle auparavant par le pape Innocent au concile de Milève dans une épître insérée à la collection Quesnel (Migne, t. 56, p. 468) : « Quoties fidei ratio ventilatur, arbitror omnes fratres et cœpos nostros nonnisi ad Petrum... referre debere. »
5. V. nos sources, p. VII.

d'ailleurs, que la première péripétie d'une affaire longue et accidentée, dont le dénoûment n'est même pas connu, mais dont l'histoire n'est pas sans intérêt.

Celui qui avait provoqué cet appareil n'était pas le dernier venu. C'était un successeur de Fauste sur le siège de Riez, l'évêque Contuméliosus. Son nom se trouve parmi les évêques cités comme correspondants d'Avit[1], qui paraît avoir apprécié le jugement de ce personnage en fait d'œuvres littéraires. Il y avait déjà par conséquent une vingtaine d'années qu'il était évêque. Il avait signé tous les synodes antérieurs, Orange excepté, premier après Césaire, honneur dû aux longues années de son épiscopat.

La considération attachée à sa personne n'imprimait que plus de gravité aux actes pour lesquels nous le voyons comparaître devant le synode. Il s'agissait de fautes contre les mœurs, entre lesquelles il est question d'un adultère. Les faits étaient patents ; ils s'étaient répétés fréquemment, et étaient certifiés par de nombreux témoins ecclésiastiques et laïques. Aussi le coupable confessa-t-il, prosterné devant ses collègues, « qu'il avait péché gravement envers Dieu et envers l'Ordre pontifical ». Prenant acte de cet aveu général, le synode le relégua de son propre consentement, et sans déterminer la durée, au *Casense monasterium*. Etait-ce un monastère situé sur le territoire d'Arles ? Nous avons une Admonition de Césaire prononcée devant un évêque qui faisait profession publique de pénitence[2]. Comme l'accusé fut convaincu en outre d'avoir enfreint les canons dans l'administration des biens de son église en aliénant, sans le suffrage de ses collègues, une portion de ces derniers, le synode décida qu'on retiendrait sur ses biens personnels de quoi indemniser l'église de Riez.

Dans l'opinion de Césaire, le jugement rendu à Marseille devait avoir pour effet de séparer pour jamais le condamné de l'église qu'il avait scandalisée par ses mœurs. Mais celui-ci ne tarda pas à montrer qu'il ne l'entendait pas ainsi. En effet, sans attendre même que l'année de sa pénitence fût révolue, jugeant avoir satisfait suffisamment, il sortit du monastère où il était renfermé, et vint, sans plus de façon, reprendre le gouvernement de son église. Cette rentrée en fonctions était, nous l'avons vu, tout ce qu'il y avait de plus contraire aux canons de l'Église, ou, du moins, aux canons romains et arlésiens, qui déclaraient déchus de leur Ordre tous les ministres sacrés qui, étant mariés, retournaient à leurs femmes, et à plus forte raison ceux qui tombaient dans

---

1. Lettre 43, Migne, t. 59, col. 232.
2. S. 259 ; notons ce fait comme un exemple particulier à la Gaule ; car, dans les autres pays, les clercs n'étaient pas sujets à la pénitence publique.

des fautes du genre de celles dont l'évêque de Riez avait été convaincu par son propre aveu. Mais encore fallait-il, pour que cette sanction fût exécutoire dans un cas donné, que le synode l'eût décrétée expressément, en précisant la faute commise. C'est ce que l'assemblée de Marseille avait omis de faire, soit qu'elle l'eût oublié, soit qu'elle eût été poussée à cette omission par quelques-uns de ses membres, réfractaires à la sanction canonique. En ne prenant pas garde à cette formalité, Césaire s'était enlevé tout pouvoir d'opposer aux revendications du condamné le synode de Marseille. Sa perspicacité fut donc ici, pour la première fois, mise en défaut.

Pour réparer son inadvertance, il recourut alors à son expédient ordinaire et fit intervenir le Saint-Siège. La réponse de Jean II se fit connaître par une série de pièces qui constituent une sorte de seconde instance d'une forme exceptionnelle. C'étaient d'abord trois décrétales[1] adressées séparément, à la même date, à Césaire, aux évêques qui avaient jugé avec Césaire, enfin au clergé et aux fidèles de l'église de Riez (6-7 avril 534). Le pape déclarait retirer à Contuméliosus les fonctions épiscopales. En attendant que l'église de Riez eût pourvu à sa succession, il chargeait l'évêque d'Arles d'y nommer un *visiteur*. En tout cela, il subissait visiblement les suggestions de Césaire. Toutefois, ces décisions étaient liées à une petite formalité qui laissait à Contumeliosus une porte pour s'échapper. Il fallait que cet évêque consentît à signer une déclaration précise de sa faute rédigée suivant la forme des actes publics ; cette pièce était destinée à réparer l'inadvertance du synode de Marseille.

Avec la lettre à Césaire avait été expédiée une petite collection de canons destinés à établir le droit. C'étaient des extraits de la décrétale de Sirice à Himère, des Canons des Apôtres, et du concile d'Antioche de 341[2]. Césaire, y ayant ajouté quelques canons qu'il avait tirés lui-même du concile de Nicée et des conciles de Gaule, adressa les uns et les autres à ses comprovinciaux, en les faisant suivre d'un plaidoyer énergique en faveur de la sentence rendue par Jean II. Ce manifeste n'était pas destiné à préparer une nouvelle assemblée synodale. Une lettre du pape Agapet, dont il va être question, laisse plutôt entendre que Césaire, agissant d'autorité, sépara de nouveau Contumeliosus de son église, et le força à reprendre le chemin du monastère.

Mais il avait affaire à un homme qui ne se laissait pas démonter facilement. Au coup d'autorité de son métropolitain, Contumeliosus opposa

---

1. *Innotuit nobis.* — *Pervenit ad nos.* — *Caritatis tuæ.* Migne, t. 66, col. 20, etc., et *Ep. Arel.* 32-34.

2. *Ep. Arelat.* 34-35. Pour la circulaire de Césaire, voy. aussi Hardouin, II, p. 1156.

un moyen de défense très hardi, mais légal. Il en appela lui-même au Saint-Siège. C'était retourner contre Césaire l'arme dont il s'était servi avec tant d'avantage pour briser toutes les résistances. Contuméliosus profita, pour opérer cette diversion inattendue, de l'avènement d'Agapet, qui avait succédé à Jean II au commencement de l'an 535. En formulant son appel, il sut peindre sa situation avec un air d'innocence et en termes émus qui attendrirent le pape. Il ne fut pas peu servi aussi par la présence d'un Défenseur du Saint-Siège nommé Eméritus. Ce personnage mit à le seconder un empressement dont on a lieu d'être surpris. Peut-être quelque sacrifice consenti par l'accusé, en faveur du domaine que le Saint-Siège commençait déjà à exploiter en Gaule par l'intermédiaire de ces officiers [1], n'y aurait-il pas été étranger. Éméritus aida Contumeliosus à rentrer dans son église, et poussa la complaisance jusqu'à tromper le pape, en lui affirmant que Césaire était consentant.

L'évêque d'Arles ne tarda pas à montrer combien il était loin d'avoir consenti. Il écrivit de son côté à Agapet en se plaignant d'Éméritus, et en exprimant l'espoir de voir échouer en haut lieu le subterfuge de son suffragant. Mais Agapet était saisi de l'appel ; il était décidé à accomplir son devoir de juge d'appel suivant les formes régulières. C'est ce qu'il fit savoir à l'évêque d'Arles dans une lettre [2] où, pour la première fois, celui-ci eut la déception de trouver un blâme bien caractérisé. Tout en désavouant la présomption et le manque de sincérité avec lesquels son défenseur avait agi, Agapet témoignait que Césaire n'avait pas gardé, de son côté, toute la mesure réclamée par la miséricorde et le droit canon. A ce dernier point de vue, il lui montrait qu'il s'était doublement mis en tort ; premièrement, pour n'avoir pas suspendu l'exécution du premier jugement à partir du moment où l'appel avait été interjeté ; et ensuite, pour avoir exigé d'un évêque un mode de pénitence équivalant à la pénitence publique, que le droit communément admis par l'Église repoussait pour les clercs, même condamnés [3] En conséquence, tout en maintenant contre Contuméliosus la suspense sous laquelle il était tombé par le fait de sa première condamnation, le pape ordonnait qu'on lui rendît son indépendance personnelle et la libre disposition de son patrimoine. Jusqu'au prononcé de son jugement, il constituait un évêque *visiteur* pour l'administration spirituelle de l'église de Riez, et attribuait à l'archidiacre l'administration du

---

1. Du moins, l'existence de ce domaine est-elle certifiée par les documents peu après l'époque de saint Césaire.
2. *Optaveramus*. Migne, t. 66, col. 45, et *Ep. Arel.*, 37.
3. Il est vrai que, sur ce point, l'Église de Gaule pratiquait un usage différent.

temporel, à charge de fournir à l'accusé la portion congrue. Le ton général de sa lettre montrait un justicier équitable et miséricordieux, qui évitait à dessein de préjuger la vérité des accusations.

Quels sentiments furent suggérés à Césaire par une leçon venue de si haut ? C'est ce qu'il est aisé de concevoir en considérant sa situation. Acculé, après avoir pris tant de précautions méticuleuses pour se préserver de cette extrémité, à une impasse du même genre que celle où Hilaire s'était aventuré jadis par excès de présomption dans l'affaire de Célidoine, il trouvait même, en comparant son désagrément à celui de son prédécesseur, plusieurs raisons de se croire le plus maltraité. Car ce n'était pas envers un étranger, mais envers un évêque de sa province, secrètement encouragé par un certain nombre de ses collègues, qu'il se voyait convaincu par le Saint-Siège même d'avoir précédé dans l'ignorance du droit, et c'est au terme d'un long épiscopat, consacré à asseoir dans sa province l'autorité du Saint-Siège et le règne de la loi ecclésiastique, que ce blâme lui était infligé. La douleur qu'il en éprouva, pour être exempte de l'irritation qu'Hilaire avait montrée en pareille circonstance, ne laissa certainement pas que d'être très vive.

Il faut espérer qu'après tous ces désagréments, il n'eut pas du moins celui de s'entendre reprocher d'avoir condamné un innocent. Le synode de Marseille, malgré ses lacunes, constitue contre Contuméliosus une charge écrasante, et on a peine à croire que Rome ait en définitive absous complètement ce personnage.

Le désaveu d'Agapet sur cette affaire n'est pas la seule épreuve à laquelle ce pape ait soumis la fidélité de Césaire au Saint-Siège. Le même jour, en effet, sur une supplique de l'évêque d'Arles, sollicitant son approbation pour désaffecter quelques terres de son église, il lui adressa un refus[1] dont nous avons parlé ailleurs.

---

1. *Tanta est.* Id.

CHAPITRE VIII

RÉUNION D'ARLES AU ROYAUME DE CHILDEBERT (536).
CONCILES FRANCS.

L'année même après cet échange de correspondance fâcheux pour Césaire, un changement important survient dans les destinées de la province d'Arles, qui sort pacifiquement de la domination déjà longue des Goths, pour se trouver réunie à jamais au grand et catholique empire franc.

Depuis déjà plusieurs années, les deux empires vivaient côte à côte, dans des rapports plus proches de l'hostilité que de la paix. Comme s'ils eussent exécuté un dessein suivi, les Francs avaient fait tomber successivement les barrières que la politique de Théodoric avait dressées ou laissé subsister entre ses États et ceux de cette nation belliqueuse. La Thuringe conquise par les rois de Metz et de Soissons sur Hermanfried, ce mari d'une nièce de Théodoric, les avait amenés dans le voisinage de l'annexe rhétique des Goths (530). Bientôt, ils s'approchèrent encore plus près à travers la Burgondie domptée. Vainement, les maîtres de la Provence firent-ils tous leurs efforts pour empêcher le désastre de l'État voisin, sans sortir de leur système de neutralité. Au moment de la campagne qui, en 532, avait fait tomber au pouvoir des armées réunies de Childebert et de Clotaire tout le plat pays burgonde jusqu'à Vienne[1], c'est par leur faveur que Godomar avait réussi à se maintenir dans les hautes vallées qui confinaient à l'Ostrogothie italienne, et même ils n'avaient pas hésité à lui restituer, au sud de l'Isère, une partie des acquisitions de Théodoric[2]. Aussi, lorsque le désir de partager avec ses frères eût surmonté alors enfin chez Thierry le souvenir de sa parenté avec la famille de Gondebaud (il était gendre de Sigismond), ce fut en lançant son fils Théodebert de sa forteresse de

---

1. Nous concluons cette conquête des souscriptions des évêques d'Autun et de Vienne au IIe concile d'Orléans fin de juin 533. C'est à tort que Arndt (*Mon. Germ. H. SS.* I) accole la date de 534 au chapitre de Grégoire sur la bataille d'Autun qui amena la conquête dont nous parlons (*Hist. Fr.*, III, 11).

2. Cassiodor., *Var.*, XI, 1, lettre écrite après la mort de notre Thierry. A ce moment, les Burgondes conservent encore une partie de leur domaine dans le voisinage des Ostrog.. A rapprocher de cette source Marius d'Avenches, qui fixe le désastre définitif en 534.

l'Auvergne contre la Provence à travers la Septimanie, et en menaçant les Ostrogoths, qu'il se montra prêt à seconder l'action de ses frères, et Arles s'était vue menacée encore une fois des horreurs d'un siège (533)[1]. La valeur de Libère avait détourné d'elle cette menace. Puis, cet homme illustre avait été rappelé presque aussitôt après de la Préfecture des Gaules (534)[2] pour diriger la politique d'Amalasonthe et de Théodat du côté de Constantinople, et remplacé par le duc Aram, puis par le duc Marcias, comme chefs de l'armée d'occupation renforcée. Loin de pouvoir défendre ce qui restait de la Burgondie contre l'élan énergique et décisif communiqué à la conquête franque par l'union intime scellée entre le jeune roi Théodebert et son oncle Childebert (534), la monarchie ostrogothe était déjà livrée aux causes de dissolution intérieures et extérieures qui devaient bientôt la faire succomber à son tour.

Après la mort d'Athalaric, enlevé prématurément par l'abus du plaisir (2 oct. 534), la sage Amalasonthe, sa mère, donna le trône, avec sa main, à son parent, l'indigne Théodat, qui n'eut rien de plus pressé que d'emprisonner, puis de faire étrangler sa bienfaitrice (535). Se posant aussitôt comme justicier, Justinien donna suite à son projet de reconquérir l'Italie[3], et y envoya Bélisaire avec une armée. Cette grave complication mettait la Provence à la merci des Francs. Ce fut à celui des deux partis qui, pour les mettre dans son intérêt, la leur offrirait avec le plus d'empressement[4]. Ils n'eurent d'autre peine que de s'avancer sur les derrières de l'armée du duc Marcias, rappelée audelà des Monts par Vitigès lui-même, auquel les Goths s'étaient empressés de confier le commandement, trahi par Théodat.

Nous ne saurions dire si le partage que firent entre eux Théodebert, le premier occupant[5], et son oncle Childebert, à l'exclusion de Clotaire, offrait déjà quelques traits de celui que nous voyons établi sous les fils de Clotaire. Au temps de ceux-ci, la province d'Arles, attribuée, avec la Bourgogne, à Gontran, était démembrée d'une portion importante de son ancien territoire, formant la Province de Marseille, et recevant du roi d'Austrasie son gouverneur particulier, son *rector*, appelé aussi Préfet[6]. Ce qui est certain, c'est qu'Arles fit partie du lot de Childebert.

1. Grég., *H. F.*, III, c. 23.
2. Il l'occupait encore un peu après la mort de Thierry, d'après la lettre de Cassiod. ci-dessus. Mais en 535, il commande une ambassade envoyée à Justinien.
3. Sur sa politique, voyez Gasquet, *Études byzantines*.
4. Procope, *De Bello goth.*, I, c. 5, 11, 13.
5. Ce sont les rois d'Austrasie qui prennent partout les devants contre les Ostrogoths ; la présence momentanée de Théodebert explique ses relations avec saint Césaire et avec Parthénius, peut-être aussi l'abstention des évêques de la province au troisième concile d'Orléans, mai 538 (Voyez ci-dessous).
6. Grég. *H. F.*, IV, 44, VI, 11, et VIII, 43 ; peut-être, à cette époque, le Préfet a-t-il

Ce prince, renouvelant un usage de l'empire, vint, vers l'an 538, présider les jeux équestres dans le cirque d'Arles, et fit frapper des monnaies à son effigie.

Sauf la conformité de religion des nouveaux maîtres avec les habitants, ce qui était pour ceux-ci un gage de tranquillité, rien ne parut changé dans la province. Arles conserva, au moins pendant quelque temps, le rang de Préfecture[1]. L'aristocratie sénatoriale continua de fournir les titulaires aux magistratures locales, ou retrouva à la cour des rois francs les dignités qu'elle avait occupées à la cour de Ravenne. L'un de ceux auxquels ce changement rapporta le plus d'honneurs fut ce Parthénius, neveu d'Ennode, que nous avons vu fixé dans sa ville natale vers 520[2], probablement dans un des emplois supérieurs qui ressortissaient au préfet Libère. Appelé par Théodebert à l'éminente dignité de Maître des Offices, qui plaçait sous sa direction tout le haut personnel de la cour de Metz, mis hors de pair par le titre de patrice, c'est cet élève de Cassiodore qui a introduit dans la capitale de l'Austrasie les goûts de latinité retrouvés plus tard par le poète voyageur Fortunat[3]. Par contre, il est aussi un des premiers exemples de l'influence réciproque de la barbarie sur les Romains. L'historien des Francs[4] l'a stigmatisé en racontant sa gloutonnerie, et, ce qui est plus grave, sa cruauté. Dans un accès de jalousie, il tua sa propre femme Papianilla, une petite-fille de l'évêque Rurice[5]. Il voulut aussi introduire en Austrasie les traditions financières de Théodoric, en essayant de soumettre les Francs au cens ; ceux-ci s'en vengèrent, après la mort de Théodebert, en le faisant périr.

De quelque manière qu'on se figure le partage de la province d'Arles, celle-ci resta étrangère aux deux déploiements de troupes que Théodebert fit tour à tour contre les Goths et contre les Grecs. Ces troupes

---

disparu d'Arles ; au temps de Childebert II, le gouvernement de cette ville ressortissait au patrice de Marseille Dynamius.

1. *Vita Cæsarii*, l. II, n° 34.
2. Ci-dessus, p. 117.
3. Arator, épître en vers adressée à Parthénius. Migne, t. 68, p. 63, etc... :
   Tu facunde sonas Rhodani Rhenique catervis ;
   Regia dulcisonum te probat aula virum...
4. Liv. III, 36.
5. Rurice, lettres 37, 36 et 32 du liv. II, édit. Engelbrecht. Celui-ci fait erreur lorsqu'il donne Rurice pour aïeul non à Papianilla, mais à Parthénius, fils d'Agricola, marié, selon lui, à une fille de Rurice. Cet évêque, lettre 32, dit expressément qu'il est en rapport d'*affinité* avec la femme d'Agricola, qu'il appelle aussi *filia mea*, comme il appelle Agricola *filius meus*, d'après un usage de la langue épiscopale. Si Agricola était père de Parthénius, ce que Rurice ne dit pas, il était marié à une sœur d'Ennode, oncle de Parthénius. Les détails donnés par Arator conviennent exclusivement au Parthénius des lettres d'Ennode. Krusch (Mon. G. H. *Sidonius-Ruricius*) partage l'erreur d'Engelbrecht.

descendirent, la première fois, de la Burgondie, et, la seconde fois, de l'Austrasie directement en Italie à travers les Alpes, sans que la tranquillité du pays d'Arles en fût troublée.

On pense bien que Césaire ne fut pas celui que l'entrée d'un roi catholique dans la métropole réjouit le moins. Le sentiment que laisse éclater à ce sujet sa biographie est celui d'un immense soulagement, à l'idée que son église allait être pour jamais à l'abri des menaces des ariens [1]. Ce soulagement fut d'autant mieux ressenti, que le nouveau souverain était de beaucoup, d'entre les rois francs, le plus favorablement disposé pour les églises, comme l'église d'Arles l'éprouva d'une façon particulière. Les quelques lignes consacrées par la *Vita Cæsarii* à faire l'éloge des qualités, et surtout, de la munificence de Childebert, ne sont certainement pas sans rapport avec les accroissements de territoire et les immunités que Césaire put, en signant son testament, se féliciter d'avoir obtenus pour son église.

*
* *

Ces graves événements, puis, peut-être, l'incertitude qui précéda la conclusion définitive du partage de la province entre les rois francs, durent être une cause d'arrêt dans la tradition des synodes provinciaux. Mais cet arrêt momentané allait être largement compensé, pour les églises de la province, par l'avantage de pouvoir participer aux grands conciles nationaux, dont la continuité, de Clovis aux petits-fils de Dagobert, est le trait le plus remarquable de la politique ecclésiastique des rois francs. Déjà Childebert, renouant, après un certain temps d'interruption, la tradition commencée par son père, avait convoqué en 533 un concile, le IIe d'Orléans, où Clotaire, avec une facilité qu'il ne devait plus montrer dans la suite, avait permis aux évêques de ses États de se réunir avec ceux des États de son frère. Cet exemple avait piqué d'émulation Théodebert, qui avait semblablement convoqué ses évêques dans la cité d'Auvergne en 533 [2]. Ces assemblées se passèrent sans aucune intervention de l'évêque d'Arles. Toutefois, la seconde s'inspira profondément de la discipline proclamée par le concile d'Agde, que les Nicet et autres représentants des églises voisines du Rhin rapportèrent dans les pays d'Austrasie.

L'état encore flottant de la province d'Arles entre les princes copartageants, peut-être aussi l'attente dans laquelle ils étaient de la ratifi-

---

1. *Vit. Cæs.*, l. II, n° 32.
2. Sirmond, *Concil. Gall.*, I, p. 241. — Maassen, p. 65.

cation de l'empereur Justinien [1], ont pu empêcher les évêques de la province d'assister au concile qui se réunit pour la troisième fois à Orléans, au commencement du mois de mai 538, bien qu'il s'y soit trouvé des évêques des deux royaumes francs alliés, et des plus considérables. Malgré cette abstention, les idées disciplinaires de Césaire ont soufflé puissamment sur le IIIe concile d'Orléans. On voit que les deux métropolitains, Loup de Lyon et Pantagathus de Vienne, qui l'ont présidé, ont pris pour guides les actes disciplinaires de leur voisin. Ce n'est pas seulement la matière de son concile d'Agde qu'ils s'efforcent de faire entrer dans leurs canons, mais celle même de ses synodes provinciaux, sans en exempter celui de Marseille, avec le supplément de procédure dont Césaire était l'auteur. C'est ainsi qu'ils adoptent les canons du concile d'Arles concernant l'année de religion exigée pour la promotion des laïques aux Ordres, l'âge du diaconat et de la prêtrise, et les irrégularités ecclésiastiques (c. 6), et qu'ils empruntent au concile de Carpentras la sanction consistant à interdire la messe pendant un temps aux évêques qui ont contrevenu aux canons. C'est sans doute également sous l'influence de ce dernier synode qu'ils ont restreint timidement le droit de jouissance attribué aux évêques par le Ier concile d'Orléans sur les bénéfices des diocèses, en déclarant qu'en dehors de leurs villes, les évêques devraient s'en tenir aux droits établis par les coutumes locales (c. 5). Enfin, prenant implicitement parti pour les procédés plus sévères de l'évêque d'Arles contre les instructions plus clémentes envoyées par Agapet, ils décrétèrent que tout membre du clergé des Ordres majeurs convaincu d'un péché contre la chasteté serait, après avoir été dégradé, enfermé pour le reste de sa vie dans un monastère [2].

Césaire doit avoir inspiré le IIIe concile d'Orléans d'une façon encore plus directe, si Aubin d'Angers [3], un des évêques qui eurent la plus grande part dans la délibération de ce concile, avait déjà, comme il est probable, accompli à cette date son voyage à Arles. Ce qui l'amena auprès de Césaire fut le remords d'avoir cédé aux objurgations de ses collègues sur un cas de mariage incestueux pour lequel il avait excommunié un grand de son église. La question à laquelle ce cas particulier se rapportait était d'une grande actualité en Gaule depuis la conversion des Francs et des Burgondes, à cause de la coutume implantée chez ces barbares d'épouser de préférence des femmes qui étaient leurs proches

---

1. Procope, III, 33.
2. C. 4 et 7.
3. Vie, Bolland., 1 mars ; Migne, t. 88, col. 479, etc... n° 18 et M. G. H., au tome de Fortunat.

parentes par alliance [1], telles que veuves du père, de l'oncle ou du neveu, ou même du père ou du fils de celui qui devenait le second mari. Elle avait déjà occupé les conciles d'Orléans I (c. 18) et d'Épaone (c. 30), qui avaient proscrit ces mariages, l'un pour la Francie, et l'autre pour la Burgondie, ce dernier, toutefois, en limitant les effets de la loi aux cas à venir. Mais les conversions survenues depuis avaient mis l'Eglise en présence d'une nouvelle catégorie de délinquants qu'elle ne pouvait condamner sans égard.

C'est probablement l'avis de Césaire transmis par Aubin qui a décidé les Pères du IIIe concile d'Orléans à s'approprier la jurisprudence mitigée du concile d'Épaone, en exceptant de la sentence de nullité prononcée contre les mariages incestueux ceux qui avaient été contractés avant le baptême ou dans l'ignorance de la loi. L'attention de Césaire fut attirée d'autre part sur cette matière, à cette même époque, par une question que le roi Théodebert fit porter au Saint-Siège sur le genre de pénitence qui devait être exigé d'un homme coupable d'avoir épousé sa belle-sœur. Nous ne savons quel est le cas particulier qui a suscité cette première ambassade d'un roi chevelu auprès du Saint-Siège. Nous l'attribuerions plus volontiers à l'espoir d'être couvert en haut lieu contre la sévérité d'un Nicet [1] qu'à la *devotio laudabilis* dont parle Vigile, dans la réponse qu'il a délivrée à l'ambassadeur Modéric (6 mars ou mai 538) [2] avant d'être devenu pape légitime. Mais la politesse de la formule ne fléchit nullement la rigidité de principes dont Rome donnait l'exemple sur ce point. Tout en s'en remettant à la sagesse de Césaire pour fixer la pénitence, Vigile exigea la séparation définitive des conjoints incestueux. La teneur ni la date de cette décision n'autorisent la supposition qu'elle ait exercé quelque influence sur le décret sanctionné à Orléans.

L'union de la province d'Arles avec l'église franque se manifeste pour la première fois, et d'une façon éclatante, au IVe Concile d'Orléans[3] (541), qui réunit de nouveau les évêques des royaumes de Childebert et de Théodebert. Elle y eut treize membres sur cinquante, c'est-à-dire, plus du quart de la représentation, presque tous présents en personne. En tête est Cyprien, qui a signé le premier de tous les simples évêques, par droit d'ancienneté. La vieillesse de Césaire — il était alors dans sa soixante-et-onzième année — dispense de chercher une autre raison de son absence, qui fit échoir l'honneur de présider à l'évêque de Bor-

---

1. La loi rom. proscrivait ces mariages.
2. Greg. T., *Vit. Patr.*, XVII, 2 « qui te (Theodeb.) secuti sunt. i. e. incesti... On supposera difficilement au royal ravisseur de la Gallo-rom. Deutérie un vrai zèle pour la sainteté du mariage.
3. *Si pro observatione*. Migne, t. 69, col. 21. M. G. H. *Ep. arcl.*, 38.
4. *Concil. Gall.*, II, p. 260. — Maassen, p. 86.

deaux. Mais ses exhortations n'ont certainement pas été étrangères à l'empressement avec lequel ses comprovinciaux ont répondu à l'acte de convocation. C'est par là que ce concile se rattache à son œuvre, et peut être considéré comme le couronnement de ceux qu'il a tenus en personne.

La question du comput pascal paraît avoir été un des motifs de la réunion du concile ; car c'est à elle que le premier canon fut consacré. La célébration de cette fête capitale était l'occasion de regrettables divergences en Gaule, depuis qu'au cycle de Victorius d'Aquitaine, Rome avait substitué celui des Alexandrins, remanié par Denys le Petit[1]. Une partie des églises de ce pays restant fidèles à l'ancien comput, pendant que l'autre partie recevait le mot d'ordre de Rome, et que plusieurs même suivaient un troisième comput usité en Espagne, il arrivait beaucoup d'années où, parce que les deux systèmes ne concordaient pas, la fête de Pâques était solennisée à deux, et, même, trois dates différentes. Le concile ordonna à tout le monde de se ranger aux indications envoyées de Rome, ce qui mettait Arles en évidence ; car c'est par elle que ces indications étaient transmises. Malgré ce canon, les récits de Grégoire nous montrent encore pour longtemps la fréquence des doubles pâques, que le comput breton, apporté par saint Colomban, à la fin du siècle, devait compliquer encore davantage.

Ce qui est plus intéressant à relever, ce sont les dispositions nouvelles apportées par le concile dans la discipline du clergé et dans le régime des biens ecclésiastiques. En matière de continence, il précise davantage le devoir des clercs mariés des Ordres majeurs, leur enjoignant la séparation du lit et de la chambre d'avec l'épouse (c. 17). En matière de justice, la comparaison avec la législation sanctionnée à Agde montre quelle hardiesse l'Église commence à puiser dans la religion des nouveaux maîtres, et on voit la première tentative remarquable d'un concile de Gaule pour soumettre la loi à l'influence de l'esprit clérical. On a vu avec quel soin le concile d'Agde, dans les causes où les clercs étaient parties, s'était appliqué à ménager la suprématie de l'État et la liberté des demandeurs ou défendeurs séculiers, en tout ce qui n'était pas essentiellement du for ecclésiastique. Une première restriction avait déjà été apportée par le précédent concile d'Orléans (c. 32) ; on avait défendu à un laïque de citer un clerc devant le juge séculier sans la permission de l'évêque. L'assemblée de 541 fait un pas beaucoup plus hardi ; elle adresse la défense aux juges eux-mêmes. « Que nul des séculiers n'ose faire comparaître devant sa juridiction, ni examiner

---

[1]. Sur cette question, on consultera avec fruit le remarquable travail de M. B. Krusch ds. le *Neues Archiv.*, t. IX.

ou condamner un clerc sans en avoir référé à l'évêque ou au préposé de l'église... Quelle que soit la cause qui intervient entre un clerc et un séculier, que le juge public n'ait pas la témérité d'entendre l'affaire sans l'avis de l'archiprêtre, de l'archidiacre ou de tout autre préposé de l'église » (c. 20). Il ne manquait plus à la prétention émise par nos évêques que de se réserver à eux-mêmes le jugement des clercs ; c'est ce qu'ils ne tarderont pas de tenter, au moins au criminel [1].

Mêmes aspirations de l'Église au privilège dans le régime de la propriété terrienne. Le IV° concile d'Orléans (c. 18, 34) réitère la protestation déjà précédemment élevée par plusieurs des conciles réunis sous les auspices des souverains catholiques [2] contre la faculté d'acquérir les biens d'Église en invoquant la *prescription*. L'exception réclamée par l'Église sur ce terrain se justifiait par le danger exceptionnel que lui faisait courir le mode de subvention employé par elle pour ses clercs, dont beaucoup restaient toute leur vie sur les terres qu'elle leur avait données à faire valoir. Aussi les rois feront-ils droit à sa demande, en exceptant seulement le cas où la prescription s'appuyait sur un titre coloré [3]. Malheureusement, la connivence de leurs fonctionnaires n'aidait que trop les usurpateurs des biens d'église à éluder toutes les mesures de défense. Le concile de 541 n'est pas le premier qui ait eu lieu de s'en plaindre (c. 25).

C'est ainsi que Césaire eut, avant de se coucher dans la tombe, la consolation de voir l'épiscopat de Gaule, sous l'égide de la monarchie catholique des Francs, suivre résolument l'impulsion qu'il avait donnée à la réunion de conciles ayant pour but principal la discipline du clergé et la stabilité des institutions cléricales. Mais nous ne devons pas oublier, avant de le voir disparaître, que ce n'est là qu'un des sujets d'étude entre lesquels sa vie tout entière a été partagée, et il est temps de montrer ce qu'il a fait aussi pour l'instruction morale du peuple par ses Discours, et pour la discipline des monastères par ses Règles.

1. II° Concile de Mâcon, c. 9 et 10.
2. Orléans I, c. 23 ; Epaone, c. 18.
3. Voir l'édit de Clot. I ou II ds. les *Capitularia R. F.* (M. G. H., LL. I, p. 19, n° 13).

CHAPITRE IX

PRÉDICATION DE CÉSAIRE. HOMÉLIES SUR L'ANCIEN TESTAMENT. ADMONITIONS.

Le genre d'éloquence propre à chaque orateur, — en parlant de Césaire, nous prenons ces termes dans l'acception la moins prétentieuse, — est déterminé en grande partie par l'auditoire pour lequel il parle. Césaire n'a pas échappé à cette loi ; nul ne s'est plus oublié soi-même en parlant aux autres, et ne s'est plus efforcé de se proportionner à eux. Lorsque nous aurons dit à qui il parlait, nous aurons déjà qualifié à moitié son éloquence.

Il convient de faire un dédoublement dans l'auditoire de Césaire, selon qu'il s'agit des discours prononcés dans son église métropolitaine pour la population locale, et de ceux qui ont été prononcés ou écrits pour la campagne, ou pour ce public de toute classe et de tous lieux que Césaire avait mentalement sous les yeux même lorsqu'il parlait devant les siens. Si l'on devait faire une application rigoureuse de tous ces discours aux Arlésiens de l'époque, on aurait de la population de cette ville une opinion fort peu avantageuse, qu'elle ne mérite pas. Le public arlésien se composait, comme Césaire se plaît souvent à lui en rendre le témoignage, de bons catholiques, instruits de leur religion, exacts à en remplir les devoirs, et pleins d'attachement pour leur évêque, qui les traitait comme un bon père. Sans être capables d'une aussi longue attention, et sans se piquer pour les mystères du christianisme d'une aussi vive curiosité que l'auditoire de saint Augustin, ils avaient une attitude encourageante pour le prédicateur qui savait les ménager, et l'interprétation figurée de l'Écriture Sainte n'était pas au-dessus de leur portée moyenne d'intelligence. C'est à cet auditoire que s'adressent spécialement les discours de Césaire qui ont pour objet l'exégèse.

Que ce soit aux Arlésiens ou à d'autres qu'il parle, tous ses discours ont un ton de *rusticité* très prononcé. En les lisant, on songe à quelque bon curé parlant à des campagnards dans l'épanchement d'une âme franche et apostolique. Ce ton peu relevé n'accuse pas seulement le degré de culture médiocre de l'orateur, mais aussi l'abaissement du niveau des intelligences dans le public des temps nouveaux. Césaire se rabattait volontiers sur son public pour s'excuser auprès des beaux esprits qui ne trouvaient pas leur compte à sa façon toute simple de parler[1]. Il ne voulait pas, disait-il, pour faire plaisir à quelques-uns, s'exposer à n'être pas compris du grand nombre. Ce n'était pas là une défaite pour couvrir l'insuffisance de son talent, qu'il avait d'ailleurs la modestie de reconnaître. Le fond de ses discours montre combien l'élément campagnard s'est avancé vers la ville depuis les temps d'Hilaire. Césaire prend souvent à partie les gens des campagnes, soit qu'il leur adresse la parole directement, soit qu'il attaque les superstitions et les vices introduits dans la société chrétienne par leur grossièreté et leur ignorance. On voit par les enseignements qu'il donne et par la couleur de son style qu'ils sont tout près lui, qu'ils remplissent l'auditoire, ou, du moins, que les barrières qui les séparaient autrefois des citadins ne tiennent plus. Les paysans étaient-ils donc moins nombreux au temps où Hilaire occupait la chaire chrétienne d'Arles ? Non ; mais la rusticité, le ton campagnard n'avait pas encore envahi la ville. Cette distinction d'éducation, de mœurs et de langage, que les anciens avaient si bien nommée urbanité, pour marquer qu'elle était le propre des villes, régnait encore à Arles, où dans les écoles, le barreau, et les autres foyers de vie libérale animés par la présence de l'auguste Préfecture romaine, continuait de se former une élite instruite et lettrée qui donnait le ton au reste de la ville. Souvent Hilaire[2], surpris dans une explication familière de l'Evangile par l'arrivée de quelques-uns de ces hommes cultivés, qui ravivaient tout d'un coup en lui le souvenir de ses succès de jeunesse dans le barreau, se laissait emporter dans quelque improvisation d'une réelle éloquence. Ces derniers récompensaient la condescendance de leur évêque à parler pour eux en louant son éloquence, qui, par un aveu de son admiration sorti sur l'heure même, qui, par un distique médité à loisir ; l'un le comparait à Augustin, l'autre ne lui trouvait point de rival. Ce reste de civilité romaine, qui donnait encore l'illusion du bon goût d'autrefois, disparut, avec les organismes qui le soutenaient, à l'entrée des Wisigoths, qui installèrent dans la ville un gouvernement aux allures militaires. Les Grands eux-mêmes, soit auprès des barbares qu'ils avaient consenti à servir, soit auprès des campagnards, au milieu desquels la plupart d'entre eux avaient résolu de vivre retirés,

---

(1) Append. de s. Aug., Migne, t. 39, Serm. 10. Sauf indication contraire, tous les sermons auxquels nous renverrons ci-dessous doivent être cherchés à ce tome.

(2) *Vita sancti Hilarii*, c. 11.

perdirent bien vite le vernis de l'ancienne élégance. Que pouvaient, contre cette décadence, les efforts isolés d'un Pomère, n'étant plus soutenus par les institutions publiques? C'est en vain que la Préfecture d'Arles avait été relevée. Cette restauration, d'ailleurs passagère, ne pouvait ressusciter la tradition romaine, qui avait déjà mis plus de trente ans à s'éteindre. Privées des éléments policés qui faisaient, à des degrés différents, leur supériorité marquée sur les campagnes, les villes se sont ouvertes alors sans résistance à l'influence de rudesse et d'ignorance qui leur venait de ces dernières. Le premier degré de la décadence qui s'en est suivie a été la *rusticité*, non la barbarie, qui devait mettre plus de temps à s'infiltrer. Les discours de Césaire correspondent au moment où cette influence est devenue maîtresse. Ils s'adressent à un public au milieu duquel ceux qui regrettaient l'ancienne élégance n'étaient déjà plus qu'une quantité négligeable, et où, déjà, on n'a presque plus sujet de distinguer des citadins et des paysans, tellement tout ce monde est confondu. Césaire, qui subit lui-même, sans essayer de s'en défendre, la *rusticité* dans sa langue, cherche seulement à préserver les mœurs et les croyances de la grossièreté qui en était la suite fatale. Sous ce rapport, elle est un des vices de l'époque auquel il a fait la guerre la plus acharnée.

Plusieurs Admonitions (289, 294, 295) s'adressent directement aux hommes de guerre et à tous ceux qui étaient à quelque titre serviteurs du souverain. Comme les rois y sont nommés au pluriel (295), il est permis de les rapporter au temps où les Francs étaient déjà maîtres d'Arles. Mais à part ces morceaux, qui ne sont pas les moins dignes de curiosité, on trouverait difficilement dans le reste de l'œuvre oratoire de Césaire quelques allusions à la présence des barbares. On sent que tout en étant là, puisque la province est remplie de leurs garnisons, ils sont à côté, ou, pour mieux dire, en dehors de l'auditoire catholique, et même du commerce courant de la vie civile. On s'attendrait néanmoins, sachant combien l'arianisme comptait d'adhérents parmi ces hôtes de la province et ce que l'évêque avait eu à souffrir de ce voisinage, à voir la controverse religieuse tenir quelque place dans les œuvres qui nous occupent. Mais on la cherche en vain. C'est à peine si, dans les instructions sur l'Écriture Sainte, quelques considérations rapides sur la Trinité, amenées par l'explication des figures bibliques, touchent indirectement la croyance arienne. Ce seul fait suffirait déjà à faire comprendre combien la situation de Césaire, au milieu des ariens, différait de celle d'Avit. L'évêque de Vienne, dont nous savons la circonspection, ne se gênait cependant pas pour faire la démonstration directe de la vérité catholique toutes les fois que l'occasion s'en présentait. Il nous en donne un exemple remarquable dans un discours[1] prononcé à la dédicace d'une basilique fondée par l'évêque de Genève sur les ruines d'un ancien *fanum*. En homme de ressources oratoires, Avit profite de la circonstance du lieu et du temps pour montrer la solidarité qui existe entre les deux sectes avec lesquelles les catholiques ont été successivement en lutte. « L'envie inquiète des Ariens nos voisins fait qu'ils se sont substitués vis-à-vis de nous au rôle des Gentils. Car si nous n'entendons plus dans ce lieu les païens réclamer que nous adorions un grand nombre de dieux, nous entendons l'hérétique gémir, en voyant qu'on n'en adore plus qu'un seul... Celui qui divise la Trinité prend parti de ce fait pour la multiplicité, et il manifeste sa parenté avec l'idolâtre, en partageant son amour pour ce qui est divisé, et en l'aidant à briser ce qui est un. Il autorise son complice à adorer un grand nombre de dieux, afin que celui-ci l'autorise à en adorer trois ». L'attaque contre l'arianisme est ici directe et vivement faite. Songeant néanmoins avec compassion au chagrin que doivent éprouver les adversaires en voyant leur culte dépossédé d'un certain nombre d'églises, réoccupées par les catholiques, l'orateur passe de la discussion à l'exhortation, et propose à ces gens un moyen d'échapper à leur désagrément. Quel est-il ? C'est de se réunir aux catholiques. « Qu'ils acceptent de partager avec ceux qui sont dans la voie du salut ce que nous n'avons pas voulu partager avec ceux qui étaient dans la perdition. Nous fermons seulement nos édifices aux cultes profanes, mais non aux personnes qui les abjurent. Qu'ils viennent ici embrasser l'unité, ceux avec lesquels nous n'avons pas voulu diviser la Trinité. L'autel n'est soustrait qu'aux sacrilèges, et fait retour aux sacrifices ». L'orateur de Vienne nous montre dans ce discours des ressources de dialectique que le génie spécial de Césaire ne lui procurait point.

Mais l'attitude différente des deux orateurs au sujet de la question arienne a une autre cause : la différence d'humeur des deux peuples avec lesquels ils se trouvaient en contact. Le prosélytisme exercé par le clergé gallo-romain chez les Burgondes, loin de les effaroucher, leur paraissait plutôt la preuve d'un véritable zèle pour leur nation. Aussi, n'éprouveront-ils aucune peine, vaincus plus tard par les Francs, à se fondre avec les populations au milieu desquelles ils étaient fixés depuis un temps déjà assez long, et abjureront-ils sans regret leurs préjugés religieux. Vis-à-vis des Goths, au contraire, l'attention de Césaire à s'abstenir de tout essai d'apostolat, et même de toute parole ayant trait à l'arianisme, faite pour surprendre à première vue ceux qui savent

---

1. Monumenta Germaniæ historica. *Alcimus Avitus* ; *Homil.*, frag. 20, p. 133.

quelle était l'intrépidité de son zèle, prouve qu'il avait bien jugé dès le début le peuple auquel il avait affaire : peuple excessivement jaloux de sa religion, comme de ses lois et de sa gloire militaire, et qui poussait l'amour de son autonomie et sa fierté nationale au point de préférer, après ses défaites, émigrer à la conquête d'un pays nouveau que de subir sur place la loi du vainqueur. Les conditions de son installation dans la province laissaient peu d'espoir qu'un tel excès de fierté s'adoucît à la longue dans l'intimité du commerce avec les habitants. Sans racine dans le pays, où sa conquête était récente, les établissements qu'il y possédait consistaient uniquement, du moins depuis Théodoric, dans les bandes de garnisaires qui gardaient les villes, et que le flux et le reflux de la guerre déplaçaient sans cesse. Césaire, instruit d'ailleurs par une dure expérience, pensa avec raison que toute tentative de conversion chez de telles gens ne feraient que compromettre en pure perte la tranquillité de son église. La correction des peuples catholiques offrait à son zèle une tâche suffisante. C'est pour eux seuls qu'il mit en œuvre les ressources de son éloquence.

Premier Groupe. — Homélies sur l'Ancien Testament.

Nous possédons un premier groupe d'instructions sur l'Ancien Testament qu'on pourrait appeler, eu égard au temps pour lequel il est venu au jour, le Carême de saint Césaire. C'est une suite d'homélies prononcées dans les jours de carême, tantôt à matines, tantôt à vêpres, et dont le sujet était choisi dans le passage de l'Écriture qui avait été lu à l'office, et exposé d'après les procédés de l'exégèse. Ce genre d'instruction avait offert dans les premiers siècles de l'Eglise un intérêt d'actualité qu'il ne peut plus avoir aujourd'hui, et qui s'avivait, en outre, dans le commerce intime des fidèles avec l'Ancien Testament par la liturgie et la lecture privée. Les auteurs du Nouveau Testament avaient rendu hommage eux-mêmes à la vérité de l'Ancien Testament considéré comme ombre et figure du Nouveau. De la solidarité entre l'un et l'autre découla l'usage de combiner, dans les églises chrétiennes, les lectures qui en furent faites. Pendant longtemps, et encore du temps de saint Augustin, le chef de la communauté chrétienne désignait lui-même au lecteur, suivant sa propre inspiration, le passage à lire, sur lequel il donnait ensuite une explication mystique ou morale. Puis, les lectures finirent par être déterminées pour tous les offices successifs de l'année, et devinrent partie intégrante et fixe de la liturgie. Les homélies de Césaire montrent que ce changement était accompli de son temps. Sans doute, l'usage des *lectionnaires* conformes à l'ordre nouvellement établi avait-il déjà commencé à se répandre. Ce qui est certain, c'est la grande vulgarisation des exemplaires soit complets, soit partiels, de l'Ancien comme du Nouveau Testament, à l'usage, non seulement des clercs, mais aussi des simples fidèles. Césaire constate combien il était facile de s'en procurer, et il se fait un argument de cette facilité pour engager ses auditeurs à lire fréquemment l'Écriture Sainte, soit en leur particulier, soit en formant entre amis des cercles de lecture (S. 303). La Bible avait sa place d'autant plus assurée dans toute maison chrétienne, qu'on n'avait pas encore trouvé le secret de ces publications pieuses, à l'aide desquelles chacun aujourd'hui peut se former une bibliothèque à bon marché : Histoire sainte, Vies des saints, Imitation, catéchisme, livres d'Heures, etc. Seules, les Vies des saints commençaient à avoir une certaine vogue à côté de la Bible. Toutefois, la grande floraison indigène de ce genre littéraire attendait pour éclore le labeur de Grégoire de Tours et l'institution des monastères mérovingiens et carlovingiens, où devaient surgir à profusion types de sainteté, hagiographes et copistes. Jusqu'à ce moment, les exemplaires collectifs de Vies des saints, tels que ces Vies des Pères d'Orient dont les traductions avaient déjà commencé à prendre le chemin de la Gaule, furent des ouvrages de luxe, qu'il n'était pas aisé de faire entrer dans une bibliothèque privée, et qui ne pouvaient, après tout, satisfaire comme il fallait la spiritualité. La Bible était donc encore au temps de Césaire, et devait rester longtemps encore le livre de fond du chrétien vraiment dévot et soigneux de sa perfection spirituelle. Docteurs et poètes y cherchaient à l'envi leur inspiration. Si, parmi ceux-ci, Prudence, Ausone, Claudien, et, tout récemment, Avit, représentent avec honneur la Gaule, parmi les premiers, Césaire est pour la Gaule le représentant le plus caractérisé de l'homélie exégétique.

L'exégèse s'occupait surtout du sens mystique. Elle cherchait dans l'Ancien Testament ce qui pouvait être pris comme figure, soit du passage de Jésus-Christ sur la terre, soit de son règne dans les âmes, et faisait servir l'une et l'autre espèce de rapprochement à la consolidation de la foi ou à la correction des mœurs.

Tout n'était pas arbitraire dans cette manière d'interpréter l'Ancien Testament. Les auteurs du Nouveau l'avaient eux-mêmes indiquée. Exposés par eux au jour supérieur du symbolisme, beaucoup de traits de l'histoire d'Israël, qui pouvaient être un objet d'incrédulité ou de scandale pour ceux qui ne voyaient rien autre chose que ce qui était dans la lettre, et qui s'arrêtaient à la matérialité du fait, étaient devenus, aux yeux des croyants et des spirituels, une esquisse frappante du plan de la Rédemption ; tels, le sacrifice d'Abraham, le Serpent d'airain, Jonas, et tant d'autres traits. L'emploi de ces faits merveilleux comme figures du Nouveau Testament avait surtout réussi auprès de la masse des prosélytes venus du Judaïsme, en leur montrant un lien providentiel entre la foi de leurs pères et celle qu'on leur proposait d'embrasser maintenant. Il n'était toutefois, au point de vue de la vérité de cette dernière, qu'un moyen de preuve sans valeur propre, et qui devait seulement exciter et fortifier l'adhésion des intelligences aux preuves fondées sur les prophéties proprement dites et sur les miracles. Il fallait par conséquent, si on voulait continuer d'user du sens allégorique, le manier avec discrétion, et s'écarter le moins possible des exemples donnés par ceux qui avaient fondé ce sens. Mais l'école ne tarda pas à vouloir se l'approprier et le réduire en système scientifique rigoureux, et comme il devait arriver, le faussa. Origène donna dès l'abord, dans des commentaires de l'Ancien Testament où l'interprétation mystique serait le texte pour ainsi dire mot à mot, toute la mesure des exagérations auxquelles devait se livrer l'exégèse nouvelle. Il ne s'agissait plus seulement, pour l'exégète chrétien, de faire remarquer les rapports passagers et partiels que l'Esprit inspirateur paraissait avoir voulu établir entre les deux Testaments seulement par intervalles et par-dessus le sens littéral. Origène posa en principe que l'Ancien Testament contenait non plus seulement les traits assez largement dessinés, mais le plan tout entier et dans le détail du Nouveau, et il poussa la recherche du sens figuré jusqu'à l'admettre seul à certains endroits où il prétendit prouver que le sens littéral n'était pas vrai, s'appuyant sur un passage de saint Paul dont il outrait le sens. — *Hæc omnia in figuris contingebant illis*, avait dit l'Apôtre en résumant un certain nombre de faits. — *Omnia*, lui faisait dire, en généralisant, l'exégète d'Alexandrie. Ce système, parti d'Alexandrie à travers l'Orient, eut beau rencontrer dans sa route la contradiction de l'école d'Antioche, et vainement Chrysostome, au plus beau temps de cette dernière, opposa-t-il aux commentaires d'Origène d'autres commentaires de l'Ancien Testament où la part du sens littéral et du sens figuré était faite avec une sûreté de coup d'œil remarquable. Le goût de subtiliser, devenu une habitude littéraire des Latins, jeta même les moins suspects de complaisance pour la doctrine d'Origène dans les voies plus libres de son exégèse. Saint Ambroise, en Occident, entra sans défiance dans tous les dédales, toutes les finesses du sens mystique. Saint Augustin crut faire preuve de beaucoup d'indépendance en cédant au préjugé courant avec quelques réserves. Les traductions latines d'Origène par Rufin, qui subordonnaient tout, même la fidélité, au besoin de la clarté, assurèrent le triomphe de cette tendance en Occident et eurent un succès particulier en Gaule. Ces influences ont régné principalement sur l'exégèse de Lérins, et se mêlent dans Césaire [1].

Tout avait été dit sur l'Ancien Testament au temps de Césaire. Il s'agissait donc moins d'inventer des explications nouvelles, que de mettre dans le meilleur jour possible pour l'intelligence des fidèles celles qui étaient fournies par les Pères. C'est dans ce programme modeste que Césaire s'est renfermé. Ce qu'il emprunte à ses devanciers est loin de s'ordonner en un système raisonné et personnel. Rien ne lui est suspect, venant des Pères. La piété, un peu aussi l'intérêt d'actualité provoqué par les questions de la Trinité et de la Grâce, le guident exclusivement dans le choix de leurs pensées. Parce que le sens mystique s'approprie mieux à ces sentiments que le sens littéral, et qu'il soutient mieux l'intérêt de l'auditoire à la lecture de ces vieux récits bibliques, qui font retour chaque année toujours les mêmes dans la liturgie, cela semble au bon Césaire un argument péremptoire pour que le Saint Esprit n'ait pu avoir un autre sens en vue, et pour que celui-ci soit toujours vrai. « Que nous importe, à nous qui venons pieusement à l'église pour y entendre la parole de Dieu, qu'Abraham ait envoyé son serviteur pour ramener une épouse à son fils ? Quel intérêt le peuple chrétien peut-il prendre à savoir comment les patriarches ont pris femme et engendré des fils ? Nous voyons ces choses là arriver tous les jours dans nos pays. Mais nous devons croire, avec l'Apôtre, que tout ce qui est écrit est arrivé aux Juifs en figure, et s'accomplit en nous en réalité [2] ». L'affirmation la plus risquée d'Origène n'est pas capable de l'étonner, et, comme lui, il admet des cas où le sens littéral n'a pas eu d'accomplissement, et où la figure seule s'est vérifiée. Esaü, par exemple, n'a jamais été soumis à Jacob : en prophétisant qu'il le serait, l'Esprit pensait à la dépendance dans laquelle le peuple juif, figuré par l'aîné Esaü, devait être à l'égard de l'Eglise chrétienne, figurée par Jacob, le plus jeune. De même, les étymologies sacrées dont saint Ambroise [3] fait un usage fastidieux n'inspiraient non plus à l'homéliaste arlésien aucune répugnance. Mais en s'engageant sur le chemin frayé par les Pères, il n'a garde de se perdre dans le dédale des subtilités où ils s'aventurent, et il n'entre-

---

1. La tendance mystique s'accuse au plus haut degré dans le *Liber formularum spiritalis intelligentiæ* d'Eucher, l'une des sources de Césaire (Comp. Vespasien et Titus signifiés par les 2 ours de l'hist. d'Elisée, Eucher, *Patrol.*, t. 50, p. 744, Césaire, ib., t. 39, app., serm. 41., etc.....) avec plus de réserve dans les *homiliæ de Pascha* du tome de s. Césaire, qu'il faut restituer à Fauste.

2. Serm. 8.

3. Serm. 13.

prend pas de justifier les rapprochements forcés auxquels ceux-ci s'efforcent de plier le texte sacré. L'exactitude et la sobriété de son esprit reprennent l'avantage par la manière dont il accommode ses emprunts à l'intelligence de ses auditeurs, laissant de côté les traits de symbolisme trop cherchés et trop éloignés, choisissant de préférence ceux qui ont les analogies les plus simples et les plus claires avec la chose symbolisée. C'était la méthode à laquelle saint Augustin s'était efforcé de se conformer. Aussi, est-ce encore à ce Père que Césaire a emprunté le plus volontiers. Les *Enarrationes in psalmos*, en particulier, ont été pour lui une abondante source d'aperçus. Saint Augustin lui a rendu encore un autre service. C'est en se mesurant avec les œuvres de ce Père que sa pensée a déployé le plus d'effort personnel et de qualités originales. Le commentaire de l'Ancien Testament ne formait pas chez Augustin, comme chez les autres Pères, un développement continu pouvant se transposer par longs extraits, mais s'étalait en pensées éparses, qui ne suivaient aucunement l'ordre du récit sacré, mais se plaçaient presque fortuitement dans le plan très libre dans lequel se mouvait l'esprit de l'orateur. La façon dont Césaire fait siennes ces pensées, et le plan personnel suivant lequel il les ordonne, supposent par conséquent de sa part une lecture patiente et intelligente des œuvres où il les a cueillies, et du texte biblique qu'il a étudié à leur clarté. C'est ainsi qu'il a créé un type d'homélie qui est l'homélie gauloise, évitant également l'emphase et l'effort de la rhétorique latine et la subtilité des Grecs, craignant les hautes envolées de la pensée, visant à la clarté et à la brièveté, avec un air de naïveté et de bonhomie. L'homélie de Fauste, où Césaire a pris quelques aperçus judicieux, est l'œuvre d'un esprit qui se plait dans des spéculations à froid fatigantes pour le lecteur. Avit, dont les fragments ou titres de discours conservés appartiennent pour la plupart au même genre, et qu'inclinait vers ce dernier son goût prononcé pour les images bibliques, rencontra plus d'une fois des pensées nouvelles et fortes ; mais la recherche excessive du trait, et l'obsession de sa muse biblique, qui lui faisait souvent oublier qu'il était en chaire, l'entraînaient dans des voies où l'esprit des auditeurs ne pouvait aisément le suivre. Aussi, de tout ce qu'a produit l'exégèse gallicane, est-ce la part de Césaire qui est restée la plus intacte, et qui a le plus captivé la postérité ; ce qui ne tient pas seulement au grand nom de saint Augustin, sous lequel la plupart des morceaux dont elle se compose ont été catalogués, mais aussi à la structure facile, agréable, et à la tendance pratique de ces derniers. Un début familier, une exposition très courte, qui ne s'attache pas à tout expliquer, mais seulement ce que les auditeurs peuvent comprendre et ont intérêt à savoir, une conclusion qui récapitule le sujet pour l'intelligence, ou en grave l'impression morale sur les cœurs, tout cela forme un petit cadre auquel on reconnaît aisément l'homélie de saint Césaire.

Une autre chose qui lui appartient, c'est le dessein où convergent toutes ses explications sur la Bible. Ces dernières se ramènent presque toujours à quelqu'une des idées, soit mystiques, soit morales, vers lesquelles la Sainte-Quarantaine achemine le peuple chrétien, et que commémorent avec une solennité particulière les journées qui terminent ce cycle, le deuil du Vendredi-Saint, la cérémonie baptismale du Samedi-Saint, et la journée triomphale de Pâques. D'une part, Jésus-Christ, sous le double aspect de ses souffrances et de sa passion, effets de la haine de Satan et des Juifs, et de sa résurrection, gage glorieux de son ascension et de son empire éternel ; de l'autre, le Baptême, initiation à la foi en Jésus-Christ, avec toute la série de renoncements et de vertus qu'elle exige de ceux qui l'ont reçu, — tels sont les deux ordres de sujets dans lesquels l'homéliaste d'Arles aime à se tenir. Il ne les quitte guère de vue. C'est ce double point de vue qui, en le guidant invariablement dans le choix des figures, fait tomber sous son regard le trait toujours le plus simple et le moins cherché, et l'empêche de s'égarer, comme trop souvent ses modèles, dans les sens trop détournés ou de peu de pratique. Aussi, son exégèse offre-t-elle une continuité de sens et une clarté d'exposition qui font que l'on se sent bien vite familiarisé avec ces figures de l'Ancien Testament, et qu'on va soi-même au-devant des explications de l'exégète. Après avoir entendu dire que Jésus-Christ a été figuré tour à tour par Isaac, Jacob, Joseph, Moïse, Josué, on s'accoutume naturellement à chercher le Christ dans tout personnage qui a été béni de Dieu. C'est lui que l'esprit devine d'avance, à la seule énonciation des noms, en David, Salomon, Élie, Élisée. Par une analogie naturelle, tout objet qui aura été l'instrument d'épreuve ou de glorification pour un de ces personnages sera la Croix, instrument des souffrances et de la gloire de Jésus-Christ ; tels, le Bâton de Jacob, le Serpent d'airain, la Fronde de David. Lorsqu'on sait que Laban, courant à la poursuite de Jacob, figurait le Diable, qui devait persécuter le Christ, comment ne pas voir que c'est cet Esprit malveillant et astucieux qui a poursuivi Moïse dans Pharaon, et que la Fronde de David a frappé à mort dans Goliath? Qu'un personnage ait préparé les voies à un autre, comme Éliézer, parti pour ramener une épouse à Isaac, qu'un événement soit arrivé avant un autre et ait influé sur son accomplissement, on peut être sûr que cette situation sera interprétée comme signe de la dépendance de l'Ancien Testament à l'égard du Nouveau, et de la Synagogue à l'égard de l'Église. Tout ce qui offre à l'esprit quelque image d'ingratitude, de difformité, de réprobation, Lia, Agar, les frères de Joseph, les insulteurs d'Élisée, a son original tout tracé dans le peuple qui a renié le Christ, de même que le peuple chrétien a pour symbole tout ce qui renferme une idée de grâce, d'amour fidèle, de salut. S'adressant à l'intelligence, ce premier ordre d'allégories encourageait et charmait la foi des auditeurs.

En étudiant la Bible avec les yeux du moraliste, Césaire y découvrait un nouvel ordre d'allégories d'une égale richesse. A l'avant-plan, le Baptême, figuré, avec ses effets variés, par le Puits de Jacob, auprès duquel ce patriarche avait rencontré et baisé Rachel, par la Mer Rouge où s'étaient engloutis Pharaon et son armée, par le Jourdain, dont les eaux opéraient des cures merveilleuses. A l'arrière-plan du parallélisme que formaient ensemble Désert et Terre Promise, bon et mauvais Pharaon, fléaux de Dieu et merveilles de sa bonté, etc... l'homéliaste voyait ressortir l'image de la vie chrétienne, placée dans l'inévitable alternative du vice et de la vertu, entre les influences bonnes et mauvaises, dans l'attente des sanctions de bonheur ou de malheur. La recherche de ces sens allégoriques ne lui faisait pas perdre de vue les leçons morales qui sortaient souvent du sens littéral lui-même. Abraham lui apparaissait comme un modèle à citer pour la vertu d'hospitalité, Joseph pour la chasteté et l'oubli des injures reçues, Pharaon comme un exemple terrible des suites auxquelles s'expose le pécheur par le délai de la pénitence. Par la variété des aperçus ainsi ouverts sur les principales vérités de la foi et de la morale chrétiennes, son explication de la Bible, quoique limitée à une trentaine d'homélies qui étaient loin d'embrasser toute la matière biblique, n'en constituait pas moins au point de vue du Carême un exercice spirituel complet, au sortir duquel le fidèle abordait la solennité de Pâques avec une foi retrempée et un cœur régénéré.

Saint Césaire ne s'en est pas tenu au commentaire de l'Ancien Testament. Il s'est aussi essayé sur le Nouveau Testament dans quelques homélies marquées à son style ou à son nom. Mais ces discours, qui sont loin de suivre, comme les précédents, un plan déterminé, ou copient trop servilement le modèle que Césaire avait sous les yeux, ou se ramènent au genre des Admonitions, sur lequel nous devons arrêter notre attention.

Deuxième Groupe. — Admonitions.

C'est le titre sous lequel Césaire désigne ordinairement celles de ses instructions où il abandonne l'interprétation littérale de l'Écriture Sainte pour s'attacher à l'exposé des devoirs du chrétien [1]. Elles sont certainement la portion la plus originale et la plus intéressante de ses œuvres oratoires. Comme pour l'Écriture Sainte, l'auteur s'est appliqué à distribuer la matière dans des cadres bien déterminés, faciles à embrasser d'un coup d'œil d'ensemble. De plus, il a mis dans ces cadres tous les principaux aspects de la pratique et de la morale chrétiennes, de sorte qu'en les parcourant, on obtient une vue complète de l'état de la religion et des mœurs en Gaule pendant la période correspondant à son épiscopat. Cela montre chez lui, sinon un plan rigoureux, du moins une conception suivie, qu'aucun de ses modèles n'avait pu lui fournir. Enfin, tout en continuant à s'inspirer abondamment de ces derniers, et en particulier de saint Augustin et de Fauste, il s'en dégage beaucoup plus et se laisse aller plus librement au mouvement de son imagination, de son humeur, et de son cœur. On ne le connaîtrait qu'à demi, si on négligeait d'étudier ses *Admonitions*.

C'est par elles d'ailleurs que le goût de Césaire pour la prédication s'est exercé le plus utilement et dans le champ le plus étendu. Ses homélies sur l'Écriture Sainte étaient destinées principalement, pour ne pas dire exclusivement, à la ville d'Arles, où s'était conservé un auditoire encore assez affiné pour prendre quelque intérêt à l'exposition des allégories bibliques. Ses disciples ou amis tels que Cyprien de Toulon, Eucher d'Avignon, Firmin, Vivence, tous admirateurs convaincus de son talent d'exégète [2], ont dû les faire entendre aussi aux cités où ils sont devenus évêques. Mais leur écho n'a pas dû pénétrer beaucoup plus loin. Les Admonitions, au contraire, sont la partie de ses œuvres oratoires destinée à la propagande. C'est par elles que la parole de l'évêque d'Arles est allée jusqu'au fond des campagnes, pour lesquelles plusieurs d'entre elles ont été composées spécialement. On a vu comment l'institution du prône paroissial y fût introduite par un de ses conciles. Il a ainsi tout à la fois créé la chose et donné les modèles. Ce sont aussi les Admonitions qui, formées par lui en recueils plus ou moins complexes, sont allées entreprendre en son nom la correction des mœurs dans les pays les plus éloignés de son diocèse. Ennode avait probablement sous les yeux en Italie un des premiers exemplaires de ces recueils, lorsqu'il qualifiait ainsi, dès 544, l'éloquence de son ami : « Tandis que les âmes pures sont réjouies par ton aspect, tu as une langue de fer pour châtier les délinquants. Heureux es-tu, toi à qui Dieu a donné d'enseigner par les admonitions et les exemples. En toi

---

[1]. Dans ce genre rentrent tous les sermons à l'appendice de saint Augustin depuis le 63e.

[2]. *Vita Cæsarii*, l. I, c. 5.

se correspondent l'éclat du discours et celui des mœurs ». C'est donc aux Admonitions qu'il faut se reporter pour bien connaître Césaire et son temps.

Le choix des préceptes enseignés dans ces instructions et le procédé suivi par l'auteur pour mettre ces préceptes en lumière prouvent clairement qu'il n'a pas obéi simplement, en composant, à l'inspiration du jour, ni au hasard des circonstances, mais qu'il s'est conformé à un plan tracé d'avance dans son esprit. On remarque d'abord un système constant de fournir deux ou trois discours distincts sur chaque sujet. Les Admonitions se divisent ainsi en petits sous-groupes dont chacun traite le même précepte sous des faces plus ou moins variées. Quelques-unes ont une portée générale, et résument tous les préceptes traités au long dans les groupes spéciaux. L'intention de l'auteur est manifeste. Il a suivi le dessein qu'il jugeait le plus propre à fixer clairement dans l'intelligence des auditeurs à la fois toute la somme et chaque détail de la loi chrétienne. Varier son discours est la chose dont il paraît se soucier le moins, tant il se défie de la mémoire de ses auditeurs. Il n'est pas un de ces morceaux où on ne puisse remarquer quelque passage commun, à l'expression près, à plusieurs autres, même lorsque le sujet en est différent. Ce même soin de la clarté amène souvent à la fin des Admonitions ce que nous avons déjà observé dans les homélies, c'est-à-dire une conclusion qui récapitule tout ce qui a été dit dans le corps du discours. Tout cela fait que rien n'est plus aisé à reconnaître qu'un sermon de saint Césaire, une fois qu'on s'est familiarisé avec un ou deux types les plus marqués de son genre oratoire.

Les biographes de Césaire, essayant de classifier les Admonitions[1], distinguent celles qui se rapportaient aux fêtes, aux lieux, aux pratiques de superstition, aux péchés de luxure et d'ivrognerie, de colère et de discorde. Ce qu'il importe à notre point de vue d'étudier dans ce recueil, c'est, d'une part, ce qui correspond aux principes fondamentaux et aux pratiques générales de la vie chrétienne, et, ensuite, ce qui a trait plus spécialement à certaines classes de personnes et aux vices prédominants de l'époque, la rapine, les superstitions, l'ivrognerie et la luxure.

*
* *

L'état des croyances et le niveau de la sainteté dans l'Eglise, à l'époque où sont venues les Admonitions, étaient loin de correspondre au progrès que la confession chrétienne avait faits depuis un siècle. Tandis que

---

1. L. I, c. 5, n° 42.

le nombre des baptisés s'était considérablement accru, leur qualité était allée à l'inverse de cet accroissement. Cela ne venait pas seulement de l'invasion de la *rusticité* dans l'Eglise. Les causes mêmes qui avaient amené l'agrandissement extérieur de la société chrétienne avaient, par un contraste très ordinaire dans l'histoire de l'humanité, rendu inévitable son amoindrissement intérieur. Parmi ces causes, il convient de nommer en premier lieu la disparition du catéchuménat.

Jusque vers l'année 420, l'usage de différer le baptême au delà de l'enfance s'était maintenu partiellement, sans que ce délai impliquât toujours l'infidélité des parents, comme ce fut le cas pour saint Martin ; c'étaient quelquefois des parents chrétiens qui en décidaient de la sorte : un autre grand saint, Honorat, en est un exemple.

Mais à l'époque dont nous parlons, les discussions sur la grâce soulevées par le pélagianisme, en éveillant l'inquiétude des parents au sujet des enfants qui mouraient sans baptême, firent que l'usage de baptiser les nouveau-nés, déjà prédominant, devint tout à fait général[1]. Depuis ce moment, le mouvement de la population dans l'Eglise suivit la même progression que celui des naissances. Ce fut un grand sujet de sécurité pour l'Eglise au point de vue de son recrutement numérique. Mais si elle considérait les choses au point de vue de la qualité, ne devait-elle pas s'attendre à subir sur la quantité immense des sujets ainsi baptisés avant l'usage de leur volonté personnelle, l'âge de la raison et des passions venu, un déchet incomparablement plus grave qu'il n'avait été lorsque le catéchuménat lui préparait un fort noyau de recrues volontaires et éprouvées ? La conscience qu'elle eut de ce danger l'excita à redoubler de vigilance et de précaution autour de ses petits néophytes. Elle fit ce que la sagesse lui dicta pour les former selon ses préceptes dès le jeune âge. Elle s'efforça en particulier de rendre plus étroites les obligations des parrains et des marraines, qui avaient été institués pour répondre au questionnaire du baptême au lieu et place des enfants. Dans les avertissements de saint Césaire[2] qui se rapportent au baptême, les exhortations concernant ces personnes ont pris toute la place que l'institution des catéchumènes occupait dans les homélies des anciens Pères, y compris saint Augustin. Mais celle-ci disparue, les éléments de ferveur fournis par elle à la vie chrétienne pouvaient-ils être tirés d'ailleurs en égale proportion ?

Tout ce qui survit des souvenirs du catéchuménat dans les Admonitions, c'est la qualité de *compétent*, terme qui désigne, non plus un état dans lequel on doit passer un temps plus ou moins long afin de s'éprou-

---

1. S. Augustin, Serm. 294 et 324. Migne, t. 38.
2. Migne, t. 39, Serm. 264, 265, 267.

ver, comme le terme de catéchumène, mais l'acte de solliciter le baptême. Compétents sont les enfants, par l'organe des parents. Comme le baptême solennel continue d'être administré le Samedi-Saint, Césaire oblige les mères de famille à venir inscrire leurs nouveau-nés et ceux de leurs esclaves dès le commencement du Carême[1], et les exhorte à assister avec eux aux Vigiles de la Sainte-Quarantaine. Compétents sont les gens hors d'enfance venus au baptême, soit de quelque coin perdu des campagnes où ils étaient demeurés inaperçus des chefs chrétiens, soit de la barbarie. Pour eux aussi, les exercices du Carême constituent toute la préparation immédiate au baptême ; ils se terminent, le dimanche des Rameaux, qui est le dernier avant l'initiation baptismale, par la *Tradition du Symbole*, cérémonie que Césaire avait fait remettre en vigueur par un canon du concile d'Agde. Ce nom venait de ce que l'évêque, ce jour-là, faisait réciter aux compétents ou à leurs répondants le Symbole des Apôtres, qu'il expliquait ensuite. Il nous reste un discours aux compétents prononcé par Césaire (267). La partie de ses avis adressée aux compétents hors d'enfance donne une fort médiocre opinion du niveau d'intelligence et de moralité auquel s'arrêtait la moyenne d'entre eux. L'orateur s'efforce uniquement de les prémunir contre les plus grosses infractions à la loi chrétienne, l'homicide, l'avortement, l'adultère, l'ivrognerie. Il fait de pressantes instances pour les détourner des excès de table par lesquels ils célébraient, comme une fête profane, l'octave du baptême, objet d'une observance si respectueuse chez les néophytes d'autrefois. De pauvres gens que leur condition d'existence avait tenus séparés de tout commerce religieux et humain, et des barbares, voilà à quelles sources l'Eglise allait puiser maintenant un sang nouveau ! Est-il besoin d'insister pour faire sentir l'effet désastreux que cette nouvelle modification dans les conditions de recrutement de la société chrétienne a dû à son tour exercer sur son personnel ? Le milieu social de l'empire, où l'Église avait pris vie et s'était développée, n'était peut-être pas moralement beaucoup meilleur ; on nous dit même qu'il était beaucoup plus mauvais. C'était toutefois un milieu civilisé, où l'intelligence, restée saine au milieu de la corruption raffinée des mœurs, conservait toute l'efficacité de ses ressources pour le moment où le cœur se réformait. Dès qu'un de ces esprits d'élite, en qui un fond délicat et distingué subsistait sous la perversion apparente des mœurs, venait à l'Eglise par le baptême, cette impression supérieure que nous appelons le coup de la grâce, détachant tout ce qui était corrompu, faisait aussitôt ressortir des qualités et des vertus

---

1. Serm. 6, conclusion.

qui resplendissaient du plus pur éclat. De ce phénomène d'épuration intérieure étaient sortis des Jérômes et des Augustins en grand nombre. La sainteté et tous les genres de mérites, tant que les choses se passèrent de la sorte, avaient été ordinaires dans l'Eglise : la licence et la grossièreté étaient des exceptions. Maintenant, c'était le contraire qui se produisait. Devant une invasion de néophytes en qui une volonté indomptée se rencontrait avec des instincts grossiers et avec des idées enfantines sur toutes choses, il fut aussi impossible à l'Eglise de n'être pas déprimée par eux que de les élever eux-mêmes à son ancien idéal de perfection. Et cependant, il y aurait eu de sa part aussi peu de miséricorde à repousser les nouveaux venus que peu de prévoyance à s'efforcer de ne pas les avoir pour elle, avec le risque certain de les avoir contre elle. Comme la pureté de la foi et des mœurs avait déjà commencé à se ternir chez les anciens chrétiens avant même que les nouveaux eussent fait irruption, l'Eglise subit ainsi doublement la nécessité d'abaisser à l'égard des uns et des autres les exigences de sa discipline et le ton de son enseignement.

La diminution de ferveur amenée par ces causes ne fut pas, il est juste de le dire, ressentie par tous également. L'accroissement numérique trop subit éprouvé par la société chrétienne eut aussi pour conséquence d'y faire apparaître deux degrés, ou du moins de les distinguer plus qu'ils ne l'avaient jamais été : les fervents, ceux qui s'efforçaient d'établir leur vie suivant le sens le plus éclairé et le plus droit de la religion, formant un noyau plus ou moins compact, selon l'esprit qui soufflait dans chaque église ; les médiocres et les mauvais, formant partout la masse. Cette distinction tient une grande place dans les Admonitions. Césaire, qui s'applaudissait d'avoir autour de lui une élite nombreuse de bons chrétiens, s'efforçait de faire agir leur influence sur les moins bons, non seulement par l'exemple et par la correction fraternelle, mais encore par la conversation. La prédication de l'évêque devait servir de thème à ceux qui ne pouvaient parler d'abondance. Grâce à l'esprit de foi qui régnait chez tous, la liberté de cet apostolat par la conversation pouvait aller beaucoup plus loin que nous ne saurions le supporter aujourd'hui. A la fin d'une instruction (292) où il a traité en toute franchise les questions les plus délicates de la morale et de l'hygiène conjugales, Césaire ne craint pas d'inviter les présents, comme s'il s'agissait d'une chose tout ordinaire, à se faire ses interprètes auprès des absents.

Les Admonitions visaient ainsi, par-dessus la tête d'une minorité de fidèles adonnés à la piété, et qui cherchaient à s'éclairer, une masse de gens enfoncés dans une ignorance crasse de leur religion, et qui n'avaient de chrétien que le nom. Faire la lumière dans leurs intelligences et la conviction dans leurs cœurs est le double but que poursuit l'auteur de ces discours. Pour les instruire d'abord, il n'a pas recours à un savant étalage de doctrine, mais il croit faire assez s'il éveille seulement au fond de ces consciences épaisses les notions les plus élémentaires du devoir chrétien. C'est le but de plusieurs Admonitions [1] sur la foi et sur les œuvres, sur les bons et sur les mauvais chrétiens, et sur les œuvres en contradiction avec le nom de chrétien. Césaire aime opposer ainsi entre elles deux idées contraires qu'il analyse à grands traits, pour subvenir par le relief au peu de pénétration des yeux qu'il veut frapper. Le résumé de ses développements est une sentence familière à cet homme intérieur, et qu'on retrouve exprimée dans ses règles et dans ses statuts. « Ce que tu crois dans ton cœur, montre-le dans tes œuvres ».

La foi était loin de manquer à la génération de Césaire, et lorsque ces chrétiens dégénérés affirmaient avec force serments que rien ne pourrait jamais les en détacher, ils étaient d'une sincérité presque excessive. Car ils se confiaient dans la vertu infaillible du titre de chrétien pour faire leur salut, abstraction faite de la coopération de leur volonté propre, à peu près comme ils attendaient la santé, ou tout autre avantage temporel, de ces amulettes, qu'aucune remontrance ne parvenait à leur faire rejeter. « Je crois de par la miséricorde de Dieu, dis-tu, que jamais la foi à laquelle j'ai souscrit, ni le baptême que j'ai reçu ne seront pour moi en pure perte. C'est à bon droit que tu le crois, si tu as fait ce à quoi ta foi et ton baptême t'obligent. » Césaire s'attache donc à les ramener à une plus saine notion de la foi et du baptême. « *Fides a fit, foi* vient de *fait*, dit-il », et il justifie par le bon sens cet aphorisme peu exact selon la grammaire. Du moment que la religion implique des préceptes et suppose comme sanction des peines à côté des récompenses, « en vain jurerait-on mille fois qu'on a la foi, si on n'a la volonté d'accomplir de fait ce que l'on professe de bouche ; ce n'est pas montrer une foi intègre que d'aspirer même ardemment aux récompenses, tout en vivant comme si les châtiments n'existaient pas. » Quant au baptême, le questionnaire même de ce rite ponctuait les obligations du chrétien avec une netteté et une force dont l'effet était plus entier qu'il n'est aujourd'hui, parce que les *baptisands* entendaient les questions et y répondaient dans leur langue. Césaire invoque à propos ce dialogue sacramentel pour démontrer à ses auditeurs leur situation contractuelle vis-à-vis de Dieu. « Quand l'évêque a demandé

---

[1]. Serm. 244, 257, 263-267.

au chrétien : Renonces-tu au diable, à ses pompes et à ses œuvres ? c'est un pacte qu'il lui a proposé de signer ; et quand celui-ci a répondu : Je renonce, c'est sa signature qu'il a donnée ». Pour rendre plus saisissable à l'esprit la réalité de ce pacte, l'orateur se sert d'arguments *ad hominem* pris dans la vie civile, dominée par un préjugé hiérarchique rigoureux qui rend plus vif le sentiment des obligations à remplir. En haut, que voit-il ? Des magistrats armés d'un pouvoir discrétionnaire sur leurs subordonnés, et que tout le monde est attentif à révérer. « Quelqu'un a-t-il signé un acte qui l'engage devant le magistrat ? Avec quelle attention craintive il s'efforce de ne pas la violer, sachant qu'il y va de ses biens et même de sa vie ! Qu'il craigne bien plus la violation de sa foi envers celui qui règne dans le ciel ! » En bas sont les esclaves, pour lesquels le préjugé social est excessivement exigeant. « Si quelqu'un de ces hommes qui nous appartiennent corps et biens nous poursuivait des plus belles protestations de respect et de dévouement tout en ne faisant rien de ce que nous lui commanderions, quelle indignation ne concevrions-nous pas ? Et c'est cependant de cette façon que nous entendons nous-mêmes servir Dieu ! » L'orateur n'oublie pas de faire remarquer que si l'assimilation sur ce point est excessive, c'est seulement au point de vue de l'esclave. « Ce n'est pas nous qui avons créé nos esclaves, et nous ne les alimentons pas en quelque sorte de notre substance, comme Dieu le fait envers nous. »

C'est par ces exemples choisis dans un ordre de choses familier aux auditeurs, que Césaire s'efforce de leur inculquer la notion du devoir chrétien. Il poursuit en eux l'ignorance sous toutes ses formes. Le signe de la croix, même chez les chrétiens d'ancienne marque, était devenu un geste superstitieux, dont l'emploi se mêlait chez eux au souvenir des anciennes observances païennes, et qu'ils n'hésitaient pas à faire intervenir dans les plus mauvaises actions : « Beaucoup vont pour commettre un vol ou un adultère ; et, au premier faux pas, ils font le signe de la croix, sans renoncer pour cela à leur criminelle entreprise ». Césaire assure les auteurs de cet amalgame sacrilège « qu'ils enferment plutôt le démon en eux qu'ils ne l'expulsent ». Avisant l'anneau d'or qui est à leur doigt, et dont ils se servent comme cachet, suivant la mode des gens aisés : « C'est chose grande, ajoute-t-il, que le sceau du Christ, mais un sceau si précieux doit servir à sceller une chose grande et précieuse. A quoi bon te servir d'un anneau d'or comme cachet, si ce que tu scelles ne renferme qu'une paille fétide ? De même, à quoi nous sert-il de tracer le sceau du Christ sur notre front et sur notre bouche, s'il n'y a en nous que péchés et crimes ? » Quelques-uns, sans pousser la témérité jusqu'à penser que la qualité de baptisé couvrait tous les vices, ne faisaient nul compte de l'activité qu'elle devait éveiller dans l'âme pour les vertus, et ne voyaient rien au-dessus de l'innocence baptismale. Césaire veut leur faire entendre que l'âme, une fois purifiée de ses péchés par le baptême, doit, pour plaire à Dieu, s'orner et s'enrichir de vertus. Les analogies auxquelles il recourt sont prises dans l'ordre d'idées qui lui est familier. « Je demande à celui qui désirerait se trouver au moment de la mort dans le même état que lorsqu'il a reçu le sacrement de baptême, si, après qu'il a planté une jeune vigne dans son champ, il voudrait qu'elle fût la même au bout de plusieurs années que lorsqu'il l'a plantée. S'il a enté des oliviers pour créer une oliveraie, voyons s'il trouve bon que celle-ci soit après beaucoup d'années comme au jour où il a posé les greffes. Qu'il considère s'il aimerait que l'enfant qui lui est né se trouvât après cinq ou six ans aussi débile qu'à sa naissance ».

La notion du devoir chrétien éclaircie, Césaire s'occupe ensuite d'exciter la volonté de ses auditeurs à l'embrasser. Pour faire naître en eux cette émotion salutaire, cette crainte religieuse qui brise les cœurs les plus durs, il a préparé une nouvelle série d'Admonitions[1] dans lesquelles il s'est fixé pour but de faire passer sous leurs yeux et d'imprimer dans leur esprit l'image des grandes fins dernières. Les Admonitions sur la voie large et la voie étroite, sur les paroles : *Venite, benedicti* ; *Ite, maledicti*, sur le jugement dernier, sur le purgatoire, opèrent dans cette série le même effet simple de relief que nous avons déjà observé dans la série précédente. Ce qui prouve que cette simplicité de composition est système chez Césaire, c'est le témoignage qu'il se rend lui-même à cet égard auprès des auditeurs ; il fait remarquer combien le sujet qu'il traite est facile à retenir ; en cherchant à le retenir par cœur, affirme-t-il, ils en sauront assez pour faire sûrement leur salut. Toute la matière de ces discours tient en deux ou trois sentences capitales de l'Évangile, qu'il voudrait graver dans les esprits à force d'y appuyer. Rien n'y est mis pour faire appareil ; on y chercherait vainement ce luxe gratuit d'images, ces descriptions sans fin à l'aide desquelles nos prédicateurs nous peignent comme *de visu* le paradis ou l'enfer. Césaire se contente de bien faire entendre les affirmations de l'Évangile, qu'il amplifie ensuite en exhortant simplement les auditeurs à craindre Dieu et à éviter le péché. Il insiste encore ici sur cette proposition, que le titre de chrétien ne sauvera personne de la condamnation méritée par les crimes personnels. Certains croyaient, en effet, que

---

1. Serm. 67-69 ; 77-78 ; 110. 249, 252, 250 ; 104.

la redoutable sentence : Allez au feu éternel, concernait seulement les Juifs et les infidèles ! Pour les désabuser, il ose avancer que le jugement de Dieu sera institué au contraire pour les seuls chrétiens : « car pour ceux qui n'ont pas la foi, dit-il, ils sont jugés d'avance ». Accentuant son affirmation, il n'hésite pas à ranger au nombre des futurs damnés, « non seulement beaucoup de chrétiens, mais même beaucoup d'évêques, les mauvais clercs, les moines immortifiés ou superbes, les religieuses et les veuves adonnées à la rancune, à la superbe ou à l'avarice ». Cette assertion n'implique toutefois pas chez lui un penchant pour le rigorisme des opinions ; il y trouve une conséquence *à fortiori* qui est dans le procédé ordinaire de son argumentation. C'est en argumentant de la même façon qu'il commente les paroles substantielles : Allez, maudits, au feu éternel, etc... « Si donc on est envoyé au feu éternel pour n'avoir pas donné un morceau de pain à celui qui a faim, où enverra-t-on, penses-tu, celui qui a arraché à autrui le pain qui lui appartenait ? Si on est envoyé au feu pour n'avoir pas donné un vêtement à celui qui était nu, où sera envoyé celui qui a dépouillé son prochain de ses vêtements ? » Ce commentaire, qui revient souvent sur ses lèvres, est fait pour établir plus fortement cette conclusion : On sera damné pour n'avoir pas fait le bien ; combien ont tort de se rassurer ceux qui font le mal !

Même parmi ceux qui admettaient la nécessité d'expier dans l'autre monde les péchés graves commis après le baptême, plusieurs, paraît-il, cherchaient à se faire illusion sur la durée de cette expiation. Comme saint Paul avait parlé dans une de ses Epîtres d'un feu temporaire par lequel Dieu purifiera son aire audelà de ce monde, ils prétendaient conclure de ce passage que l'enfer devait avoir une fin. Césaire s'efforce de leur démontrer que le texte dont ils abusent doit s'entendre des péchés à expier dans le purgatoire ; ce sont les péchés véniels, ou les péchés mortels imparfaitement expiés dans la vie présente. Ce discours est remarquable, tant par la clarté avec laquelle il établit le dogme du purgatoire que par la sûreté de vue avec laquelle il distingue entre les divers degrés du péché. L'orateur y montre aussi une répugnance judicieuse pour les hypothèses hasardées. Ayant à confondre la légèreté de ces chrétiens qui, parce que le purgatoire aura une fin, affectent de ne s'en préoccuper aucunement, il avance, à la vérité, que le feu du purgatoire sera plus cruel à supporter que tout ce qu'on peut imaginer sur la terre ; mais il évite de rien affirmer sur la durée de cette expiation. Sera-t-elle de quelques jours, de quelques mois, de plusieurs années ? Tout ce qu'il lui convient de dire, c'est que l'incertitude où nous sommes à ce sujet est une raison de plus de nous tenir sur nos gardes.

Enfin, une dernière illusion à détruire se fondait sur la distinction que l'Eglise faisait entre les fautes, au point de vue de la satisfaction à accomplir. De ce que les péchés les plus énormes étaient seuls assujettis à une pénitence publique, quelques fidèles s'imaginaient que ces fautes seules étaient passibles de la damnation éternelle. Césaire leur ôte cette illusion : « Il n'importe pas par quel péché on a détruit en soi le principe de la grâce. Le glaive peut être plus ou moins tranchant ; la blessure n'en est pas moins mortelle. »

Telles sont ces Admonitions dans lesquelles l'évêque d'Arles s'efforce de mettre hors de discussion et de dégager de toute erreur ces grandes vérités qu'il appelle à juste titre le fondement de la religion chrétienne. En exposant ces vérités, il ne garde pas le calme d'un médecin qui disserterait tranquillement sur le mal ou sur le danger d'autrui ; il se montre plein de sollicitude pour ceux auxquels il les destine ; il voudrait qu'ils s'inquiétassent de leur salut comme il en était inquiété lui-même. L'image de ses ouailles traduites devant le Juge éternel le poursuit jusqu'à l'obsession. Elle le poursuivait jusque dans son sommeil, au milieu duquel on l'entendait parfois, transporté en rêve devant ses auditeurs, répéter cette sentence qu'on retrouve dans une de ses Admonitions : « De deux choses l'une : ou monter au ciel, ou descendre en enfer ; il n'y a pas de milieu [1] ».

*
* *

La pénitence est le moyen de salut offert aux baptisés pour réparer le naufrage de leur innocence baptismale. A ceux qui ont perdu cette innocence par une faute si éclatante et si énorme qu'elle semble une apostasie du baptême, l'Eglise impose certaines conditions de réparation qu'ils doivent accomplir publiquement et dans un rang séparé, afin, suivant la réflexion de saint Césaire, que l'édification compense le scandale ; c'est ce qu'on appelle la pénitence publique. Restreinte dans la discipline primitive de l'Eglise aux trois grands péchés d'homicide, d'adultère et d'idolâtrie, elle ne donna pas lieu tout d'abord à des applications très nombreuses, sauf aux époques de grandes persécutions, où les chutes devenaient plus fréquentes. La classe des pénitents publics s'augmenta ensuite des pénitents volontaires, qui, sans y être contraints par l'état de leur conscience, sollicitaient d'eux-mêmes la pénitence publique par humilité, et parce que ce mode de pénitence consacré par l'Eglise leur paraissait supérieur à toutes les pratiques

---

1. *Vita Cæsarii*, l. II, c. 1.

individuelles. Il s'agrandit encore davantage à partir du moment où l'augmentation du nombre des baptisés correspondit chez ceux-ci avec un abaissement de l'âge et de la qualité. Car, parce que les fidèles montrèrent une moins grande horreur pour les gros scandales, l'Eglise fut naturellement amenée à se défendre contre l'avilissement de ses préceptes par une plus grande extension des cas pénitentiels. Aussi, à partir du cinquième siècle, l'observance pénitentielle prend-elle l'importance, à la place du catéchuménat, aussi bien dans les actes de la discipline ecclésiastique que dans les exhortations des prédicateurs. Le sous-groupe le plus riche des Admonitions de Césaire est celui qui a rapport à la pénitence, soit envisagée en général, soit publique [1].

Sur cette dernière, les Admonitions fournissent des renseignements très précis, que l'on peut éclairer en outre par ses conciles et ses Statuts. Existait-il un autre mode de pénitence non public administré aussi directement par l'Eglise, répondant à notre confession sacramentelle auriculaire? Quelle en était l'obligation? On ne peut absolument rien tirer de Césaire sur ces questions. Quant à la pénitence publique, il nous apprend, avec des détails d'une grande exactitude, à quels péchés elle s'appliquait, quelles personnes y étaient sujettes, quels en étaient le caractère, le rituel, les prescriptions, l'efficacité, ou plutôt le manque d'efficacité.

Les péchés soumis à la pénitence publique étaient ceux que Césaire appelle *capitaux*, mais dans un sens différent de celui que nos catéchismes ont en vue, et en faisant attention à leur degré de gravité, non au principe qui les engendre. Ce terme désigne quelquefois aussi chez lui tous les péchés graves, par opposition aux péchés véniels; mais ordinairement, il est synonyme de *péché pénitentiel*. Enumérant quelques cas, l'auteur des Admonitions cite le faux témoignage, le parjure, l'homicide, l'adultère, la consultation des augures ou des devins [2]; tous ces cas se retrouvent dans le concile d'Agde et les Statuts. Il faut y ajouter tous les péchés pour lesquels les documents disciplinaires prononcent la peine de l'excommunication, en dépendance étroite avec la pénitence publique. Celui qui est hors de l'Eglise n'a pas, en général, d'autre moyen d'y rentrer que de se soumettre à la pénitence publique. Césaire fait remarquer [3] que celui qui demande la pénitence publique, même lorsque rien ne l'y oblige, demande sa propre excommunication; c'est pourquoi l'évêque, ajoute-t-il, après lui

---

1. Serm. 253, 256-261.
2. Serm. 262.
3. Serm. 261, n. 2.

avoir imposé le cilice sur la tête, le chasse de l'église. Les canons ont soin aussi de marquer cette corrélation, lorsqu'ils formulent une menace d'excommunication avec cette réserve : « *nisi digne pœnituerint*, à moins qu'on ne fasse la pénitence convenable », ce qui, dans un décret de concile, spécifie toujours la pénitence canonique. Si, maintenant, on fait attention aux plaintes réitérées de Césaire contre la fréquence des péchés capitaux, on voit quelle multitude de personnes la discipline pénitentielle atteignait alors.

Mais plus était grand le nombre de ceux qu'atteignaient les canons pénitentiels, plus allait en diminuant le nombre de ceux qu'on voyait s'assujettir à la pénitence avec ferveur dans le plein état de santé. L'horreur naturelle pour les observances plus ou moins pénibles imposées par l'Église aux pénitents s'augmentant chez les uns de la crainte d'une rechute, après laquelle le remède ne pouvait plus être renouvelé, et s'ajoutant chez les autres à un oubli grossier des principes de la vie chrétienne, on trouvait plus commode de s'abstenir toute sa vie durant de la communion chrétienne, et de remettre au moment de mourir la satisfaction réclamée par l'Église, quitte à l'interrompre, le plus souvent, si l'on revenait en santé. Cet abus, que Césaire entreprit de combattre, n'était pas nouveau. Il avait contribué pour une grande part à aviver les discussions sur la grâce dans la Gaule méridionale, à cause des conséquences pratiques que renfermait la controverse. Car les Pères de Gaule n'étaient pas gens, comme les Orientaux, à prolonger la dispute sur une question d'un intérêt purement théorique. Ce qu'ils voyaient en jeu dans la querelle engagée, c'était le fondement même du devoir chrétien et la conservation des mœurs chrétiennes dans leurs églises. Il leur répugnait absolument de croire qu'un homme, même baptisé, pût être admis à la récompense éternelle, n'ayant donné de sa profession chrétienne qu'un signe fugitif de pénitence au dernier moment. Ils craignaient, s'ils consentaient à pousser aussi loin la doctrine de la gratuité de la grâce, d'encourager, pour le plus grand détriment de la pratique chrétienne, les exemples encore restreints qui commençaient à se produire. Aussi, ayant fini par se ranger à l'opinion de Rome et de Carthage sur l'absolue gratuité de la première grâce que Dieu nous envoie, ils affirmèrent avec une énergie d'autant plus grande le concours du mérite des œuvres humaines pour la fructification de cette première grâce, et, en particulier, pour l'efficacité de la grâce qui décide de notre salut, autrement dit, pour la *persévérance finale*. L'expression de leur opinion ne resta pas dans le domaine de la théorie, et la plupart des évêques de la Narbonnaise et de la Viennoise opposèrent des refus catégoriques aux demandes de pénitence qui leur étaient adressées au dernier moment, ce qui motiva l'intervention de Rome. C'est, de tous les griefs formulés contre les évêques de cette partie de la Gaule dans la lettre de Célestin[1], celui qui s'exprime avec le plus de vivacité. Le pape disait, en résumant avec énergie les arguments de la partie adverse, que la rigueur dont ils usaient était aussi inique envers Dieu, dont elle restreignait la miséricorde, que cruelle envers le malade, « qu'elle torturait par une double mort ». Saint Léon[2], écrivant peu de temps après à Rusticus de Narbonne, donna une raison plausible en faveur du délai de la pénitence, disant qu'il pouvait venir, non de la paresse de changer de vie, mais de la crainte de retomber ensuite dans le péché. Le concours des prédécesseurs de Césaire aida les papes à recevoir satisfaction sur ce point. Hilaire fit décréter au concile d'Orange qu'on donnerait la pénitence à tous les malades qui en auraient fait la demande. Mais il y mettait une réserve : c'est que, s'ils guérissaient, ils accompliraient leurs prescriptions ordinaires dans le rang des pénitents ; c'est pourquoi on ne devait pas les réconcilier, mais seulement leur donner la communion en viatique. Un Statut de Césaire cité plus haut[3] nous montre cette réserve levée à son tour ; on réconcilie le pénitent avant le viatique. Il y avait là une nouvelle concordance avec l'usage romain. Elle paraît avoir été introduite par les soins de Ravennius, d'après un avis de saint Léon[4] que l'évêque Théodore de Fréjus avait sollicité et avait été chargé de communiquer à son métropolitain.

Toutefois, si les partisans de la rigueur cédèrent sur le domaine de la pratique, ce fut en y mettant beaucoup de mauvaise grâce, et en déclarant tout haut qu'ils ne croyaient pas à l'efficacité de la pénitence ainsi accordée. Leur sentiment trouva bientôt un puissant organe dans la personne de Fauste, devenu évêque de Riez, qui s'exprima un jour comme il suit dans un sermon[5]. « Nous remarquons souvent, mes frères, que plusieurs d'entre vous se tiennent avec persistance à l'écart de la communion ecclésiastique, et nous comprenons que cela vient des péchés graves et considérables qu'ils ont sur la conscience. Ils comptent sans doute que Dieu se contentera de la pénitence qu'ils feront au dernier moment. Mais c'est une vaine espérance. Il est trop tard de rétracter ses péchés, alors qu'on n'est plus en état de manifester sa contrition par ses œuvres. La conversion différée jusqu'au moment où l'on n'est plus capable d'aucune action ne sert de rien. On

---

1. *Cuperemus*. Migne, t. 50, col. 430.
2. *Ep.* 167, c. 7. Migne, t. 54, col. 1197...
3. P. 53.
4. Id. t., *ep.* 108, col. 1011.
5. Append. de S. Augustin, S. 255.

donne tout de même la pénitence aux personnes qui se trouvent dans cette extrémité, parce qu'on ne peut la leur refuser. Mais nous ne pouvons pas garantir la pénitence accordée à celui qui la demande à ce moment, où il est incapable d'aucun acte personnel de satisfaction. Et c'est pourquoi la pénitence qui est demandée par un infirme est infirme, et, pour celle qui est demandée par un moribond, je crains qu'elle ne soit bien près d'être morte. » Nous n'hésitons pas à attribuer à Fauste ce fragment de sermon, que les bénédictins attribuent à Césaire ; car il est tout à fait en contradiction avec l'esprit de ce dernier ; par contre, on y trouve condensée avec force la doctrine rigoriste répandue dans les traités, les épitres et les discours de l'évêque de Riez. Cette question de la pénitence est en effet le vrai nœud de toutes les discussions qui peuvent être soutenues pour ou contre l'orthodoxie de ce personnage. C'est pour l'effet final de la grâce, non pour son commencement, qu'il réclame si fortement le concours de la volonté humaine, ne perdant jamais de vue, dans la discussion, les intérêts sacrés de la pénitence et de la vie chrétienne, qu'il y trouve engagés. Retournant contre les partisans de l'indulgence, et contre le pape Célestin lui-même, dans un de ses plus beaux sermons[1], l'argument tiré par ces derniers de la mort du bon larron, il réplique avec assez de bonheur que le bon larron n'a pas seulement compensé l'iniquité de toute sa vie par l'intensité de sa contrition, mais qu'ayant éprouvé l'action de la grâce pour la première fois au moment de mourir, il n'a pas abusé du don de Dieu, comme le font ces chrétiens qui reculent sans cesse la pénitence à laquelle Dieu les convie. C'est à tort qu'on a rangé l'auteur de ces propos, ainsi que les évêques qui l'ont suivi, parmi les fauteurs du semi-pélagianisme. Le pape Innocent[2], écrivant à Exupère de Toulouse, a rencontré un mot plus juste pour qualifier ce que la doctrine soutenue par les évêques de Gaule pouvait avoir d'excessif. Il la note de novatianisme. On sait que c'était l'erreur de ceux qui admettaient une catégorie de péchés irrémissibles. A tant faire que de suspecter Fauste d'hérésie, il conviendrait mieux d'en faire un semi-novatien qu'un semi-pélagien.

Le rigorisme de Fauste fut mis en minorité d'abord par la loi plus forte des habitudes prises. Le délai de la pénitence devenant presque général, l'Église ne pouvait cependant condamner au désespoir ou repousser de la planche suprême du salut un grand nombre de fidèles, qui, parvenus au moment critique de leur vie, imploraient sa miséricorde. Il y avait donc dans les faits un entraînement irrésistible vers l'indulgence. La prépondérance décisive que la doctrine d'Augustin

---

1. Append. de S. Augustin, S. 154, et Biblioth. max., t. 6. *Euseb. Gall., de latrone.*
2. Migne, t. 20, col. 495.

obtint dans la province d'Arles conduisit au même résultat en théorie. Car enfin, s'il était vrai que la grâce divine agît aussi indépendamment de tous nos mérites que l'enseignait Augustin, qu'est-ce qui empêchait cette grâce de se faire sentir efficacement à la dernière heure aussi bien qu'à tout autre moment? Les Admonitions correspondent au temps où la concordance des faits et de la théorie fait triompher la réaction contre les idées rigoristes, et elles ont concouru à ce résultat, dans la mesure qui était la bonne.

En commençant un de ces discours[1] où il expose son opinion avec une précision et une modération remarquables, Césaire nous montre lui-même combien ces questions passionnaient alors tout le monde. Les opinions, en s'opposant, comme il arrive presque toujours, allaient aux extrêmes contraires, les uns étant d'avis, avec Fauste, que la pénitence demandée au dernier moment ne servait de rien, les autres abondant plus que de juste dans les idées augustiniennes, et soutenant que la pénitence était tout aussi bonne à ce moment qu'à toute autre heure. Ceux qui avaient des péchés sujets à la pénitence publique subissaient de leur côté le contre-choc de ces disputes, et se sentaient également détournés de la pénitence, les uns par le désespoir où les jetaient les arguments des rigoristes sur la justice de Dieu, les autres par l'espérance que les défenseurs de l'opinion opposée leur donnaient de pouvoir profiter de l'indulgence divine tout aussi bien à l'article de la mort qu'à un moment antérieur quelconque. Césaire, l'homme du bon sens et du juste milieu, distingue judicieusement ce qu'il y a de vrai dans les deux opinions opposées. Tout en célébrant comme il convient la vertu des bonnes œuvres, il laisse à l'indulgence divine toute sa probabilité. « Si quelqu'un, dit-il, frappé d'une grave maladie, manifeste son retour à Dieu par ses larmes et sa douleur et offre une réparation sincère et effective, bien que tardive, des maux qu'il a causés », celui-là sera pardonné. Voilà pour les partisans de l'indulgence. Il évolue ensuite dans le sens des rigoristes, mais de façon à tenir toujours les esprits à une plus grande distance du désespoir que de la présomption. « Mais si quelqu'un a mal vécu en se réservant de faire pénitence à la fin de sa vie, et s'il pèche précisément dans l'espérance de se faire pardonner tous ses péchés en bloc par une pénitence faite à l'improviste », cela ne suffit pas encore pour que l'orateur prononce condamnation; il lui faut d'autres éléments de culpabilité: « et si, après avoir reçu la pénitence, il ne restitue pas ce qu'il a ravi injustement, et

---

1. Serm. 256.

ne pardonne pas de bon cœur à ses ennemis, et n'a pas le ferme propos, s'il réchappe, de faire pénitence avec beaucoup de componction et d'humilité sa vie durant », c'est à ce moment seulement, où la mesure du péché est comble et l'impénitence flagrante, qu'il condamne, non toutefois en son nom et en affirmant que telle est son opinion, mais en citant l'Evangile, et il ajoute : « Si celui qui est dans ces dispositions demande la pénitence, et qu'il soit à l'âge où l'on peut et doit la donner, je puis lui donner la pénitence, je ne puis lui donner une entière sécurité. Dieu, sans doute, à qui les consciences sont connues, et qui jugera chacun selon ses œuvres, voit dans quel état d'esprit et avec quelle contrition il l'a demandée. Pour moi, je crains que ce pénitent n'ait peut-être pas dans sa conscience ce qu'il ne montre pas par des actes ». Peut-être reconnaîtra-t-on dans ce discours quelques-uns des tours de pensée et de style du fragment que nous avons attribué à Fauste, ce qui ne doit pas étonner de la part de Césaire ; mais combien les précautions dont ce dernier vient de faire preuve pour ne désespérer personne à l'heure suprême sont loin des affirmations impitoyables qu'on a rencontrées plus haut !

Pour ébranler ceux qui se laissent tenter par la commodité du délai de la pénitence, Césaire recourt à des arguments qui ne troublent en rien la confiance du malade pénitent dans le pardon divin. Il admet au ciel le converti de la dernière heure, mais à une place bien différente de celui qui a vécu dans la pratique du devoir chrétien. Ce dernier seul possédera *le royaume* des cieux ; le premier devra se contenter du *repos éternel*. A l'un la couronne et la gloire qui accompagne le devoir triomphant ; à l'autre le repos sans la gloire. L'un est roi ; l'autre est sujet. Cette distinction était celle que les pélagiens avaient faite pour marquer la destinée différente des baptisés et des non baptisés. L'application que Césaire en fait ici montre chez lui une certaine liberté d'esprit. Mais que pouvait sur un grand nombre de fidèles, mise en balance avec l'ardeur que la passion du bien présent produit en nous, la perspective de déchoir d'un degré dans le royaume des cieux, s'ils étaient assurés d'en obtenir l'entrée quand ils voudraient ? Césaire s'efforce d'ébranler en eux cette certitude, non en jetant un doute sur leurs dispositions intérieures présumées au moment de la mort, mais en évoquant devant leur esprit les nombreux cas de force extérieure qui prennent la vie humaine à l'improviste. « Combien se fiaient qu'ils recevraient la pénitence au terme de leur vie, et ont été ensevelis sous une ruine, ou engloutis dans un naufrage, ou noyés dans le fleuve, ou frappés d'apoplexie, si soudainement qu'ils n'ont pas eu le temps, non seulement de demander la pénitence, mais même de se signer et de réciter l'oraison dominicale ? »

Mais change-t-on de vie dans la prévision incertaine d'un accident fortuit ? On se disait que lorsque la maladie serait venue, on aurait toujours bien le temps de se mettre en règle du côté de la pénitence. Il y avait, l'horreur d'un changement de vie mise à part, plusieurs avantages à la différer à ce moment. D'abord, l'absence du caractère de publicité, tout se passant alors entre le ministre de la pénitence, ordinairement un simple prêtre, et le malade. Il fallait, il est vrai, si l'on guérissait, venir prendre rang à l'église parmi les pénitents[1], et se préparer avec ceux-ci à la réconciliation solennelle, réservée à l'évêque. Mais on avait évité la phase la plus humiliante, c'est-à-dire, la cérémonie qui constituait le pénitent dans la profession de pénitence.

Césaire nous en décrit les caractères dans une de ses Admonitions les plus émues. D'abord, la publicité ; elle est plus grande qu'autrefois, les fidèles qui assistent à l'humiliation du pénitent étant plus nombreux. Ceux-ci ne sont peut-être plus témoins de l'aveu explicite de la faute[2] ; mais la réprimande publique dont l'évêque fait suivre cet aveu[3] ne laisse pas que de mettre le pénitent en fâcheuse posture. Le deuil sordide sous lequel il doit affronter cette publicité en augmente l'effet. Enfin, revêtu par l'évêque d'un cilice qui complète son travestissement pitoyable, il est aussitôt expulsé de l'église, où il n'a plus le droit de se présenter désormais, jusqu'à sa réconciliation, en dehors de la place spéciale réservée aux pénitents.

Pendant toute la durée de son expiation, le pénitent restait encore soumis, du temps de Césaire, à la plupart des rites consacrés par l'ancien usage. La place où il était relégué à l'entrée de l'église, le deuil de ses vêtements, l'exposaient aux regards de tous les fidèles qui entraient pour pénétrer dans l'intérieur. L'excommunication se renouvelait pour ainsi dire contre lui à toutes les messes solennelles, au moment où le diacre, annonçant la partie sacramentelle de la messe, ordonnait à ceux qui n'avaient pas droit à la communion de se retirer. Si c'était

---

1. Condition expresse sur laquelle reviennent avec insistance les canons arlésiens [Orange I, c. 3, Statuts 20, 21]. La comparaison de ces canons avec les Admonitions montre que la collation de la pénitence publique *in extremis* tenait alors dans le ministère paroissial à peu près la même place que l'administration des derniers sacrements aujourd'hui.

2. Une décrétale du pape Léon (Migne, t. 54, *ép.* 168) aux évêques de Campanie avait abrogé sur ce point l'ancien usage, mais rien ne nous dit qu'elle ait été connue et suivie en Gaule.

3. Cf. *Vita sancti Hilarii arelat*, c. 13. L'Admonition 261 a été prononcée en pareille circonstance.

jour de jeûne, avant d'être congédié, il recevait de nouveau sur lui chaque fois l'imposition des mains de l'évêque [1]. Tous ces rites humiliants étaient couronnés par celui de la réconciliation. Le Jeudi-Saint, à la messe, le pénitent, si toutefois la durée et la qualité de son épreuve avaient été jugées suffisantes, était invité avec ses compagnons d'épreuve à s'avancer enfin pour la première fois depuis son excommunication hors de l'endroit où il se tenait, et traversant les rangs des fidèles, venait se prosterner tout du long devant le pontife. Celui-ci récitait sur les rangs des prosternés des prières suivies de l'absolution.

C'était donc en premier lieu cette extériorité dont les fidèles d'aujourd'hui ne voulaient plus entendre parler. Mais les prescriptions qui régissaient la vie privée du pénitent, pour mettre son amour-propre à une moindre épreuve, ne laissaient pas, par leur fixité, leur diversité et leur durée, que d'être très gênantes dans la vie ordinaire, et étaient incompatibles avec beaucoup de professions ; il y avait là aussi nécessité de modifier les anciennes règles établies.

Le pénitent ne voyait pas seulement une grande partie de son temps absorbé par les épreuves spéciales qu'il avait plu à l'évêque de lui prescrire, telles que veilles à l'église, assistance aux Heures, pélerinages, ensevelissement des morts, service des funérailles. Une foule de choses, licites pour les autres chrétiens, devenaient illicites pour toute la vie dès qu'on avait embrassé l'état de pénitent. Le pénitent devait s'interdire le vin et la viande dans ses repas ; il lui était défendu d'user du mariage, s'il était marié, de contracter mariage, s'il était veuf ou célibataire, d'entrer dans l'armée ou de se faire incorporer dans un des services publics appartenant à la *militia sæcularis*. A vrai dire, l'interdiction concernant le mariage et son usage était pour la vertu du pénitent plutôt un piège qu'un remède. C'est pourquoi le pape Léon, consulté sur ce point par l'évêque de Narbonne Rusticus [2], n'avait pas hésité à l'inviter à concéder le mariage aux pénitents jeunes. Mais il ne semble pas que cet accommodement ait été admis en Gaule. Ici, plutôt que d'élargir la discipline pénitentielle pour en faciliter l'accomplissement à un plus grand nombre de personnes, on préféra faire des exceptions pour conserver la discipline dans son intégrité. Césaire poussa ses collègues dans cette voie, en faisant inscrire dans le concile d'Agde (c. 15) la recommandation de n'imposer que très difficilement la pénitence publique aux jeunes gens, et, en ce qui concernait les personnes mariées, de ne l'accorder à l'un des époux que du consentement de l'autre.

---

[1]. Statuts, 65 ; Agde, c. 44.
[2]. V. ci-dessus, p. 190.

Épouvantés par cette surcharge de devoirs pénibles et sans fin, tels qu'on a peine à les concevoir même pour des siècles de ferveur, toute une masse de fidèles se laissaient détourner de la pénitence, et se trouvaient ainsi en dehors du courant de la vie chrétienne. Ne devait-on pas s'attendre à une répugnance bien autrement vive de la part des néo-chrétiens fournis à l'Eglise par la barbarie des Francs, Burgondes et autres Germains, pour lesquels, en raison de la pétulance qui les caractérisait, les lois pénitentielles devaient être d'une application extrêmement commune ? Quelle apparence que ces hommes fiers, en qui le métier des armes était passé en seconde nature, et qui avaient un trop plein de virilité et d'ardeur naturelle à dépenser, dussent plier leur naturel indocile à un joug aussi humiliant que dur ?

Aussi, le temps était-il proche où l'Église, malgré son instinct conservateur, devait se déterminer à modifier profondément cette institution qui semblait faire corps avec elle par son antiquité.

Un grand changement paraît déjà accompli un siècle plus tard, vers le temps où commence l'épiscopat de saint Éloi[1]. La profession de pénitence n'a plus ce caractère solennel d'abomination contre l'homme, répudié par la société chrétienne. Le pénitent n'est plus expulsé de l'église, ni repoussé des mystères sacrés, ni relégué dans un rang séparé. Son expiation, commencée le mercredi des Cendres pour finir le Jeudi-Saint, s'accomplit, comme une pratique de piété ordinaire, au sein de l'Eglise. En certains lieux, toute publicité autour de cette expiation est supprimée ; le pénitent va passer dans un monastère le Carême au terme duquel il désire être réconcilié.

Les exercices dont il est question ici appartiennent encore à la pénitence publique. Mais de plus, à l'époque dont nous parlons, le cercle de celle-ci s'est considérablement restreint, et elle n'est plus guère appliquée qu'aux criminels notés comme tels par la loi. Les autres personnes portent leurs cas pénitentiels et tout ce qui pèse plus ou moins gravement sur leur conscience au prêtre, à celui à qui elles veulent, dans le temps qu'elles veulent, et elles reçoivent des pénitences qui sont déterminées par les livres pénitentiels, avec des intermittences et pour une durée limitée, suivant la gravité des péchés accomplis. La pénitence n'est plus cet état de mort au monde, devant lequel reculait l'homme le mieux disposé à se repentir du péché ; c'est déjà, dans une certaine mesure, l'exercice facile auquel les chrétiens pratiquants d'aujourd'hui sont habitués. Ce changement avait été opéré par saint Co-

---

1. Nous renvoyons aux sermons de saint Eloi insérés dans Migne, tom. 87, après la Vie de ce saint, quoiqu'ils soient d'une authenticité douteuse ; ils dépeignent l'usage gallican conformément aux livres pénitentiels des VIIe et VIIIe siècles.

lomban, conformément aux usages de l'Église irlandaise, une Église toute jeune, où, avec un esprit éveillé et qui ne fuyait pas la singularité, on avait vu dès la première heure la meilleure méthode à suivre dans le traitement des âmes.

N'osant être si franchement novateur, Césaire se montrait du moins, comme ministre de la pénitence publique, de la plus grande facilité pour les concessions de dispenses. Aux catégories de personnes fondées à dire : « Moi qui suis jeune, qui ai femme, ou qui suis engagé dans un service public, comment veut-on que je coupe mes cheveux, que je revête le cilice, que je me livre à l'abstinence et que je fasse tout ce qui est prescrit dans la pénitence publique[1] ? » Il n'hésitait pas à répondre que la pénitence canonique n'était pas d'obligation pour elles ; que la pénitence agréable à Dieu était celle qui avait son siège dans le cœur, et qu'il y avait des moyens à la portée de tous d'en produire les actes ; tels étaient l'aumône, la visite des lieux saints, la prière fréquente, les larmes du repentir, la mortification des passions. Il est probable qu'il déterminait lui-même, pour chaque personne qui sollicitait la dispense, la qualité et la mesure de la satisfaction qui devait être fournie à la place des épreuves canoniques, suivant un mode qui se rapprochait de notre confession secrète. Son exemple et ses instructions ont ainsi préparé la réforme accomplie au siècle suivant par les Irlandais.

*
* *

Voici encore un point où la pratique chrétienne a considérablement déchu depuis un siècle : nous voulons parler de la fréquentation du rite eucharistique. Jusqu'aux premières années du cinquième siècle, on voit, par les Pères et les écrivains ecclésiastiques qui ont parlé de l'Eucharistie, que la communion des fidèles était encore regardée comme le complément nécessaire de la messe célébrée par l'évêque ou par le prêtre. Lorsque ceux auxquels le diacre signifiait après la messe des catéchumènes le traditionnel « *qui non communicat, det locum* », s'étaient retirés, tout fidèle qui n'avait pas encouru par une faute publique grave cette exclusion de la messe des communiants venait, après le clergé, recevoir sa part des Espèces consacrées. La réception plus ou moins fréquente de l'Eucharistie dépendait uniquement de la célébration plus ou moins fréquente de la messe ; elle était quotidienne en Afrique, où l'on célébrait la messe tous les jours ; elle avait lieu le dimanche et les jours de fêtes seulement, ou le samedi et le

---

1. Serm. 258, 249, n° 6, etc.

dimanche, et à certains jours de Vigile ou de Carême, en Orient, de même qu'en Gaule, où la messe n'était célébrée que ces jours-là. Quoi qu'il en soit de ces différences, les fidèles étaient familiarisés avec la communion comme les prêtres le sont de nos jours avec la célébration de la messe.

Le fait est bien différent, sans doute, de ce que nous avons sous nos yeux, et on peut se demander si tout ce monde allait à la Sainte Table avec l'intégrité de conscience dont nous avons l'idée aujourd'hui. Mais tout en faisant la part des communions indignes qui pouvaient et qui devaient certainement se commettre, il ne faut pas oublier que tous ceux qui, en ce temps, assistaient à toute la messe étaient une élite. Les croyants qui ne se sentaient pas de force à suivre toutes les pratiques de la religion chrétienne étaient pour la plupart de simples catéchumènes qui cherchaient leur voie, et attendaient le coup décisif de la grâce. Dès que leur hésitation prenait fin, l'initiation baptismale était chez eux la marque d'une vocation aussi décidée qu'elle l'est chez nos clercs ou nos religieux, lorsqu'ils prennent l'habit. A partir de ce moment, l'économie de la pratique chrétienne reposait sur une idée extrêmement haute, que nous avons peine à concevoir aujourd'hui, à savoir, que le chrétien ne devait plus retomber dans l'état permanent du péché. Si le baptême ne les mettait pas absolument à l'abri de cette fâcheuse éventualité, si on pouvait compter un nombre plus ou moins grand de pécheurs, surtout parmi les baptisés qui n'avaient point passé par l'épreuve du catéchuménat, ceux qui avaient infligé à leur âme une blessure profonde, astreints à un traitement pénitentiel dont les préliminaires correspondaient à un second catéchuménat, n'avaient point part à la partie eucharistique de la messe. Restaient ceux que des péchés intérieurs non sujets à la pénitence publique mettaient dans un état de conscience peu conforme à la sainteté du sacrement. Même dans ce cas, ils pouvaient se présenter à la communion d'une façon non seulement exempte de sacrilège, mais encore sainte et fructueuse, suivant les dispositions présentes de leur âme. Les chrétiens des premiers siècles, à coup sûr plus croyants et plus dévots que nous ne sommes, étaient aussi moins scrupuleux et moins inquiets à l'approche de Dieu. Les fautes commises qui ne produisaient plus d'émotion actuelle sur la volonté ne troublaient aucunement leur quiétude au moment de s'approcher du sacrement eucharistique. Dès qu'ils ne sentaient plus au dedans d'eux-mêmes l'attache à l'occasion du péché, le souvenir même de ce dernier n'était plus dans leur conscience qu'une trace morte, que l'Eucharistie, associée avec le jeûne, la prière, les œuvres de miséricorde, devait achever d'effacer. Ils allaient à Dieu, comme à un père et à un ami, avec simplicité et confiance, et ne connaissaient pas, dans sa Miséricorde pour l'homme pécheur repentant, ces distinctions et ces degrés que la doctrine de l'attrition a établis plus tard, avec un fondement réel, sans doute, dans la tiédeur et la grossièreté où tomba le sentiment chrétien, mais avec beaucoup de subtilité et d'exagération de la part des casuistes.

Il n'y avait de communions indignes, au sentiment des chefs d'église comme des fidèles, que celles qui étaient faites dans la disposition actuelle du péché, et tout en les supposant quelquefois, il faut croire qu'elles furent peu nombreuses, tant qu'il fut possible de conserver la moralité générale dans toute sa pureté et sa délicatesse. C'est ce qui eut lieu jusque dans les premières années du cinquième siècle. Mais déjà, à partir de cette époque, une discordance entre l'usage établi de communier fréquemment et la conduite ouvertement mauvaise de certains communiants commença à frapper les yeux des chefs d'église. Lorsqu'on vit les mêmes personnes, qui avaient coutume de s'asseoir à la Sainte Table, se gêner de moins en moins pour commettre, même en public, des actes formellement réprouvés par la loi chrétienne, s'adonner à la luxure, à l'ivrognerie, à la fréquentation des spectacles, aux augures et autres superstitions païennes, faire enfin, selon le mot indigné de Salvien[1], une étrange association de la table des démons avec la Table du Seigneur, il devint de plus en plus évident que l'équilibre était rompu entre l'ancienne tradition eucharistique de l'Église et les mœurs des nouvelles générations chrétiennes. C'est pourquoi l'Église se vit obligée de multiplier l'excommunication, qui était le seul moyen canonique d'exclure les indignes de la communion sacramentelle. De plus, dans l'incapacité où elle se vit d'atteindre de la sorte tous les coupables et toutes les espèces de péchés graves, elle se mit sans hésiter à prêcher l'abstention volontaire à temps de la communion eucharistique, afin de procurer aux fidèles dont la conscience n'était pas sainte l'occasion de revenir à des sentiments plus dignes du Festin sacré. Le conseil en est déjà donné par saint Chrysostome, saint Jérôme, saint Augustin lui-même. En Gaule, Cassien[2] appuie ce conseil au point de vue des moines, l'auteur du *Liber de ecclesiasticis dogmatibus* au point de vue des fidèles[3]. Ces derniers montrèrent d'ailleurs un empressement peu louable à dépasser sur ce point les instructions de leurs pasteurs. Déjà Hilaire, étant évêque d'Arles, avait vu avec amertume de nombreux fidèles, qui ne voulaient pas participer à la communion, se retirer sans attendre même

---

1. *De gubernatione Dei*, lib. VII, c. 2.
2. Collat. XXIII.
3. C. 53.

le renvoi des catéchumènes et des pénitents, afin de faire double économie sur le temps de la messe des communiants et du prône épiscopal.

Enfin, un décret du concile d'Agde (c. 18) permet de mesurer d'un seul coup d'œil tout le chemin perdu, au point de vue de la communion fréquente, de saint Augustin à saint Césaire. Un grand nombre de fidèles ne se souciant plus de communier, même aux plus grandes fêtes, le concile craignit de voir à la fin le rite le plus éminent du christianisme complètement délaissé. C'est pourquoi il exigea de tous les fidèles qu'ils eussent soin de se tenir dans les conditions voulues pour communier au moins aux trois grandes fêtes de l'année : à Noël, à Pâques et à la Pentecôte. Sans cela, disait-il, on donnait à croire qu'on n'était plus catholique, « *catholici non credantur* ».

Cette dernière expression est du style et de la main de Césaire. Cependant le désir, quelque vif qu'il pût être, de perpétuer l'usage de la communion chez les fidèles, paraît l'avoir affecté beaucoup moins constamment que le souci de sauvegarder la dignité du sacrement chez ceux qui le pratiquaient. A l'approche des fêtes où la communion est de précepte, il a soin d'instruire les fidèles sur la pureté à apporter à ce sacrement, et son esprit rencontre chaque fois les images les plus en rapport avec la fête à célébrer. Noël [1] lui remet en mémoire les anniversaires que l'on continuait comme autrefois de fêter avec éclat dans les maisons des personnes illustres. « Considérez, mes frères, avec quel empressement un homme puissant ou noble, lorsqu'il veut célébrer son anniversaire ou celui de son fils, donne l'ordre plusieurs jours à l'avance de nettoyer tout ce qu'il a remarqué de malpropre dans sa maison, de débarrasser tout ce qui est malséant et n'est point à sa place, de disposer tout ce qui est utile et nécessaire. La maison, pour peu que les murs soient devenus sombres, reçoit une couche de blanc ; les pavés sont purifiés de leurs taches et ornés avec diverses fleurs. On déploie toute l'activité possible pour tout ce qui doit procurer la joie du cœur et les délices du corps. Si donc tu fais tant d'apprêts pour ton jour de naissance ou celui de ton fils, quels apprêts ne dois-tu pas faire pour préparer le jour de naissance de ton Seigneur ?... »

L'argument, ainsi présenté, risquait de ne toucher que quelques personnes fières de leur naissance. L'orateur le répète sous une autre forme pour être compris de tous. « Certes, si un roi de la terre ou n'importe quel père de famille t'invitait à son anniversaire de naissance, quels beaux vêtements tu t'efforcerais d'avoir pour te rendre à son invi-

---

1. Serm. 115, n. 2.

tation, combien neufs, propres, luisants tu les voudrais, de peur que leur vétusté, ou leur vileté, ou quelque autre défaut ne choquât les yeux de celui qui t'aurait invité. Prends un soin pareil pour que ton âme, costumée avec la parure variée des vertus, ornée des perles de la pureté et des fleurs de la tempérance, se présente en toute sécurité de conscience à la fête du Roi éternel, à la Nativité du Seigneur Sauveur..... »

Ces avis ne visent pas seulement les péchés qui réclamaient une pénitence publique, mais bien tous les péchés graves, même intérieurs. « Si quelqu'un conserve de la haine, ne serait-ce qu'à l'égard d'une seule personne, je ne sais comment il peut approcher avec tranquillité de l'autel du Seigneur, surtout s'il considère cette parole redoutable du bienheureux Évangéliste Jean : que celui qui hait son frère est un homicide. Car je vous laisse à juger si un homicide doit avoir la présomption de recevoir l'Eucharistie avant d'avoir fait pénitence. » Césaire veut, en conséquence, qu'on se prépare à la communion de Noël en faisant une sorte d'Avent spirituel. L'Avent liturgique n'existait pas encore. Il en a indiqué le principe et assigné les premières observances, recommandant, pendant les semaines qui précédaient la fête, l'assistance aux Vigiles et aux Heures de l'office liturgique, la mortification dans le manger et le boire, l'abstinence dans l'usage du mariage, et les autres mortifications usitées en temps de pénitence.

Le Carême lui donne occasion de réitérer ces recommandations. Il y met plus d'insistance, tant à cause de la gravité des mystères commémorés par les derniers jours du Carême, qu'à raison de l'importance exceptionnelle de la communion du Jeudi-Saint, où les pénitents réapparaissaient devant l'autel avec les autres personnes. Dès les premiers jours du Carême, il s'efforce de diriger les yeux des fidèles vers la communion du Jeudi-Saint comme vers le couronnement des exercices spirituels de cette période. Ce sujet amène fréquemment sur ses lèvres la comparaison familière du froment, du vin, de l'huile, que l'on récolte et que l'on serre au grenier, au cellier, à la cave avec joie, après avoir planté, semé, et s'être imposé de longues peines.

En cherchant ainsi les comparaisons qui correspondent le mieux avec le sujet à traiter, Césaire est amené à nous décrire en détail la manière dont s'administrait l'Eucharistie dans son église. Nous trouvons cette description dans une Admonition[1] rédigée pour l'anniversaire d'une dédicace d'église ou d'une consécration d'autel, fêtes particulièrement populaires dans l'Eglise gallicane. Entre le temple ou l'autel matériels

---

1. Serm. 229.

et l'âme visitée par l'Eucharistie, le rapprochement était tout indiqué, vu surtout, en ce qui concernait l'autel, l'usage où l'on était en Gaule de faire approcher les fidèles de l'autel pour la communion. Après avoir exhorté ses auditeurs à tenir purs et saints le temple et l'autel de leur âme, Césaire poursuit ainsi : « Au demeurant, mes très chers frères, ce que je vous dis de faire n'est ni si extraordinaire, ni si difficile ; car je vous le vois pratiquer plus ou moins fréquemment. Au moment où l'on doit s'approcher de l'autel, tous les hommes lavent leurs mains, et toutes les femmes déploient des serviettes bien propres pour recevoir le Corps du Christ sur la main ou sur la serviette. Comme les hommes lavent leurs mains avec l'eau, ainsi qu'ils lavent leurs âmes avec l'aumône ; et pareillement, de même que les femmes déploient un linge très propre pour y recevoir le Corps du Christ, ainsi qu'elles se présentent avec un corps chaste et un cœur pur pour recevoir le sacrement du Christ avec une bonne conscience. »

Comme les assistants avaient pris l'habitude de s'abstenir en masse de la communion, il était à craindre maintenant que toute la partie eucharistique de la messe ne devînt pour eux l'accessoire, et ne finît par s'accomplir avec le concours du clergé seul. Césaire ne parvint qu'avec peine, en joignant l'autorité aux remontrances, à vaincre ce préjugé, qui avait pour excuse l'ancienne tradition du rite eucharistique. Dès le concile d'Agde, il avait fait porter une menace d'excommunication contre quiconque se retirerait de la messe sans attendre la récitation du *Pater* et la bénédiction de l'évêque. Dans deux Admonitions dirigées contre l'abus visé ci-dessus, il commence par en constater la ténacité et la vogue. « C'est la plus grande partie des fidèles qui sortent de l'église après les lectures finies, avant l'achèvement des divins Mystères ; bien plus, presque tous le font. » Pour les retenir, il descend aux supplications, il fait appel à leur affection pour lui. « Si vous vouliez reconnaître et considérer avec attention la douleur et l'amertume qui remplissent mon cœur, lorsque je vous vois refuser d'entendre les messes jusqu'à la fin, je vous ferais avoir pitié de vous et de moi. » Le sujet comportait une explication de la doctrine de la messe ; l'orateur la donne avec une clarté qui ne s'était pas encore produite à un pareil degré. » Si vous faites bien attention, vous connaîtrez que l'exécution de la messe n'a pas lieu quand on récite dans l'église les divines lectures, soit des Prophètes, soit des Apôtres, ou de l'Evangile. Les lectures, vous pouvez les faire chez vous, ou entendre ceux qui les font. Mais vous ne pouvez assister à la consécration du Corps et du Sang du Seigneur ailleurs que dans la maison de Dieu. » Il fallait donc savoir à quel moment précis la messe pouvait être considérée comme finie pour les non communiants. Le concile d'Agde (c. 47) et les Admonitions le fixent après une cérémonie qui a disparu avec l'ancienne liturgie gallicane : il s'agit d'une bénédiction solennelle que le célébrant donnait au peuple immédiatement après l'Oraison Dominicale, au moment où le diacre, comme les Admonitions le marquent, avertissait les fidèles de s'incliner. Le concile d'Agde (c. 44) avait réservé cette bénédiction à l'évêque seul. Lorsque c'était un simple prêtre qui célébrait, les non communiants pouvaient donc se retirer aussitôt après le *Pater* ; la communion suivait immédiatement. Le public participait d'ensemble à la récitation du *Pater* et à l'exécution de la liturgie pour tout ce qui venait avant cette prière. Cet usage est un nouvel argument à l'appui des remontrances de Césaire. « A qui le célébrant adressera-t-il le *Sursum corda* ? Comment pourront-ils répondre qu'ils ont « en haut les cœurs », ceux qui se dissipent de corps et d'esprit sur les places publiques ? Comment chanteront-ils avec une joie mêlée de tremblement : « Saint, Saint, Saint, Béni soit Celui qui vient au nom du Seigneur ? » Et quand on récite l'Oraison Dominicale, qui est-ce qui dira à haute voix, avec humilité et vérité : « Remettez-nous nos dettes comme nous remettons à nos débiteurs ? »

Aucun argument ne lui paraissant à dédaigner, Césaire invoque aussi la durée relativement courte de la messe, telle qu'il a eu soin de l'ordonner : « Elle est d'une heure ou deux seulement. » En prenant la moyenne, cela fait une heure et demie ; c'est la mesure d'aujourd'hui. Du temps d'Hilaire, la messe dominicale ne durait jamais moins de quatre heures. Il est juste d'ajouter que les fidèles perdaient patience en y assistant. Néanmoins, la comparaison de ces petits faits fournit un nouveau signe du changement opéré dans les habitudes religieuses.

Quelque modérée que fût cette durée, tout le monde n'était pas libre de rester une heure ou deux à l'église. Césaire sait faire état des empêchements légitimes, tels que les exigences du service public, ou l'infirmité. Il fallait se tenir debout pendant toute la durée de la messe. Avec une sollicitude toute paternelle, Césaire s'inquiète des personnes que cette tenue peut fatiguer ; il leur permet, il leur recommande même de s'asseoir pendant la lecture et l'homélie. Les Arlésiennes ayant usé de cette permission avec le laisser-aller propre aux femmes du Midi, il les gourmande avec une charmante familiarité[2]. « Il y a quelques jours, sollicité par une paternelle compassion pour les personnes qui

---

1. Serm. 281, 282.
2. Serm. 300.

ont des douleurs aux pieds ou qui souffrent de quelque autre infirmité, j'ai donné conseil et j'ai presque supplié pour que ceux qui ne peuvent se tenir debout, quand on lit des passions prolixes ou qu'on fait des lectures un peu longues, s'asseoient avec modestie et en silence pour écouter la lecture avec des oreilles attentives. Mais voilà que plusieurs de nos filles se croient obligées de le faire à tout propos, quand même elles sont bien portantes. Sitôt que l'on commence de réciter la Parole de Dieu, elles veulent être couchées comme sur leurs lits, et plût à Dieu qu'il leur suffît de se coucher, et qu'elles accueillissent d'un cœur altéré la parole de Dieu en silence, au lieu de s'occuper à des commérages, au point de ne rien entendre de ce qu'on prêche, et d'empêcher que les autres ne puissent entendre. C'est pourquoi je vous prie, vénérées filles, et je vous adresse un avertissement paternel pour que, soit qu'on lise, soit qu'on prêche, aucune de vous ne se mette par terre, si ce n'est, par hasard, celle qu'une trop grave infirmité y contraint, toutefois sans s'étendre, mais plutôt en s'asseyant. »

Quant à ceux qui se retirent de l'église prématurément sans aucun de ces motifs, Césaire sait où ils sont et ce qu'ils y font[1]. Les uns, ceux surtout qui ont eu un long trajet à faire pour venir au centre religieux et civil, veulent soigner du même coup le temporel et le spirituel ; ils traitent d'affaires sur la place publique, ou dans la basilique des juges, presque dos à dos avec l'assemblée chrétienne, que troublent leurs cris. Les autres, encore plus blâmables, donnent à la boisson, à la danse, au jeu, le temps qu'ils dérobent au devoir religieux.

Un autre désordre a lieu sous les portiques qui environnent l'église, où une partie des clercs passent le temps à médire du prochain, ou à s'entretenir de choses futiles avec les laïques ou les femmes. Césaire poursuit l'inconvenance partout où il la trouve.

Sa sollicitude pour tout ce qui touche au service divin lui a dicté plusieurs autres Admonitions sur la bonne exécution de la liturgie, et sur l'observation des dimanches et fêtes et des temps consacrés par l'Eglise à la piété.

Les diverses branches du culte chrétien avaient achevé de s'ordonner pendant le cinquième siècle. Le progrès avait été grand à ce point de vue ; il y avait eu émulation d'activité entre les grandes métropoles, les conciles et les grands monastères. Mais ce progrès s'était renfermé dans le clergé et chez les religieux. Plus le culte se compliquait et s'ordonnait, plus le gros public chrétien en arrivait naturellement à se per-

---

1. Serm. 282.

suader que la plus grande partie du culte était l'affaire exclusive des clercs et des moines. Il subventionnait le clergé ; il soutenait de ses largesses les établissements monastiques ; c'était sa façon de participer au service de la religion. Les clercs et les religieux étaient censés s'acquitter pour lui des soins plus intimes de ce service, priant, jeûnant et officiant.

Cet ordre de choses était inévitable. Loin de le réprouver, Césaire en donne, sous forme allégorique, une curieuse démonstration dans l'Admonition intitulée : Comparaison de l'orme et de la vigne [1], l'orme figurant les laïques riches, qui aident, par leurs aumônes, les religieux à s'élever, pareils à la vigne, au-dessus des occupations terrestres, et à produire des fruits de piété meilleurs. Cependant, il n'entend pas exempter les fidèles de se tenir en communion de piété avec les clercs dans la mesure où ils le peuvent. Il constate avec regret que ceux de son temps s'habituent déjà à rester tranquilles spectateurs de ce qui se passe au chœur, sans paraître prêter aucune attention même aux signaux qui les concernent [2]. Le diacre a-t-il averti de fléchir les genoux pour l'oraison, ou d'incliner la tête pour la bénédiction de l'évêque : « le plus grand nombre se tiennent raides comme des colonnes. » Quels mobiles les empêchent de s'agenouiller ou de s'incliner ? Chez les uns, c'est simple négligence ; mais chez d'autres, c'est orgueil, c'est souci « de ne pas froisser ou gâter leurs beaux vêtements », c'est dédain de courber la tête sous la main d'un autre homme, quoique évêque. Aux uns, il oppose l'attitude du publicain, de Jésus-Christ en prière « la face contre terre, suant des gouttes de sang, en priant pour nous. Celui qui est la Miséricorde prie prosterné contre terre, et celui qui est la misère ne s'incline même pas ». Il exhorte les autres avec modestie « à ne pas considérer l'indignité de celui qui bénit, mais la bénédiction de Dieu que sa main leur transmet ; ils doivent la recevoir comme une rosée et une pluie célestes ». Cette image de la pluie amène une comparaison pittoresque : « Vous savez que la pluie, venant à rencontrer une montagne trop élevée, ne tarde pas à descendre dans la vallée ; de même, ceux qui s'inclinent humblement pour recevoir la bénédiction font en quelque sorte des vallées où ils reçoivent la pluie de la bénédiction divine. » [3]

Nous avons parlé plus haut du chant populaire que Césaire avait introduit dans son église, pour ôter tout prétexte de se dissiper à ces chrétiens, pour qui la pratique solitaire de l'oraison et les lectures

---

1. Serm. 307.
2. Serm. 283.
3. Id.

sacrées étaient devenues fastidieuses. Il reste une Admonition [1] où il les félicite avec chaleur du goût et du soin qu'ils apportent à cette innovation. Il les exhorte à ne pas se complaire seulement dans l'harmonie extérieure, et à mettre leurs intelligences et leurs cœurs à l'unisson de leurs voix. Pour atteindre ce but, il a soin de ne pas supprimer tout à fait les temps de silence ; mais il les combine avec les chants, en laissant entre les psaumes de courts intervalles pendant lesquels les fidèles doivent s'efforcer d'enfouir dans leurs cœurs le sens des choses chantées, imitant le laboureur, lorsqu'il recouvre la semence, pour qu'elle puisse féconder.

Le Ve siècle avait aussi rendu plus fréquentes les réunions du culte en vue de la psalmodie, des lectures, et des prières autres que la messe [2]. On se réunissait à l'église, non plus trois ou quatre fois par semaine seulement, comme autrefois, mais tous les jours. On paraît s'être contenté toutefois en général des deux réunions du matin et du soir, appelées, pour cette raison, *Matines* et *Vêpres* ou *Lucernaire*. Césaire, nous l'avons fait voir, introduisit dans son église trois nouvelles Heures : *Tierce*, *Sexte* et *None*. Tout cet accroissement se fit, est-il besoin de le dire, en imitation de ce qui se pratiquait dans les monastères, et par l'initiative d'évêques qui avaient fait leur stage dans ces établissements. Le clergé seul en supporta les conséquences. Quant aux fidèles, ne pouvant, comme il est naturel de le penser, interrompre ainsi leurs occupations à toutes les heures du jour, ils préféraient, lorsque la dévotion les y poussait, assister à l'un des offices extrêmes de la journée, c'est-à-dire, soit à Matines, soit à Vêpres. Césaire intercalait volontiers une homélie ou une lecture dans ces offices, lorsqu'il remarquait que l'assistance était nombreuse, ce qui avait lieu surtout à Matines. Matines commençait déjà, dans les églises du clergé séculier, à remplacer l'ancienne Vigile, moins fréquente, puisqu'elle n'avait lieu que le samedi, le dimanche, et les jours de grandes fêtes, mais incomparablement plus longue et plus fatigante. Le clergé lui-même ne connaissait plus guère, sauf aux fêtes de Pâques et de Noël, ces anciennes veilles où la nuit entière se passait à attendre l'aurore de la solennité. Aux autres jours de Vigile, celle-ci s'était reportée immédiatement avant l'Heure de Matines, par laquelle elle se terminait *sub und conclusione*. C'est pourquoi les deux noms sont employés indifféremment l'un pour l'autre dans les Admonitions de Césaire, comme plus tard dans Grégoire de Tours.

Aux approches des grandes fêtes, et, en particulier, avant Noël et pen-

---

1. Serm. 284.
2. Concile de Vannes, c. 14. Agde, c. 30.

dant le Carême, l'évêque d'Arles convoquait son monde avec plus d'instance que d'habitude à la Vigile[1]. Il n'excusait pas de péché véniel ceux qui s'en dispensaient sans motif. Il se faisait d'ailleurs une règle de ne jamais les retenir plus d'une demi-heure, fallût-il, s'il avait fait une instruction ou une lecture, hâter ensuite la psalmodie du *Miserere*, sur lequel la Vigile se clôturait d'ordinaire. Cette attention à les ménager donnait plus de poids à ses paroles, lorsqu'il s'agissait de stimuler les paresseux, de gourmander les retardataires, de retenir ceux qui étaient pressés de courir à leurs affaires. C'était le moment où le crépuscule, commençant à replier les ombres de la nuit sur la ville et ses bassins, éclairait les ouvriers retournant à leurs métiers, les négociants et les marins qui allaient de nouveau affronter les périls du Rhône ou de la mer. Césaire voit dans cette activité matinale un sujet d'émulation pour les fidèles. « Je vous le demande, mes frères, si les cordonniers, les orfèvres, les serruriers, les charpentiers, et les autres artisans se lèvent de meilleure heure, afin de pourvoir à leur subsistance corporelle, ne devons-nous pas nous lever avant le jour pour venir à l'église recevoir le pardon de nos péchés ? Si les négociants ont coutume d'être matinaux pour l'amour de l'argent, pourquoi ne veillerions-nous pas de bonne heure pour l'amour de la vie éternelle ? On en voit se confier aux vents et aux tempêtes, et naviguer de l'Orient à l'Occident, de l'Occident à l'Orient, en supportant beaucoup de périls, et même, quelquefois, en endurant la faim et la soif d'une façon très cruelle ; ils endurent tout cela pour acquérir une substance périssable ; et nous, pourquoi sommes-nous paresseux de veiller pour la vie éternelle[2] ? »

Ainsi, les exercices sacrés, s'ils s'étaient beaucoup abrégés, étaient par contre, à certaines saisons, devenus plus fréquents. L'assistance aux offices n'était plus soutenue avec la même persévérance et la même ferveur qu'autrefois par les masses chrétiennes. Cependant les chefs d'église pouvaient encore obtenir d'une élite compacte de fidèles une assez grande assiduité à des réunions du culte ordonnées avec un zèle mesuré et discret.

Le Carême était, plus que les autres temps de l'année, destiné à un effort particulier de dévotion. Comme il s'agit ici d'une observance déjà ancienne, puisqu'elle est mentionnée dans les actes du concile de Nicée, tout l'intérêt à tirer de Césaire en ce qui la concerne est de savoir quel développement elle avait pris, et comment Césaire entendait qu'elle fût suivie[3].

1. Serm. 285.
2. Serm. 283.
3. Serm. 83, 140-142, 146.

Alors que l'auteur des Admonitions a beaucoup parlé sur le Carême, il insiste très peu sur l'obligation de jeûner. Cela ne signifie pas que cette obligation fût peu considérée. L'exactitude des fidèles à la remplir dispensait Césaire d'insister. Le concile d'Agde réprimande sévèrement les gens qui interrompent le jeûne du Carême le samedi, suivant l'usage oriental ; la vivacité de cette réprimande prouve que le jeûne, à part cette exception, était religieusement observé. Cependant, malgré la rigidité des idées reçues sur ce point, malgré l'austérité dont il usait pour sa personne, Césaire envisage la question du jeûne avec beaucoup d'indulgence, et presque comme une question secondaire. S'il confesse bien clairement que c'est un péché de ne pas jeûner[1], il semble le ranger parmi les simples péchés véniels. En tout cas, il tient un très grand compte, du moins en ce qui concerne les simples fidèles, des raisons de santé. « Je ne dis à personne : jeûne plus que tu ne peux.... » ne cesse-t-il de répéter. « Je n'impose à personne de s'abstenir du vin et des viandes si son état de santé ne le permet pas... Il est, du moins, une mortification qui dépend de chacun : c'est celle qui consiste à s'abstenir du péché, et à accomplir les commandements de Dieu.[2] » Quel fidèle pouvait invoquer des excuses plausibles contre l'observation du devoir chrétien interprété si largement ?

Il entendait de la même façon la pratique de l'abstinence. Sous ce terme, il faut comprendre à la fois l'abstinence du vin et de la viande. Mais il semble toutefois que cette dernière admît une exception qui a disparu plus tard et jusqu'à nos jours, et qui était compensée d'ailleurs par la durée plus longue du jeûne. Nous voulons parler de la chair des volailles. Du moins les moines et les personnes menant une vie de pénitence distinguaient-ils soigneusement entre la viande des quadrupèdes, *carnes, sanguis*, et celle des volatiles. Pomère critique quelque part[3] l'abus que faisaient de la tolérance relative à ces dernières viandes les clercs et les moines qui raffinaient sur l'abstinence en se régalant de la chair des « faisans ». Césaire admettait à un certain point la même distinction pour ses religieux et ses religieuses. Tandis que sa règle interdit absolument les viandes de la première espèce, elle permet et conseille même l'usage des autres aux sujets malades ou débiles. Il est donc probable que les termes *carnes, sanguis*, dont il se sert dans les Admonitions pour désigner ce qu'il est défendu de manger en Carême, doivent être interprétés dans le même sens que dans ses règles. La distinction dont il s'agit ici reposait sur l'opinion, admise

---

1. Serm. 104, n. 3, 257, n. 2.
2. Serm. 269, n. 3, et ailleurs, passim.
3. L. II, c. 23.

par les naturalistes comme par les mystiques, que la chair des oiseaux était moins alourdissante pour le corps et pour l'âme que celle des quadrupèdes.

Enfin, les Admonitions sur le Carême censurent un genre d'exercice qui suppose l'usage de certaines chairs d'animaux, c'est la chasse. Une d'elles [1] est même spécialement dirigée contre ces chasseurs intrépides qui croyaient, parce qu'ils avaient l'estomac à jeun, faire acte de bons chrétiens en courant le gibier tout le jour, et ne rentraient que pour l'unique repas du soir. Quoique les chasses des Romains eussent un but moins exclusivement culinaire que les nôtres, il est difficile de croire que les fidèles censurés par Césaire se privaient de manger de leur chasse. Et cependant, il ne les blâme pas de ce qu'ils mangent des aliments prohibés; tout au plus fait-il allusion à la recherche excessive des mets. Il les blâme seulement de ce qu'en se livrant à la chasse, ils se privent, eux et leurs esclaves, des exercices de piété auxquels on doit assister en temps de Carême. Quelle vérité dans cette peinture ! « Pensez-vous que c'est jeûner, lorsque celui qui jeûne ne vient pas au premier jour à la Vigile, ne visite pas les lieux consacrés aux bienheureux Martyrs, mais à peine éveillé, convoque ses esclaves, qui aimeraient bien mieux venir à l'église, pose ses rêts, lance ses chiens, fouille taillis et bois ? Il passe tout le jour à la chasse, donnant tantôt des éclats de voix retentissants, tantôt des signaux muets pour qu'on fasse silence, joyeux s'il trouve quelque chose, furieux s'il manque ce qui n'a jamais été en sa possession. Il semble enfin, à voir de quelle ardeur il est transporté, que le jeûne a été institué exprès pour qu'il chasse ».

Tous les exercices qui supposent ou provoquent un effort, un travail intérieur, un progrès spirituel, prennent la première place dans le Carême de Césaire. Les Pères qui avaient avant lui parlé sur le même sujet, y compris saint Augustin, qu'il avait sous les yeux, comme cela se reconnaît à beaucoup de traits, s'étaient surtout occupés du jeûne et de l'abstinence. Ils avaient sans doute de bonnes raisons pour cela ; il s'agissait d'implanter ces observances, encore mal établies. Césaire mesure ses conseils et ses exigences à son temps. Il importait beaucoup moins au prédicateur d'insister sur les prescriptions relatives à l'affliction du corps que de raviver dans les âmes, par la fréquence des instructions, des lectures et autres pratiques vraiment spirituelles, le sens de la doctrine et de la loi chrétiennes amorti en beaucoup d'elles. Telle est l'idée fondamentale sur laquelle reposent toutes les Admonitions qui ont le Carême pour sujet.

---

1. Serm. 146.

Pour la mieux inculquer, l'orateur la revêt d'images qui intéressaient l'auditoire, parce qu'elles étaient locales, et que chacun, pour ainsi dire, s'y voyait soi-même. Tantôt, il s'inspire de l'expérience des gens de mer, et il représente le Carême « comme un lieu de radoub où il faut entreposer le navire de l'âme, afin de réparer les avaries que lui ont fait subir pendant toute l'année les tempêtes du monde, les vagues du péché ». Tantôt il fait appel à la prévoyance des agriculteurs et des vignerons. « De même qu'on recueille en temps de moisson et de vendange ce qui doit suffire à la vie, ainsi les jours du Carême sont comme un temps de vendange et de récolte spirituelles, où nous devons mettre en réserve ce qui doit faire vivre notre âme éternellement. »

Entre tous les offices de l'église, la Vigile offrait l'avantage d'être accessible à un plus grand nombre de personnes. A l'heure matinale où elle s'ouvrait et se terminait, il n'y avait presque personne qui pût prétexter que ses occupations l'empêchaient d'y venir. Aussi tient-elle la première place dans les exhortations de Césaire[1]. Si on était libre, il demandait que l'on suivît tout le cours des Heures liturgiques, ou sinon, qu'on employât plusieurs heures chaque jour à lire ou à entendre les lectures que les chrétiens fervents faisaient faire chez eux, et qu'on fît un partage aussi égal que possible des journées entre Dieu et les soins temporels. Ces exigences peuvent sembler exorbitantes. Mais il ne faut pas oublier qu'elles appartiennent à un temps où l'activité industrielle était bien moindre qu'aujourd'hui, et où beaucoup de personnes, disposant d'esclaves pour leurs gros travaux, ne savaient à quelle frivolité occuper leurs loisirs. « Consacrez à la lecture divine le temps que la fureur du jeu de dés avait accoutumé de vous faire perdre, ou que vous dissipez en faisant courir vos chiens de chasse. Que les entretiens sur l'Ecriture Sainte fassent trêve aux conversations oiseuses, aux plaisanteries mordantes, aux médisances envenimées. » Voilà ce que l'évêque pouvait dire à bon droit à beaucoup de personnes. Il est à remarquer que la lecture pieuse faite en particulier est placée par lui au second rang après l'assiduité à l'église ; nous reconnaissons ici une de ses idées arrêtées.

L'âme ainsi exercée et fortifiée par l'instruction, la prière et la lecture, doit se sentir beaucoup plus alerte, pour fournir les épreuves proprement dites du carême consistant dans le jeûne, l'abstinence, la continence même dans le mariage, les pèlerinages, et les œuvres pies. Parmi ces dernières, il est une catégorie que Césaire appelle de la seconde place à la première ; c'est l'aumône et tout ce que nous enten-

---

1. V. ci-dessus, et Serm. 283.

dons par les œuvres de miséricorde. « Il est bon de jeûner, mes frères, mais il est meilleur de faire l'aumône. Lorsqu'il n'y a pas de possibilité de jeûner, l'aumône se suffit sans le jeûne ; mais le jeûne ne suffit pas du tout sans l'aumône. » Pour ceux qui peuvent jeûner, la mesure dans laquelle ils doivent associer l'aumône au jeûne lui semble indiquée tout naturellement. Cela consiste à faire profiter les pauvres du repas qu'on économise chaque jour par le jeûne. S'il y en a qui se récrient, il leur ferme la bouche par la saillie de sa réplique. Se proposeraient-ils donc de reporter sur le repas du soir la dépense qu'ils se sont épargnée pour le repas du matin ? Mais alors, c'est cumuler deux repas en un seul, plutôt que jeûner véritablement. Comptent-ils simplement faire l'économie du repas dont ils se sont privés, mais cela, c'est en quelque sorte spéculer sur le jeûne ; quoi de plus inconvenant, que de se faire une occasion de lucre [1] de l'accomplissement d'un devoir religieux ?

*
* *

Aux prescriptions extérieures faisant partie du devoir chrétien, il convient de rattacher l'aumône, soit faite directement aux pauvres, soit apportée par les fidèles au trésor de l'église et mise à la disposition de ses préposés.

L'accroissement effrayant du nombre des pauvres pendant le Ve siècle, joint aux besoins nouveaux créés par la plus grande extension du culte, obligèrent les préposés ecclésiastiques à se préoccuper vivement de leurs ressources temporelles. Ce ne fut pas assez d'assurer l'intégrité des biens d'église par des mesures décrétées dans les conciles. Les chefs d'église s'efforcèrent aussi de stimuler la générosité des fidèles, qui, elle, au contraire des besoins, se ralentissait, en insistant sur le devoir de la charité externe, et en attribuant aux dons libres que les fidèles se désaccoutumaient de faire le caractère de prestations rigoureusement exigées par la loi ecclésiastique. C'est ainsi qu'une prestation importante, la dîme, qui devait assurer la subsistance générale des églises de villes et de campagnes, s'implanta dans les pays de Gaule. Entre les influences à signaler dans cet ordre de choses, les Admonitions méritent la première place.

Le régime des derniers temps de l'empire, moins que jamais favorable à la conservation des petites fortunes, avait été conservé par les États barbares établis sur ses ruines à la suite de catastrophes telles qu'on n'en avait jamais vu. De ce double fait était résulté un état de

---

1. Serm. 142, n° 6 ; 146, n° 5 ; la corrélation des deux passages est une preuve d'authenticité pour 146, qui a perdu sa marque d'auteur dans les manuscrits.

misère inoui. Les propriétaires qui avaient été la force de la république et des plus beaux temps de l'empire, écrasés d'impôts, auxquels les Grands trouvaient toujours moyen de se dérober, regardaient souvent comme une délivrance l'aliénation de leur titre de propriété, qui n'était plus qu'un dur fermage. Où se réfugier ensuite ? L'industrie et le négoce, absorbés par des collèges que l'État surveillait et dirigeait, et par des corporations plus ou moins libres, considérablement diminués d'ailleurs par les troubles des invasions, ne pouvaient offrir aucune compensation à des gens déjà aux trois quarts ruinés. Ceux-ci étaient donc contraints de solliciter la condition de colons d'un grand propriétaire, ou de se réduire en servitude, la pire des conditions : encore, était-elle préférable à celle de mendiants, à laquelle se trouvaient réduits ceux qui ne pouvaient trouver un maître, ou qui préféraient la faim dans l'indépendance à la servitude.

Cependant, la résignation des gens condamnés à l'état d'esclaves ou de colons ne résistait pas toujours à la dure expérience qu'ils faisaient de leur métier. La foule des mendiants se grossissait de ceux d'entre eux que la tyrannie des maîtres ou les exactions des propriétaires contraignaient à prendre la fuite. Qu'on ajoute à cette énumération d'immenses quantités de captifs, séparés violemment par les événements de la guerre de l'industrie et des terres qui les faisaient vivre, ruinés par la rançon qu'on exigeait pour les remettre en liberté, ou sinon laissés sans ressource dans les villes fortes, à la merci de la charité des habitants. Il n'est donc pas surprenant que Césaire, qui se trouvait chargé d'une grande église, à un moment où les besoins créés par tant de misères se faisaient sentir plus fort que jamais, ait beaucoup insisté sur le devoir de l'aumône. Ce qu'il dit sur ce sujet forme une démonstration complète de l'aumône ; il en étudie le fondement, les effets surnaturels ; il en détermine la quotité et le mode d'acquittement[1].

Pour établir l'existence de ce devoir, il n'a garde d'entrer dans de savantes considérations. Il se contente de citer simplement les textes de l'Evangile relatifs à l'aumône, celui-ci surtout, où l'essence et l'excellence de l'aumône chrétienne sont marquées avec une énergie sublime : « J'ai eu faim et vous ne m'avez pas donné à manger, j'ai eu soif, et vous ne m'avez pas donné à boire. » Jésus-Christ identifié avec les pauvres, exaucé ou repoussé dans leurs personnes, telle est l'idée vraie et belle sur laquelle Césaire s'efforce, avec une sagacité apostolique, d'amener et de fixer l'esprit de ses auditeurs. Le droit divin est pour lui l'unique fondement du devoir de faire l'aumône. Au reste, ce

---

1. Serm. 75, 270, 276, 277, 307, 308, 309, etc...

devoir gagne, sous plusieurs rapports, à être rattaché à un principe si élevé. D'abord, en étendue et en rigueur. Comme il est partie essentielle de la loi chrétienne, nul n'en est exempté, riche ou pauvre, du moment qu'on est chrétien. Pauvre, on trouvera, quelquefois du moins, l'occasion de donner à un plus pauvre que soit « un verre d'eau pour étancher la soif, ou la moitié de son morceau de pain, un abri dans le coin de sa masure, ou quelque autre témoignage de charité ». Riche, quel prétexte osera-t-on invoquer, pour s'exempter d'un devoir qui lie le pauvre lui-même ? Mais le caractère divin du précepte communique au devoir une fois accompli une vertu bien faite pour en tempérer la rigueur. Car, si c'est Jésus-Christ qui reçoit nos aumônes, et que la main des pauvres, selon une image familière à l'orateur, soit une sorte de tronc qui ouvre dans la main de Jésus-Christ, rien de ce que nous y déposons n'est perdu pour nous. C'est une portion de nos biens temporels que nous envoyons devant nous au ciel pour le profit ou la rançon éternelle de notre âme, *pro redemptione animæ*. Cette expression, répétée si souvent dans les actes des siècles suivants, comme considérant de la donation faite dans un but pieux, se trouve plusieurs fois sur les lèvres de l'évêque d'Arles, qui en commente la signification avec autant de force que d'onction. De toutes les satisfactions que l'homme peut offrir pour ses péchés, il n'en est pas de plus agréable à Dieu, d'après lui, que l'aumône. C'est pour cette raison que, dans les Admonitions relatives à la pénitence, et dans celles relatives à l'aumône, ces deux choses se trouvent toujours rapprochées ; nul doute que la popularité dont ces discours ont joui n'ait développé puissamment chez nos pères ce mouvement de générosité dont l'Église, sous l'ancien régime, a bénéficié dans une mesure extraordinaire.

Rappeler aux fidèles ces principes n'était certainement pas chose indifférente. Cependant, en présence de besoins impérieux et précis, tels qu'ils se présentaient, il importait encore davantage de bien établir la quotité et le mode des contributions charitables, pour ceux-là surtout qui avaient la richesse en suffisance ou en superflu. Césaire n'est pas homme à négliger ce côté pratique de la question. Il sait combien les personnes même les plus disposées à donner au pauvre qui invoque, sont sujettes à l'oublier, quand il cesse de demander : aussi, lui arrive-t-il rarement de congédier ceux qui assistent à son instruction, sans rappeler ses chers pauvres à leur souvenir. Il désigne en détail ce qu'il désire qu'on donne[1] : « Lorsque vous venez à l'église, apportez aux pauvres ce que vous pourrez selon vos ressources :

---

1. Serm. 305.

de l'argent, celui qui le peut, du vin, celui qui ne peut donner de l'argent, et si cela fait encore défaut, qu'on apporte un pain pour satisfaire la faim du pauvre, ne serait-ce qu'un morceau, si on ne peut le donner entier..... Que celui qui le peut mette un vêtement neuf sur les épaules du pauvre ; sinon, qu'il lui en fournisse un usé..... Si quelqu'un n'est pas en mesure de faire ces choses, qu'il reçoive le *pérégrin*, lui prépare un lit, lui lave les pieds. » Le dimanche, et tout jour de réunion importante du public chrétien, est aussi le jour où l'évêque concentre dans la maison de Dieu les dons des fidèles : dons libres, comme ceux énumérés plus haut ; pain et vin, que chaque fidèle doit pour sa part du sacrifice, selon l'antique usage, que l'on commence à mettre en oubli, et que Césaire est obligé de rappeler. Tout le pain et tout le vin apportés au prêtre ne sont pas dépensés pour les communions, qui vont se faisant rares ; le surplus est partagé entre le personnel ecclésiastique et les pauvres. A l'approche des grandes fêtes, que les fidèles ont coutume d'accueillir avec plus d'expansion dans la piété, et plus de profusion dans leurs festins, les appels adressés à leur charité par l'évêque se font plus pressants. Il demande qu'on ne laisse pas les pauvres étrangers à la réjouissance commune. « Il n'est pas juste qu'à l'occasion d'une fête sainte, où nous ne faisons qu'un seul peuple adorant le même Dieu, les uns boivent jusqu'à l'ivresse, pendant que les autres souffrent le tourment de la faim [1]. »

Aux époques de moissons et de vendange, l'église moissonne et vendange, pour ses membres et pour ses pauvres, ce qu'elle n'a ni planté, ni semé, en prélevant la *dîme*, contribution importante, qui est pour l'Eglise, en quelque sorte, ce que le fisc est pour l'Etat. La dîme est souvent nommée dans les Admonitions [2]. Dans un de ces discours prononcé à l'approche de la Saint Jean-Baptiste, c'est-à-dire à la veille des moissons, l'orateur trace avec force le caractère impératif déjà attribué à cette forme d'aumône. Cette dernière n'était pourtant pas bien ancienne. On la trouve déjà citée dans Pomère, preuve qu'elle est antérieure à Césaire. Mais elle est ignorée de saint Augustin, et, s'il est vrai qu'elle pouvait fonctionner dès lors en Gaule sans être connue des autres régions, on ne peut cependant supposer raisonnablement qu'elle ait pu exister bien longtemps avant le siècle de Césaire, sans avoir laissé la moindre trace dans les auteurs ni dans les conciles. Le premier concile qui s'en soit occupé est le IIe concile de Mâcon, un peu après Césaire ; il pose le précepte de la dîme en se fondant sur l'usage

---

1. Serm. 116, n. 4.
2. En particulier, Serm. 276, 277.

pratiqué depuis longtemps. Il est probable que cette institution est née, comme beaucoup d'autres, comme les Rogations par exemple, dans la *Provincia*, et, peut-être, sous l'empire d'idées du même ordre. Cette province était plus riche que les autres en produits de la terre ; elle avait été aussi beaucoup plus ménagée par les invasions, circonstance que les prédicateurs ne manquèrent pas de célébrer comme un effet particulier de la bienveillance divine, dont les fidèles devaient être reconnaissants. Offerte plus ou moins spontanément par les fidèles les plus généreux, recommandée par les évêques, la dîme aura pris force de loi et extension par l'usage. La vigueur même avec laquelle Césaire s'efforce d'établir l'obligation de la payer est l'indice d'un état d'opinion qui était encore réfractaire à l'institution, et il n'est si catégorique et si vif, que pour triompher de l'indifférence qu'elle rencontre encore chez beaucoup de personnes.

Il fait un plaidoyer de la dîme où autorité, raison, passion, sont dirigées d'un mouvement très vif à l'assaut des esprits. L'ancienne loi lui fournit la base juridique. Il est vrai qu'elle ne pouvait plus faire autorité dans une question d'ordre temporel comme celle-ci. Mais Césaire, plein de bonne foi dans la valeur qu'il lui attribue, ne se soucie que d'en démontrer la justice et la modération, ce qu'il fait avec une rigueur toute mathématique. Qu'est-ce que fait Dieu lorsqu'il réclame la dîme aux fidèles ? Il se réserve simplement un pour dix des biens qu'il leur a accordés en jouissance. Est-ce donc si excessif ? Et que dirait l'homme, si Dieu, au contraire, comme c'était son droit, se réservait neuf pour dix, et ne lui laissait que le dixième ? Cette démonstration, ajoute l'orateur, Dieu se charge quelquefois de la leur faire Lui-même. C'est quand, pour convaincre leur incrédulité, il envoie ces fléaux qui leur enlèvent la plus grande partie de leurs biens, et les réduisent au dixième. « Eh bien, avare compteur, s'exclame-t-il en s'animant jusqu'au sarcasme, parce que tu n'as pas voulu donner le dizième, on t'a retiré neuf parties. Tu as cela à ton avantage de n'avoir rien donné ; mais Dieu ne t'en a pas moins pris. C'est chez Lui une habitude très légitime, si tu lui refuses le dixième, de te réduire au dixième. Tu donneras à un soldat infidèle ce que tu ne veux pas donner à ton évêque. » Mais au contraire, à ceux qui donnent la dîme, le ciel, en retour de leur générosité, dispense sa rosée et son soleil dans la bonne mesure, afin que leurs greniers et leurs celliers regorgent de biens. C'est ainsi que Césaire fait parler ensemble le devoir et l'intérêt avec une égale force. Le philosophe peut, sans doute, formuler des réserves sur les arguments employés ici par l'homéliaste. La dîme était nécessaire pour la subsistance des pauvres et de l'Eglise. Quelle objection pourrait prévaloir sur une semblable raison ? Aussi, Césaire ne cherche-t-il aucune atténuation à l'expression absolue de sa pensée, et est-il aussi catégorique que possible : « La dîme est due en toute justice », voilà sa conclusion ; « ceux qui refusent cette contribution ne font rien moins que de se rendre détenteurs du bien des pauvres, et ils sont coupables d'homicide dans la personne de tous les pauvres enlevés par la faim dans leur voisinage ».

La dîme, dont l'évêque d'Arles s'efforce d'établir l'obligation, est beaucoup plus étendue que la dîme des Juifs, et que celle de Charlemagne, limitée, comme on le sait, aux produits de la terre et aux troupeaux. « Si tu ne possèdes pas la dîme des fruits de la terre, qui est le propre de l'agriculteur, tout ce qui te procure la subsistance appartient à Dieu. Paie donc la dîme sur ta fonction, sur ton négoce, sur ton industrie »[1]. Cette réclame, qui se trouve répétée en divers endroits des Admonitions, a pour nous un intérêt de statistique. Elle nous fait voir que les carrières spécifiées, malgré la transformation économique qui tendait à concentrer tout le revenu réel dans la grande propriété terrienne, faisaient encore assez bonne figure dans la fortune publique, pour que l'Eglise dût craindre, en les exemptant, de prêter à redire aux propriétaires du sol. Cela se conçoit fort bien dans la province d'Arles, dont les conditions économiques et politiques, un peu meilleures qu'ailleurs, devaient maintenir un peu plus longtemps chez les habitants cette diversité de richesse.

Le fidèle qui avait fourni toutes les prestations qui viennent d'être énumérées pouvait-il maintenant disposer du superflu de son revenu selon son gré ? Non, répond Césaire, tout le superflu est la part des pauvres. Cette assertion hardie n'est pas une de ces métaphores qui se présentent à l'improviste dans la chaleur du plaidoyer. C'est une opinion que l'évêque d'Arles a mûrie, et qu'il soutient, dans un grand nombre de discours, par tout l'appareil d'une démonstration sérieuse. Ses prétentions à l'égard des riches nous font assister à une phase curieuse de l'éternel procès des riches et des pauvres ; elles font songer à une sorte de socialisme chrétien, qui essaie de s'établir et de fonctionner sous la direction de l'Eglise. Toutefois, le système dont l'évêque d'Arles entreprend la justification diffère des théories actuelles du même ordre par le respect du droit individuel, et par le soin avec lequel l'orateur évite de confondre la justice avec la charité chrétienne. S'il atteste l'égalité des hommes devant la richesse, c'est en se plaçant au

---

1. Serm. 277, n. 1.

point de vue du mérite, et non du droit, et il reconnaît que, lorsque le riche donne, c'est du sien qu'il donne. L'inégale répartition des biens, qui, pour les théoriciens du socialisme actuel, est une marque d'inconséquence dans la constitution sociale, et résulte d'une sorte d'usurpation des riches à l'égard des pauvres, est pour Césaire l'expression d'une loi providentielle, qui a tracé les obligations de mutualité chrétienne d'après les rangs de fortune. Dieu a créé ses dons pour tous, et il en a délégué aux riches l'intendance. Sur les biens confiés à sa gestion, le riche, pour sa peine, a le droit de commencer par se servir, lui et les siens, dans la mesure du nécessaire et de l'utile. Tout emploi du surplus fait en dehors de la participation des pauvres est contraire à sa délégation, et le rend coupable d'infidélité envers Dieu. « Parce que tu as un certain travail à assumer pour faire que le pauvre ait sa nourriture assurée, Dieu te défère l'honneur et te dit : Prends, le premier, sur la masse, ce qui doit suffire aux nécessités de ta maison ; donne au Christ ce qui est de reste[1]. »

La hardiesse de cette doctrine va ainsi jusqu'à la limite extrême où peut aller et doit s'arrêter la déférence de l'Église pour les justes revendications de la classe pauvre. Au delà, c'est la négation de la propriété individuelle et particulariste, même limitée au nécessaire, théorie que l'Église n'admettra jamais, car elle en serait la première mortellement atteinte dans l'activité et la liberté de ses œuvres. Mais, si l'emploi de la richesse est exactement ordonné suivant la formule tracée par Césaire, comme ceux qui ont plus cessent d'accumuler, et que leur excédent est administré dans l'intérêt commun de ceux qui ont moins ou qui n'ont rien, la cause du malaise social est supprimée dans toute la mesure qui peut être désirée sans utopie.

Césaire tient ferme à la doctrine qu'il professe à cet égard, et il semble toujours craindre que les riches n'en prennent trop et ne trichent les pauvres, en quelque façon, lorsqu'ils établissent le compte de ce qu'ils croient pouvoir dépenser pour eux-mêmes. De là ces exhortations, tant de fois répétées dans les Admonitions, à éviter la profusion, et à limiter strictement à l'indispensable la dépense du vivre et des vêtements. Il ne fait pas la plus petite concession aux goûts du luxe : « Je veux, avec mon argent, lui dira-t-on, acheter des parures à mes fils et à mes filles ». Il répond : « Tu achètes des parures ; tu ne rachètes pas tes péchés. » Il aurait pu ajouter : « et tu n'avances guère le soulagement des pauvres ». Aux époques de très grande prospérité, où la surabondance et le bon marché des biens nécessaires à la vie laissent un fort excédent de capitaux

---

1. Serm. 276, n. 2.

disponibles pour le confort et le luxe, les appétits des riches provoquent dans tous les arts du travail une émulation profitable aux humbles travailleurs. Leurs dépenses, sans être une aumône, car il y manque l'intention et la gratuité, contribuent néanmoins à l'aisance des classes pauvres, et ouvrent un courant qui porte la richesse sur tous les points, quoiqu'il y ait toujours une partie du flot qui se perd, et un certain nombre d'individus auxquels il ne viendrait pas sans l'intervention directe de la charité publique. Mais, au temps de Césaire, tandis que le courant de la richesse publique se raréfiait de plus en plus, le nombre des pauvres devenait au contraire incalculable, et les besoins, devenus extrêmes, exigeaient des secours prompts, nombreux, et directs. Lorsque les pauvres venaient tomber d'épuisement aux portes des riches, et que des milliers de captifs attendaient leur rançon, ne fallait-il pas que les riches donnassent sans condition et de première main ? Étaient-ils bien venus à ne pas vouloir retrancher de leur luxe, alors que l'Eglise vendait jusqu'à ses calices et à ses ornements sacrés ?

Mais d'autres se défendaient, en disant qu'ils voulaient placer leur superflu en achat de nouvelles terres. Agrandir sa terre, était le rêve de tous les Grands avisés. Ils avaient là, au milieu de la misère générale, un capital de tout repos, dont ils pouvaient presque toujours espérer tirer le revenu, sans autre peine que de pressurer tous ceux qui travaillaient pour eux. Mais comme le revenu n'était sûr qu'autant que le domaine était grand, ce dernier ne leur paraissait jamais assez arrondi. Césaire se prononce avec la même vigueur contre ce nouveau subterfuge. De quel droit ? dira-t-on. Laissons l'orateur débattre cette question avec le riche. « Dieu m'est témoin, dis-tu, que ce n'est pas par des rapines que je veux accroître mon patrimoine. — Et comment veux-tu l'accroître ? — En achetant. — Alors c'est ta volonté qui te rend criminel. Car, si quelqu'un vient te dire : Vends tes biens, tu frémis, tu entres en épouvante, tu regardes cette parole comme une imprécation. Or, quand tu as le désir d'acheter, n'est-ce pas ce que tu souhaites pour les autres, à savoir, qu'ils vendent ? Car, comment pourras-tu acheter, si un autre n'est pas dans la nécessité de mettre en vente [1] ? »

Ce passage est curieux. Il nous montre quelle place prépondérante la terre occupait, malgré les charges qui pesaient sur elle, dans la fortune publique, et à quels périls elle était sujette. Toute la sécurité de l'avenir reposait sur elle. Aussi, ne venait-il à la pensée d'aucun propriétaire du sol de réaliser ses titres, pour assigner au prix qu'il en re-

---

1. Serm. 270.

tirait une autre destination plus avantageuse. Nul ne vendait sa terre, qu'au moment extrême où il se voyait incapable de soutenir les charges qui la grevaient; de sorte que chaque contrat de vente ajoutait une recrue nouvelle au contingent des pauvres. La thèse soutenue par Césaire est relative à cette situation. Ce qu'il trouve coupable, dit-il, ce n'est pas l'acte d'agrandir sa terre pris en lui-même, mais la volonté qu'il suppose chez son auteur, non seulement de se soustraire au soulagement des pauvres, mais de mettre à profit, et souvent de provoquer la détresse de celui dont il convoite la terre. Après Salvien, et avec plus de détails, sinon avec une égale éloquence, Césaire nous dénonce l'habileté criminelle avec laquelle les Grands en venaient à leurs fins. C'est dans une Instruction imitée de saint Augustin[1], où il met en scène le propriétaire d'un grand domaine avec le propriétaire d'une *casella*, c'est-à-dire, d'un champ au milieu duquel le propriétaire a établi sa cabane. Ce terme se retrouve avec la même signification dans un canon du concile d'Agde, et c'est, dans l'Instruction dont nous parlons, quoique non certifiée par les manuscrits, une marque particulière de provenance à ajouter à plusieurs autres :

« Quelqu'un convoite la villa d'autrui : « Mon voisin a là une bonne villa, dit-il ; oh ! si je pouvais l'acquérir et l'incorporer à mon domaine ! » Peut-être, le voisin est-il un homme pauvre, qui se trouve forcé par la nécessité, ou qu'on peut forcer, en l'opprimant, de vendre la villa qu'il exploite, ou sur laquelle il a un colon. Notre homme jette l'œil dessus, concevant l'espoir de l'enlever, et il suscite à son voisin plusieurs tracasseries. Par exemple, il manœuvre en secret auprès de ceux qui ont le pouvoir, afin que les receveurs l'affligent d'une augmentation d'impôts, ou l'enrôlent de force dans quelques charges publiques, pour lesquelles il soit forcé de s'endetter, en sorte que cet homme malheureux soit contraint enfin de vendre le champ qui le faisait subsister, lui et ses enfants. » Ici finit l'imitation de saint Augustin. Elle nous indique que la curie fonctionnait, sous les gouvernements barbares, avec les mêmes abus qu'autrefois, continuant de faire subsister le fisc aux dépens des moyens propriétaires qu'elle enrôlait.

La mise en scène se poursuit, et le jeu du riche se découvre et s'explique. « Voilà cet homme amené, par l'extrémité où il se trouve, chez celui-là même dont la méchanceté est cause de son embarras et de son affliction ; et, ignorant que c'est lui qui le met dans ce mauvais pas, il lui dit : « Seigneur, donnez-moi, je vous en supplie, quelques sous ; je suis dans un extrême besoin ; le créancier me persécute. » — Mais

---

1. Serm. 75.

lui : « Je n'en ai pas en mains pour le moment. » — Il dit qu'il n'a rien en mains, pour que l'autre soit mis en demeure de vendre, sous la menace des poursuites. Quand enfin celui-ci a déclaré qu'il est décidé à vendre, tant sa gêne est grande, il lui répond aussitôt : « Bien que je n'aie pas de monnaie auprès de moi, je tâcherai d'emprunter n'importe où pour te venir en aide à titre d'ami, et, s'il le faut, je suis prêt à distraire même mon argenterie pour empêcher qu'on ne te poursuive. »

Le dénouement de cette comédie odieuse, c'est un acte de vente obtenu par le riche à des conditions dérisoires « de sorte que pour un domaine pour lequel il offrait peut-être d'abord cent sous d'or, dès qu'il voit l'autre à bout, il ne consent même plus à payer la moitié de ce prix ». Ceci nous apprend quelle était la valeur de ces domaines dont se composait la propriété moyenne, et qui devaient être encore assez nombreux alors dans le pays d'Arles. Cent sous, c'est à peu près dix mille francs en valeur actuelle. Ce fonds suffisait, avec les goûts modestes de nos pères, à l'entretien d'une famille dans les années ordinaires, pourvu qu'il n'intervînt pas d'impositions trop lourdes. Les Grands, par leur influence sur l'administration publique, faisaient peser celles-ci sur les petites terres, qui empêchaient leurs nombreux domaines de s'étendre sans interruption, afin de forcer les possesseurs, soit à leur faire une vente directe, comme Césaire l'explique plus haut, soit à tenir d'eux leur propriété à ferme, par le contrat appelé emphythéose. Césaire relève en détail tous les éléments du crime dont ils se chargent par cette façon d'agir : l'exaction envers le faible, pour le réduire à la misère ; le refus de l'assister, lorsqu'ils l'y ont réduit ; le profit criant qu'ils tirent de son embarras. L'indignation qu'il en reçoit s'échappe, contre l'habitude de son cœur, en un cri de malédiction : « Malheur à eux, au jour du jugement ! Rien ne pourra les sauver de la terrible sentence : « Loin de moi, maudits, allez au feu éternel... » Si celui-là brûlera avec le diable, qui n'a pas donné un vêtement à l'homme nu, quel feu penses-tu qui est réservé à celui qui l'a fait nu ? »

Quelque prix qu'il attache aux pratiques de charité externes, Césaire, toutefois, ne veut pas laisser accroire à certains hommes « homicides, ravisseurs du bien d'autrui, ou adultères », qu'ils peuvent « acheter le droit de réitérer leurs péchés chaque jour, en faisant chaque jour des aumônes ». Il a une Admonition spéciale[1] contre ces largesses associées à l'habitude du crime, d'un exemple trop commun chez les chrétiens des siècles mérovingiens, qui semblaient s'adresser à Dieu « comme à un juge qui se laisse corrompre ». L'éclat de l'or ainsi donné, ni le rang

---

[1]. Serm. 309.

de celui qui donne, ne rendent hésitante chez Césaire la déclaration de ce qu'il pense de ces dons : ils sont de nul effet ; loin de les considérer, Dieu les a en abomination.

*
* *

Il y avait un siècle que le paganisme, professé comme tel, avait disparu de par toute la Gaule. L'épiscopat de saint Martin, plus encore que les décrets des empereurs [1], en avait consommé la ruine. Mais une religion qui avait imprégné si longtemps et si profondément les institutions, les mœurs et les croyances publiques, ne pouvait disparaître, sans laisser derrière elle quelques traces. Césaire nous fait connaître ces dernières. Les unes provenaient des anciennes fêtes publiques qui s'étaient conservées avec un caractère semi-officiel, par l'intermédiaire du calendrier, quoiqu'aucune idée religieuse ne s'y mêlât plus. Des jeux et des réjouissances étaient tout ce qui restait de ce paganisme citadin et officiel. Césaire, en critiquant l'observance de ces fêtes, se montre moins offensé des souvenirs qu'elles pouvaient éveiller dans les esprits, que des actes licencieux dont elles étaient l'occasion.

C'est dans les campagnes que l'ancien culte avait laissé le plus de traces. Aboli déjà depuis longtemps dans les chefs-lieux de *civitates*, par le concours de l'apostolat chrétien et des lois civiles, on le voyait encore pratiqué, loin de la surveillance des évêques et des magistrats préposés à l'application des édits impériaux, comme la religion normale des *pagi* ou cantons campagnards, d'où lui est venu le nom de *paganisme*. C'est la forme sous laquelle il a opposé à saint Martin la plus vive résistance. En se retirant des campagnes, qu'il disputa pied à pied au clergé chrétien, le paganisme laissa après lui une foule de superstitions qui trouvaient prise dans la simplicité de l'esprit campagnard et dans cette ténacité qui fait de l'homme des champs un conservateur opiniâtre des mauvais comme des bons usages. Ce n'était plus le polythéisme, avec ses dieux aux formes humaines, et ses rites officiels ; du moins, n'y en a-t-il plus d'exemples autour de Césaire. C'étaient des actes d'idolâtrie moins caractérisés, qui supposaient, d'une façon confuse, une adoration des forces occultes de la nature, et se traduisaient par les plus basses pratiques du culte, de l'augure et de la magie. Ceux auxquels Césaire les reproche ne sont plus des *pagani*, mais des *rustici*. Il n'en montre pas moins de sévérité et de zèle contre ces grossiers restes du paganisme, qui menaçaient de se greffer sur le

---

1. Confirmés récemment par l'Edit de Théodoric, c. 102.

culte chrétien, pareils à ces excroissances difformes, qui corrodent les arbres auxquels elles s'attachent.

Les plaintes de Césaire au sujet des spectacles témoignent que l'on continuait de célébrer comme autrefois, dans les villes, les anciennes fêtes, comme jours fériés, par des jeux. Chose singulière, après les révolutions accomplies dans la politique, les Goths étaient entrés, sans que rien parût changé dans les habitudes de la vie publique. C'étaient bien, en effet, les mêmes spectacles, que l'on célébrait aux mêmes jours, et pour les mêmes solennités qu'autrefois. Césaire réprimande ceux qui délaissent les assemblées chrétiennes, afin de pouvoir commodément se rendre aux spectacles, fait qui se produisait lorsqu'il y avait concurrence entre la fête profane et un dimanche ou une fête ecclésiastique. Salvien avait déjà stigmatisé cette coupable préférence[1]. Comme les jeux, au temps où il écrivait, se donnaient aux frais du fisc impérial, il n'y a pas lieu de douter qu'ils n'aient été défrayés de même façon, lorsque le fisc eut passé aux Goths. On voit par là combien ce fougueux moraliste a tort d'ajouter « que ces maux ont disparu des villes romaines, à partir du moment où elles ont commencé d'être sous le régime des barbares. » Il semble, au contraire, que la licence publique, un moment arrêtée et comme épouvantée par les éléments douloureux qui se déroulaient, ait attendu la présence et la protection des barbares pour se donner cours de nouveau. En effet, le théâtre d'Arles paraît avoir été fermé du temps d'Hilaire, qui fit enlever les marbres de ce monument pour orner les églises ; peut-être, les autres jeux publics furent-ils de même suspendus. C'était le moment où Salvien fulminait contre ces divertissements. Mais cette interruption ne fut pas de longue durée, puisque Césaire se vit obligé de parler à son tour contre la passion des spectacles.

Césaire distingue les spectacles « sanglants » et les spectacles « déshonnêtes ». Les premiers sont les combats qui se livrent dans l'amphithéâtre ; les seconds sont les représentations théâtrales. Les jeux du cirque, qui n'ont ni l'un ni l'autre de ces caractères, ne sont pas nommés : nous savons qu'ils se continuaient. Césaire ne nous dit pas le détail de ces divers jeux. Mais, sur tout ce qui a trait à cette matière, il est complété par Salvien. Ce dernier nous décrit des combats qui n'étaient guère moins cruels qu'au temps où le paganisme y présidait. Si on n'y voyait plus, cela paraît du moins, les hommes mourir de la main des hommes, on n'en voyait pas moins qui mouraient « déchirés par la dent des bêtes féroces, puis engloutis dans leurs flancs, et déchirés, non moins cruel-

---

1. *De Gubernat Dei*, VI, c. 7.

lement par le plaisir que les spectateurs prenaient à les voir ainsi dévorés ». Il est vrai que l'écrivain trahit plus loin l'exagération de ces couleurs, lorsqu'il ajoute que les bêtes destinées à l'amphithéâtre se chassaient en Gaule. Les belluaires ne devaient pas rencontrer dans l'arène de champions plus redoutables que le loup, le sanglier et le taureau sauvage, et c'est sans doute pour des mêlées de ce genre que les Goths pourchassaient quelquefois le sanglier sur les terres du couvent de Césaire, tuant les colons qui gênaient leurs chasses. Quoi qu'il en soit, ces jeux témoignaient un reste de cruauté contre lequel l'évêque d'Arles ne pouvait ne pas protester, et c'est avec une juste sévérité qu'il rangeait le fait d'y assister parmi les péchés punissables du feu éternel [1].

Les spectacles où l'on ne venait pas pour voir couler le sang n'étaient guère moins répréhensibles, au dire de Salvien, à cause de la licence qu'ils étalaient aux yeux sous toutes les formes. « On ne pouvait même seulement y penser sans se souiller, tant ce qui les constituait, paroles, gestes, mouvements du corps, était étudié de façon à remplir l'esprit des images de la fornication. » Les peintures de l'amour étaient donc le sujet principal des représentations dialoguées ou mimées. Le blâme que Césaire fait tomber sur elles, rapproché de ce qu'il nous dira plus loin du dérèglement des mœurs, donne à croire, en vérité, qu'elles ne se conformaient pas toujours aux lois de la décence.

Une fête d'origine païenne, contre laquelle Césaire montre beaucoup d'insistance [2], est celle des Calendes de janvier, ou du premier jour de l'an. Le seul nom du dieu Janus, dont le souvenir restait encore attaché à la célébration du premier janvier, eût suffi pour rendre cette célébration odieuse à l'Eglise. A cela s'ajoutaient les désordres dont la fête était le prétexte : mascarades, qui se sont transportées depuis au mardi-gras ; étrennes, et autres usages auxquels se mêlait une idée superstitieuse ; enfin, parties de débauches prolongées. Pour faire échec à ces souvenirs païens, l'Eglise n'avait pas encore institué la fête de la Circoncision, mais elle avait établi, avant l'échéance du premier jour de l'an, un triduum de jeûne. Césaire écrivit deux Admonitions pour exhorter les fidèles à se bien pénétrer, pendant ces jours, des sentiments de l'Eglise, et pour leur dénoncer toutes les circonstances profanes qui entachaient la célébration du premier jour de l'an. Il commence par l'histoire de Janus, qu'il résume d'après le système d'Evhémère, généralement admis par les Pères. « C'était, dit-il, un homme de rien ; mais après qu'il fut parvenu à régner, les ignorants et les

---

1. Serm. 104.
2. Serm. 129, 130.

rustici l'honorèrent comme Dieu. » Les paysans, comme ce propos le fait entendre, semblaient s'être approprié le dieu au double visage par la folie avec laquelle ils renouvelaient, chaque année, au premier janvier, les anciennes mascarades, déjà passées de mode dans les villes. Du moins ne voyait-on plus à Arles ces exhibitions auxquelles tout le monde prenait part, comme cela se voit encore de nos jours, le jour du mardi-gras, dans certaines villes du Midi. La peinture que Césaire en fait est purement rétrospective. En félicitant les Arlésiens d'y avoir mis fin, il les engage à repousser de même les exhibitions isolées qui viendraient s'offrir devant leurs maisons, et à les réprimer sévèrement dans leurs familles et sur leurs terres. Le déguisement en cerf et en génisse, dans les lieux où l'on continuait à se déguiser, paraît avoir été très en faveur ; peut-être s'y rattachait-il quelque idée superstitieuse. Une idée de cette nature intervenait certainement dans l'offrande des étrennes, dons symboliques qu'on échangeait, en leur attribuant une vertu de préservation pour toute l'année. Un autre usage consistait à apprêter, pendant la nuit qui précédait le nouvel an, de petites tables que l'on chargeait de mets, comme gages d'abondance pour toute l'année. Peut-être faut-il y voir l'origine de nos Arbres de Noël, et autres coutumes analogues, que nous avons plus ou moins transformées. Certaines gens auraient craint de s'attirer malheur, en prêtant ce jour-là de leur feu, ou quelque autre chose à leurs voisins. Là n'étaient pas les seuls pièges tendus aux fidèles à l'occasion du nouvel an. Le tourbillon de festins, de danses, de chants lubriques au milieu duquel la journée se passait, était encore plus funeste aux mœurs que le reste ne l'était à la foi. Césaire recommande l'observation du jeûne du triduum, et la prière, comme moyens de se préserver d'abord soi-même, et aussi, pour faire honte à ceux qui dissipent en amusements profanes ou criminels les jours où leurs frères s'adonnent à jeûner et prier.

Ces observances pieuses, transportées ensuite, avec les désordres qui en étaient la cause, aux approches du mardi-gras, sont devenues les quarante heures.

Un autre souvenir du paganisme apporté par le calendrier était l'appellation que l'on continuait de donner aux différents jours de la semaine. Césaire eût voulu qu'on cessât de dire *lundi* ou le jour de la lune, *mardi* ou le jour de Mars, *mercredi* ou le jour de Mercure, *jeudi* ou le jour de Jupiter, *vendredi* ou le jour de Vénus, *samedi* ou le jour de Saturne. A ces noms, que l'Eglise avait repoussés avec horreur de son calendrier propre, il s'efforça de substituer, comme saint Augustin l'avait déjà tenté vainement, le mode de désignation usité pour la semaine liturgique, et qui consistait à dénombrer simplement les féries en 1re, 2e, etc...

Non qu'il attachât à ce détail secondaire plus d'importance qu'il n'en comportait. Mais il s'inquiétait de voir les chrétiens peu instruits continuer de faire, à propos des anciennes appellations des jours de la semaine, les mêmes observations superstitieuses que les païens. Les uns regardaient encore certains jours comme néfastes pour le voyage ; les autres continuaient d'observer le jeudi comme jour férié[1]. Ces derniers indignaient particulièrement Césaire. Car il ne doutait pas qu'ils ne se fissent aucun scrupule de vaquer le dimanche aux besognes qu'ils auraient craint d'accomplir le jeudi. Or, c'était là un grave désordre. Transporter au jeudi l'observance dominicale, c'était déplacer le centre du culte chrétien, et un pareil dérèglement, s'il prenait une certaine extension, mettait en question tout le christianisme. Aussi l'orateur y voit-il un de ces péchés capitaux qui entraînaient à leur suite la pénitence publique et l'excommunication. A l'égard des gens en puissance de maître, c'est un des rares cas où il appelle à l'aide même les punitions corporelles, si les peines spirituelles n'y suffisent pas. Il exhorte les maîtres à user du fouet contre ceux qu'ils ne parviendraient pas à corriger autrement.

L'observation du jeudi paraît toutefois n'avoir donné lieu qu'à des cas purement isolés, et qui ne mettaient pas en péril la sanctification du dimanche chez les masses chrétiennes. Un abus plus compromettant à ce point de vue consistait à transporter à la célébration du dimanche et des fêtes chrétiennes la gaieté licencieuse des fêtes du paganisme. La danse, les bals, forme rustique des chœurs qu'on avait vus évoluer jadis autour des temples des dieux, évoluaient avec une ardeur presque égale devant les basiliques chrétiennes[2]. On accompagnait ces divertissements de chants érotiques, d'une inspiration et d'une exécution telles qu'on les pouvait attendre de l'esprit lourd et de la voix rauque des paysans. Césaire remarque toutefois que la mémoire des *rustici* était toujours assez facile pour les chants qui leur parlait d'amour, au lieu qu'elle était rebelle aux psaumes et aux prières vocales de l'Eglise. Enfin, le vin, élément indispensable des fêtes païennes, n'était pas exclus des fêtes chrétiennes. Les auberges, les tavernes, offraient, autour des églises, de dangereuses amorces aux adorateurs venus quelquefois de plusieurs lieues à la ronde à l'assemblée de leur culte. Là se contractaient de grossières ivresses, qui provoquaient ensuite, au seuil du saint lieu, les scènes de luxure ou les rixes sanglantes. Un de ces effets d'ivresse, dépeint par Césaire, offre tous les caractères de

---

1. Serm. 265.
2. Id., n° 5.

l'ivresse bachique. On voit le buveur, au paroxysme de l'ivresse, « se lever tout d'un coup et se mettre à s'agiter et à danser d'après un rite diabolique, comme un homme atteint de folie frénétique, en chantant d'infâmes chants d'amour et de luxure ».

Césaire a-t-il tort de rendre le paganisme responsable de tous ces abus ? Ils ne contenaient rien de rigoureusement païen. Mais l'orateur avait raison de rappeler qu'ils avaient fait partie du genre de célébration des fêtes encouragé par le paganisme. Ajoutons que ce rapprochement exprimait le caractère profane des abus incriminés avec le relief qu'il fallait pour des gens simples, et en disait plus long à ces chrétiens des campagnes que toutes les remontrances.

L'influence du paganisme se révélait d'ailleurs aux yeux de Césaire par les traces les moins équivoques ; témoin, en restant dans le domaine du culte, ce qu'il dit[1] des pratiques positives d'idolâtrie dont étaient l'objet certains éléments de la nature agreste, les sources, les arbres, ou aussi les édicules et autels païens restés debout dans les campagnes par la négligence ou la superstition des propriétaires. Il cite avec horreur les prières qu'on murmurait au-dessus des sources, les ex-votos qu'on suspendait aux arbres ou aux autels, et dans les édicules à la protection desquels on se croyait redevable de quelques faveurs, enfin, les sacrifices suivis de repas qu'on accomplissait aux endroits où un souvenir superstitieux restait fixé.

Peut-être sont-ce là des pratiques que le christianisme a plutôt modifiées que supprimées, et pourrait-on les rapprocher de certaines dévotions de nos campagnes, s'adressant aux sources réputées merveilleuses, aux arbres, bois bénis, et petites chapelles, rendez-vous de joyeux pèlerinages. Il y a toutefois une distinction essentielle à faire. Ce que nos piétistes cherchent au terme de leurs innocents pèlerinages, c'est Dieu révélant sa vertu d'une façon plus spéciale dans certaines de ses créatures, en vertu d'une croyance qui se concilie très bien avec le christianisme. Mais les cultes que Césaire nous décrit impliquaient un acte d'idolâtrie qui s'adressait à l'élément lui-même, comme incarnation d'une vertu divine, conformément aux idées païennes. Aussi lui est-il permis de railler la terreur religieuse avec laquelle les gens adonnés à ces cultes considéraient les restes mêmes de l'arbre sacré tombé de vétusté ou par accident. Ils auraient cru commettre un crime de lèse-divinité, s'ils avaient employé pour les usages de leur foyer ou pour leur mobilier le bois mort qui avait fait partie du corps de leur dieu ligneux.

---

1. Ci-dessus, et Serm., 278, 279.

Ces hommages que nous voyons adressés, à cette époque déjà avancée du christianisme, à la nature, et, en particulier, aux arbres et aux sources, c'était l'antique religion de la Gaule, si riche en eaux et en forêts, où les premières cités s'étaient groupées autour du gui sacré, et dont plus d'une ville avait pris naissance dans le sein divin des sources, telle que cette voisine d'Arles, Nîmes, l'antique *Nemausus*, qui s'enorgueillit encore aujourd'hui de la vieille source dont elle porte le nom. Privée de la force et de la précision savante que le polythéisme romain lui avait apportées en se combinant avec elle, elle n'était plus qu'une religion superficielle et idiote, qui ne se maintenait en présence du christianisme et, jusqu'à un certain point, en société avec lui, que par la force des habitudes acquises. Césaire pense qu'on ne viendra à bout des superstitions qui la perpétuent qu'en supprimant l'occasion. C'est pourquoi il ne se contente pas de faire la censure des actes entachés d'une idolâtrie plus ou moins avérée : les arbres sacrés, les autels, les chapelles et tous ces monuments épars dans les campagnes, et qui annoncent aux malheureux *rustici* l'objet de leur superstition, sont dénoncés par lui à la vigilance des propriétaires, qu'il adjure de les détruire. S'ils ne le font, il les rend responsables de toutes les manifestations idolâtriques auxquelles leur négligence aura laissé l'occasion de se produire sur leurs terres.

A côté de ces cultes rendus aux éléments, les Admonitions nous parlent d'observances superstitieuses occasionnées par les phénomènes naturels, en particulier par certains phénomènes de l'ordre cosmographique. Telle était, aux éclipses de lune, la coutume de pousser des sortes de hurlements, pour détourner le maléfice auquel on attribuait la disparition subite de l'astre nocturne[1]. Césaire en montre le ridicule, en expliquant l'éclipse comme un phénomène périodique naturel. Au même ordre de superstition paraît appartenir le singulier usage de se baigner dans les étangs et les rivières pendant la nuit qui précédait la Saint Jean-Baptiste[2], ce qui semblerait à première vue pouvoir s'interpréter dans un sens chrétien, en souvenir du Baptiste. Cependant, la circonstance de la nuit, et surtout l'affirmation de Césaire, qu'il y a là une coutume païenne, indiquent plus probablement une observance relative au solstice d'été. Ou peut-être, l'idée chrétienne et l'idée païenne s'y mêlaient-elles.

La plupart de ses superstitions paraissent avoir pour racine l'ancienne religion celtique. Mais on reconnaît aussi dans les Admonitions

---

1. Serm. 265.
2. Serm. 277, fin.

beaucoup des superstitions secondaires des Romains : la foi aux présages, tels que chant et vol des oiseaux, éternuments, faux pas, rencontre fortuite de certaines personnes ou de certains animaux etc..., les amulettes, la croyance aux sorts, et les pratiques de sorcellerie. Une des coutumes contre lesquelles Césaire s'élève avec le plus d'énergie est le recours aux devins et aux sorciers[1], dans les maladies qui attaquent soit les animaux, soit les personnes. Comme dérivatif de ce besoin d'assistance surnaturelle qui se fait sentir à l'homme dans la maladie, il propose les remèdes consacrés par l'Eglise, en particulier, l'Extrême-Onction, dans les cas graves, et, dans les moins graves, les onctions faites avec une huile qui avait été bénite à cette intention.

*
* *

Maître de la société romaine, le christianisme avait-il réussi à la soustraire à la vieille corruption des mœurs ? Il s'en fallait de beaucoup. Les exemples de sainteté éclatants et encore assez nombreux qu'il continuait de produire n'empêchaient pas le gros de la société de rester fidèle aux habitudes d'intempérance et de luxure que le paganisme avait encouragées. C'est un fait que, déjà un siècle avant Césaire, saint Augustin, dans sa *Cité de Dieu*, et Salvien[2], dans son traité du *Gouvernement de Dieu*, avaient mis dans un jour inexorable, en répondant à ceux qui faisaient retomber sur la Providence la faute des calamités auxquelles l'empire était en proie. L'aveu de Salvien a pour nous une signification particulière. Ecrivant après Augustin, à une époque où le paganisme n'est plus guère qu'un souvenir, c'est à une société entièrement chrétienne et gallo-romaine que le prêtre de Marseille entreprend de démontrer que les maux dont l'affligent les barbares sont le juste châtiment de sa corruption. L'opposition qu'il établit, à ce propos, entre les bourreaux et leurs victimes, renchérit encore sur les accusations d'Augustin. Tandis que les Francs, les Goths, les Vandales, reçoivent ses éloges pour leurs vertus naturelles ou même chrétiennes, il nous peint les Romains et, en particulier, les Gallo-Romains, livrés à une passion du plaisir insensée, et prolongeant au milieu de leurs villes ruinées, presque sous la main de fer qui les flagelle, leur orgie de luxure et d'ivresse.

On pourrait croire que cet homme éloquent a calomnié ou trop chargé

---

1. Serm. 278, 279.
2. Sur Salvien consulter Hauck, *Hist. eccl. d'Allemagne*, I, p. 62 et suiv. Après saint Augustin et Fauste, c'est Salvien qui a prêté à Césaire le plus de traits ; l'imitation est plus d'une fois textuelle.

son siècle pour les besoins de sa démonstration. Mais les Admonitions de l'évêque d'Arles [1], s'accordant sur la plupart des points avec les accusations de Salvien, leur donnent un poids irrésistible. Au témoignage, toujours quelque peu intéressé, d'un polémiste qui soutient une thèse contre des contradicteurs, se substitue ici l'autorité d'un prédicateur qui ne s'attaque au vice que pour en guérir les âmes, et non pour triompher dans la discussion. Les renseignements qu'il nous donne doivent donc être accueillis comme l'expression sincère et exacte de la vérité. Sur un seul point, ils paraissent infirmer la thèse soutenue dans le livre du *Gouvernement de la Providence* : c'est en ce qui regarde les barbares. L'auteur de cet ouvrage s'était-il fait illusion sur leur innocence ? Ou bien ont-ils été gagnés à la longue par la contagion des exemples donnés autour d'eux ? Ce que Césaire nous dit à leur sujet prouve, en tout cas, que les habitudes et les institutions militaires et civiles de ces gens ne pouvaient amener un relèvement des mœurs.

Parmi les vices dont Salvien avait dénoncé la fréquence chez les Galloromains étaient l'adultère et le concubinage. Césaire nous apprend dans quels milieux on les pratiquait. Les hautes classes y étaient poussées par des appétits de luxure effrénés ; les négociants en voyage, par les besoins qu'éveillait dans leur sens la privation forcée de leurs femmes ; les fonctionnaires et les soldats, par une pétulance de métier que les exigences des nouveaux gouvernements vis-à-vis de leur personnel politique et guerrier, et la composition en grande partie barbare de ce personnel, rendaient plus difficile que jamais à réprimer. Quant aux gens du peuple et aux *rustici*, que l'humilité de leur condition empêchait de chercher le plaisir en dehors de leurs femmes, ils provoquent néanmoins la censure de l'auteur des Admonitions par l'abus grossier et presque bestial qu'ils font de ce plaisir. Césaire, en opposition à tous ces vices, établit la doctrine du mariage chrétien.

La réforme des mœurs dans la société antique était liée à l'abolition de l'esclavage ; on ne pouvait se promettre de réaliser l'une sans l'autre. La présence d'un nombreux personnel féminin d'esclaves dans les maisons riches était pour les maîtres une excitation perpétuelle à la luxure, et quel moyen, pour ces pauvres femmes, de résister aux exigences lubriques d'un maître qui avait la propriété de leurs personnes et disposait de leur sort ? Elles formaient donc autour de lui une sorte de sérail, où l'épouse légitime n'avait guère que le rang de première

---

1. Serm. 288, 289, 292, 293 ; on peut contrôler aussi les accusations de Salvien contre son siècle par un poète contemporain, Claud. Marius Victor : *Carmen de perversis suæ ætatis moribus*. Migne, t. 61, col. 969. Collect. de Vienne, t. 16.

concubine. « Quelle est chez les Aquitains, avait dit Salvien[1], la cité dont les nobles et les riches n'aient pas fait une sorte de lupanar ? Qui d'entre eux à conservé sa foi à son épouse ? Bien plus, qui n'a pas rabaissé celle-ci au nombre des servantes ? Car il s'en faut de peu que la matrone ne soit ravalée à la condition des servantes, là où le père de famille est le mari de ces dernières. Qui des Aquitains n'a pas été un mari de la sorte » ? Et, au dire du même témoin, ce n'était pas l'une ou l'autre de ces femmes qui pouvait suffire aux caprices voluptueux des maîtres. L'ardeur de ceux-ci, « aussi inépuisable que celle de l'étalon au milieu d'un troupeau de cavales », ne faisait aucune exception. C'est sous ses traits que nous sont dépeints les contemporains de Salvien. Les discours de Césaire ne témoignent pas pour son temps une plus grande sévérité de mœurs. Même fréquence de l'adultère. Ceux qui s'y adonnent alors ne sont pas des exceptions plus ou moins rares : « Ils sont beaucoup », dit-il. Même fureur « de se vautrer avec beaucoup de servantes ». Césaire reproche en outre aux auteurs de ces faits, ce qui est un trait de mœurs pris sur le vif, d'y joindre la vantardise et la gauloiserie, « se disputant, dans leurs conversations, à qui avouerait en avoir fait le plus, et accueillant leurs aveux réciproques par des éclats de rire stupides ». Dans une Admonition spécialement dirigée contre un dérèglement si grave, il s'efforce de procéder par démonstration et par autorité.

Ce qu'il envisage surtout dans la question, c'est la diminution de la matrone délaissée. Les droits de l'épouse sont le point sur lequel porte la partie démonstrative de son discours[2].

« Puisque les hommes veulent que leurs épouses soient chastes, quel égarement de conscience leur fait commettre des choses abominables, et prétendre licite pour eux ce qui est tout à fait illicite pour elles ? Comme si Dieu avait fait des préceptes différents pour les hommes et pour les femmes ! Ils ne font pas attention que l'homme et la femme ont été rachetés pareillement par le sang de Jésus-Christ, purifiés ensemble par son saint Baptême, qu'ils s'approchent ensemble de l'autel du Seigneur, et qu'enfin il n'y a pas en Dieu distinction de mâle et de femelle, ni acception de personnes. Par conséquent, ce qui n'est pas permis aux femmes pareillement ne l'a jamais été aux hommes, et ne le sera jamais. » On aimerait trouver aussi en cet endroit un mot de plainte en faveur des pauvres femmes qui étaient obligées de se livrer à la lubricité de leur maître. Mais les hommes du temps n'eussent pas compris ce senti-

---

1. L. VII, c. 3.
2. Serm. 288.

ment, et peut-être ne s'est-il pas présenté à Césaire lui-même. On ne doit pas moins admirer et louer le relief énergique avec lequel il a su exposer une des grandes idées du christianisme, c'est-à-dire, l'égalité entre l'homme et la femme, cette idée aussi étrangère à l'esprit antique que notre idée moderne d'égalité entre tous les hommes. Le droit romain lui-même faisait encore entre l'homme et la femme, au point de vue de la sanction du mariage, des différences injustes pour celle-ci[1]. Prévoyant envers les familles quand il punissait de peines sévères l'adultère des femmes, il ne poursuivait dans l'homme marié que la complicité avec la matrone coupable, et, pour ce dernier cas, sévèrement proscrit, la pratique des juges était fertile en accommodements[2]. Césaire témoigne son regret de cette anomalie. A défaut d'un recours légal, il essaie de piquer le maître libidineux dans son amour-propre par le dédain que le législateur témoignait pour le fruit des amours ancillaires, qu'il vouait à la servitude, comme l'enfant de père et de mère esclaves. « Voyez, dit-il dans un mouvement heureux, si même il peut se faire sans péché que le sang d'une race illustre soit avili à ce point que des hommes très nobles donnent naissance à des esclaves ? »

La meilleure sanction à l'appui de ses remontrances était encore celle que lui prêtait la loi ecclésiastique. L'adultère était un des trois péchés auxquels l'excommunication et la pénitence publique avaient été attachées dès l'origine. Il s'efforce de relever cette sanction du discrédit dans lequel elle commençait à tomber dès cette époque. La plupart des coupables échappaient à la vindicte de l'Église parce que l'évêque ne pouvait presque plus compter, pour les atteindre, sur le concours des fidèles. Césaire s'en plaint vivement. Il rappelle que c'est un devoir strict, fondé sur des textes évangéliques précis, de dénoncer à l'Église ceux qui se sont rendus indignes de sa communion, lorsqu'ils ne sont pas disposés à se dénoncer eux-mêmes. Il exhorte les épouses lésées par l'infidélité de leurs maris à ne pas craindre de prendre les premières le rôle d'accusatrices. Quant à ceux que l'anathème ecclésiastique parvenait à atteindre, ils se montraient de moins en moins touchés de la privation des biens spirituels de l'Église. C'est pourquoi Césaire poursuit à leur endroit les effets temporels de l'excommunication. Il fait défense aux fidèles d'avoir commerce avec l'excommunié contumace, soit dans les repas, soit même dans la conversation. C'est la troisième fois, après les Statuts et après un des conciles de la province de Tours, qu'il est fait

---

1. Esmein, *Mélanges de droit et d'histoire*, p. 71, etc...
2. Comme les empereurs, Théodoric eut à ce sujet une jurisprudence rigoureuse dans son édit., c. 38 : « *Convicti adulter et adultera interitum non evadant* », et une autre mitigée pour les cas sur lesquels on le consultait. Cf. *Var.*, passim.

allusion [1] à une séquestration de l'excommunié aussi absolue au temporel qu'au spirituel. Saint Paul avait bien conseillé quelque chose d'analogue dans un cas particulier et d'une gravité exceptionnelle, mais c'est à tort que son exemple est invoqué par Césaire ; car il n'avait pas fait loi dans l'Église. L'aggravation réclamée par Césaire dans le sort de l'excommunié était donc une mesure de date récente, à l'aide de laquelle l'Église espérait empêcher le discrédit de ses biens spirituels. Malheureusement, comme il était à prévoir, elle ne tardera pas à être exploitée, par des hommes d'église trop enclins à sortir de leur caractère, dans des vues tout à fait étrangères à l'effet spirituel qu'en avaient attendu ses auteurs.

Césaire voyait aussi la morale chrétienne offensée par un autre désordre moins révoltant, il est vrai, mais encore plus commun que l'adultère, et en quelque façon plus pernicieux, parce qu'il se pratiquait dans plusieurs cas sous le couvert de la loi : le concubinage [2]. Ce que nous appelons de ce nom, c'est-à-dire l'union instable d'un homme avec une femme libre, a fait l'objet d'une Admonition, qui forme avec la précédente un tableau de mœurs instructif. Appuyé sur ces deux pièces, l'historien n'a plus de peine à porter un jugement d'ensemble sur le temps auquel elles appartiennent, et il conclut, avec l'orateur, que « les observateurs de la chasteté étaient le petit nombre ».

Dans la clientèle du concubinage, Césaire nous montre en premier lieu les fils de famille, qui, ne se trouvant pas assez mûrs pour le mariage, mais déjà mûrs pour le plaisir, se donnaient des compagnes de volupté attitrées. Ils prenaient ordinairement ces dernières parmi les filles serves de leur famille, quittes à les affranchir, plus tard, avec les enfants qu'ils avaient eus d'elles. Cette recherche des avant-goûts du mariage n'était ni nouvelle, ni très choquante pour le public. Saint Augustin, qui en avait fait pénitence d'une façon si éclatante, n'avait pas été plus coupable que la plupart des jeunes Romains, d'extraction égale ou supérieure à la sienne, non encore initiés au baptême. Sur l'exemple des fils de famille se réglaient, en second lieu, un certain nombre d'individus d'origine infime, mais « qui espéraient s'élever à la richesse et aux honneurs à force d'exactions et de rapines ». Affaire de mode chez les premiers, le concubinage était, pour ceux-ci, une position d'attente qu'ils choisissaient, « dans l'arrière-pensée d'épouser plus

---

1. V. Serm., 229, n. 4 ; — 228, n. 2 ; — 289, n. 5 ; — Statut 40. L'effet civil de l'excommunication fut sanctionné par un décret de Childebert II. *Capitularia R. F.*, dans M. G. H., p. 15, « *de palatio nostro sit omnino extraneus* ».

2. Serm. 289.

tard des femmes plus riches ou plus nobles qu'ils n'étaient eux-mêmes ». Cette ambition de parvenir et de faire ce que nous appellerions un beau mariage est un trait de mœurs de société mûre ; il s'applique évidemment à ces Gallo-romains, qui désiraient acquérir des situations auprès des gouvernements barbares, au service desquels ils apportaient l'expérience routinière de la vieille administration impériale, sans négliger leur propre fortune. Césaire reproche au droit romain, et c'est là meilleure preuve que nous sommes en pleines mœurs romaines, la tolérance qu'il témoigne pour ces unions précaires[1]. Celles-ci lui sont, pour cette cause, presque plus odieuses que l'adultère même, « parce que celui qui commet l'adultère s'efforce au moins d'accomplir en cachette un mal si grand, et éprouve encore quelque honte à le commettre en public ; tandis que celui qui s'établit publiquement avec une concubine s'arroge avec impudence le droit de faire cette chose exécrable au vu et au su de tous ».

Au préjugé et aux textes qui légitimaient le concubinage devant l'opinion et devant la loi, Césaire oppose de nouveau, comme il le faisait plus haut en parlant de l'adultère, la doctrine de l'égalité chrétienne entre l'homme et la femme, égalité de convenance avant le mariage, comme elle est de droit après. « Je voudrais bien savoir si ceux qui ont des concubines consentiraient à ce que leurs futures, avant de les épouser, eussent été violées par quelque débauché. Puisqu'il n'y a personne qui le souffrirait, pourquoi tout homme ne garde-t-il pas à sa fiancée la foi qu'il veut qu'elle lui garde ? De quel droit, étant lui-même corrompu, veut-il avoir une épouse vierge ? »

La tradition de la discipline ecclésiastique n'admettait pas l'excommunication pour le cas de concubinage. Ce moyen extrême eût d'ailleurs échoué contre le grand nombre des coupables ; c'est ce que Césaire fait observer à quelques personnes d'un zèle inconsidéré, qui taxaient les chefs d'église de faiblesse. Cependant, il ne veut pas laisser se perpétuer impunément un scandale si déplorable. Il attend à la cérémonie du mariage le conjoint coupable, qui se voit exclu à ce moment de la participation à la bénédiction solennelle des époux ; la conjointe vierge la reçoit toute seule. C'est à Rome que Césaire avait pris l'idée de cette sanction[2].

La concubine ne se trouvait pas seulement auprès des jeunes gens non mariés. Comme telles étaient aussi considérées, par une tolérance

---

1. *Concubinatus per leges nomen assumpsit* (Marcien, Dig. XXV, L. 47). Voir à ce sujet Esmein, *Mélanges d'hist. de droit*, p. 98, et *Hist. du mariage en droit canon*.
2. Serm. 289.

de fait, sinon de droit[1], les compagnes intérimaires que les hommes mariés, placés dans certaines conjonctures, prenaient pour suppléer l'épouse absente. Césaire s'attaque aussi à ce nouveau mode de concubinage.

Nombreux étaient, dans son auditoire, ou dans la cité d'Arles, ceux pour qui la question était d'une application personnelle : traficants en voyage pour les soins de leur négoce, ou de retour à leur foyer après une longue absence ; garnisaires à demeure au chef-lieu militaire, où chacun d'eux vivait avec femme et enfants dans les intervalles des expéditions. Et ces derniers n'étaient pas seuls exposés, en cas de guerre, à se voir séparés de leurs femmes. Tous les hommes valides non exemptés de la convocation militaire en vertu d'une des dispenses spécifiées par le droit romain pouvaient être contraints, en cas d'hostilité sur la frontière de leur province, à partir pour les armées. Ces appels forcés, rares sous Théodoric, qui eut soin d'entretenir à sa solde des contingents nombreux et excellents, durent l'être déjà moins sous ses successeurs, qui se trouvèrent aux prises sur toutes leurs frontières avec des ennemis dont la persévérance lassait la constance des contingents Goths ; ils devinrent de plus en plus fréquents sous les rois Francs, qui finirent par exiger le service armé de tous les hommes libres sans distinction de nationalité.

Auprès des hommes qui se trouvaient privés de l'usage de leurs femmes par un des cas de force majeure que l'on vient de voir, la tâche du moraliste chrétien n'était pas aussi facile qu'auprès des jeunes gens engagés dans des unions libres. Lorsque ceux-ci alléguaient pour excuse la chaleur de la jeunesse. « Que ne vous mariez-vous ? » pouvait-il leur répondre. Mais à l'homme de négoce, ou à l'homme de guerre qui s'exprimait ainsi : « Comment puis-je garder la continence, me trouvant séparé de ma femme pour tant de mois, pour tant d'années ? » pouvait-il répliquer : Retournez auprès de votre femme ? Césaire reconnaît que non. « Le traficant peut me dire que s'il quitte le commerce, il n'aura plus de quoi vivre. L'homme de guerre dit de son côté : Si je quitte l'armée, j'encours la colère du roi. » Notons ce dernier mot, qui nous peint d'une façon expressive le sentiment personnel et despotique apporté par les monarques barbares à l'exercice du commandement. Lié jusqu'ici au principe de la défense publique, le service militaire est considéré par le souverain de maintenant comme un devoir qui est dû à sa personne ; toute soustraction à ce devoir, ou même tout

---

1. Une loi de Constantin confirmée en 531 par Justinien, faisait défense aux hommes mariés d'avoir une concubine ; mais hors de la maison, cette loi était sans effet. V. Paul Gide, *Etude sur la cond. privée de la femme*, p. 561, note.

acte contraire à la discipline militaire, est une offense personnelle, qu'il punit aussi sévèrement qu'il lui plaît. Il peut même tuer, dit Césaire ; l'histoire du vase de Soissons en est la preuve. Césaire en est donc réduit, devant ces situations, à répéter le commandement évangélique dans sa rigueur inexorable : « Tu ne commettras point l'adultère. » Mais il l'accompagne de réflexions qui ont la force d'un argument *ad hominem*. « Puisque l'homme de guerre s'abstient de retourner auprès de sa femme par crainte du roi, il doit s'abstenir aussi de toucher la femme qui ne lui appartient pas par crainte de Dieu. Car de même que le roi peut mettre à mort celui qui retourne auprès de sa femme sans avoir la permission de quitter l'armée, ainsi Dieu peut livrer à la damnation éternelle celui qui, se trouvant loin de sa femme, commet l'adultère.. Le négoce, la volonté du roi valent la peine qu'on reste un très long temps sans avoir affaire à son épouse, et l'amour ou la volonté de Dieu ne vaudront pas la peine qu'on s'abstienne pendant le même temps d'une autre que l'épouse ? »[1] L'orateur se sert de la même forme d'argumentation, lorsqu'il réprimande, un peu plus loin, la licence des gens de guerre en général, et on doit admirer l'habileté avec laquelle il sait entrer dans leurs mœurs. « Et que dire encore de ce que quelquefois un guerrier très valeureux, qui a mis à mort, après s'être jeté dans la mêlée, jusqu'à une dizaine d'ennemis, livre son âme à la mort par le glaive du péché, en s'unissant ensuite criminellement à quelque jeune fille qu'il a reçue en partage du butin de la victoire ? Il est vraiment inconcevable et affligeant qu'un guerrier endurci aux fatigues, et que le fer ne peut vaincre, soit surmonté par la mollesse et les délices, et se laisse vaincre par la passion, et qu'on trouve réduit à la servitude du péché celui qui ne peut supporter d'être le captif et l'esclave des autres hommes, alors que la servitude de l'âme est bien plus honteuse que celle du corps. »

Quels étaient les soldats en qui Césaire s'efforçait de piquer ainsi le point d'honneur ? Ce qui nous est dit de leur valeur peut convenir aussi bien aux soldats de Théodoric qu'à ceux de Childebert. En tout cas, les faits qui leur sont reprochés doivent nous sembler loin des éloges de Salvien sur la tempérance des barbares. Loin d'être de mœurs plus sévères que les Romains, ces gens ont apporté, dans la recherche des satisfactions sensuelles, toute la fougue et tout le dédain de la personnalité humaine qu'une soldatesque conquérante est capable de montrer. Tout ce qu'on peut dire à leur décharge, c'est qu'ils n'ont pas trouvé chez les vaincus une pureté de vie dont l'éclat, en illuminant leurs âmes grossières, sût les provoquer au dégoût des passions qu'ils apportaient de la barbarie. L'exemple suivi par les vaincus envers

---

1. Serm. 289.

leur personnel servile était peu fait pour inspirer aux vainqueurs le respect de leurs captives, et ce n'est pas le spectacle de ce qui se pratiquait dans l'ombre des grands intérieurs gallo-romains qui pouvait confondre le préjugé national dont s'autorisaient les rois et les grands chefs germains, pour conserver, même devenus chrétiens, leurs troupeaux de concubines. De la rencontre de la barbarie avec une civilisation décrépite, encore toute pénétrée d'influences païennes, pouvait-il résulter autre chose qu'un amalgame de vices, se fortifiant mutuellement par leur contact ? C'est pourquoi l'arrivée des barbares en plein monde romain n'a pas beaucoup facilité, quoi qu'on ait prétendu sur ce point, la tâche de réformation entreprise sur les mœurs par l'Eglise ; nous serions plutôt d'avis qu'elle l'a compliquée davantage.

Enfin, voulant faire une réponse *à fortiori* à ceux qui lui jettent ce cri du vieil homme païen « Nous qui sommes jeunes, éloignés de nos femmes, comment pourrions-nous nous contenir ? » Césaire aborde la question délicate des égards de pudeur à observer dans l'usage du droit conjugal. C'est le sujet qu'il traite en particulier dans la 292e Admonition, où il propose, sous une forme un peu trop rigoureuse, la morale de la droite raison et de la morale chrétienne. Partant de ce principe, que « l'union de l'homme et de la femme est pour la procréation des enfants », il en conclut, en pratique, que l'exercice du droit conjugal n'est pourvu de toute la rectitude qui lui convient, qu'autant qu'il a lieu en vue de procréer. Non ennobli par cette fin, il constitue une faute vénielle, qui va en s'aggravant par degrés, selon qu'il se détourne de sa fin plus grossièrement ou plus souvent. Ces principes établis, Césaire prescrit ensuite quelques antidotes contre l'amour déréglé de la volupté. Ce sont : d'une manière générale, la tempérance dans le boire et le manger, le respect de la pudeur dans les pensées et les paroles ; d'une façon spéciale, l'abstention du droit conjugal pendant les jours qui précèdent la communion, ainsi qu'aux Vigiles de grandes fêtes, et pendant le Carême. Il prêche ces abstentions comme de précepte. A côté de ces restrictions qui donnent satisfaction à son ascétisme, il voudrait infliger à l'acte de la génération la flétrissure de certaines observances émanées de l'Ancienne Loi. Non seulement il trouve bon que les nouvelles mariées s'absentent de l'église pendant les trente jours qui suivent les épousailles ; il ne serait pas éloigné d'étendre cette prescription aux hommes eux-mêmes. Tout cela est bien sévère. Saint François de Sales se montre beaucoup plus indulgent dans son Introduction à la vie dévote. Les théologiens moralistes modernes ont élargi, de leur côté, la casuistique de la licité du commerce conjugal. Tout en proclamant que la procréation des enfants est la fin dernière de l'union des sexes, en constitue la dignité, ils disent qu'il y a lieu de considérer aussi les fins secondaires : l'amour conjugal, ou, simplement, le soulagement modéré et raisonnable de la nature, et ils légitiment tout exercice du droit conjugal renfermé dans ces mobiles. Néanmoins, les esprits sages et délicats excuseront Césaire de ces pieuses exagérations que son temps admettait, et qui étaient peut-être le meilleur moyen de réveiller dans les cœurs le sens de la pureté et de la délicatesse chrétiennes, et ils lui sauront gré d'avoir si vivement loué ces vertus devant un public qui ne les appréciait pas assez bien.

Césaire songeait d'ailleurs bien moins, en professant les maximes qu'on vient de voir, à faire de ses fidèles des ascètes, qu'à les détourner d'un exercice grossier et malsain de la fonction sexuelle liée à l'état du mariage. Comme s'il craignait que nous n'étendions trop la portée de ses avis, il prend soin de nous dire quelles sont les gens qu'ils concernent spécialement. Ce ne sont pas les *sapientes*, ceux qui ont du sens et de l'éducation, mais les *rustici*, ceux de condition inférieure, et, en particulier, les paysans. L'abus du mariage est le faible des hommes de cette classe. Obligés de se contenter de leur seule femme légitime, ils dépensent sur elle, sans ménagement, toute l'ardeur virile que les travaux des champs amassent dans leur robuste corps, sans même observer à son égard les moments où la nature plus sage se fait une règle de la soulager, et ils labourent sur ce domaine, pour emprunter cette image à Césaire, avec autant d'intrépidité et moins de discernement que sur leurs terres. « Je voudrais que celui qui use de son épouse avec incontinence me dît quelle moisson il pourrait récolter, s'il labourait ou ensemençait son champ autant de fois dans l'année qu'il a cédé à la luxure avec son épouse. Car, comme vous le savez très bien, toute terre qu'on a ensemencée fréquemment dans la même année est incapable de produire les fruits qui sont de sa nature. Pourquoi donc fait-on dans son corps ce qu'on ne voudrait pas faire dans son champ ? » Césaire justifie cette analogie en exposant les suites déplorables que produit l'incontinence des époux : leur personne devenue abjecte et incapable de toute vraie vertu chrétienne ; leurs enfants mal nés, et sujets à toutes les infirmités intellectuelles et corporelles, comme ces fruits avortés que produit un sol exténué. Il observe que la classe des *rustici* est le milieu où se manifestent la plupart de ces infirmités offensantes pour la dignité humaine : l'épilepsie, la possession, la lèpre. Il assigne comme cause prédominante de ces accidents le contact de la femme aux époques de menstruation, et, en général, la répétition trop fréquente de ce contact, ce en quoi la science lui donne complètement raison.

Le vin est le compagnon et le conseiller de la luxure : il avait été de complicité avec elle dans la dissolution des mœurs romaines. Caractérisant de son trait de plume accoutumé l'influence de ce vice sur le désastre final, Salvien [1] nous peint les nobles des villes du Rhin, à Trèves, à Cologne, « digérant tranquillement sur les lits de leurs salles de festins, sous la menace de la ruine de leur pays, le vin et les mets dont ils sont gorgés », et « tellement détachés, par l'habitude de l'ivresse, de tous les motifs de retenue qui peuvent leur être personnels, dignité, vieillesse, engagements contractés, noblesse du nom, que l'entrée même des ennemis dans leurs villes n'a pas le don de leur faire abandonner le festin commencé ». L'histoire nous dit, il est vrai, que les barbares, une fois entrés, ne dédaignèrent pas de s'asseoir à leur tour aux tables qu'ils trouvèrent servies, et ils sont déjà reconnaissables par plusieurs traits, dans la peinture que Césaire nous fait de l'ivresse des hommes de son temps [2]. Cependant, ce sont les Gallo-romains que celle-ci concerne principalement. Se rencontrant ici encore avec l'auteur du *Traité du gouvernement de la Providence*, Césaire nous fait voir, chez les habitants du pays, des habitudes qui ne pouvaient être que d'un très mauvais exemple pour les peuples nouveaux venus.

Certains excès décrits par lui semblent encore s'inspirer des anciens rites bachiques. Cènes prolongées où la coupe circule sans s'arrêter jusqu'à une heure avancée de la nuit, défis échangés entre convives, friandises salées qui entretiennent une soif artificielle, santés portées avec accompagnement d'invocations religieuses, où, toutefois, les Anges et les Saints sont nommés à la place des Dieux, tous ces détails nous reportent au rite d'une *comissatio* ou d'un *symposium*, tel qu'il se pratiquait autrefois chez les riches Romains qui se donnaient du bon temps. Césaire lui-même y trouve les vestiges des vieilles pratiques païennes. Ce qu'il censure ici se passait donc entre Gallo-romains. Ce sont aussi des Gallo-romains que ces *rustici*, dont toute la prévoyance ordinaire se démentait sitôt qu'ils se voyaient assis en compagnie à leur table. Là, si nous en croyons Césaire, la bombance une fois commencée se prolongeait sans interruption pendant cinq ou six jours, et le vin ou la boisson nouvellement fabriquée ne cessait pas de couler dans les coupes, jusqu'à l'épuisement complet du vaisseau renfermant la provision de plusieurs mois. Gallo-romains sont, enfin, ces clercs de tout

---

1. L. VI, c. 13.
2. S. 294-295.

« Ordre, et même du premier Ordre », auxquels Césaire s'efforce de faire honte « de ce qu'ils tiennent tête aux laïques les plus intempérants par le nombre des coupes ».

Quelques passages des Admonitions offrent le réalisme de tableaux faits d'après vue. Cependant on ne doit pas faire aux Arlésiens l'injure de croire qu'ils aient fourni seuls des originaux aux peintures de leur évêque. Celui-ci les félicite volontiers, au contraire, de se montrer tempérants et de bonne tenue. Les Admonitions sur l'ivrognerie parlent souvent par ouï dire, et il n'en est pas dont la portée doive être étendue plus au loin. En les lisant, il faut songer à toute la Gaule, et surtout à ces régions du Centre et du Nord-Est, où l'avilissement simultané de l'éducation libérale et des idées religieuses causé par la fréquence plus grande des révolutions politiques avait éteint dans les âmes tout sentiment de la décence, à ces provinces Rhénanes, dont Salvien nous peignait tout à l'heure la dégradation, aux provinces de la Loire, où la sévérité des canons avait peine à préserver du vice régnant le clergé lui-même.

Mais la censure de Césaire ne se borne pas aux Gallo-Romains. Il ne craint pas de faire pénétrer les leçons de la tempérance chrétienne jusqu'aux salles de festin « des rois » ; c'est ainsi qu'il les appelle, en parlant au pluriel, ce qui nous désigne clairement les rois des Francs [1]. Nous assistons aux mêmes fêtes bachiques, que les chefs Romains des provinces de Germanie ont commencées, et que les rois et les chefs Francs ont continuées sans qu'il y ait eu interruption. Rien n'y paraît changé, si ce n'est la personne et le caractère des amphitryons, que l'on voit, autour de tables chargées de mets et environnées de tonneaux de vin, exhorter et entraîner leurs convives dans la mêlée des coupes avec la même fougue impétueuse et despotique que lorsqu'ils encouragent leurs guerriers dans la mêlée des armes, dictant le nombre des coupes que chacun doit vider, et procédant envers les convives par commandements et par menaces, là où les autres se contentaient seulement d'exhorter et d'importuner. Césaire connaît parfaitement leur savoir-faire, et les conseils qu'il donne aux personnes dont la tempérance est en butte à ces colères royales forment, à travers les précautions oratoires auxquelles il recourt pour en parler, un petit tableau pris sur le vif. « On a coutume de s'excuser de l'ivresse en disant : « Un personnage puissant m'a contraint de boire plus que je ne voulais ; je n'ai pu faire différemment à la table du roi. » Quand bien même on en serait venu jusqu'à te dire : bois ou meurs, mieux valait que ton corps pérît dans

1. S. 295.

l'état de sobriété que ton âme par l'ivresse. Mais c'est là une feinte excuse. Car *les rois* eux-mêmes, et tous les autres chefs, étant chrétiens, sages et tempérants, et craignant Dieu de tout leur cœur, en te voyant décidé pour l'amour de Dieu à ne pas t'enivrer, paraissent peut-être s'irriter contre toi sur le moment ; mais ils te considèrent ensuite avec une grande admiration, et ils disent : « Combien d'instances nous lui avons faites, de combien de menaces, de frayeurs, nous l'avons harcelé, et, cependant, nous n'avons pu le détourner un moment de la tempérance ! » … »

Césaire veut réprimer une habitude aussi vicieuse. La façon dont il s'y prend témoigne de son jugement. Rien de bien sévère dans ses prescriptions. Il ne se fait pas d'illusion sur ce qu'il est possible d'exiger des hommes devant lesquels il prêche, et il ne prétend pas obtenir qu'ils deviennent des buveurs d'eau. Il fallait d'abord désabuser ces esprits grossiers de l'idée que l'excès dans le boire fût une chose indifférente, ou même une preuve de vigueur corporelle. Césaire s'efforce de leur faire comprendre, par la peinture infamante de l'ivresse, combien ce vice est indigne de l'homme et du chrétien. Il sait trouver le trait ironique pour confondre ces fanfarons de l'ivresse, pour qui la capacité de l'estomac semble être la mesure du mérite et de la valeur. « Soyez honteux, disent-ils aux autres, de ne pouvoir boire autant que nous. » « Voyez quelle pitié c'est que ces ivrognes », réplique Césaire ; « ils se prétendent des hommes, eux qui gisent dans la fange de l'ivrognerie, et ils ne reconnaissent pas pour des hommes ceux que la décence et la sobriété font se tenir droits. Ceux qui sont par terre sont des hommes ; ceux qui se tiennent debout n'en sont pas. »

Il fallait combattre aussi le préjugé déplorable qui réglait les conventions d'hôte à convive. Celui qui recevait des amis à sa table fixait lui-même le nombre des coupes à vider, et, de même qu'il se faisait un point d'honneur de n'y mettre aucune limite, il se croyait offensé si un convive demandait merci avant d'avoir donné toute la mesure de son estomac. C'est ce que Césaire ne peut souffrir. Qu'on craigne de mécontenter ses convives, ou de donner prise à leurs railleries, en paraissant prendre trop de soin de leur tempérance, c'est un sentiment qu'il n'ose blâmer. Qu'on donne le vin à discrétion, si on n'ose faire autrement. Mais, du moins, que chacun soit laissé juge de la mesure qui lui convient, et soit seul auteur de ses propres excès. « Au bout du compte, n'adjure pas de boire, ne contrains pas ; laisse au pouvoir de ton ami de boire autant qu'il lui plaira. » Voilà ce que l'orateur ne cesse de répéter.

Il fallait obtenir, enfin, de ceux qui avaient pris goût à l'ivresse, l'abandon des habitudes contractées. Césaire procède à leur guérison avec l'attention d'un médecin qui ménage ses malades. Il n'a garde de leur soustraire le boire à fortes doses, dans la crainte qu'une cure trop brusque n'irrite le mal sans le guérir, et que chaque buveur ne crie aussitôt : « plutôt mourir que d'être brûlé par la soif ! » Il conseille de supprimer la mauvaise habitude, comme on se l'est formée, graduellement. On est devenu ivrogne sans s'en apercevoir, à force d'ajouter à la mesure raisonnable une première coupe, puis une seconde, et ainsi de suite. On redeviendra tempérant, sans s'en apercevoir, en diminuant la mesure à laquelle on s'est accoutumé, d'abord d'une coupe, puis d'une autre, jusqu'à ce qu'on soit redescendu de la sorte à la ration dont se contentent les personnes tempérantes. Tout compte fait, — l'orateur ne néglige pas ce petit calcul, — chaque hôte y trouvera son profit et celui de ses amis, avec lesquels une hospitalité mieux ordonnée lui permettra de partager plus souvent les plaisirs d'une table frugale.

On ne pouvait représenter le devoir sous un aspect moins sévère, ni d'une façon plus rationnelle et plus engageante. A une exacte observation des mœurs des ivrognes, dépeintes sous des couleurs vraies, et avec une certaine malice gauloise, nous trouvons associée ici une entente large et indulgente de la morale à prescrire à des hommes qui ne sont pas précisément nés pour la vie des cénobites.

**

Les conseils donnés par les Admonitions, et la forme extrèmement simple qu'ils revêtent, sont loin de marquer une de ces époques qui inspirent à l'historien l'admiration ou le respect. Rien ne fait songer à un de ces moments de transition dans l'histoire qui portent une renaissance en germe, soit dans les choses de l'esprit, soit dans la religion. Tout accuse au contraire une décadence irrémédiable, quoique non parvenue encore à son plein effet, dans l'un comme dans l'autre domaines. Dans l'ordre des choses de l'esprit, on voit un abaissement général du niveau des intelligences, qui fait descendre aussi la parole sacrée de ses hauteurs, et ôte tout pouvoir sur les auditoires à l'orateur qui ne sait pas entrer dans les idées et le langage des gens simples et rustiques. Cet abaissement ne se laisse pas apercevoir seulement dans le langage. Le christianisme, qui a brisé les dernières résistances de l'ancien culte et attiré à lui toutes les races et toutes les classes qui cohabitent sur la surface de l'ancien empire, est envahi par la plupart des vices qui avaient infecté auparavant les sources diverses maintenant dérivées vers ses baptistères, paganisme romain, rusticité ou barbarie ; c'est pourquoi il ne comporte plus, ni, dans la croyance, le sens élevé, ni, dans la pratique, la ferveur et l'héroïsme des anciens jours.

Et toutefois, après la chute de l'empire, dont les traditions et la force acquise avaient su maintenir jusqu'à la fin un certain ordre dans les éléments on ne peut plus divers qui le constituaient, il était extrêmement heureux que l'Eglise fût parvenue à exercer une domination presque universelle. Entre tant de peuples, tant de groupes d'hommes, prêts à faire assaut de grossièreté, de dépravation morale, de pétulance, elle fut la seule influence capable de s'interposer. Les causes de désorganisation que nous avons observées finiront, à la vérité, par prévaloir, et le monde mérovingien, livré dès l'origine à leur action, s'effondrera dans le plus déplorable chaos que l'histoire ait donné en spectacle, mais au-dessus duquel émergeront, toutefois, des espérances certaines de résurrection. La semence jetée en terre par l'épiscopat gallo-romain ne sera pas perdue. Il suffira que les moines irlandais et anglo-saxons, ces pionniers de la dernière heure, écartent les broussailles qui l'auront recouverte pour que la vieille terre de Gaule devienne une pépinière de la civilisation pour une immense partie de l'Europe, encore livrée à la barbarie.

Dans l'influence exercée sur les Gallo-Francs par l'Église, la part prépondérante revenait à l'orateur sacré. Comme l'avilissement des mœurs chrétiennes n'empêchait pas la foi d'être plus indiscutée, et les églises plus fréquentées que jamais, il possédait le double avantage de se trouver en correspondance incessante avec le public, et de pouvoir se présenter devant lui avec une autorité que personne ne songeait à mettre en doute. L'essentiel était qu'il parlât un langage approprié à la masse des auditeurs et qu'il sût ménager leur attention. Césaire donna le modèle à suivre par un genre d'instructions à la fois très courtes et très claires, qui visaient avant tout au bien des auditeurs, qui expliquaient le christianisme par le bon sens et peignaient la vérité par des images et des comparaisons avec lesquelles tous étaient familiers, qui eussent été parfaites enfin, si le soin de la forme et le souci de la méthode n'eussent été trop complètement négligés.

Ces qualités suffiraient à nous faire accepter comme non suspects de partialité l'éloge que les biographes du saint nous font de la popularité de ses discours. Mais nous sommes pleinement édifiés à ce sujet par l'estime que témoignèrent de ces mêmes œuvres les plus grands apôtres des temps mérovingiens, saint Éloi, saint Pirmin, saint Boniface, pour ne citer que ces trois noms. Les Admonitions furent pour le premier un manuel de prédication d'un usage constant. Le résumé de ses prédications, transcrit dans sa vie par saint Ouen [1], est en dépendance si étroite avec les Admonitions, pour le fond et pour la forme, qu'on serait tenté d'admettre que le biographe s'est trompé sur le manuscrit des véritables homélies de son ami. Comme une telle supposition est invraisemblable, il est donc avéré que saint Éloi prêchait d'après saint Césaire. Peut-être ne le copiait-il pas tout à fait servilement, et prenait-il la peine de le délayer dans des factums du genre de ceux que les éditions nous donnent à la suite de sa Vie, quoique sans caractère authentique. Cette imitation enlève au mérite d'Éloi comme prédicateur, mais non comme apôtre; car elle répondait au désir de saint Césaire, qui avait voulu précisément, par la publication de ses Admonitions, stimuler et aider les bons évêques dans le ministère de la parole. Le but de son recueil était suffisamment atteint, du moment qu'il trouvait pour écho un Éloi. Par l'organe de l'évêque de Noyon, Césaire alla évangéliser ces peuples de la Neustrie septentrionale qui avaient été les premiers et les plus profondément pénétrés et modifiés par l'invasion des Francs, et les plus grossièrement infectés de leur barbarie. Serait-ce un paradoxe d'avancer que c'est les Admonitions en mains qu'Éloi s'est avancé jusque chez les Frisons, et que les préceptes de Césaire ont été interprétés dans leur langue à ceux de ces peuples qu'Éloi a visités? On peut objecter contre cette supposition le cachet moraliste des Admonitions, en apparence peu fait pour l'œuvre du missionnaire. Mais il ne faut pas se dissimuler que chez ces peuples, que ni dogmes fixes, ni croyances raisonnées ne prévenaient violemment contre l'acceptation des dogmes chrétiens, les efforts de l'Eglise ont eu à s'exercer beaucoup plus autour de la morale que du dogme [2]. Car l'attraction mystérieuse qui tient dans une correspondance si étroite la morale et le dogme chrétiens s'est faite chez ces esprits naïfs, étrangers à tout travail spéculatif, moins du dogme à la morale, que de la morale au dogme. Rien n'était plus propre à produire sur eux cette lumière vive projetée par la morale évangélique que l'explication simple et claire des préceptes de l'Evangile telle qu'elle était dans Césaire.

C'est ce que les apôtres de la Germanie, Pirmin et Boniface, semblent avoir pensé à leur tour. Par ces missionnaires, les Admonitions ont été portées sur ces rives du Rhin et dans ces contrées d'Est-Rhin tombées

---

1. Migne, t. 87, col. 524, etc.
2. Nous ne voudrions pas que l'on donnât à cette assertion une portée trop absolue. Une lettre de l'évêque anglo-saxon Daniel à saint Boniface témoigne d'une façon très intéressante du soin que les missionnaires apportaient à la réfutation des croyances idolâtriques partagées par les peuples germains (Mon. germ. hist., *Epistol.*, I, p. 271.)

dans le partage des races les plus farouches et les plus rebelles à la civilisation. Le petit traité théologique laissé par Pirmin[1], *Dicta* ou *Scarapsus Pirminii*, est aussi, pour la partie morale, un résumé des Admonitions. Quant à Boniface, l'imitation des Admonitions est chez lui moins servile, il est vrai, mais elle est sensible dans beaucoup des homélies qui nous sont parvenues sous son nom. Il cite un assez long passage de l'Admonition *de Auguriis* dans une lettre au pape Zacharie[2], et quoique cet extrait y soit attribué à saint Augustin, c'est pour nous une nouvelle preuve que les œuvres de Césaire lui étaient familières. Comment se sont-elles trouvées dans le sermonnaire à l'usage du moine anglo-saxon ? Les occasions de relations entre les missionnaires ou les clercs de l'Anglo-saxonie et la métropole d'Arles ont été tellement fréquentes avant Boniface, qu'il y aurait plutôt lieu de s'étonner que les œuvres de Césaire fussent restées inconnues dans ce pays[3]. Quoi qu'il en soit, le recueil des Admonitions fut un de ceux que Boniface fit entrer dans la bibliothèque de sa célèbre abbaye de Fulde, et non le moins souvent consulté. Le savant Raban Maur, lorsqu'il était encore abbé de Fulde, ayant reçu une lettre d'Haistulfe, deuxième successeur de saint Boniface sur le siège de Mayence, qui lui demandait des modèles de prônes, alla consulter dans la bibliothèque de son abbaye le volume des Admonitions, sur lequel il se mit en devoir de composer[4]. A vrai dire, la façon dont il a remanié ces morceaux n'est pas heureuse. Il se borne à couper une Admonition en plusieurs homélies différentes, auxquelles il ajoute quelques phrases banales en guise d'exorde et de conclusion, ce qui ôte tout le cachet de l'œuvre originale sans que le sien y paraisse aucunement. Il faut faire exception pour l'homélie XLIIe, relative à des pratiques superstitieuses occasionnées par une éclipse de lune ; on y surprend, en contraste avec la bonhomie de Césaire, qui sert de modèle, le sourire dédaigneux du savant, à qui la crédulité du vulgaire fait pitié. En somme, Raban eût répondu d'une façon plus intelligente à la prière d'Haistulfe en lui adressant les Admonitions sans les retoucher, et en lui conseillant seulement ou de les prêcher telles qu'elles étaient, — c'est ce qu'avait fait saint Eloi, — ou de s'inspirer largement de leur esprit, comme avait fait saint Boniface.

1. Migne, t. 89, col. 1029, et... Edicté séparément par M. Caspari, profess. à l'Univ. de Christiania. (*Kirchenhist. Anekdota*, 1883).

2. Migne, t. 89, col. 747 et note b. — M. G. H. *Ep*. I, p. 301.

3. Nous montrons ds. notre thèse latine sur les Moines de Luxeuil, (c. *De Missionibus*... fin), que ces moines ont aussi contribué pour une grande part à la notoriété des Admonitions.

4. Comparer avec s. Césaire les hom. de Raban : 1, 25, *De Natali* ; 9, 10, 11, *De Quadrag.* ; 16, *In Sabbato S. Paschae* ; 42-3, *Contra pagan. errores* ; 46, 59, 60, 62, 63. Migne, t. 110.

CHAPITRE X

RÈGLES MONASTIQUES DE CÉSAIRE.

L'idéal chrétien, obscurci dans la conscience des peuples, s'est réfugié au sein des monastères, où il continue de luire. Ainsi apparaît le rôle supérieur que ces établissements sont appelés à remplir dans l'histoire du christianisme, rôle peu compris de notre temps. Abusés par les passions qui nous emportent au milieu de la lutte pour la vie, nous affectons de mépriser comme inutiles et paresseuses ces calmes existences, que le séjour des cloîtres soustrait aux intérêts qui nous agitent. Mais en étendant ce jugement dédaigneux sur tous les monastères en général, sans faire état de la régularité qui les distingue entre eux, nous ne prenons conseil que de nos idées bourgeoises ou sceptiques et ne nous plaçons nullement au point de vue chrétien. Nulle part, le christianisme n'est interprété et embrassé dans un sens plus absolu et avec une dévotion plus entière que dans un monastère où la règle est exactement et loyalement observée. Alors que, pour vaquer à ses prescriptions les plus sommaires, nous prenons à peine de loin en loin, affairés que nous sommes, un moment très fugitif sur nos occupations professionnelles, le religieux en fait, lui, sa profession proprement dite ; il y rapporte tous les instants de sa vie ; il en accomplit, non seulement les préceptes, mais encore les conseils les plus héroïques. Par cet attachement exclusif à la profession des vertus religieuses, les monastères ramènent dans la vie chrétienne l'équilibre que lui fait perdre l'importance excessive que nous donnons à nos intérêts. Ils conservent les préceptes de l'Evangile purs des sophismes dont nos passions sont toujours prêtes à les obscurcir. Sans eux, nous perdrions le sens des vertus chrétiennes, ou ne l'aurions plus qu'à un faible degré. Qui peut dire ce que quelques jours consacrés au recueillement dans un fervent monastère ont procuré de lumières et de courage aux hommes qui se sont illustrés dans le ministère actif de la religion ?

Propre en tout temps à ceux de ces établissements où les choses sont bien ordonnées, l'influence dont nous parlons s'était révélée avec éclat dans le siècle qui avait précédé Césaire. Au milieu de la ruine civile et morale universellement ressentie, les monastères n'avaient pas été seulement le refuge d'un grand nombre d'hommes du monde, qui ne voyaient plus que ce seul champ ouvert aux aspirations supérieures ; ils avaient eu une action décisive pour la préservation du clergé, soit par les membres éminents qu'ils lui avaient fournis, soit par l'émulation qu'ils avaient provoquée dans tous ses rangs. Contre la corruption effrayante des siècles suivants, qui n'épargnera pas le clergé lui-même, ce sont encore les monastères qui feront le seul contre-poids, et c'est chez eux que seront conservés les germes de la renaissance carolingienne. C'est pourquoi les progrès réalisés par Césaire dans l'ordre des institutions monastiques accroissent d'autant la part d'influence qui lui revient sur son siècle, et méritent à ce titre d'être signalés.

Ses deux Règles pour les hommes et pour les femmes [1] sont le premier monument authentique que la Gaule ait produit en ce genre. Elles constituent la première phase remarquable dans l'histoire du monachisme gaulois, après les origines. Par elles, Césaire prend rang insigne parmi les patriarches de l'institution monastique dans notre pays, entre saint Martin et saint Honorat, les fondateurs aux temps gallo-romains, et saint Colomban, leur continuateur à l'époque mérovingienne. La Règle des hommes, quoique la plus courte et promulguée la première, va déjà nous permettre de mesurer l'importance de son action dans ce domaine.

C'est à une époque assez tardive, vers la fin du IV° siècle seulement, que la vie monastique se transmit de l'Orient dans les Gaules [2]. Elle entra dans ce dernier pays à la suite des livres où les Orientaux avaient consigné de bonne heure les vies merveilleuses des premiers Pères du désert. Elle prit surtout un développement remarquable à partir de saint Martin, ce moine évêque, dont le prestige, comme anachorète et thaumaturge, vulgarisé par les récits pénétrés et attachants de Sulpice Sévère, produisit chez les Occidentaux une admiration sans égale. Que parlait-on de ces Pères d'Orient, des Paul et des Antoine ? S'ils avaient combattu et vaincu les démons, comme Martin, ils n'avaient pas, comme lui, ressuscité des morts. Voilà ce que répétaient, après Sulpice Sévère, une foule de personnes pieuses, qui s'attachèrent à Martin avec une confiance aveugle comme à un guide de tout repos, en compagnie

---

1. Migne, t. 67, col. 1099-1103, etc. — Bolland., Jan., I,... p. 735, etc... (R. des religieuses).
2. Sur le monachisme primitif en Gaule, voy. Hauck, t. I. Ce qu'il dit de l'impopularité des moines doit être limité aux origines et à certains milieux : païens, chrétiens mauvais ou peu fervents.

duquel on était dispensé de chercher conseil auprès des maîtres ascétiques des autres contrées. Son exemple devint ainsi le point de départ d'un premier mouvement monastique original et indépendant, mais dont les défectuosités sautent aux yeux.

Des récits que Sulpice a publiés sur son saint ami, il serait difficile de dégager une forme de vie ascétique à contours précis. Il n'a dicté aucune règle ; il ne paraît pas avoir assigné de préférence à ceux qui le suivaient quelqu'une de celles qui existaient déjà, et des monastères mêmes qu'il a fondés, il n'est plus guère question après lui. Tout ce qu'on sait de son institut de son vivant, c'est que ses disciples formaient autour de lui une agrégation où la vie *érémitique* ou *anachorétique*, consistant dans la solitude, l'emportait sur les exercices en commun, constituant par essence la vie *cénobitique*, la contemplation sur l'action. Point de costume défini. Le saint et beaucoup de ses disciples étaient vêtus d'un costume sommaire fait de poils de chameaux. La solitude elle-même était loin d'être rigoureuse. Obligé par ses fonctions épiscopales de voyager souvent, Martin se faisait toujours escorter d'un certain nombre de disciples. En dehors des sorties de leur chef, ceux-ci pouvaient aussi être attirés hors de leurs cellules, construites en bois ou taillées dans le roc, par les offices de la charité ou de l'amitié. On recourait à eux pour la guérison des maladies, et la thaumaturgie était en quelque sorte leur occupation courante avec l'écriture et la prière. Quelques-uns se détachaient de la ruche pour aller essaimer ailleurs ; il faut que ces essaims aient été assez nombreux, pour qu'on ait compté deux mille disciples aux obsèques du saint fondateur. D'autres finissaient par émigrer vers le clergé, et tel, qui avait été vu sous la grossière livrée des disciples de Martin, et avait partagé leur abstinence, se faisait quelquefois remarquer, comme clerc, par l'élégance de son costume et le luxe de sa table. Après la mort de saint Martin, nous voyons plusieurs de ses disciples vivre éloignés du monastère, dans la familiarité de Sulpice. La stabilité n'était donc point de rigueur parmi eux. Le monastère n'était qu'une simple école d'ascèse, d'où sortaient librement et sans scrupule ceux qui désiraient faire ailleurs l'expérience des vertus auxquelles ils se croyaient rompus. Plein d'enthousiasme et de vitalité, le mouvement ainsi créé au centre de la Gaule par l'exemple extraordinaire de saint Martin était trop peu réglé, et devait rester longtemps en dehors de l'influence croissante des règles.

Pour en connaître la suite, les renseignements abondent. Nous trouvons d'abord dans Grégoire de Tours une revue très détaillée des épisodes de la vie monastique, surtout entre Seine et Garonne, pendant les Ve et VIe siècles. Si nous y joignons les biographies extrêmement respectables des saints Avite[1] de Micy, Léobin[2] et Calais[3], nous aurons réuni des éléments d'information très suffisants. Ce qui s'en dégage, c'est que l'activité monastique, au dedans des limites assignées ci-dessus, procède presque tout entière de saint Martin. Toutes les vocations rayonnent autour de son souvenir. Chaque chrétien qui sent naître en lui le désir de renoncer au monde le rapporte à saint Martin ; il tient à se présenter au moins une fois à son tombeau, à emporter de là une relique ou un souvenir. Chaque cellule séparée, chaque monastère a un oratoire dédié à saint Martin. Cette dépendance ne se manifeste pas moins, si l'on fait attention aux caractères qui distinguent la vie monastique chez ces gens du Centre. Le principal trait qu'on y remarque, c'est l'inspiration individuelle. Souvent, celui qui veut se faire moine ne prend pas même la peine de chercher un monastère où, à défaut d'une règle établie, il puisse du moins profiter de la direction de l'abbé ou des Anciens. Comme Martin à Ligugé, il s'en va seul, ou avec un ou deux compagnons, à la recherche d'un ermitage éloigné des habitations humaines, où la subsistance lui est procurée par son travail ou par la charité de quelque âme discrète. Bientôt, la retraite de l'homme de Dieu cesse d'être un mystère pour les populations du voisinage. On accourt se recommander à ses prières ; on lui amène les malades, les épileptiques, les énergumènes, pour qu'il fasse sur eux le signe de la croix. Les plus enthousiastes demandent à se ranger sous sa direction. Quelquefois, c'est le reclus qui s'impatiente le premier de vivre loin de ses semblables, et il obéit à une voix intérieure qui lui dit : Tu es assez saint comme cela ; sors de ta cellule, et opère des guérisons parmi les fidèles[4]. Se trouve-t-il dans la région un abbé que le don des miracles ou une grande sainteté aient rendu illustre ? Il y a tout à parier que le novice moine ira se confier à la tutelle de cet homme remarquable. Mais rien ne dit qu'il ne le quittera pas un jour furtivement pour aller vers un autre directeur qui l'aura attiré par un autre genre de célébrité. Il est de très saintes gens dont l'ascétisme se concilie avec des habitudes toutes nomades : saint Irier[5], par exemple, qu'on trouve sur toutes les routes, escorté de son monastère ambulant. Les inconvénients de cette liberté d'allures sont aisés à concevoir. Tous, pour être moines, n'avaient pas la vertu de saint Léobin, futur évêque de Chartres, qui, ayant reçu un jour l'hospitalité chez de pauvres nonnes, le dortoir

---

1. *Acta SS. Ordinis S. Bened.*, I.
2. Migne, t. 88, col. 549, et Krusch, ds. *Venant. Fortunatus* (M. G. H., a., IV).
3. Id., t. 74, col. 1247.
4. Grég., sur s. Friard. *Vit. Patr.*, c. 10.
5. *Vita s. Aridii abbat.*, aux œuvres apocryphes de Grég. de Tours.

compris, sentit, pendant la nuit, les lèvres d'une de ses voisines se poser avec passion sur ses pieds : d'un geste énergique, il repoussa la tentation ; mais il n'en fut pas ainsi de ce disciple d'Irier, qui, envoyé en mission auprès de Gontran, succomba pendant le trajet à un adultère. Nous ne parlons pas des moines qui faisaient ménage commun avec de soi-disant vierges. A ces inconvénients accidentels, ajoutons ceux qui étaient généraux. L'indécision des règles, l'état précaire de l'autorité abbatiale, le particularisme des établissements monastiques, paralysaient en grande partie l'institution, et la rendait impropre aux œuvres fondées sur le groupement des efforts et des volontés. Les monastères de la Celtique ne justifieraient pas à eux seuls la thèse brillante soutenue par l'auteur des *Moines d'Occident*.

Un essai remarquable dans le sens de la régularité se produisit une vingtaine d'années après la mort de saint Martin, à Lérins. Sur l'organisation du monastère qui fut fondé en ce lieu par saint Honorat, et qui devait fournir tant de sujets méritants au clergé et à la science ecclésiastique, nous n'avons rien de très précis. Les documents épars[1] nous en disent cependant assez pour nous laisser voir en quel progrès il fut sur les monastères de saint Martin. Si la grande valeur morale des abbés qui s'y transmirent le gouvernement fut un facteur important dans la fortune du nouvel institut, on reconnaît aussi que le trait principal de leur caractère fut précisément l'amour de la règle et de la discipline. Non qu'Honorat ait laissé à son monastère une règle écrite de sa main. Lorsque quelques documents font mention des *statuts* ou des *institutions* de Lérins, ces termes désignent probablement les dispositions empruntées par les fondateurs aux règles orientales, telles que celles des saints Basile, Pacôme, Macaire, et non une formule nouvelle, qui, en tout cas, n'a laissé aucune trace. C'est surtout par l'enseignement oral, comme il est aisé de le conclure du panégyrique de saint Honorat, et des sermons prononcés par l'abbé Fauste, que la règle s'est implantée doucement dans les mœurs de Lérins. En voici les grandes lignes. On voit tout d'abord un mélange de la vie cénobitique avec la vie érémitique, mais un mélange où la première domine et fait disparaître les inconvénients de la seconde, pour n'en laisser subsister que les avantages. Les cellules séparées sont réservées aux Anciens, à ceux que Sidoine appelle le *sénat de ceux qui habitent dans des cellules*[2]. Libres

---

1. Voir principalement : Eloge de saint Honorat par saint Hilaire ; Vie de ce dernier ; Eloge de s. Maxime (Bibl. M., VI) et Vie (Mig., t. 80) ; Sermons de Fauste ; Eucher, *de Laude eremi* ; dédicace de Cassien ; quelques passages de Sidoine ; règles de Césaire et de Macaire ; Vie de s. Antoine de L. p. Ennode ; histoire de saint Jean de Réomé (*Acta SS. Ordinis S. Benedicti*, I). Ouvrages modernes : Goux, Alliez, etc.

2. Sid., *Ep.*, IX, 3. — Eucher, *de Laude eremi*, n. 42.

de s'enfoncer dans les solitudes de l'île, mais circonscrits par le cercle que la mer forme autour d'eux, ils restent ainsi sous l'œil de l'abbé et des préposés, et on les retrouve mêlés de nouveau à la communauté pour célébrer l'office ou entendre les instructions de l'abbé. Pour ces solitaires sont les veilles et les jeûnes prolongés, les macérations exceptionnelles, les extases de la dévotion, ou les études approfondies. Pour ceux qui n'ont pas encore atteint ou n'ambitionnent pas une si haute perfection, l'emploi du temps et la série des devoirs sont tracés par une règle mesurée et clairvoyante, sous la sauvegarde d'une hiérarchie fortement constituée. La perfection du novice consiste à se tenir à l'entière discrétion de l'Ancien que l'abbé lui a donné pour directeur spirituel dès son entrée dans le monastère ; celle du profès à révérer l'abbé et le préposé comme Dieu lui-même, qu'ils représentent. Tout tend, dans la règle de Lérins, à resserrer les liens de solidarité chrétienne entre membres d'une même communauté. Y avait-il un engagement formel de demeurer dans le monastère jusqu'à la mort ? Fauste, sur ce point, n'ose pas encore aller plus loin que le conseil. Mais il y avait un resserrement du lien professionnel consistant dans le changement d'habit et de nom[1], et dans une promesse formelle de religion après un temps d'épreuve qui ne nous est pas spécifié. Lérins se distinguait aussi des établissements voisins par une observation plus stricte de la pauvreté.

Nous ne savons pas comment était réglé le détail de l'emploi du temps ; mais les œuvres littéraires sorties de l'île, et ce que rapporte Eucher de la variété des productions qu'on y trouvait, disent assez quelle part honorable était faite au travail, soit des mains, soit de l'esprit.

Entre les peines destinées à prévenir la violation de la règle, peut-être le fouet faisait-il quelque usage. Mais la prédominance était donnée à celles qui devaient agir sur le cœur, telles que la coulpe ou confession de la faute[2], l'amende honorable faite au confrère qu'on avait offensé, la suspense de la prière commune, l'excommunication. L'importance attribuée à l'examen de conscience restreignait le champ des fautes et des peines. Nul doute que l'habitude de cet exercice n'ait donné à l'institut un grand nombre d'hommes intérieurs, et n'ait grandement contribué à son influence.

Un dernier caractère à signaler, c'est le désir du progrès, et l'empressement à l'accueillir de quelque lieu qu'il vînt. Ni Honorat ni ses successeurs n'eurent la présomption de croire qu'ils avaient atteint du premier coup la perfection. Lorsque le grand Cassien eut adressé les douze Livres de ses Institutions à Castor, évêque d'Apt, pour le

---

1. Il dit plusieurs fois : *habitum et nomen mutavimus*.
2. C'est un point important dans les *Exhortationes ad monachos*.

guider dans la fondation d'un établissement monastique, saint Honorat sollicita aussitôt un exemplaire de l'ouvrage, et s'abonna d'avance aux *Conférences*, qui étaient alors en cours de publication. Sept de ces dernières (XI-XVII) lui furent dédiées de compagnie avec Eucher, son voisin de l'île *Léro*, et on peut croire qu'il fit largement profit des observations du savant abbé de Saint Victor, spécialement en ce qui concernait la stabilité, la pauvreté, le séniorat et la vie cénobitique.

Lérins réalisait donc, par ses conditions matérielles et spirituelles, un ensemble harmonieux. Par là s'expliquent la fascination qu'il exerçait au dehors, et le charme qui retenait à ses rives quiconque y avait une fois pris terre. Le ravissement d'Eucher, le retour d'Hilaire, que l'amitié d'Honorat lui-même ne put retenir à Arles, l'empressement montré par les moines du lieu devenus évêques à revoir cet ancien séjour, sont les preuves de ce charme.

On ne saurait délimiter avec précision l'expansion prise sur le continent par la règle, ou pour parler plus exactement, par la coutume de Lérins. Il est vraisemblable que ses membres devenus évêques s'efforcèrent de fonder autour de leurs églises des monastères constitués sur le même modèle, ou de faire prévaloir dans les monastères qu'ils trouvèrent établis les coutumes de la sainte île. C'est ainsi qu'un commencement de régularité a dû gagner par Honorat, Hilaire, Maxime, Fauste, Valérien, etc..., les monastères de l'ancienne Province, et qu'elle a pu s'étendre, par Eucher et Loup, jusqu'à Lyon et Troyes. Les lettres et les poèmes de Sidoine nous montrent la renommée ou l'influence de Lérins parvenues par delà les Cévennes. Déjà, dans sa dédicace à l'évêque Castor [1], Cassien avait opposé au caractère vague de la vie monastique dans ces provinces occidentales de la Gaule, qui n'avaient vu que saint Martin, la sagesse et la maturité des règles orientales. L'exemple vivant donné par Lérins fit pénétrer cette observation avec plus de force dans ces régions, si bien que les esprits éclairés, comme Sidoine, ne tardèrent pas à faire la différence entre les établissements transcévénols, aux institutions réfléchies, calculées et durables, et ceux d'en deçà, où tout flottait à l'abandon. Aussi, cet homme prudent n'eut pas plutôt vu le monastère de saint Cirgues [2], après la mort du saint abbé Abraham, « tombé en décadence sous un préposé sans prestige », qu'il s'empressa d'appeler un disciple de Lérins, Volusien, avec charge de gouverner l'établissement d'après les institutions de Lérins, ou de Grigny, monastère proche de Vienne, qui avait probablement reçu la méthode de Lérins. C'est aussi, à n'en pas douter, l'exemple de Lérins, qui a dicté aux Pères

---

1. *De Cœnobior. Instit.* Collect. de Vienne, t. 17.
2. Sidoine, *Ep.* VII, 17.

du concile de Vannes, vers le même temps, certain canon (c. 7) contre les moines errants : on défend aux moines de quitter le monastère sans permission de leur chef; on oblige ceux qui veulent s'établir solitairement à le faire avec l'autorisation de l'abbé et à portée de sa surveillance.

Y eut-il quelque influence de Lérins sur les célèbres monastères fondés dans le Jura par les saints Romain et Lupicin [1] ? C'est ce qu'il serait téméraire de conjecturer. Tout ce qu'on peut apercevoir à travers les documents relatifs aux origines de ce groupe cénobitique, c'est une indécision de la règle qui se traduit par les divergences de vues des deux frères : l'un inclinant vers une sévérité excessive, que l'autre essaie de corriger par une douceur extrême; les moines chancelants, poussés à la désertion par Lupicin, sont ramenés par Romain ; le premier interdit l'accès de sa chapelle aux femmes, et le second leur voue son tombeau. Lupicin exagère aussi la pauvreté, en s'interdisant même la propriété commune. Cette incertitude devait faire place, vers le temps où Césaire vécut, et peut-être sous son influence, à quelque chose de plus régulier. Mais jusqu'à cette époque, l'institut jurassien ne put éclipser la renommée de Lérins, même dans le bassin de la Saône, témoin la vocation de Césaire.

*
* *

Telle était, vue d'ensemble, la situation des monastères en Gaule, quand Césaire se crut en mesure d'apporter à l'institution monastique le secours de son expérience et de ses aptitudes spéciales en matière de règle.

La Règle si courte des hommes, qu'il nous reste maintenant à analyser, tire son importance d'abord du cachet d'autorité qu'elle revêt. « Ceci est la règle qui doit être observée dans tout monastère, quel qu'en soit l'abbé. » Ce n'est pas un simple abbé qui vient dispenser à sa communauté le fruit de son expérience privée. C'est un évêque métropolitain qui prescrit la loi à suivre dans tout le rayon de son autorité épiscopale, sinon métropolitaine. Pour intervenir aussi directement dans la discipline intérieure de ses établissements monastiques, Césaire n'eut pas à commettre d'empiètement. Le concile d'Agde (c. 27), en soumettant les fondations monastiques à l'autorisation épiscopale, et le V⁰ concile d'Arles, peu après Césaire, en déclarant que chaque évêque a le pouvoir d'assigner à ses monastères la règle à suivre et de les ordonner (c. 5), nous montrent le droit communément reçu dans l'Eglise de Gaule, où, avant saint Colomban, le privilège d'exemption fut très

---

1. Bolland. 28 févr. et 21 mars. — Grég. de T., *Vitae Patrum*, c. 1:

peu répandu. Grâce à ce régime, la Règle de saint Césaire put donc prendre une extension qu'elle n'aurait pas obtenue si elle eût été écrite par un simple abbé, et on ne doit pas douter qu'elle n'ait franchi les limites mêmes du diocèse d'Arles.

L'auteur a su en accroître encore la valeur par le choix judicieux des articles et le relief concis qu'il leur a donné. C'est la règle de Lérins qu'il a prise pour base, et son œuvre se résume en deux ou trois points qu'elle lui prêtait, et qu'il marque seulement avec plus de précision et de rigueur. Mais ces quelques points suppléaient tout ce qui manquait encore aux monastères de Gaule pour être des maisons bien ordonnées.

La Règle s'ouvre par l'engagement de persévérer jusqu'à la mort dans le monastère où l'on a fait profession. Ainsi, elle assigne comme première condition d'être de la profession de vie monastique la *stabilité*. Cet article satisfaisait à un besoin impérieux d'ordre et de décence qui se faisait sentir partout où l'institution monastique était établie. Saint Jérôme et Cassien avaient déjà parlé avec indignation de l'effet scandaleux produit par ces moines errants, les *gyrovagi*, qui s'en allaient promenant à travers le monde leurs secrets désirs de bien-être, et spéculaient sur le prestige que leur profession exerçait sur les fidèles. Les directeurs de Lérins n'avaient pas encore osé supprimer radicalement toute liberté de se retirer de leur monastère, après la profession faite. Mais ils avaient insisté fortement pour que chaque profès s'accoutumât à considérer son lien avec la corporation comme irrévocable. C'est le but des deux plus longues Exhortations aux moines que nous ayons de Fauste[1]. Nul doute que Césaire n'y ait puisé les considérations sous l'empire desquelles il inscrivit la stabilité en tête de la règle. Il y avait appris tout d'abord que l'une de ces deux choses était la garantie nécessaire de l'autre. Sans la stabilité, il était impossible d'obtenir une égale soumission de tous au droit commun de la règle. Celle-ci était surtout difficile à faire respecter par les fils de famille, en qui l'orgueil de race était toujours prêt à se réveiller, et que le souci de subsister en dehors du monastère effrayait moins que les autres. A la première remontrance ou à la première punition qui avait le don de les mettre hors d'eux-mêmes, ils s'écriaient qu'ils en avaient assez de se voir traités comme des esclaves, et quittaient brusquement, au grand scandale de leurs confrères. La fréquence des départs causés par cet esprit de rébellion était, si l'on en juge par les plaintes de Fauste, la plaie de Lérins, ce modèle des monastères. Que doit-on penser de ce qui se passait ailleurs! Césaire, en rendant la stabilité de précepte, coupa le mal par la racine.

---

1. *Instruit nos.* — *Scimus quidem.* V. nos *Sources*, p. XV etc.

Nécessaire à la préservation de la discipline commune, la stabilité ne l'était pas moins à celle du vœu professionnel. Nul n'était obligé de se vouer à la vie religieuse. Mais, du moment qu'on avait fait ce vœu, la stabilité des résolutions prises était liée, ce point était encore démontré par Fauste, à celle de la personne dans le monastère, et les mêmes arguments valaient pour l'une et pour l'autre. Ceux auxquels cette argumentation s'adressait répondaient, il est vrai, qu'ils comptaient rester tout aussi bien fidèles à leur vocation hors du monastère, et la chose ne leur était pas absolument impossible, puisque bon nombre d'autres personnes menaient la vie religieuse assez strictement sans avoir jamais quitté le monde. Mais ce qui les mettait dans une grande infériorité à l'égard même de ces dernières, c'est la diminution de ferveur dont leur sortie du monastère était le signe flagrant. Celui qui a commencé à gravir vers les sommets ardus de la perfection peut-il fixer d'avance le point où il s'arrêtera s'il se laisse glisser sur la pente? Fauste n'avait pas de peine à montrer ce qu'il y avait d'illogique, dans leur conduite, « à chercher dans le siècle un refuge contre l'ennui du monastère, après avoir recherché le monastère comme le refuge nécessaire contre les tentations du siècle. Etait-ce donc qu'en partant, ils laissaient leurs passions dans le monastère? Non. C'est en eux qu'était le mal. En fuyant le monastère, espéraient-ils se fuir eux-mêmes? »

En lisant ces sages réflexions, Césaire était sans doute frappé de l'accent ému que prenait, en les développant, la voix de Fauste, d'ordinaire si calme. « Quoi de plus cruel, en vérité que de t'arracher ainsi subitement, comme l'oiseau de passage, au lieu où ton Dieu t'a appelé, où Il t'a éclairé des premiers rayons de sa lumière, et t'a ouvert comme un port contre les sévices de la tempête? Oublies-tu si vite tes frères et tes compagnons, qui s'appliquaient à te consoler? Est-ce ainsi que tu désertes l'endroit où tu as déposé la défroque du siècle, et changé le nom que tu portais quand tu en étais? Eh quoi? les oiseaux eux-mêmes aiment leur nid, et les bêtes fauves restent fidèles aux lieux qui les ont vues naître, à leurs gîtes et aux lieux où elles trouvaient la nourriture! Mais toi, être pourvu d'intelligence et de raison, tu es, à certains moments, assez dénué de bon sens, pour préférer aux bienfaits de Dieu tes propres volontés et tes caprices, et pour te mettre à la remorque de tes propres pensées! Ne sens-tu pas à l'irritation de ton cœur quelles dures peines tu te réserves, et au-devant de quel naufrage tu te précipites? »

Tout cela accuse déjà une forte tendance vers la stabilité. Ce dont l'institution monastique est, sur ce point, redevable à Césaire, est d'avoir condensé en un commandement rigoureux l'expérience de ses maîtres de Lérins. Si Lérins a eu la pensée, il a eu la volonté.

Le deuxième point fondamental fixé par la règle de Césaire est la pauvreté. Cette vertu était partie essentielle de l'ascétisme. Tout d'abord, on avait cru la professer suffisamment par l'usage des biens dépensés en bonnes œuvres. Puis, les maîtres de la vie cénobitique s'aperçurent bientôt que cette pauvreté purement spirituelle, dans laquelle s'étaient sanctifiés les Eustochie, les Mélanie, les Paulin et les Sulpice Sévère, ne pouvait suffire aux nécessités de la discipline en commun. Ils furent d'avis que toute propriété personnelle devait être supprimée dans les monastères. Les inconvénients qu'ils y trouvaient sont ceux que Césaire a résumés dans ses Règles ou exposés dans ses Instructions monastiques : elle entraînait à la violation de l'abstinence et du renoncement prescrits par la règle ; elle entretenait l'inégalité entre des personnes qui devaient n'avoir qu'un cœur et qu'une âme ; enfin, elle était une sorte de prime laissée à l'inconstance de ces moines qui ne savaient se fixer nulle part. C'est pourquoi la tolérance des objets conservés en propriété privée alla en se rétrécissant de plus en plus.

En quelle observation Césaire avait-il trouvé la pauvreté à Lérins ? Nous savons que lui-même s'y était présenté après avoir fait abnégation de toute sa part de patrimoine. Ainsi en avait agi son prédécesseur Hilaire, qui avait passé comme lui par l'école de Lérins. Près d'entrer en religion, il avait fait évaluer ses biens par son frère, et en avait réparti la valeur entre les pauvres et le monastère lui-même. Ce ne sont là que des exemples particuliers. Mais les expressions à l'aide desquelles Fauste qualifie en plusieurs endroits le régime de son monastère font supposer que ces exemples étaient de règle. Il dit entre autres choses, que ses moines ont « déraciné » en eux la possession des richesses, ce qui ne saurait guère s'entendre que d'un renoncement dans le sens rigoureux. Peut-être l'acte légal exigé en garantie de la renonciation est-il la principale innovation apportée par Césaire à l'usage de Lérins. Majeurs, il n'admet les postulants que sur la production d'un acte d'aliénation de leurs biens en forme légale. Mineurs, il les oblige, à l'âge de majorité, à confirmer par un acte de même valeur la renonciation qu'ils ont faite verbalement. La légalité est donnée comme sanction à la conscience.

Au moment de l'acte dont nous parlons, Césaire laisse au moine le choix des personnes en faveur desquelles il lui convient de renoncer. Toutefois, on voit déjà indiqué dans sa Règle un mode de répartition qui se trouve expliqué plus longuement dans une de ses épîtres[1]. Il

---

1. Epist. II, *ad Cæsariam et omnem congregationem*. Migne, t. 67, p. 1128.

désire qu'on ait égard avant tout à ses parents et à la communauté dont on est membre. Mais, dans le premier cas, la donation ne lui paraît justifiée qu'en faveur des parents pauvres ou peu aisés. Il n'admet pas qu'on paraisse ne s'être dépouillé de ses biens que pour contribuer au faste de parents déjà riches. C'était là, à ses yeux, une sorte de profanation du vœu de pauvreté, qui devait, pour avoir toute sa valeur, s'enter sur le saint usage de la richesse possédée avant le vœu. Il témoignera lui-même quelque scrupule, dans son testament, de ne s'être rien réservé sur son patrimoine pour la pratique des bonnes œuvres, ce qui semblerait prouver que ses parents étaient dans une situation intermédiaire entre l'aisance et la pauvreté.

Voici une troisième importante disposition, qui est un corollaire des précédentes : toutes les cloisons qui isolent les moines les uns des autres doivent être renversées, toutes les armoires fermantes et les meubles affectés à la possession privée doivent disparaître. On ne saurait dire si la réforme décrétée ici subsistait déjà à Lérins pour le gros de la communauté étranger au régime des *cellulani*. Césaire connaissait certainement les critiques formulées par Cassien[1] contre la tolérance, dans les monastères gaulois, des armoires fermant à clef, contre les cassettes et les coffrets soigneusement scellés avec le sceau adapté au chaton de l'anneau que chaque moine portait au doigt. Il a bien pu prendre exemple sur ce qu'il avait vu faire dans ces monastères du maître marseillais, qu'il jugea être la meilleure école pour sa sœur. Quoi qu'il en soit, si on peut reprocher à la suppression absolue des cellules de sacrifier trop complètement les heures de solitude utiles et nécessaires à l'âme, on doit reconnaître du moins que ce troisième article forme un tout achevé avec les deux autres. Par lui achève de s'établir entre les moines une communauté de tous les instants, qui met la vie de chacun d'eux à découvert, et supprime la plupart des causes d'inconstance et les tentations les plus fréquentes de l'intérêt personnel. Les caractères, mis dans un perpétuel contact, sont forcés de s'accommoder les uns aux autres, et chacun éprouve en soi-même l'heureux effet de l'esprit d'égalité et de bonne harmonie qui existe entre tous.

Nous nous contentons de relever ces trois points, qui constituent l'originalité de la Règle des moines. Les articles qui suivent, sous une forme brève et sèche, sont d'ailleurs répétés dans la Règle des religieuses [2].

---

1. *De cœnob. institutis*, l. IV, c. 13-15.

2. Nous laissons à un éditeur des œuvres de saint Césaire le soin d'étudier l'authenticité de 2 ou 3 Epîtres de ce Père à des moines éparses dans quelques manuscrits ou collections imprimées, qui ne sont guère que des doubles des Epîtres aux religieuses, et, par suite, n'ajoutent rien à notre sujet.

C'est ici la vraie Règle de Césaire, dans tout son épanouissement et toute sa maturité. Elle est l'œuvre de toute sa vie. Rédigée sous sa première forme dès les origines du monastère, comme il est clairement indiqué dans le texte, elle a reçu toutes les retouches que la réflexion a pu amener avec le temps, et a été finalement complétée, quelques années avant la mort de Césaire, par une *Récapitulation* destinée à fixer les traits définitifs. C'est dire que la pensée de l'auteur s'y est versée tout entière, et qu'il n'y a omis aucun détail paraissant importer à la bonne direction de son monastère. Ce n'est pas le seul mérite qu'on y découvre. Œuvre mûrie et de bon conseil, elle n'a pas, comme la Règle des moines, la forme impersonnelle d'un règlement. Avec sa pensée, l'auteur y a mis tout son cœur et toute sa foi. En la transcrivant, il est au milieu des pieuses femmes auxquelles il la destine, il entre dans leur intimité, il identifie son intérêt spirituel avec le leur, et épanche sur elles le meilleur de sa tendresse et de sa sollicitude. Ce ton d'expansion communique à la Règle des religieuses un attrait spécial, qui n'est sans doute pas pour peu de chose dans l'extrême faveur qu'elle a obtenue en son temps. Ajoutons que le rédacteur se montre très attentif à n'y laisser aucun vide qu'un autre puisse être tenté de combler, aucun équivoque sur lequel puisse se greffer tôt ou tard une interprétation contraire à sa volonté, et qu'il s'efforce avec un soin jaloux de la mettre à couvert de toute entreprise, même la mieux intentionnée [1], témoignant ainsi pour son œuvre une prédilection singulière. Une histoire de saint Césaire ne saurait mieux se terminer que par l'étude de cette Règle des religieuses qui a été sa plus chère et sa suprême pensée.

Le monastère de Saint-Jean, pour lequel la Règle des religieuses a été écrite, est un des premiers monastères de femmes dont l'existence soit mentionnée dans les documents authentiques de la Gaule, et il semble, par l'admiration qu'il a excitée, que ce soit le premier qu'ait vu la ville d'Arles. Au milieu des guerres du Ve siècle, et dans les conditions encore rudimentaires de la propriété d'église à cette époque, le mouvement de propagation de ces monastères a dû nécessairement suivre avec lenteur celui des monastères d'hommes, et n'a pas dû se manifester beaucoup en dehors des villes. Quand de simples femmes n'eussent pas redouté les solitudes où commençaient à s'enfoncer les moines, le simple intérêt de leur préservation et de leur sauvegarde leur interdisait d'aller ainsi à l'aventure, sous la menace des

---

1. Voyez préface et art. 13 de la *Récapitulation*.

incursions de barbares pleins de pétulance, s'établir loin des centres habités. La fondation de centres monastiques féminins n'était donc praticable qu'à l'intérieur ou proche des lieux fortifiés, et dans les pays, tels qu'Arles, éloignés des routes ordinairement suivies par les envahisseurs. Même dans ces conditions, les monastères de femmes restaient aux prises avec la difficulté de subsister. Car les églises, chargées déjà d'un nombreux personnel à entretenir, éprouvaient un besoin plus pressant d'immobiliser leur fortune encore embryonnaire que de la dépenser en constructions et dotations de monastères. Ceux-ci ne pouvaient guère compter que sur eux-mêmes pour subvenir aux frais les plus importants de leur établissement et de leur entretien. La conséquence de cette situation était bien différente pour des hommes et pour des femmes. Si des hommes, voués par volonté à la pénitence et aux labeurs, devaient éprouver, en présence du dénuement et d'une nature ingrate, une excitation plus grande à lutter contre les éléments et à contraindre la terre à leur fournir le pain quotidien, il n'en était pas de même des femmes. Celles-ci durent attendre, pour se former en communautés compactes, ou que les moines eussent défriché le terrain devant elles, et commencé à récolter assez pour eux et pour leurs sœurs, ou que les églises, devenues plus riches, devinssent moins économes de leurs biens, ou enfin que les rois, les reines et les chefs des races nouvellement venues au Christ ouvrissent les mains avec largesse pour nourrir ses épouses.

L'absence d'un grand institut régulier pour les femmes, avant la fondation du monastère de Saint-Jean, n'empêchait pas d'ailleurs que la profession de continence ne fût, les Admonitions en font foi, très en honneur chez les Arlésiennes. Arles comptait, comme toutes les églises où la vie chrétienne était fervente, un grand nombre de veuves et de vierges qui vivaient seules, ou au milieu de leurs familles, après avoir fait vœu de chasteté entre les mains de leur évêque, en conservant leurs biens et leurs relations avec le monde. Grand était leur rôle dans l'Eglise, qui les voyait assidues à ses offices, à la place d'honneur spécialement réservée pour ces personnes, et qui disposait d'elles, comme d'un clergé féminin très actif, pour catéchiser les femmes ignorantes, tenir en état le linge d'église et les objets du culte, et pour toutes ses œuvres en général, en retour de la subsistance qu'elle procurait à celles d'entre elles qui étaient pauvres. Ce personnel était partagé en deux catégories par la cérémonie de l'imposition du voile. Le voile était réservé aux vierges seules. Imposé par l'évêque, au milieu d'une grande pompe, il consacrait le mariage mystique de la vierge avec le Christ, et cet effet était également reconnu par la loi civile et par la loi religieuse. La gravité de cette sanction, l'empressement coupable de certains parents à pousser à la consécration les filles qu'ils ne voulaient pas doter, les dangers auxquels la vie en plein siècle soumettait la constance de ces personnes, avaient fait reconnaître à la fin la nécessité de fixer une limite d'âge. Depuis une loi de l'empereur Majorien[1], inspirée par le pape saint Léon, et répétée dernièrement par le concile d'Agde lui-même (c. 19), on ne voyait plus sous le voile de vierges plus jeunes que quarante ans. L'ouverture de son monastère allait mettre Césaire en mesure d'abaisser notablement l'âge où la profession religieuse devenait indissoluble, et de supprimer, au point de vue du lien, toute différence entre voilées et non voilées.

Les premières habitantes du monastère de Saint-Jean n'eurent pas à s'inquiéter de leurs frais d'établissement et de subsistance. La providence du fondateur leur épargna cette peine. Mais elle ne put écarter de même les inconvénients résultants de l'état de guerre. Construit une première fois hors de la ville, dans un endroit que la tradition fixe aux Aliscamps actuels, le monastère fut ruiné de fond en comble avant son complet achèvement, nous l'avons vu, par les Francs et les Burgondes. Césaire dut, après le départ des envahisseurs, se remettre à l'œuvre comme si rien n'avait été fait. L'impression encore récente des malheurs passés ne l'empêcha pas pour autant de reconstruire l'établissement au même endroit, les biographes nous disent « sur le même plan », ce qui est la même chose. L'emplacement était acquis ; il fallait bien s'en servir. Usant toutefois d'un expédient déjà employé ailleurs et recommandé dernièrement par un concile de Gaule, Césaire, en prévision des guerres à venir, fit construire en ville, à côté de l'église métropolitaine, un refuge pour les sœurs du couvent suburbain. Le couvent principal, avec son mur d'enceinte et son oratoire, se trouva entièrement achevé et prêt à recevoir ses habitantes le 26 août 513, jour où en fut faite la dédicace, sous l'invocation de Saint-Jean. C'est seulement plus tard qu'il commença à être désigné par le nom de son saint fondateur, nom qu'il a gardé jusqu'à la fin.

L'installation du couvent de Saint-Jean aux Aliscamps ne fut pas définitive. Avant même la mort de Césaire, nous le voyons déjà transféré dans la ville, et adossé à l'angle du rempart où l'on montre encore aujourd'hui quelques portions de murs de l'ancienne abbaye de Saint-Césaire. C'est là que le feu prit un jour à une maison proche du couvent. Les religieuses effrayées commençaient déjà à sauver leurs effets dans les citernes dont le couvent, comme beaucoup de maisons des villes

---

1. *Novellae Major.*, t. 8.

hautes, était muni en cas de siège, lorsque Césaire se montra au-dessus du rempart, par où il était venu, et rassura ses filles. Le transfert dont nous parlons, motivé sans doute par le désir d'assurer davantage la sécurité des religieuses, peut-être par une nouvelle incursion de l'ennemi, paraît avoir été déjà accompli en 524 [1], année où se fit dans la banlieue, au milieu d'un concours d'évêques, la dédicace de la basilique de Sainte-Marie. C'était une basilique à trois nefs, avec tombes en pierres pour la sépulture des religieuses [2], disposées sur toute l'étendue du pavé, autour de celle que Césaire s'était réservée pour lui-même [3]. C'était l'usage que les monastères situés *intra muros* eussent hors des murs une basilique pour leurs morts.

Le monastère construit, Césaire s'occupa de lui donner une Règle, et il eut encore en ceci le mérite de la nouveauté, bien qu'il en renvoie l'honneur aux « anciens Pères » étudiés par lui. Bien avant lui, saint Basile, saint Ambroise, saint Jérôme, Evagrius, s'étaient adressés aux vierges ou aux femmes consacrées à Dieu sous la forme de traités, discours, épîtres ou exhortations ; mais ces opuscules, rédigés sous une forme oratoire ou sentencieuse, ne se souciaient nullement du détail de la règle à suivre. Saint Augustin faisait déjà preuve de vues plus précises sur ce sujet dans une épître [4] aux religieuses de son monastère de femmes. Mais c'est improprement qu'on a donné le nom de règle à cette œuvre écrite d'abandon, qui se borne à la recommandation des vertus propres spécialement à des femmes engagées dans la profession religieuse. Césaire est le premier qui ait fait une règle proprement dite pour le sexe.

Nous ne craignons pas de nous tromper en désignant comme ses principales sources Lérins, saint Augustin et Cassien. De Lérins, il a adopté, outre les principes généraux que la Règle des hommes avait déjà fixés, le *cursus* ou l'ordre de l'office liturgique, d'après son propre

---

1. Le corps de Sainte Rusticule, une des premières abbesses qui succédèrent à Césarie la jeune, dut être sorti du couvent pour être transporté dans cette basilique (*Vit. Rusticulæ.*, Bolland, 11 août). Il est question aussi dans cette Vie d'une annexe du monastère, « *quod est in civitate* », où Rusticule fut enfermée pendant quelques jours, après avoir été arrachée de son monastère sur une accusation calomnieuse. C'est l'annexe dont nous avons parlé plus haut, qui est dite *in civitate*, c'est-à-dire située à l'intérieur de la ville, par rapport au monastère, qui est contigu aux remparts.

2. Césarie l'aînée fut une des premières qui reçurent la sépulture dans cette basilique ; c'est donc peu après 524 qu'il faut placer l'avènement de Césaria la jeune. S. Benoît d'A. ns. a conservé un extrait de cette abbesse (Conc. Reg., édit. Ménard, p. 397...)

3. *Vita Cæsarii*, L. I, c. 5, n° 44. Nous rappelons ici qu'une loi des empereurs interdisait les sépultures à l'intérieur des villes.

4. *Epître* 211. Migne, t 33. L'*épître* 210 doit être étudiée avec l'*épître* 211 pour connaître l'histoire du monastère d'Augustin.

dire. Il a emprunté à l'épître de saint Augustin mentionnée plus haut les onctueuses considérations sur les vertus, qu'on trouve rapportées par longs extraits dans la partie de sa Règle distincte de la Récapitulation, à partir du n° 18[1]. Cassien enfin, dont les institutions procédaient d'une observation si sûre et d'un esprit si réfléchi, lui a certainement prêté plusieurs dispositions, et probablement les plus achevées, puisque c'est à l'école de ce maître que la première Césarie « apprit ce qu'elle devait prescrire aux autres », suivant l'expression de Cyprien. Mais en s'appliquant sur les modèles qu'il a devant lui, Césaire fait preuve d'indépendance et de jugement, et choisit ce qui lui convient, en se guidant à la fois, comme il le dit lui-même, d'après « la raison, la possibilité et la sainteté », en se plaçant spécialement au point de vue des femmes.

Les prescriptions et les conseils tracés par Césaire sont opposés aux imperfections et aux abus qui s'étaient glissés dès la première heure tant dans les associations de femmes pieuses imitées de celles des clercs, que dans les monastères où les personnes du sexe avaient déjà commencé de s'essayer au genre de vie des moines.

Si on n'avait pas à combattre ici cette humeur vagabonde, qui poussait beaucoup de moines hors du droit chemin, la stabilité n'était guère moins compromise par l'excessive liberté qui était laissée pour les communications avec le monde. Les lettres, les petits cadeaux, sous l'étiquette d'*eulogies*, que ces bonnes filles échangeaient avec leurs amies restées dans le siècle, les visites qu'elles recevaient à toute heure, soit au parloir, soit dans leurs chambres particulières, charmaient la monotonie d'une existence dont l'emploi n'était pas ordonné par une règle bien définie. Cela ne se bornait pas aux personnes de leur sexe. Sans sortir de chez elles, ou sans se mettre en frais, lorsqu'elles n'avaient rien en propre, elles trouvaient encore le moyen de se faire valoir par toutes sortes de petits services auprès des hommes dont elles cultivaient l'amitié, soignant leur garde-robe, lavant leurs vêtements et les raccommodant, poussant le zèle jusqu'à fabriquer, teindre et confectionner les étoffes, sans que les supérieures prissent ombrage d'un empressement qu'elles attribuaient à la pure charité. L'hospitalité de nuit reçue par saint Léobin dans un de ces couvents, comme il a été raconté plus haut, montre à quel point ce manque de garde pouvait aller. Dans l'économie de l'existence intérieure, le goût de la femme s'exerçait, en dépit de la profession de pauvreté, avec tous les raffinements qu'on pouvait imaginer. Les festins fréquemment offerts aux personnes religieuses, ou même laïques, plus ou moins qualifiées, les

---

1. Ce n° 18 marque probablement le point où commence la seconde main de la Règle des Religieuses. La Récapitulation et le *Cursus* représenteraient la 3e et la 4e mains.

tapis et les couvertures dont le luxe s'étalait dans les appartements, les effets empruntés par le costume à la pourpre, aux étoffes chatoyantes, les broderies, points, piqûres et les autres prestiges de l'art féminin dont s'agrémentaient les nappes, les serviettes, et même les *faciterges* et les parties apparentes du linge corporel, semblaient indiquer, au lieu de vrais couvents, des sortes d'hôtels communs, où des femmes laissées veuves ou des filles qui fuyaient les charges du mariage, ou dont leurs familles trouvaient avantageux de s'alléger, menaient un train de demi-mondaines sous le titre de servantes de Dieu. Les seules qui répondissent à ce nom de servantes étaient les compagnes moins fortunées, ou celles qu'on amenait avec soi pour s'épargner jusqu'au soin de sa propre personne.

L'absence d'une règle spéciale favorisait ces abus, et l'autorité n'était pas assez fortement établie pour suppléer à la règle. Sous l'un comme sous l'autre aspects, les monastères de femmes étaient dans une grande infériorité relativement aux monastères d'hommes. Chez ces derniers, celui qui portait le titre d'abbé était généralement un prêtre ou un diacre dont le haut grade ecclésiastique, inspirant la déférence à tous ceux du dehors et à l'évêque lui-même, les empêchait de s'immiscer trop directement dans la conduite du monastère ; l'opposition à l'autorité constituée ne venait que du dedans, c'est-à-dire, de la mauvaise volonté des inférieurs. Mais la dépendance dans laquelle les couvents de femmes se trouvaient à l'égard du clergé séculier pour tous les services du culte ouvrait la porte toute grande à l'ingérence extérieure. Le gouvernement, dans ces maisons, oscillait perpétuellement entre les volontés différentes et souvent contraires de l'abbesse ou de la prévôte, du prêtre chargé d'exercer auprès des sœurs les fonctions du culte, et de l'évêque à qui appartenait la nomination du prêtre, et qui était souvent appelé ou tenté d'intervenir, soit comme arbitre de la règle, soit comme juge des contestations entre le prêtre, l'abbesse et les religieuses [1]. Certains évêques, sollicités de prêter leur appui et leurs lumières à quelque couvent en train de se fonder dans leur diocèse, ne montraient qu'indifférence ou mauvaise volonté ; tel Mérovée, l'évêque de Poitiers au temps de sainte Radegonde. Obligées alors de chercher aide et conseil d'un autre côté, les sœurs se voyaient en butte le reste du temps à l'animosité de l'évêque qui avait négligé de s'occuper d'elles. D'autres fois, c'était le couvent qui négligeait de recourir lui-même à l'approbation de l'évêque pour le choix de sa règle et de son prêtre desservant ; une telle indépendance vis-à-vis de l'autorité ecclésias-

---

1. Exemple : saint Augustin et son monastère de femmes. Migne, t. 33, *ép.* 210.

tique ne dénotait pas un sentiment bien vif des vertus d'obéissance et de discipline. Tout cela faisait que, dans les communautés de femmes, le gouvernement des âmes était encore plus vacillant que partout ailleurs.

Contre les inconvénients et les abus dont nous venons de parler, la Règle de Césaire ne craint pas de pousser à l'extrême l'énergie des moyens. Elle crée un type de monastère qui atteint du premier coup la perfection dans un certain genre ; car nous y voyons réunies toutes les conditions qui constituent encore aujourd'hui les monastères cloîtrés féminins de stricte observance.

Le premier article établit un régime claustral rigoureux. On ne se contente plus de la promesse de stabilité. On fait prendre aux sœurs l'engagement de ne plus sortir hors du monastère, jusqu'à leur mort. C'est, croyons-nous, le premier exemple d'une semblable prescription dans l'histoire des institutions monastiques [1]. Césaire semble donc avoir donné ici toute la mesure de sa hardiesse. Cependant, il n'oublie pas les conseils de la prudence. Une série d'épreuves bien ordonnées est placée à l'entrée du monastère, afin d'éprouver la solidité des vocations, et de régler l'effet de ces feux subits qui trompent souvent les jeunes gens. Avant d'être admise à suivre les exercices du noviciat, la postulante subit un premier interrogatoire devant la Mère, qui, en la recevant au parloir, lui donne connaissance de toute la règle et l'invite à un examen sérieux de sa vocation. Cette épreuve préliminaire est suivie d'un temps de probation qui ne doit pas durer moins d'un an, et peut se prolonger davantage, au gré des supérieures. Confiée pendant ce temps à une des Anciennes ou *seniores*, la novice tient son cœur ouvert à sa compagne, et cette ouverture la prémunit contre les illusions de l'esprit personnel. Ce n'est qu'au bout de cette épreuve jugée suffisante par la directrice spirituelle qu'elle peut revêtir l'habit spécial adopté par le monastère, et entrer dans la *schola* des religieuses. Ces délais, ces attributs religieux, qu'on reculait après un temps assez long, ménageaient plus sûrement la transition entre le monde et le cloître.

La barrière ainsi fermée du côté de l'extérieur, il fallait aussi la fermer du côté du mariage. Une des premières choses dont Césaire s'occupa fut de faire dissiper par le Saint-Siège l'obscurité que les précédentes décrétales laissaient encore planer sur ce point. Car tandis que la qualité de vierge voilée était nettement présentée comme un

---

1. D'après les Vies des Saints jurassiens, le monastère de femmes de Balme serait antérieur. Nous exprimons plus loin des doutes sur l'authenticité de ces Vies. Le monastère de Balme n'est pas connu de Grégoire, qui parle cependant du tombeau de saint Romain, vénéré, si l'on en croit les Vies, dans le monastère de Balme.

empêchement dirimant du mariage, la tentative de mariage des veuves et des vierges non voilées consacrées à Dieu était seulement assimilée à un simple manque de promesse, à une simple rupture de fiançailles avec le Christ, n'entraînant d'autre suite que l'obligation de faire pénitence[1]. Sur une des questions portées à son examen par le *libellus Cæsarii*, le pape Symmaque déclara inhabiles au mariage les personnes du sexe ayant fait profession dans un monastère, de même que les veuves ayant plusieurs années de vêture[2]. A partir de cette décision, qui assimila aux anciennes voilées la plupart des personnes du sexe entrées en religion, la cérémonie de l'imposition du voile perdit sa principale signification.

Quelque sévère que puisse nous paraître le régime de clôture institué pour le monastère de Saint-Jean, ce n'est cependant point une idée de rigueur et de pénitence qui a guidé l'auteur de la Règle, mais bien plutôt le désir d'assurer la préservation des religieuses. Le réglement qu'il établit pour les entrevues avec les personnes du dehors tend au même but. Il n'interdit à personne l'accès du monastère, ni même l'échange de ces petits souvenirs qui entretiennent l'amitié. Il veut que la modestie des entrevues ait pour garantie la présence d'une Ancienne ; il défend que rien n'entre ou ne sorte par la porte du monastère en dehors du contrôle des préposées. Il ne ferme pas à tout le monde l'accès intérieur du cloître. La visite de l'évêque, celle des abbés et des prêtres d'un mérite notoire, y sont accueillies comme des événements joyeux. On ne dresse plus la table pour ces personnages ; mais on est heureux d'entendre d'eux de bonnes paroles. Les sœurs sont invitées à cultiver surtout l'amitié des dames pieuses ; à certains jours, celles-ci sont même sollicitées de vouloir bien partager le repas de la communauté, et, sans doute, s'ingénie-t-on pour qu'elles n'y fassent pas une trop rude pénitence (art. 36).

Afin de rendre l'observation de la clôture plus exacte, Césaire interdit à ses religieuses l'éducation des jeunes personnes. Il ne leur permet de recevoir que celles qui seront offertes par les parents en vue de la profession religieuse, et, dans ce cas, il consent à ce qu'on les reçoive dès l'enfance, persuadé, suivant les idées du temps, de la solidité des vocations préparées dès cet âge si tendre. A l'égard de celles-ci le zèle témoigné par le couvent ne restera pas longtemps subor-

---

1. Innocent, *Décret.* à Victrice. Migne, t. 20 — Léon, *Décret.* 67 à Rusticus. Narb. (inquisit. 15). Migne, t. 54.

2. Il dit : « Viduas *jam diu* religioso habitu assumpto et sanctimoniales *longo jam tempore in monasteriis* consistentes » ; le terme de la probation est donc laissé à l'appréciation de l'évêque et de la supérieure du monastère.

donné à l'offrande spontanée des parents, ni respectueux de leur droit supérieur sur l'enfant. Nous rencontrons dans la Vie de sainte Rusticule[1], qui fut la deuxième abbesse après sainte Césarie la jeune, une transgression du droit des parents qui nous paraîtrait choquante, si les détails délicieux dans lesquels cette histoire est encadrée ne nous laissait sous une tout autre impression. Dès l'âge de cinq ans, restée l'unique gage de tendresse d'une noble veuve de Vaison qui avait perdu coup sur coup son mari et un second enfant, Rusticule eut le don de plaire à un guerrier de Gontran nommé Chéraonius, et fut, sans plus de façon, enlevée par cet homme noble pour lui être destinée en mariage. Mais un ordre de Gontran, obtenu par l'abbesse de Saint-Jean, Liliole, avec l'appui de l'évêque Siagrius d'Autun, contraignit le ravisseur à lâcher prise, et mit le couvent en possession de l'enfant, qui ne tarda pas à faire les délices de toutes les sœurs. On se la montrait sage, douce et pieuse, autant que belle, et c'était merveille de voir avec quelle facilité les psaumes et les Saintes Écritures entraient dans sa mémoire, au point que lorsque le sommeil la prenait sur les genoux d'une des sœurs occupée à lui apprendre quelque psaume, il suffisait que celle-ci le lui continuât à l'oreille pour que l'enfant en s'éveillant le répétât tout entier. C'est pourquoi une habitude aussi forte que douce s'établit peu à peu entre le couvent et sa pupille, qui ne tarda pas, malgré son jeune âge, à revêtir l'habit de la communauté. Et quand la mère de Rusticule, qui était restée plusieurs années sans faire valoir ses droits, vint pour la réclamer, elle se heurta à une double résistance. C'est en vain qu'auprès de l'abbesse et de l'évêque Sapaudus, elle allégua son veuvage et sa tristesse. On lui montra que ses plaintes étaient contraires à cette décision, obtenue du Saint-Siège par Césaire lui-même, qui déclarait inviolable la personne des vierges ayant séjourné pendant plusieurs années dans un monastère. Elle eut beau s'aider auprès de sa fille de l'éloquence des robes luxueuses et des bijoux de prix, qu'une caravane de ses gens vint étaler devant ses yeux : la petite nonne n'eut que dédain pour tout ce luxe. Ainsi la mère de Rusticule vit-elle se réaliser ce qu'elle avait vu en songe quelques années auparavant, lorsqu'elle était encore avec ses deux enfants. Comme il lui semblait être avec deux colombes, qu'elle élevait avec tendresse, saint Césaire, étant entré tout d'un coup chez elle, lui avait demandé, de ce ton sans réplique que les biographes nous ont retracé, l'une des deux colombes, qui se distinguait de l'autre par une merveilleuse blancheur ; puis, l'ayant obtenue, il l'avait emportée joyeux en la cachant avec

1. Bollandistes, 11 août.

amour dans son sein. C'est ainsi que Rusticule se trouva agrégée au monastère de saint Césaire. Elle montra d'ailleurs une piété si solide et une telle maturité, qu'à la mort de Liliole, elle fut proclamée abbesse, n'ayant encore que dix-huit ans, par le choix unanime des sœurs. Cet épisode nous a paru digne d'être rapporté, comme un témoignage vivant de l'esprit qui régnait dans le couvent de Césaire longtemps encore après la mort de son fondateur.

Nous ne détaillerons pas les prescriptions dans lesquelles entre la Règle des religieuses pour garantir ce premier point de la règle, la clôture. Elles sont minutieuses, sans être exagérées. Celles qui ont pour objet la pauvreté semblent plutôt faites pour façonner les sœurs à l'égalité et à la discipline, que pour les astreindre à un régime de privations. Si on leur interdit absolument tout ce qui peut satisfaire ou encourager les goûts de superfluité ou la vanité, on s'efforce de leur procurer tout ce qui est indispensable ou utile, soit dans le vêtement, soit dans la nourriture. Les macérations de la chair et de l'appétit n'entraient point dans les idées de Césaire, et il n'entendait pas traiter l'estomac de ses filles comme il avait autrefois traité le sien. L'ordinaire, de deux ou trois plats, selon les jours, s'augmentait, les jours de fête, de plats et de desserts en nombre illimité [1]. L'usage de la viande, interdit aux sœurs bien portantes, était recommandé aux sœurs malades, ou dont l'estomac était débile. Pour ces dernières, toute réglementation, quant aux heures des repas, à la qualité ou à la quantité des aliments, est abrogée. Césaire ne veut pas que la faiblesse de l'estomac soit pour aucune d'elles un empêchement à demeurer dans le monastère ; il conseille même d'aménager pour elles une cuisine, une table, et un dortoir séparés de la communauté. Ses recommandations à cet égard sont empreintes d'une paternelle sollicitude.

En dehors de cette inégalité motivée par l'état de santé, la règle n'en connaît point d'autres. Assemblées dans le même local, les sœurs vaquent en commun, dans les intervalles de la prière et du repos, à la besogne répartie entre toutes par les préposées. L'ouvrage ne manque pas. Un des principaux consiste à filer et à tisser, sous la surveillance de la *procureuse des laines* (*lanipendiaria*), la toison des brebis, dont la blancheur, exempte de l'artifice des couleurs, distingue le costume des religieuses. Le monastère doit produire la laine en suffisance pour n'avoir rien à acheter au dehors.

En matière d'habillement, la Règle interdit, pour l'usage intérieur,

---

1. *Récapitulation*, n. 16-17.

tout ce qui sortirait de la simplicité convenable à de pauvres religieuses. Mais cette défense ne s'étend pas à tous les travaux qui doivent sortir de la maison, tels que ceux, par exemple, destinés à l'église. Les ouvrages pour des personnes étrangères à la communauté ne sont pas absolument proscrits ; mais ils sont subordonnés à l'autorisation formelle de l'abbesse, qui est invitée à surveiller attentivement les abus. Parmi les objets précieux spécifiés par le testament de Césaire, on trouve justement un manteau ample qu'il avait conservé avec prédilection, parce qu'il lui avait été fabriqué par l'abbesse Césarie ; par une attention touchante, il le lègue à cette dernière.

Sur un seul point, il montre une sévérité qui peut nous sembler excessive ; c'est lorsqu'il proscrit les tableaux et toute espèce de peinture dans les appartements du monastère (*Reg.*, 42). Il convient toutefois de remarquer que cette défense n'a rien de commun avec les idées que soutiendront plus tard les Iconoclastes : elle ne concerne pas spécialement les images saintes, mais s'étend à toute espèce de peinture ; elle est établie en esprit de pauvreté, et laisse les basiliques hors de cause.

Un travail d'une importance supérieure, et auquel les préposées du couvent de Saint-Jean firent une large part dans leur programme, consistait à transcrire les manuscrits. Saint-Jean devint, en effet, un atelier de manuscrits[1] renommé pour la correction et la beauté de la main d'œuvre. Le précepte, formulé par la règle, de savoir lire et écrire, *omnes litteras discant*, eut ainsi, en dehors de la récitation de l'Office et des lectures pieuses, une application intéressante au point de vue de la science. Il est peu probable, étant donné les idées de Césaire, que la main de ses religieuses ait fait quelque peu pour la conservation de l'antiquité profane ; mais il n'est pas douteux qu'elle ne nous ait transmis, avec les œuvres de ce pontife, beaucoup de documents intéressant l'histoire ecclésiastique de la Gaule, et, en particulier, celle de la province d'Arles.

Rien ne contribuait peut-être plus à l'esprit de pauvreté que la façon dont les besognes infimes étaient partagées entre les sœurs. Chacune avait son tour de semaine fixé pour faire la cuisine, servir à table, balayer, laver, épousseter, en un mot, pour accomplir les corvées qui n'exigeaient pas des aptitudes ou des qualités spéciales. Sauf l'abbesse et la prévôte, nulle n'en était exemptée. Un pareil roulement n'était pas seulement favorable à l'esprit de fraternité. Il introduisait une diversion plus grande dans le courant de l'existence. Toute femme porte en elle, si haut qu'elle soit née, quelques instincts de ménagère. Sainte

---

1. *Vita Cæsarii*, l. I, c. 5, n° 44.

Radegonde, qui se souvenait d'avoir été reine, ne rougit pas d'acquitter dans son monastère de Poitiers les plus humbles corvées, et rien ne nous dit qu'elle n'y trouvât pas une source de délassement.

Par cette sage réglementation de l'emploi du temps, le couvent de Césaire s'écartait également de la rigueur propre aux Ordres monastiques pénitentiels, et des accommodements à la faveur desquels le laxisme s'introduisit plus tard dans les grands couvents de dames. La meilleure image à s'en faire serait de se figurer une sorte de Visitation : il est l'œuvre d'un homme en qui se rencontre un fort mélange de l'expansion et de la douceur d'un saint François de Sales, avec la fermeté d'un Borromée.

Restait à régler ce qui était le point capital pour la bonne tenue du monastère, à savoir, l'autorité. C'est ici que Césaire a dépensé la plus grande somme de sagesse. Tout ce qui est essentiel a été prévu.

Tout d'abord, ce qui facilite l'exercice de l'autorité et en assure l'efficacité, c'est la division des pouvoirs. En tête est l'*abbesse*, qui les résume tous en sa personne ; elle se fait assister ou suppléer selon les cas par la *prévôte* (*Rég.*, 12, 16, 32, 43). Ces deux supérieures, dont l'une n'a d'ailleurs d'autorité que comme déléguée de l'autre, dominent d'une façon bien tranchée la série des préposées ; et c'est elles que la règle désigne particulièrement au respect et à l'amour des sœurs, comme leurs « communes mères et les représentantes de Dieu » dans le couvent. A un degré intermédiaire entre ces deux dignitaires supérieures et le corps des *seniores* ou Anciennes, qui sont chargées d'assurer l'accomplissement de la règle chacune dans sa section, sont deux sœurs titrées avec des fonctions spéciales (39) : la *primicière* ou maîtresse de l'école et du chant ; puis, la *formaria*, ainsi appelée, parce qu'elle doit *former* les jeunes sœurs à la discipline et à la vertu ; elle remplit l'office de maîtresse des novices. Un pouvoir d'inspection et de réprimande est adjoint aux fonctions de ces deux sœurs, ainsi qu'à celles de la *registoria* ou trésorière (26), qui tient les comptes de la maison et les clefs de tous les meubles et locaux renfermant le mobilier des sœurs.

L'autorité de l'abbesse est sagement tempérée par celle de ces diverses dignitaires et des Anciennes ; elle doit les consulter pour toutes les décisions importantes (32).

On trouve dans le monastère, enfin, tous les services spéciaux qu'exige le train d'une grande maison bien ordonnée : infirmière, cellerière, caviste, lingère, portière ; il y a une intendante pour le service des laines, une autre pour le service des livres qui servent aux lectures réglementaires. Tout ce personnel administratif permit au monastère de s'accroître jusqu'au chiffre de deux cents sœurs, sans que l'ordre intérieur souffrît de ce fait le moindre dérangement.

Partisan d'un exercice ferme et vigilant de l'autorité, Césaire ne veut pas qu'elle intervienne pour autant au moindre propos, au point de ne plus laisser aucun champ au repentir ou à la correction fraternelle. Les fautes les plus sévèrement traitées chez les sœurs sont celles contre la charité et la modestie. Pour les fautes du premier genre, Césaire laisse toute latitude à la réconciliation ; il déclare que la demande du pardon faite par la coupable à l'offensée efface l'offense ; si l'offensée refuse d'accorder le pardon demandé, c'est elle qui devient alors la coupable aux yeux de la Règle (31). En matière de modestie, les sœurs doivent se servir mutuellement de gardiennes. En est-il une qui ait donné lieu au blâme par ses conversations, ou sa tenue, ou par des actes positifs tels que lettres, cadeaux, commerce clandestin d'amitié avec quelque séculier ? la sœur dont ces fautes ont frappé les regards doit la correction à sa sœur coupable ; mais Césaire ne veut pas qu'on fasse un bruit inutile autour des petites faiblesses inaperçues pour la communauté, lorsqu'une simple observation charitable peut suffire à amender la faute (22). Il ne faut porter à la connaissance des supérieures que les fautes graves ou incorrigibles.

Dans les pénalités, rien qui ne soit proportionné aux fautes et au sexe ; on veut corriger les fautes, et non accabler les coupables. Un point qui témoigne de la mansuétude de la Règle est l'immunité établie en faveur de l'aveu de la faute et du désaveu spontané des torts dont on se reconnaît coupable ; cette mesure doit avoir pour effet d'honorer aux yeux des sœurs la franchise du caractère. Quelques peines corporelles avaient déjà commencé à s'introduire dans les monastères sous l'influence des Livres sacrés. Ainsi Césaire admet dans sa Règle des femmes, comme il l'avait déjà fait dans sa règle des hommes, les trente-neuf coups de discipline empruntés par les règles monastiques au code pénal de l'Ancienne Loi [1] ; mais ce châtiment est limité aux cas de voies de fait de la part des sœurs (24), et il est probable que l'orgueil des coupables en sortait plus meurtri que leurs épaules. Hors ce cas, Césaire marque sa préférence pour les peines spirituelles ; l'emploi de la férule, spécifié par sa Règle des hommes, est remplacé ici par l'excommunication à différents degrés, depuis l'exclusion à temps de la prière ou de la table commune jusqu'à la séquestration complète, qui est la peine la plus grave après l'expulsion.

Mais ce dénombrement de pénalités n'est pas ce qui doit nous rester

---

1. Deutér., XXV, 3. — II Corinth., XI, 24.

en dernière impression. Il faut lire les recommandations adressées sous forme épistolaire par l'évêque d'Arles[1] à la seconde Césarie, pour concevoir tout ce qu'il y avait de raison ferme et mesurée, de bon sens pratique, de finesse d'observation, et de tact, dans ses relations avec son monastère. Tout en faisant la part juste du soin que le temporel du monastère exige de l'abbesse, il ne veut pas qu'elle s'y abandonne jusqu'à en perdre le sens des choses spirituelles, et il lui recommande de faire contrepoids à ses soucis matériels par des lectures et des méditations fréquentes. Puis il entre dans le détail de la conduite qu'une bonne supérieure doit tenir vis-à-vis de ses inférieures. Il veut d'abord qu'elle les précède en vertu comme en dignité. La première à l'oratoire, elle doit en sortir la dernière ; la première à l'ouvrage, qu'elle soit la dernière au repos ; la plus ardente au jeûne, la plus mortifiée à table. Le beau sujet d'édification, lorsque les sœurs peuvent se dire entre elles : « Comme il sied bien à notre abbesse de nous prêcher l'abstinence avec l'estomac bien garni ? Comme elle sait nous exhorter à nous contenter de mauvais aliments, elle dont les lèvres toutes luisantes nous exhalent les vapeurs des bons mets qu'elle a mangés ! »

Césaire prémunit ensuite l'abbesse contre une des plus grandes causes de trouble dans les communautés, les préférences personnelles. Il définit d'une main sûre le juste milieu qu'elle doit garder dans la conduite des âmes entre les extrêmes de l'indulgence et de la sévérité. Quelquefois, elle sera obligée « de trancher de la voix comme avec un couteau, d'appliquer des paroles brûlantes comme un cautère, et d'armer sa main de la férule ». Mais il faudra aussi « qu'elle observe attentivement les signes de lassitude ou d'accablement chez celles qui auront subi la pénitence : c'est le moment pour la supérieure d'imiter la clairvoyance de la fourmi, en venant à mi-chemin au-devant de sa compagne, et en prêtant une épaule secourable pour l'aider à porter son fardeau ».

S'agit-il de paraître devant le monde ? Césaire nous fait un portrait charmant de l'abbesse au parloir. « Appelée au parloir, tu dois d'abord armer ton front du signe de la croix, afin que le Christ daigne venir en compagnie de sa vierge... Que tous, sitôt qu'ils te voient, rendent grâces à Dieu d'avoir gratifié sa famille d'une telle Mère... Ne te fais pas taxer d'orgueil ou de sottise par ton mutisme, mais parle autant que le comportent le sujet et la circonstance, en sorte que chacun, au sortir de ta conversation, se souvienne de la gravité de tes mœurs, de l'agrément de ta douceur, et de la discrétion de tes paroles. Te fait-on une demande qu'il te convienne d'accorder, accorde-la d'un visage souriant. Mais

---

[1]. *Ad virginem Deo dicatam*. Migne, t. 67, col. 1185.

s'il ne te convient pas d'accorder, adoucis du moins ton refus par la convenance de tes paroles. Je veux enfin que, sauf envers les vices, qu'il te faut redresser, et non ménager, tu te montres gracieuse, dévouée, affectueuse et animée des meilleurs sentiments envers tous. »

Il nous reste encore à parler des dispositions remarquables concernant la nomination de l'abbesse et sa situation vis-à-vis de l'ordinaire. Le but commun auquel elles tendent est d'assurer au monastère la plus large autonomie. Un premier gage important constitué pour atteindre ce but est l'élection de l'abbesse par ses compagnes (*Récap.*, 12). Le cas d'un supérieur de monastère élu par ses pairs n'était peut-être pas absolument nouveau. Dans l'état vague où se trouvaient alors les institutions monastiques, il y avait bien des manières de devenir abbé ou abbesse, et il était même rare qu'on eût, dans un même monastère, un mode uniformément suivi de pourvoir aux vacances du siège abbatial. Désignés aujourd'hui par l'évêque, par le fondateur, ou par le patron du monastère, l'abbé ou l'abbesse pouvaient être choisis une autre fois par la communauté elle-même, ou désignés d'avance par celui ou celle auxquels ils devaient succéder. La prévoyance montrée par Césaire ne consiste pas seulement à s'être décidé pour le mode de nomination qui était le plus avantageux à ses filles, mais à avoir fixé leur droit sur ce point par un article de la Règle.

Un avantage encore plus inusité qui leur est assuré par la Règle consiste en ce qu'elles sont exemptées « de toute espèce de sujétion vis-à-vis de l'évêque », qui n'a, par le fait, droit d'intervenir ni dans la nomination de l'abbesse, ni dans les constitutions données au monastère, ni pour connaître de la discipline intérieure (*Récap.*, 14). Césaire semble tenir extrêmement à ce privilège, sur lequel sa Récapitulation appuie avec une grande force. Il le recommande à la garde vigilante des abbesses comme des religieuses tant présentes qu'à venir, allant jusqu'à citer au jugement de Dieu celles d'entre elles qui entreprendraient ou permettraient seulement d'y porter atteinte. Peu s'en faut qu'il ne l'étende jusqu'au choix du prêtre appelé à faire les fonctions du culte dans le monastère : dans son testament, il prie son successeur de vouloir bien n'instituer comme desservant que celui sur lequel se sera porté le vœu des sœurs. Le pouvoir gardé par l'évêque sur ce dernier point, celui de bénir l'abbesse élue, de célébrer de temps en temps dans l'oratoire les fonctions de son ordre, et d'intervenir dans les grosses infractions prévues par les canons, constituent le seul lien qui rattache à sa juridiction les habitants de Saint-Jean. C'est presque l'exemption proprement dite, telle qu'on la verra exister au moyen-âge.

Cette somme de privilèges témoignait l'affection de Césaire pour son couvent avec d'autant plus de force, que les exemples en étaient alors plus rares. Un mouvement dans le même sens se prononçait à cette heure par exception dans l'église d'Afrique, avec l'encouragement des évêques de Carthage [1]. Mais il est peu vraisemblable que Césaire ait eu les yeux sur des exemples si distants de lui. C'est sur Lérins qu'il a dû se guider. Le règlement des privilèges de cet illustre monastère relativement à l'église de Fréjus, dans le ressort de laquelle il se trouvait situé, avait été une grosse affaire, qui avait occupé tout l'épiscopat du Sud-Est [2]. Reconnus tacitement par l'évêque Léonce, un ami d'Honorat, dont le long gouvernement avait été sur ce point très favorable à Lérins, puis contestés par son successeur l'évêque Théodore, ancien abbé dans l'une des îles d'Hyères, qui trouvait mauvais que Lérins fût exempt du droit commun sous lequel il avait été lui-même, ils avaient été sauvés par l'habileté de l'abbé Fauste, qui avait su intéresser à leur maintien les deux métropolitains de la région, Ravennius et Rusticus. Dans un concile réuni à Arles autour de ces deux personnages (vers 460), on avait statué que l'évêque de Fréjus aurait le droit d'administrer dans le monastère les sacrements de la Confirmation et de l'Ordre ; en dehors de ces fonctions, l'abbé devait conserver sur son monde toute l'autorité qui lui avait été abandonnée par l'évêque Léonce. Cette décision, qui semble ouvrir l'histoire des chartes de privilèges accordées à des monastères, est le seul précédent qui ait pu attirer l'attention de Césaire.

La situation de son monastère ainsi réglée, restait la tâche de l'assurer après lui. Il ne pouvait se flatter que sa seule volonté personnelle empêchât toute tentative d'empiètement de la part de ses successeurs. Un appareil synodal tel qu'il s'était constitué pour les privilèges de Lérins ne lui parut pas convenir pour la circonstance présente. Son intimité avec le Saint-Siège lui suggéra un expédient à la fois plus discret et plus sûr. Il se tourna de ce côté pour obtenir la confirmation des privilèges de son monastère. Le nom d'Hormisdas en tête de la bulle de confirmation montre que les précautions de Césaire furent prises de bonne heure (514-523). Cette bulle, insérée à la suite de la Règle, fut munie, en outre, des signatures de plusieurs évêques de la province. Le privilège de Saint-Jean réunit ainsi en une seule les deux formes de privilèges adoptées séparément par les chartes postérieures.

Dans cette pièce, Hormisdas ne se contente pas d'approuver complètement la fondation de l'évêque d'Arles tant au temporel qu'au spirituel.

---

1. Concile de Carthage en 525. Hardouin, II, 1071 etc...
2. Sirmond, *Concil. Gall.*, I, p. 120.

Le ton sur lequel il s'exprime respire la plus haute admiration. « *Exsulto in Domino.. et indesinenter exsulto..* » Cette fondation produit en lui « une vive *exultation* ; il y trouve la plus haute preuve du zèle de Césaire pour la religion, et le couronnement de la beauté de la ville d'Arles, déjà célèbre par ses associations de clercs et ses monastères d'hommes ».

*
* *

Par l'émulation qu'elle suscita autour d'elle, la Règle donnée par Césaire au monastère de Saint-Jean devait dépasser grandement l'éloge exprimé par Hormisdas. Dans Arles même, elle produisit d'abord une ardeur de vie monastique que le monastère de Saint-Jean ne suffit bientôt plus à contenir. Peu d'années après la mort de Césaire, sous le gouvernement et les auspices d'Aurélien, son second successeur, s'établirent dans cette ville deux nouveaux monastères, celui de Sainte-Marie, faisant double emploi avec celui de Saint Jean, pour les femmes, et celui de Saint-Pierre, pour les hommes. Ce dernier, dont la date de fondation (an 548) nous est connue par l'épitaphe de son premier abbé Florentinus [1], rivalisa de noblesse avec Saint-Jean. Fondé par les libéralités du roi Childebert et de la reine Ultrogothe, dont les noms y furent conservés par les diptyques du lieu, il fut honoré, à la demande de ces mêmes personnages, d'un privilège du pape Vigile, dont Grégoire le Grand a eu la minute sous les yeux [2]. Nous avons encore les Règles des deux monastères, copiées par Aurélien sur celle de Césaire. Au privilège de Vigile, concernant le libre choix de l'abbé, Saint-Pierre en joignit, de par sa Règle, un autre qui est très rare, que Lérins même ne possédait pas : celui d'adresser à n'importe quel évêque les sujets que l'abbé voulait faire ordonner. Mais le successeur d'Aurélien, Sapaudus, ne paraît pas avoir été d'avis de généraliser la situation exceptionnelle accordée par ses prédécesseurs aux monastères de Saint-Jean et de Saint-Pierre. L'opinion de cet évêque sur la matière qui nous occupe se trouve consignée dans deux canons du Ve concile d'Arles, tenu sous sa présidence (a 554) : « Que les évêques prennent la charge des monastères de filles qui sont dans leurs diocèses » (c. 5) ; « Que les monastères et la discipline de leurs habitants dépendent des évêques dans les diocèses desquels ils sont situés » (c. 2).

L'influence de la Règle de Césaire ne tarda pas à rayonner bien au-delà des murs d'Arles. Sa prépondérance dans le bassin du Rhône est

---

[1]. Édité dans les *Annal.* de Baronius, a. 555, et avec la Règle d'Aur. ds Holsten. I, 149, et Migne, t. 68.

[2]. Migne, *Epist.*, lib. VII, 116. — Jaffé, n° 1745.

indiquée par plusieurs Règles monastiques modelées sur elle, parmi lesquelles nous devons signaler comme les plus célèbres deux Règles des moines, celle de saint Ferréol, évêque d'Uzès[1], et la *Regula Tarnatensis*[2]. Nous ne savons si des relations personnelles ont existé entre Césaire et Ferréol. Mais l'entrée de la Règle arlésienne sur le territoire d'Uzès n'étonnera pas ceux qui feront attention que Ferréol appartenait à une vieille famille arlésienne[3] et qu'il a succédé sur le siège d'Uzès à Firmin, le propre disciple de Césaire[4]. La Règle de Ferréol fut rédigée pour un monastère situé, soit dans le diocèse du rédacteur, soit dans celui de l'évêque Lucrèce de Die, dont l'autorisation est mentionnée au prologue. Nous n'avons aucune indication pour le *monasterium tarnatense*. La plupart des auteurs qui ont recherché son emplacement ont cru pouvoir l'identifier avec le célèbre monastère d'Agaune, à cause du voisinage de l'ancienne *Tarnaiæ* des Romains[5]. Mais leur opinion, qui ne serait pas pour déplaire à l'historien de saint Césaire, a contre elle une raison péremptoire : c'est l'exclusion très formelle, par la *Regula tarnatensis*, du *Laus perennis* ou psalmodie perpétuelle, un des éléments fondamentaux de la constitution d'Agaune. On ne voit pas bien, d'ailleurs, pourquoi la Règle aurait été placée sous un autre nom que ce nom d'Agaune, si illustre dès l'origine. A l'encontre de ces auteurs, Mabillon opine en faveur de Ternay ou Tarnay, ancien monastère, d'ailleurs peu connu, dans le voisinage de Vienne, sans autre raison que la vague ressemblance des noms. Tout ce qu'il est permis d'affirmer, c'est que le *monasterium tarnatense* était situé au bord d'un fleuve, qui ne peut être que le Rhône, et au centre d'un territoire propice à la culture du blé, de la vigne, et à l'élevage des troupeaux, industries qui tiennent une place intéressante à observer dans le dispositif de la Règle.

Nous laissons de côté d'autres branches de la Règle de Césaire qui sont de moindre notoriété[6]. Pour avoir une idée complète de l'influence qu'elle a exercée sur la vie monastique dans le Sud-Est de la Gaule, nous ne devons pas seulement considérer les Règles qu'elle a inspirées, nous devons aussi tenir compte de l'action exercée par les nombreux disciples de son fondateur. Beaucoup d'entre eux ont été assis sur des sièges épiscopaux ; d'autres ont été placés à la tête de monastères : nous

---

1. Migne, t. 66, p. 960... V. nos *Sources*, p. III.
2. Id., p. 977.
3. On se rappelle la visite faite par Apollinaire de Valence à Ferréol d'Arles, son parent commun avec Parthénius, ci-d., p. 117.
4. V° concile d'Orléans, signatures.
5. C'est encore l'opinion des Bolland., au t. I de nov., p. 547, *S. Ambrosius*.
6. Par exemple : *Regula incerti auctoris*. Migne, t. 66, p. 995.

pouvons compter pour chacun d'eux un nouveau débouché ouvert à la Règle de Césaire. Ainsi, par l'abbé saint Theudère [1], qui a laissé dans le diocèse de Vienne le renom d'un grand fondateur et dotateur de monastères, nous pouvons conjecturer son entrée sur le territoire de Vienne. Par Florien, abbé d'un monastère du diocèse de Milan [2], nous suivons sa trace du côté des monastères liguriens. Dans une lettre à saint Nicet, évêque de Trêves, écrite peu de temps après la mort de Césaire, cet abbé se donne comme un disciple de l'évêque d'Arles, dont il célèbre la sainteté et les institutions. Nul doute qu'il n'ait consulté ces dernières pour la direction de son monastère. Peut-être devrions-nous aussi chercher du côté d'Arles la provenance de la réforme attribuée à saint Oyant, par le moine de Condat, se disant disciple d'Oyant, de qui nous tenons les Vies des premiers abbés jurassiens [3]. Stabilité, suppression des cellules, interdiction des armoires et autres meubles fermants, logement et service séparés pour les infirmes, toutes ces innovations signalées par la vie d'Oyant sont en accord singulier, jusque dans les termes, avec la Règle de Césaire. Ne peut-on faire aussi le même rapprochement à propos de ce monastère de Balme, où suivant la Vie de saint Romain [4], la clôture était si strictement ordonnée, « que la sœur une fois entrée là ne devait plus espérer même revoir son frère, qui habitait proche d'elle dans le monastère de Condat » ? Les concordances que nous signalons ici sont contredites, il est vrai, par la chronologie du prétendu disciple d'Oyant. Aussi, inclinons-nous fortement, avec plusieurs critiques [5], à mettre en doute l'âge et la qualité que cet écrivain s'attribue [6].

Dans la plupart des Règles dont nous venons de parler, la Règle de Césaire pour les femmes a été appropriée à des moines. Elle a subi par conséquent des modifications assez profondes. La principale consiste dans l'abrogation de la clôture, prescription oiseuse pour des hommes,

---

1. Mabillon, *Acta Ordinis Sancti Benedicti*, I, p. 678.
2. Appelé le *Romanum Monasterium* dans la lettre de cet abbé à saint Nicet. V. nos *Sources*, p. IX. Ne pas confondre avec Romainmoutier dans le Jura. Sur Florien, v. : Ennode, *ep.*, I, 15, 16, de la collection de Vienne ; Arator, *ep. ad Florianum*, Migne, t. 68 ; *Hist. litt.*, III.
3. Bolland., 28 fév., 21 mars, 1 janvier.
4. Bolland., 28 février.
5. Jahn, *Geschichte der Burgondionen*, I, p. 523, et II, p. 354, note.
6. D. Benoît, dans une savante *Histoire de l'abbaye de saint Claude*, récemment parue émet l'opinion que l'historiographe des abbés jurassiens est aussi l'auteur de la *Regula tarnatensis*, sans avoir d'ailleurs remarqué la dépendance de cette dernière à l'égard de la règle de saint Césaire. Nous ne ferons à cette opinion qu'une seule objection, et elle suffira : l'historiographe spécifie parmi les réformes de son monastère la suppression des cellules, que la *Regula tarnat.* conserve au contraire.

et inconciliable avec les conditions locales et les nécessités temporelles des nouveaux monastères. Ce qui concerne les privilèges a été aussi éliminé. Mais les réformes essentielles, à savoir, promesse de stabilité, communauté de l'existence quotidienne, contrôle incessant des supérieurs, suppression de toute espèce de possession privée, restent assurées. Par un tempérament louable, la *Regula tarnatensis* accorde à chacun sa cellule propre, et maintient l'interdiction des meubles à fermeture. Dans toutes ces Règles, le travail des mains et de l'esprit entre en partage égal du temps de veille avec la prière ; les droits de l'autorité sont conciliés avec les égards de la charité. Toutes, enfin, sont animées de l'esprit de Césaire, fait de fermeté et de prévoyance, avec ce mélange attrayant de douceur que nous connaissons.

Les monastères de femmes pouvaient se dispenser de ces retouches, et il est probable que beaucoup de ceux qui furent érigés ou qui existaient déjà dans les pays placés sous l'influence d'Arles suivirent la Règle de Césaire sur le texte même. Une vingtaine d'années après la mort de son auteur, cette Règle fut transplantée dans le centre de la Gaule, au monastère de Sainte-Croix de Poitiers, par l'illustre sainte Radegonde. Depuis quinze à vingt ans qu'elle avait fondé ce monastère pour y vivre elle-même sous l'autorité de l'abbesse Agnès (545-550), l'ancienne épouse de Clotaire en était encore à rechercher une direction spirituelle que l'évêque franc Mérovée, piqué on ne sait pour quel motif, s'obstinait à lui refuser [1]. Le renom de la Règle de saint Césaire étant parvenu jusqu'à elle en cette conjoncture, elle s'empressa de se rendre à Arles avec l'abbesse Agnès, auprès de l'abbesse sainte Liliole, qui avait succédé à Césarie la jeune. Ce fut au retour de ce voyage que l'observance de la Règle de Césaire fut décidée à Poitiers [2]. Il s'agissait maintenant de se prémunir contre l'opposition à redouter de la part de Mérovée. Radegonde pouvait encore bien moins compter sur le métropolitain de la province, Bertrand, évêque de Bordeaux, autre homme d'église de race franque, décrié pour ses mœurs. Elle se tourna vers les

---

1. Pour être juste envers cet évêque, nous devons dire qu'il vint plus tard, non sans courage, au secours du monastère, assailli par de graves troubles. Il est probable que les supérieures de Ste-Croix avaient eu quelques torts envers lui.

2. Voir pour l'historique de ce monastère Grégoire de Tours, IX, 39 etc..... Nous doutons de l'authenticité de la lettre de Césaire à Radegonde éditée par Martène, *Thesaurus Anecdot.*, I, col. 3, et, dernièrement, par les Mon. G. H. *Epist.*, t. I, morceau composé presque en entier d'extraits de saint Césaire. Le récit de Grégoire suppose d'ailleurs que les premières relations des deux monastères ne sont pas antérieures à l'abbesse Liliole et au gouvernement de l'évêque Mérovée. Grégoire s'est trouvé mêlé de si près aux origines de ce monastère que, sauf preuve contraire bien établie, on doit s'en tenir à son récit.

Pères du concile tenu à Tours par Euphronius (a. 567). Par une lettre de sa main, où la prévoyance se dissimulait habilement sous les formes de la piété et du respect, elle implora leur approbation en faveur des constitutions qu'elle avait résolu d'introduire dans son monastère, en y comprenant tous les privilèges énoncés dans l'original de la Règle. La réponse, en raison même de ces derniers, souffrait quelque difficulté ; car la déclaration qui était demandée à ces évêques était contraire aux droits d'un collègue qui non seulement n'était pas présent, mais n'appartenait même pas à leur province. Ils se tirèrent de ce pas en proclamant d'une manière générale la sainteté des institutions de saint Césaire, et en sanctionnant d'une façon spéciale la stabilité et la clôture perpétuelle pour les filles de leurs diocèses respectifs qui entreraient dans le monastère de Radegonde, sans faire aucune mention des privilèges. Le monastère n'obtint ces derniers que de la sanction royale.

Introduite de la sorte dans le monastère royal de Poitiers, la Règle de Césaire y fut pratiquée avec une ferveur qui n'exclut pas certains accommodements peu conformes à l'esprit du fondateur. Radegonde se donna elle-même la première en exemple sous les deux aspects. Les sœurs virent cette veuve de roi balayer, lever les immondices, faire la cuisine, accomplir son tour des plus infimes besognes. La plus ardente aux jeûnes et aux veilles, pendant toute la durée du Carême, malgré son goût très vif pour les plaisirs de la société, elle se tenait enfermée seule dans une cellule, se privant de la vue et de la conversation de ses compagnes pour jeûner et méditer plus librement. De ces exemples d'une austérité au-dessus de la capacité commune, Radegonde passait aussitôt, avec la même vivacité d'ardeur, aux mouvements d'une nature portée à se répandre et à aimer. Les amitiés du dedans ne suffisant point à remplir son cœur, elle y admit en tiers Fortunat. C'était un poète et un bel esprit, venu, en passant par la cour des rois francs, d'Italie à Poitiers, où le charme du voisinage de Radegonde et de l'abbesse Agnès le fixa par les chaînes d'un amour exempt de mal, assurément, mais fort précieux de formes, et quelque peu sensuel pour le fond. La Règle de saint Césaire fut chantée par Fortunat. « Douce comme un vêtement de lin [1] ! » C'est à son égard surtout qu'elle justifia cette qualification. Sous l'étiquette d'*eulogies*, lui arrivaient quotidiennement du monastère, comme dons autorisés par la Règle, paniers de fruits, de fleurs, de friandises, et préparations culinaires de toutes sortes, dont l'art frivole mettait sa muse en belle humeur. Quelquefois ces eulogies étaient

---

1. Fortunat, Carm. l. VIII, 6. Voir sur les relations de Fortunat et de Radegonde une piquante étude de M. Ch. Nisard dans les Comptes rendus de l'*Acad. des Inscript. et B. L.*, 1889, p. 30-49)

de vrais petits festins auxquels les deux nobles nonnes prenaient part elles-mêmes avec leur ami dans l'intérieur du monastère. Quelque droit qu'eût Fortunat à la subsistance pour le soin qu'il prenait aux affaires temporelles du monastère, il est certain que cet excès de délicatesse apporté par les supérieures à l'acquittement de leur dette n'était pas fait pour fortifier l'esprit de la Règle chez leurs subordonnées. L'émeute excitée peu après la mort de Radegonde et d'Agnès contre la nouvelle abbesse par la princesse Chrodielde, et de gros scandales qui s'ensuivirent, révélèrent d'autres abus, et surtout la difficulté de faire subsister un régime d'exemption aussi complet, dans un monastère que les rois et les nobles francs s'habituaient de plus en plus à considérer comme un lieu de réclusion pour leurs épouses répudiées ou leurs filles sans maris.

Malgré ces faits regrettables, le monastère de Sainte-Croix excita autour de lui une grande émulation. Il est probable que sa renommée, ajoutée à celle du monastère de Saint-Jean, amena à la Règle de Césaire un plus grand nombre d'adhésions. De ce nombre fut probablement le monastère de Sainte-Marie d'Autun, où les complices de Chrodielde furent envoyées après le procès provoqué par les scandales de Poitiers ; le vif intérêt manifesté par l'évêque Siagrius [1] en faveur du monastère d'Arles autorise cette conjecture. Le prestige exercé par la Règle de Césaire se maintenait encore plus d'un siècle après lui. Vers 650, saint Donat, évêque de Besançon, lui donna la place d'honneur entre les Règles de saint Benoît et de saint Colomban dans sa Règle [2] pour le monastère de Jussamoutier, fondé par sa mère, et où sa sœur fut seconde abbesse. Ce monastère s'était rangé d'abord aux Règles combinées de Colomban et de saint Benoît, d'après l'exemple donné par Luxeuil même, sous l'abbé Valbert [3]. Un exemplaire de la Règle de saint Césaire ayant été apporté à ce moment, on n'en eu pas plutôt pris connaissance, que, malgré tout le prix qu'on pouvait attacher à la communauté d'usages avec l'illustre monastère voisin, un sentiment nouveau se fit jour, et prit aussitôt une expression insistante auprès de l'évêque : « Les Règles de saint Colomban et de saint Benoît, disait-on, étaient plutôt faites pour des hommes que pour des femmes ; celle de saint Césaire était la seule véritablement appropriée à ces dernières. Il fallait donc que l'évêque s'efforçât de la fondre avec les deux autres, en extrayant la

---

1. Vie de sainte Rusticule, abbesse d'Arles. Voyez ci-dessus, p. 265.
2. Migne, t. 87, p. 273.
3. Vie de sainte Salaberge ; *Acta SS. Ordinis S. Benedicti*, t. II, p. 421, etc. Voir notre thèse latine sur les moines de Luxeuil.

fleur des trois Règles pour n'en faire qu'une seule ». Donat, malgré son dévouement pour Luxeuil, où il avait été consacré par Colomban, puis formé par Eustase à la vie religieuse, reconnut ce que le vœu des sœurs de Jussamoutier avait de légitime. Il rédigea une règle dont le fond était constitué par celle de saint Césaire, sans en excepter les privilèges. La règle de saint Benoît y entra autant qu'il fallait pour préciser quelques points, notamment les attributions hiérarchiques, en dépouillant auprès de la suavité de saint Césaire son cachet un peu trop viril et romain pour des femmes. A la règle de saint Colomban étaient empruntés l'ordre du chœur et le tarif des pénalités. La dureté et la minutie de ces dernières est ce qui fait le plus de contraste avec le ton général de l'évêque d'Arles ; mais l'esprit du temps était favorable à ces excès. Sous cette même forme, la règle de Césaire fut observée vers le même temps au monastère de Chamelières en Auvergne[1], et, probablement, dans plusieurs des nombreux monastères féminins qui reçurent l'impulsion de Luxeuil.

Nous ne pouvions mieux couronner l'étude des institutions monastiques de Césaire que par cette règle de Donat, où il triomphe, dans une certaine mesure, sur les deux illustres patriarches du monachisme occidental.

Sur le terrain des privilèges monastiques, la fondation de Césaire paraît déjà avoir donné exemple ou prétexte, avant l'influence décisive de Luxeuil, à plusieurs concessions qui se rencontrent au cours du VIe siècle, bien qu'à des distances et avec des caractères différents.

Une première différence vient de l'autorité qui promulgue. Sous ce rapport, nous voyons ces privilèges se partager en deux classes, représentées par deux privilèges également inspirés de celui de Saint-Jean. L'un, dont nous n'avons pas le libellé, est celui du pape Vigile au monastère arlésien de Childebert ; l'autre est représenté par la correspondance échangée entre Radegonde et le synode de Tours. Dans le premier de ces deux cas, c'est le Saint-Siège qui fonde directement le privilège, comme cela s'était fait pour le monastère de Césaire ; le roi et l'évêque du lieu apparaissent comme simples impétrants. C'est ici le vrai privilège arlésien. Mais il faut descendre jusqu'au pontificat de saint Grégoire pour lui trouver des pendants : un privilège accordé à l'abbesse Respecte, du monastère de Saint-Cassien, à Marseille, et trois

---

1. Ire Vie de saint Prix, dans Boll., 25 janvier. Quoique les auteurs des *Anal. Boll.* fassent observer avec raison que cette Ire Vie est inférieure en autorité à la IIe, le fait allégué a dû être pris à bonne source.

autres pour deux monastères et un hospice fondés à Autun. Ici, l'influence d'Arles avait eu pour introducteur l'évêque Siagrius, un ami des évêques d'Arles et des abbesses de Saint-Jean ; les trois concessions sont faites à la demande de la reine Brunehaut et de son fils Thierry, qui interviennent comme plus haut Childebert.

Tout autre est la voie suivie par Radegonde. On a vu qu'elle chercha, par sa lettre aux Pères de Tours, à constituer les libertés de son monastère sous la double garantie des évêques de son pays et des rois ses neveux. Elle fit fausse route, en s'adressant à des évêques étrangers à sa province, et dut se déterminer plus tard à rentrer sous la tutelle de son évêque. Néanmoins, le recours aux pouvoirs locaux est un facteur du privilège monastique qui prévaudra bientôt exclusivement. Ce n'est pas la première fois qu'il apparaissait. Radegonde avait certainement connaissance de plusieurs chartes, où évêques et rois édictaient des privilèges en leur nom, soit séparément, chacun suivant sa compétence respective, soit conjointement, en se prêtant leur compétence mutuelle. Dans la première forme avaient été donnés les privilèges du roi Clotaire pour saint Calais et de l'évêque saint Germain de Paris pour la basilique de Saint-Vincent (Saint-Germain-des-Prés). L'autre forme de concession s'était vue pour la première fois dans la constitution décrétée pour le monastère d'Agaune (Saint-Maurice en Valais) par le roi Sigismond, d'accord avec les évêques burgondes [1], et il est probable qu'elle s'était répétée pour une autre illustre basilique burgonde fondée tout récemment par le roi Gontran, celle de saint Marcel de Chalon. Les fondateurs d'Agaune négligèrent-ils le recours au Saint-Siège pour avoir ignoré l'exemple donné par l'évêque d'Arles? Nous ne croyons pas que ce soit la vraie raison. L'unanimité des évêques, le concours tutélaire d'un roi catholique, le caractère presque national donné à la fondation, furent des garanties qui dispensèrent d'en chercher aucune autre. Pour les monastères de cette seconde catégorie, l'exemple de Saint-Jean paraît donc avoir donné seulement l'idée de créer le privilège.

Ces actes offrent la même variété pour le fond. L'étendue plus ou moins grande des concessions qu'ils énoncent ne tient nullement au pouvoir plus ou moins élevé de celui qui octroie. Ceux d'origine épiscopale ou royale vont même plus loin dans l'exemption que ceux de provenance romaine. Tandis que le privilège d'Agaune, autant qu'on en peut juger par certains privilèges qui s'en réclament au siècle sui-

---

1. Date probable 515. Bolland. aux actes de *saint Ambroise*. Novembre, tome I, p. 543, etc. Cf. Œuvres de saint Avit (M. G. H.), *Homilia XXV*.

vant et par le concile apocryphe d'Agaune, de même que le privilège de Saint-Germain [1], vont jusqu'à l'extrême limite, jusqu'à l'exemption du droit de visite et du ministère de l'évêque du lieu, le pape Grégoire, plein d'intérêt pour la hiérarchie, prend soin de réserver à l'évêque la ratification des élections abbatiales, l'intronisation des titulaires, le droit d'avoir son trône dans l'oratoire du monastère à certains jours, les droits de visite, de correction, et l'exercice des fonctions de son ordre. Ces réserves sont spécifiées dans la décrétale pour Saint-Cassien de Marseille, et on doit les sous-entendre dans les trois décrétales pour Autun [2]. Si, dans ces dernières, octroyées à la demande de Brunehaut, la participation des rois à l'élection des supérieurs est reconnue, c'est là une prérogative découlant de leur droit de patronage comme fondateurs, plutôt que de leur dignité. Une autre particularité à noter dans ces actes concerne la mise en jugement des supérieurs. Lorsqu'on voulut dresser le privilège du monastère de femmes de Sainte-Marie, le souvenir du procès intenté à l'abbesse de Poitiers à la suite des scandales de Sainte-Croix fit prévoir le cas où l'abbesse devrait être mise en jugement. On arrêta donc, d'après ce qui s'était fait alors, que l'évêque du lieu devrait, en pareille éventualité, se faire assister de ses collègues, au nombre de six. Cette disposition, introduite d'abord dans le libellé de la décrétale destinée à l'abbesse Thalassie, passa par voie de transcription dans les deux autres, dressées sur le même texte. En somme, de tous ces privilèges d'origine romaine, celui du couvent de Césaire reste de beaucoup le plus avantageux.

*
* *

Sentant sa mort imminente, Césaire voulut consacrer ses dernières pensées et donner sa dernière bénédiction à ses filles tant aimées. Il se fit porter au monastère de Saint-Jean. Ce fut une scène touchante que cette suprême visite, où, aux exhortations et aux encouragements adressés par le saint vieillard à l'abbesse Césarie et à ses compagnes, celles-ci répondirent par l'explosion unanime de leurs sanglots. Son testament, que nous avons conservé, fut rédigé uniquement en faveur du monastère, constitué comme son légataire universel. Toutes les préoccupations

---

1. La charte de Saint-Germain laisse entendre que l'abbé de Saint-Vincent peut appeler, pour les fonctions du ministère épiscopal, soit le métropolitain, soit un suffragant quelconque de ce dernier. L'authenticité de ce privilège a été démontrée p. Quicherat (*Bibl. Ec. d. Chart.*, t. 26).

2. Pardessus, *Diplomata*, I, 1-3 ; authentiques pour le fond, malgré quelques expressions insolites.

qu'il y exprime concernent le sort de cet établissement dans l'avenir. Il le prémunit contre toutes les prétentions de sa propre famille à sa succession ; il le recommande au clergé d'Arles en général, et avec beaucoup d'insistance à son successeur ; il confirme les donations de propriétés qu'il lui a faites d'après la législation du concile d'Agde et sous la sanction du pape Hormisdas, et il affecte à son entretien l'usufruit de plusieurs autres terres dont il réserve la propriété à l'église métropolitaine, conformément aux récentes décisions du Saint-Siège. Par deux autres actes, deux lettres que nous n'avons pas conservées, Césaire mourant recommandait en outre son monastère à la bienveillance du Préfet, des comtes, et des membres de la Curie[1]. Il mourut, par une coïncidence que son cœur avait pressentie et bénie d'avance, la veille de la fête de son grand modèle saint Augustin, le 27 août 543[2], dans la 73e année de sa vie et la 41e de son épiscopat. Sa mort excita un deuil universel dans la cité d'Arles, et la vénération publique se porta aussitôt à son tombeau. Déposé tout d'abord dans la basilique de Sainte-Marie hors d'Arles, ainsi que lui-même en avait témoigné sa volonté, son corps ne tarda pas à être ramené auprès de ses filles, qui lui dédièrent un oratoire spécial dans leur couvent. C'est là qu'il fut conservé jusqu'à l'invasion des Sarrazins.

1. *Vita Cæsarii*, à la fin.
2. Date indiquée par la *Vita Cæsarii*, II, n° 34 : « 30 ans 1 jour après la dédicace de son monastère », dédicace que les biographes fixent elle-même, I, n° 26, immédiatement avant la comparution de Césaire à Ravenne, fin 513, par conséquent, le 26 août 513 (et non 512) ; car ils voient dans ce dernier événement un effet de l'envie conçue par le diable contre le monastère. — La date de 542, où l'on place communément la mort de Césaire, n'étant fondée que sur la brièveté du temps qu'auraient eu les envoyés du successeur Auxanius pour être nantis de la réponse du pape Vigile (18 oct. 543), est purement arbitraire.

ÉPILOGUE

De tout ce que nous savons maintenant sur la vie de cet homme vénérable, il est aisé de dégager le point capital de son influence.

Saint Césaire ne s'offre à l'attention de l'historien, ni pour avoir prêté son ministère épiscopal à la politique, ce qui n'entrait d'ailleurs dans la pensée d'aucun évêque de cette époque, ni pour avoir espéré du concours des pouvoirs politiques une plus grande autorité pour son ministère, ce qui est le cas, par exemple, pour saint Avit. En lui, le plus rigide partisan de la maxime moderne : le prêtre dans son église, ne trouverait rien à reprendre. Non pas que les événements importants aient manqué autour de lui. Mais il a souffert de leur contre-coup ou profité de leurs conséquences heureuses sans avoir rien fait pour les écarter ou les amener, en restant, suivant la parole très juste de son disciple Florien [1], « pieux parmi les barbares, pacifique au milieu des guerres ». Il n'a pas opéré non plus une de ces conversions qui ont rendu célèbres Clotilde et Avit. Si Alaric eût vécu plus longtemps, il est peu probable qu'il fût devenu entre les mains de Césaire le Sigismond ou le Clovis de la nation wisigothe.

Le Vicariat d'Arles, bien qu'ayant eu sous Césaire une importance réelle, ne donne pas non plus toute la mesure de sa valeur. Il existait avant lui. L'usage exceptionnellement important qu'il en a fait, dirigé par des vues désintéressées et exclusivement ecclésiastiques, et uni à un parfait esprit de circonspection, a attiré la considération beaucoup plus sur l'autorité dogmatique et disciplinaire du Saint-Siège, qu'elle a mise hors de pair, que sur les droits primatiaux de son propre siège, de sorte que ses successeurs qui ont voulu posséder ces mêmes droits ont tout eu à recommencer. L'obligation où ils se sont vus de solliciter chaque fois la déclaration du pape régnant et de mettre les rois en tiers dans ces démarches, l'attitude dilatoire observée par certains papes, soit par zèle officieux pour l'empereur de Constantinople [2], soit pour d'autres motifs, n'étaient point faits pour donner beaucoup de prix à

---

1. Lettre à saint Nicet.
2. Cf. la première réponse du pape Vigile à l'évêque Auxanius, Jaffé, 912; le même Vigile, pour complaire à Justinien, partagea en deux le Vicariat de Thessalonique. Nous renvoyons pour cette dernière période du Vicariat à l'ouvrage de M. l'abbé Duchesne que nous avons souvent cité.

leur titre aux yeux de la Gaule, et l'usage insignifiant qu'ils en ont fait eux-mêmes a encore accentué la dépréciation. Gens médiocres, quoique un reflet de la sainteté de leur prédécesseur ait passé sur la plupart d'entre eux, les Auxanius, les Aurélien, les Sapaudus et les Vigile, contents de tenir le titre et le pallium, se sont bornés ensuite à présider quelquefois des conciles qu'ils laissaient aux rois le soin de convoquer. Quand Grégoire le Grand voulut fortifier le Vicariat d'Arles contre les gros abus dont souffrait l'Eglise des Francs, voyant le peu de zèle que Virgile montrait à le seconder, il répartit l'exécution de ses décrétales entre de simples évêques, Arégius de Gap, Siagrius d'Autun, et ses légats romains. Le Vicariat, qui, depuis la mort de Césaire, ne subsistait plus que pour la forme, s'éclipse complètement avec l'évêque Théodore, que son indignité fait dégrader en concile. Arles était d'ailleurs trop éloignée de la partie du pays où se portait à cette époque la vie ecclésiastique. Le métropolitain de Lyon s'était substitué à l'ancien Primat du Sud, avec le titre de *Patriarche*, dans le gouvernement extérieur de l'église franque ; et l'impulsion était donnée, dans les choses de la vie spirituelle, par un groupe puissant de moines, par les disciples de saint Colomban.

Césaire n'a pas jeté d'éclat dans la littérature sacrée ; par son parti-pris d'exclusion à l'égard des profanes, il lui aurait ôté tout moyen de se relever, si elle l'eût pu. Cependant, son épiscopat n'a pas été improductif dans ce domaine. Il a inauguré dans la prédication et le droit canon les habitudes d'imitation et de compilation qui occuperont encore utilement l'activité du moyen-âge, et par l'intérêt qu'il a porté aux études et aux écoles, dans le cercle des matières ecclésiastiques, il a servi plus qu'il n'a pu nuire. Nos prédicateurs pourraient apprendre de lui la bonne manière de s'approprier les trésors de la chaire française.

Césaire est un saint. Mais comme tel, il n'a rien qui enlève vers lui l'enthousiasme des foules croyantes ; il n'a pas étonné le monde du retentissement de son activité spirituelle. Tout entier à ses devoirs de pasteur, il se tient dans sa métropole, bornant le mouvement de sa personne entre sa ville épiscopale et ses paroisses, ne cherchant point les occasions de se produire dehors, où on ne le voit guère, que lorsqu'il est arraché de son diocèse par la brutalité de la force.

Ce qu'il a été, son disciple Florien nous le dira encore avec une grande justesse : « un homme qui a montré la règle de la discipline catholique par la parole et par l'exemple ». La vertu maîtresse de Césaire s'est montrée dans la discipline chrétienne. Porté d'un vif instinct vers l'étude des questions spirituelles, il s'est fait, à la double école des maîtres de Lérins et de saint Augustin, un idéal de la vie chrétienne, dans ses trois états, où l'esprit discipliné et réfléchi des premiers s'est combiné avec l'ardeur communicative et la miséricorde du second. C'est par l'effort qu'il a dépensé à réaliser cet idéal dans la société ecclésiastique, rédigeant des Statuts et des Admonitions, commentant la règle chrétienne tour à tour devant les chefs du clergé et devant les fidèles laïques ou moines, communiquant à la concision toujours rebutante du précepte l'éloquence de ses exemples et l'hilarité de sa piété, joignant à une grande fermeté de volonté le sens de la mesure, qu'il a conquis sans bruit dans l'Eglise de Gaule la place d'organisateur et de maître spirituel, qui est une des premières places. Cette Eglise, qui n'était avant lui qu'un certain groupe d'églises juxtaposées, est devenue par lui une certaine Eglise, l'Eglise gallicane. Pendant que l'unité extérieure s'accomplissait sans lui par la force des événements politiques, il la cimentait à tout jamais par un élément de cohésion plus fort que la politique, par des lois ecclésiastiques qui ont fait autorité pour tous, et qui ont fixé définitivement dans notre pays la moyenne de la vie chrétienne à ses trois degrés. Souvent et grossièrement enfreintes dans les siècles qui vont suivre, celles-ci auront toujours pour elles les hommes en qui survivra l'esprit chrétien. Toutes les fois que notre Eglise gallicane aura à se réformer, c'est toujours aux principes posés par Césaire qu'il faudra en revenir[1]. Rien n'y est devenu suranné. Si le saint homme revenait aujourd'hui au milieu de notre France, il trouverait sans doute le troupeau chrétien bien décimé ; il verrait peut-être dans notre état monastique une variété de forme et d'objet à laquelle il n'avait pas songé ; il reconnaîtrait encore dans le clergé une corporation modelée sur ses préceptes, formée dans des écoles spéciales, vivant à l'écart du monde, d'une existence à demi monacale, dans l'accomplissement exclusif des obligations cléricales, autant que cela dépend du libre jeu des statuts ecclésiastiques, façonnée à une gravité de mœurs qui l'expose plus que toute autre aux lazzis de la foule, en qui la moindre inconvenance, le moindre signe de faiblesse humaine échappé au prêtre éveille plus vivement le sens du ridicule.

Notre populaire Césaire trouverait peut-être que le prêtre d'aujourd'hui exagère un peu trop sa séparation d'avec le peuple, et il l'encouragerait à entrer un peu moins timidement dans les sentiments, les

---

1. L'esprit de saint Césaire, et même ses expressions se reconnaissent d'un bout à l'autre de l'écrit pastoral si intéressant, éd. p. Martène, *Ampl. Coll.*, VII, 1, et p. Wattenbach, *N. Arch.*, VI, 192-4 ; toutefois avec des traits de l'époque carolingienne qui écartent absolument la paternité de saint Césaire (Cf. Morin, *Revue bénéd.*, 1892, p. 99). Le *Corpus Jur. canon.* a subi lui-même l'influence de la législation de saint Césaire et admis presque textuellement 12 canons de son concile d'Agde.

travaux et les souffrances de ses frères. Contre les préventions des uns, la partialité ou l'hostilité des autres, il lui enseignerait d'exemple à se défendre, non par l'expression acrimonieuse de ses sentiments plus ou moins offensés, ni par une agitation de sa personne, presque toujours vaine, et toujours peu séante, mais par la persévérance de sa mansuétude et de sa régularité sacerdotales.

APPENDICES

A
(Introd., p. XV).

Voici ce que nous écrivions sur la partie sermonnaire de l'édition des œuvres de *Fauste par M. Engelbrecht*, dans un des numéros du *Bulletin critique* de l'année 1892 (1 mai) :

M. Engelbrecht s'est voué au culte de Fauste, ce qui tient peut-être à plusieurs erreurs de critique qui lui ont fait apparaître un Fauste un peu différent du Fauste réel. Non content de l'éditer dans la patrologie de Vienne, il a publié une étude générale sur ses écrits, et a réédité, à son intention, les homélies du faux Eusèbe d'Emèse, dont il n'hésite pas à lui attribuer la paternité. Pourquoi donc n'a-t-il pas joint ces dernières aux 31 sermons compris dans son édition de Fauste ? A-t-il craint d'attirer sur l'œuvre de l'Académie de Vienne le contre-coup des objections sérieuses auxquelles sa thèse sur le faux Eusèbe a donné lieu ? Nous osons lui affirmer cependant que la collection d'Eusèbe contient une plus grande part des vrais discours de Fauste que celle qu'il a jugé à propos d'insérer au tome des œuvres de ce personnage.

Nous reprocherons d'abord à M. Engelbrecht d'avoir fait un usage superficiel des sources paléographiques. Il nous énumère un certain nombre de manuscrits, parmi lesquels un de Carlsruhe (*Durlacensis*, 36), qui a fourni les 22 premiers morceaux de la série, et qu'il semble considérer comme le manuscrit miraculeusement préservé d'erreur, hors duquel point de salut. Malheureusement, les indications qu'ils lui ont fournies reçoivent, sur plusieurs points, des démentis qui ne sont pas à mépriser. Ainsi deux des morceaux du Caroliruhinus sont donnés sous le nom de saint Césaire, l'un, (n° 1) *de Nativitate*, par un manuscrit de Corbie du VIIIe siècle (Bibl. nat., n° 14086), l'autre, (n° 16) *de initio Quadragesimæ*, par un manuscrit du IXe siècle (*ibid.*, 13396), dont le témoignage est d'autant plus digne d'attention, que le sermon dont nous parlons s'y trouve au milieu d'une petite série appartenant à saint Césaire. La même remarque se reproduit pour les sermons 23, 24 et 25. Les deux premiers font partie d'un groupe d'*Exhortationes ad monachos*, habituellement au nombre de 10 ou de 12, très souvent répété dans les manuscrits, qui le donnent, tantôt au nom de Fauste, tantôt à celui d'Eusèbe, la plupart du temps au nom de saint Césaire pour lequel, à s'en tenir aux indications paléographiques, la probabilité serait beaucoup plus grande. Quant au n° 25, la paternité de saint

Césaire ne doit faire aucun doute, attendu qu'il est compris dans des collections d'ensemble de ce Père qui sont de première autorité, telles que le *liber sancti Caesarii* de Chartres (bibl. du chapitre), du IXe siècle, qui a fait souche pour plusieurs autres. Il faut que M. Engelbrecht soit bien peu familiarisé avec les sermons manuscrits pour avoir attribué sans hésitation ces trois morceaux à Fauste.

Nous lui reprocherons en second lieu d'avoir complètement négligé l'étude du fond et du style, si précieuse pour corriger les erreurs des manuscrits. En étudiant le fond avec une attention même médiocre, il n'eût pas publié sous le nom de Fauste un panégyrique de saint Honorat évêque d'Arles (n. 10), prononcé à Arles par un prédicateur attaché à cette église, un panégyrique de saint Augustin (n° 27)[1], qui est un contre-sens dans les œuvres de Fauste, et il eût hésité à insérer plusieurs autres morceaux écrits dans un ordre d'idées plus rapproché de la doctrine de saint Augustin que de celle de l'évêque de Riez. Quant au style, que n'a-t-il suivi simplement les remarques si exactes faites par les Bénédictins sur ceux des sermons de son édition publiés avant lui à l'appendice des sermons de saint Augustin? Il eût reconnu que la plupart de ses prétendus *Sermones Fausti* ne sont que des extraits de Fauste, d'Eusèbe, ou de saint Augustin, arrangés par Césaire pour les auditoires de son temps. La parenté avec le style de Césaire saute aux yeux dans la plupart; à peine huit ou neuf en sont-ils indépendants (n°s 2. 7. 9. 13. 23. 26. 27. 29-34), et cela ne veut pas dire qu'ils soient tous de Fauste.

S'il en coûte trop à M. Engelbrecht d'admettre que Fauste ait été capable d'usurper tant de sermons qui n'étaient pas de lui, — nous parlons d'une usurpation posthume, cela s'entend, — nous lui répondrons que saint Augustin en a usurpé bien d'autres. Tous ceux qui ont manipulé un certain nombre de sermonnaires manuscrits savent ce qu'il en est. S'accomplissant sur les homélies de Césaire, cette usurpation n'était que justice. Saint Augustin et Fauste n'ont fait souvent que reprendre, par l'intermédiaire des copistes, le bien que Césaire leur avait pris, s'efforçant de mettre leurs discours à l'usage de son temps en les raccourcissant et en leur adaptant des exordes et des conclusions de sa façon. Lui-même avouait volontiers ses innocents larcins, en notant ses sources en marge ou dans le titre des sermons

---

1. Nous signalons ci-dessous un rapport avec ce panégyrique dans l'Admonition de saint Césaire aux évêques (p. 296, note), tout en avouant que saint Césaire, s'il en est l'auteur, n'a fait qu'adapter à saint Augustin un panégyrique anonyme, donné au nom d'Eusèbe par la Bibl. M. SS. PP., VI, *hom.* 34.

ainsi fabriqués : *Ex libris Fausti excerpta sancti Caesarii*[1]. — *Admonitio excerpta de libris antiquorum Patrum*[2]. — *Aliquas sententias de homelia sancti Augustini credidimus inserendas*[3]. — Toutes ces notes sont plus ou moins directement de sa main, et nous ne sommes pas éloignés de lui rapporter même celle que M. Engelbrecht a soin d'appeler en témoignage pour Fauste au sermon 14 de son édition : *Sancti Fausti admonitio necessaria ad diem judicii* etc. On a là un petit prologue tout à fait dans la manière de saint Césaire, dont le style est d'ailleurs fortement accusé dans l'homélie qui suit[4]. Tout cela ne pouvait être qu'une cause d'erreurs pour les copistes. Pour un seul groupe, celui des *Sermones ad monachos*, c'est Césaire, au contraire, qui s'est enrichi au détriment de Fauste, dont les Instructions aux moines de Lérins se confondent le plus souvent avec les trois ou quatre discours adressés par Césaire, comme évêque, à des moines. Les n°s 23 et 24 de M. Engelbrecht permettent de faire la différence. L'association des uns et des autres dans des recueils communs semble indiquer la provenance arlésienne de ces recueils.

C'est probablement aussi de la librairie arlésienne qu'est provenu le prototype du *Codex Durlacensis*. A coup sûr, il ne provient ni de Riez, ni d'un collecteur zélé outre mesure pour Fauste. Car l'ordre et la nature des matières montrent un recueil dont l'auteur s'est proposé bien plutôt de réunir des sermons pour les fêtes de Noël à Pâques, que de dresser un monument à la gloire de Fauste.

B

(Pag. 57, note 2).

Les documents, même disciplinaires, du Ve siècle, cherchaient encore à s'exprimer en bon latin. La comparaison des Statuts que nous attribuons à saint Césaire avec les canons dont ils dépendent nous fera mesurer aisément la décadence de la langue de ceux-ci à ceux-là. Un exemple suffira ici :

Vaison.	Statut 36.
Per singula territoria presbyteri vel ministri ab episcopis, non prout	*Presbyteri qui per dioeceses ecclesias regunt* non a quibuslibet episco-

---

1. Bœumer, *Katholik*, 1887, p. 392, cité par M. Engelbrecht.
2. Migne, t. 39, App., S. 260.
3. *Id.*, S. 269.
4. Comparez avec le S. 249. Migne, *ibid.*

libitum fuerit « vicinioribus, *sed a suis propriis* per singulos annos petant chrisma, *appropinquante solemnitate paschali*, nec per quemcumque ecclesiasticum, sed si qua necessitas aut ministrorum occupatio est, **per subdiaconum, quia inhonorum est inferioribus summa committi** ; *optimum autem est ut ipse suscipiat* qui in tradendo usurus est ; si quid obstat, saltem *is cujus officii est sacrarium disponere* et sacramenta suscipere.

pis, sed *a suis*, nec per juniorem clerium, sed aut *per se* ipsos aut per *illum qui sacrarium tenet, ante paschae solemnitatem* Chrisum petant.

On trouverait difficilement pour cette époque, en dehors de César, un exemple de la négligence qui s'accuse dans le style des Statuts. Par contre, on sentira entre le style des Statuts et celui des œuvres de Césaire une ressemblance très frappante, accusée, non seulement par l'incorrection commune des deux styles, mais par une foule d'expressions et d'idiotismes de même espèce.

Agde, c. 7. Casellas vel mancipiola ecclesiae episcopi, sicut prisca canonum praecepit auctoritas, vel vasa ministerii, *quasi commendata fideli praeposito*... possideant.

STATUTS.

31. Ut episcopus rebus ecclesiae *tanquam commendatis*, non tanquam propriis utatur.

c. 20. Clerici *qui comam nutriunt* ab archidiacono... detondeantur : *vestimenta vel calceamenta* eis etiam nisi quae religionem deceant... habere non liceat.

44. Clericus nec *comam nutriat* nec barbam.

45. Clericus..... nec *vestibus nec calceamentis* decorem quaerat.

Ces deux derniers statuts paraissent avoir été fondus pour former le canon 20 d'Agde.

Migne, t. 39, appendice, serm. 264, n° 6; 283, n° 3 : Quod corde credis, operibus impleas... Ne forte aliud habeamus in corde, et aliud proferamus ex ore.

Règle des religieuses, 9, 20 : id versetur in corde quod profertur in voce. Et ailleurs fréquemment.

10. Dicente sibi (psalmitae) presbytero : vide quod ore cantas corde credas, ut quod corde credis, operibus probes.

Lettre de Césaire à Ruricé : Ut personam dirigeretis, et quod fratres vestri statuerunt, *in persona vestra* firmaretur.

21. Ut episcopus ad synodum ire satis gravi necessitate inhibeatur, sic tamen ut *in persona sua* legatum mittat, suscepturus... quidquid synodus statuerit.

Migne, serm. 300 : Ante aliquot dies, propter eos qui aliqua *corporis inaequalitate* laborant. Dans les autres sermons et dans les Règles, Césaire

49. Clericus qui absque *corpusculi sui inaequalitate* vigiliis deest...

mploie le plus souvent le diminutif : *corpusculum*.

Règle d. religieuses, 17 : omnes litteras discant.

Migne, t. 67, p. 1123, sermo ad sanctimoniales : Nunquam in publicum aut certe nonnisi pro grandi et *inevitabili necessitate* procedant.

Agde, c. 18 : Seculares qui Natali Domini..... non communicaverint, *catholici non credantur*.

Règle aux moines, 22 : Si quis die dominica jejunaverit, peccat.

STATUTS.

53. Omnes clerici... litteras discant.

62. Clericum qui tempore indicti jejunii absque *inevitabili necessitate* jejunium rumpit...

64. Qui dominica die studiose jejunat *non credatur catholicus*.

On remarquera aussi dans les Statuts le goût des **diminutifs** : *corpusculum, hospitiolum, artificiolum* ; ils sont innombrables dans saint Césaire. Le rédacteur ne paraît connaître qu'un terme pour la prédication : *verbum Dei* ; saint Césaire de même.

Pour ne pas prolonger cette comparaison, nous appellerons l'attention sur le rapprochement des textes suivants :

Agde, c. 43, De poenitentibus id placuit observare, quod sancti Patres nostri synodali sententia censuerunt, ut *nullus de his clericus ordinetur, et qui jam sunt per ignorantiam ordinati... sicut bigami locum teneant... ministrare non praesumant.*

Circulaire c. Contumeliosus (Hard., II, p. 1158) : propter *antiquorum Patrum statuta*, quae absit ut reprehendere aut discutere audeamus... in tantum ut in canonibus scriptum sit : *Ne ullus unquam pœnitens clericus ordinetur... ita ut etiamsi per ignorantiam ordinatus fuerit... dejiciatur.*

Stat. 84. Ex poenitentibus clericus non ordinetur, et si per ignorantiam episcopi factus fuerit, deponatur.

On a ici un canon de Nicée (9, 10) et d'autres conciles, que Césaire a traduit en son style propre. L'identité de la traduction dans les trois citations ci-contre passe l'évidence. La circulaire contre Contumeliosus, le dernier en date des trois documents, est en dépendance à la fois du concile d'Agde, *in canonibus scriptum est*, et des Statuts, *propter antiquorum Patrum statuta* ; il emprunte à l'un et à l'autre le libellé de la loi *ne ullus poenitens clericus ordinetur*, mais la sanction aux Statuts seuls, en négligeant le tempérament tout de circonstance admis par le concile d'Agde. Nous croyons que ce parallèle textuel achèvera de convaincre ceux que n'auraient pas pleinement convaincus les inductions que nous avons tirées du fond des Statuts.

C

(V. p. XVIII et 141)

Admonitio sancti Caesarii episcopi vel suggestio humilis peccatorum generaliter omnibus sanctis vel omnibus sacerdotibus directa, quod praedicationem verbi Dei curis terrenis praeferre debent.

Si negligentiarum mearum culpas et rusticitatem vel imperitiam diligens examinator attenderem, vix forsitan in parrochiis aliquos rusticos aliquod bonum admonere praesumerem, propter illud quod scriptum est : « Ejice primum trabem de oculo tuo »..., et illud : « Qui docet alium, seipsum non docet ». Sed dum me ista nimium deterrent, aliud majus et dictum est : « Serve male, quare non credidisti pecuniam meam nummulariis ad mensam, et ego veniens cum usuris utique exegissem illam ? ». Haec ego cogitans timui ne forte, si nec vobis suggererem, nec operibus adimplerem, duplicati criminis reus essem. Propterea velut inutilis negociator margaritas dominicas, ex quibus ignavus vel alienus, inscius, piger, tardus, ignavia mea nullum sibi lucrum poterat reparare, cum omni humilitate et reverentia vobis eas tanquam idoneis et efficacibus negotiatoribus Christi offerre praesumpsi, ut, cum vobis ingentia lucra facientibus immarcescibilis, Domino reddente, corona reddetur, mihi, vobis intercedentibus, peccatorum venia tribuatur.

Unde, digna et debita sanctitati vestrae salutatione praemissa, cum omni humilitate suggero, et per Deum, cui vos immaculate servitis, adjuro, ut et praesumptioni meae, quae, Deo propitio, de vera humilitate et perfecta erga vos caritate descendit, veniam tribuatis, et preces meas illa, quam vobis contulit Deus benignitate suscipiatis...

... Non ... quasi enim magister discipulum docere, nec quasi velox tardum admonere, sed velut minor majori, rustico quidem et imperito, sed caritate prolato sermone praesumo suggerere, deprecans ut quod, Deo propitio, sicut credimus, et semper fecistis, adhuc amplius studeatis facere, ut per vestram sanctam institutionem pro animarum salute quotidianae lectionis ad sanctum convivium vestrum et faciendum verbum in ecclesia utilis et necessaria consuetudo aut, si jam est, servetur et augeatur, aut, si adhuc non est, Christo inspirante per vestrum sanctum studium inchoetur.

Si enim bono et sollicito corde consideramus grave periculum et infinitum pondus imminere cervicibus omnium sacerdotum, non est leve quod specialiter sacerdotibus intonat Dominus per Prophetam : « Clama, inquit, ne cesses ; quasi tuba exalta vocem tuam... »; et iterum : « Si, inquit, annuntiaveris iniquo iniquitatem suam, animam tuam liberasti... si autem non annuntiaveris, ille quidem in impietate sua morietur, sanguinem ejus de manu tua requiram. » Et illud quod Apostolus ait : « Memoria retinete quoniam per triennium die ac nocte non cessavi cum lacrymis monens unumquemque vestrum. » Quis enim haec non grandi timore consideret, si ille, ut se apud Deum absolveret, die noctuque (*suppl.* : *nunquam cessavit*), et dominicis ovibus sal doctrinae ministrare negligimus? Et ideo haec timens Apostolus in consequentibus ait : « Mundus sum a sanguine omnium. » A quo sanguine Apostolus mundum se esse dicebat ? Non alio, nisi de quo nobis propheta terribiliter contestatur : « Si non annuntiaveris iniquo iniquitatem suam, sanguinem ejus de manu tua requiram » : animarum utique sanguinem, non corporum. Denique adjunxit et ait ; cum enim dixisset : « Mundus sum a sanguine omnium », quasi interrogetur a quo sanguine mundus esset : « Non, inquit, subterfugi quominus adnuntiarem omne consilium Dei »; et propterea quasi spiritalis et coelestis tuba cum grandi sollicitudine suo discipulo protestatur dicens : « Testificor coram Deo et Christo Jesu, qui judicaturus est vivos et mortuos, et adventum ejus et regnum ejus. » Et quasi interrogares de quam rem promiserit tam terribilem contestationem, secutus adjunxit : « Praedica verbum, insta opportune, importune. » Quid est opportune, quid est importune ? nisi opportune volentibus, importune nolentibus, quia volentibus dandum, nolentibus ingerendum est.

Hoc ideo suggero quia timere debemus ne aliqui ex filiis nostris contra nos in die judicii stantes dicant se a nobis nec ab inlicitis prohibitos, nec ad ea quae erant licita provocatos. Dicit Apostolus et alibi : « Attende lectioni exhortationis doctrinae, opus fac Evangelistae ». Clamat etiam terribiliter dicens : « Nemo militans Deo implicat se negociis saecularibus, ut ei placeat cui se probavit ». Et ideo expavescentes illud : « Impedimenta mundi fecerunt eos miseros », occupationes vel obligationes terrenas si abscindere ad integrum non possumus, vel quantum possumus minuamus, ut jugiter lectioni vacantes possimus implere illud quod Dominus tertio B. Petrum admonuit dicens : « Pasce oves meas ». Ideo enim speculatores dicuntur esse pontifices, quia in altiori loco velut summa arce ecclesiae positi et in altari constituti, de civitate vel de agro Dei, id est, de tota ecclesia debeant esse solliciti, et non solum ampla portarum spatia custodire, id est, crimina capitalia praedicatione saluberrima prohibere, sed etiam posteriolas vel cuniculas parvulas, id est, minuta peccata, quae quotidie subrepunt, jejuniis, eleemosynis vel orationibus observanda vel purganda jugiter admonere, et velut studiosissimi animarum cultores ad similitudinem carnalium vinitorum vineam dominicam de loco sublimiori diligenter inspicere, ab spiritualibus bestiis vel avibus aut quibuscumque importunis vel immundis animalibus defensare. Si nobis non placet ut vinitores nostri in ipsa vel de ipsa vinea manducent, bibant et dormiant quantum ipsi voluerint, et commissam sibi vineam nec vigilando custodiant, nec damnando vel terrendo defendant, quomodo putamus quod Deo placere possimus, si gregem Domini, id est, spiritualem animarum vineam non cum omni sollicitudine praedicando, admonendo, castigando, sicut jam diximus, a nequissimis bestiis vel avibus, i. e., a diabolo et angelis ejus defensare contendimus.

Unde timendum est ne ad nos illa dura per prophetam increpatio dirigatur : « Canes muti non valentes latrare ». Latratu enim canum baculoque pastorum luporum rabies deterrenda est. Certum est enim quod sacerdotes non ideo ordinantur ut tantum procuratores agrorum et cultores debeant esse terrarum, sed ut spiritualem culturam exerceant animarum, illam utique de qua apostolus loquebatur : « Ego plantavi, Apollo rigavit »; et iterum inquit : « Dei adjutores sumus, Dei agricultura estis ». Cum grandi enim timore haec omnia considerare debent omnes Domini sacerdotes, quibus et legem divinam et canonum instituta non licet ignorare, secundum illud quod dicit apostolus : « Si quis est Domini, intelligit quae dico ; qui autem ignorat ignorabitur ». Unde illud valde timendum est quod ait Dominus per prophetam : « Ideo, inquit, captivus ductus est populus meus quia non habuit scientiam » ; et illud : « Qui, inquit, obturat aurem suam ne audiat legem Domini, oratio ejus erit exsecrabilis... Labia sacerdotis custodient scientiam ». Nam et illud quod de indumento sacerdotali scriptum est, ut (quod ?) intrantes in templum tintinnabula aurea [1] habebant in extremis vestimentorum suorum, quid aliud significat, nisi ut omnes Domini sacerdotes intrantes ecclesiam de extremis, i. e., de fine mundi et de futuro judicio sonare, hoc est, praedicare non desinant, ut dum justorum praemia et peccatorum supplicia annuntiare non cessant, et boni provocentur ad meliora, et mali ab iniquis operibus de futuro judicio territi revocentur.

In tali enim cultura debent semper occupari pontifices. Nam qui agros possunt ordinare vel colere multi inveniuntur ; qui vero anima-

---

1. Cette image est reproduite et un peu plus développée dans un panégyrique de saint Augustin édité dans les œuvres de Fauste par M. Engelbrecht, serm. 27. Voyez ci-dessus, p. 290.

rum pabulum providere, valde pauci et rari ; imo, vix alii nisi Domini sacerdotes inveniuntur, quibus hoc opus specialiter a Domino probatur injunctum. Hoc enim solum per se sacerdos agere debet, quod sine ipso fieri non potest. Nam agros colere, fabricare et culturam, quae terris est necessaria, exercere, et laicos, et juniores, et clericos ad hanc rem aptos, si in veritate volumus quaerere, possumus invenire, ut nos in his quae ordinati sumus jugiter studeamus insistere vel vacare, timentes illud quod jam supradictum est : « Impedimenta mundi fecerunt eos miseros ».

Sed dicit aliquis : Ergo non erimus solliciti de ecclesiarum cura ? De terrena substantia debemus esse solliciti, sed non nimis, et sic debemus terrenam substantiam ordinare, ut animarum curam ordinatio illa non possit minuere aut ferre. — Forte mihi hoc loco iterum respondeat : ista verba inania sunt ; si ego per me agellos meos non ordinavero, et penuriam sustinebo, et pauperibus erogare nihil potero, et praecipue quia nec invenio utilem qui hoc ad vicem meam valeat expedire. — Ad excusandas excusationes in peccatis istud praetendimus, et quod facere nolumus, non posse nos dicimus. Et certus sum quod ante tribunal Christi nos excusatio ista liberare non poterit. Et, ad extremum, minus colligatur in agro ; tantum est ut diligendo vel docendo plus congregetur in anima. — Sed dicit aliquis : unde facturus sum eleemosynam, si per me ipsum in agro sollicitus non fuero ? — Esto sollicitus duabus vel tribus horis ordinando, non semper ipsum assidue exercendo, propter illam, saecularem quidem, sed veram sententiam quae dicitur :

« Pectora nostra duas non admittentia curas » ;

Et illud : « Qui amat quod non expedit, non amabit quod expedit » ; et praecipue illud quod Dominus in evangelio dicit : « Nemo potest duobus dominis servire ». Unde credendum est quod per prophetam (*propter*) hanc rem in veteri lege sacerdotibus vel levitis possessio non dabatur in terra, ut doctrinae indesinenter insisterent. Nos vero, qui absque possessionibus esse non possumus, vel in illis taliter implicemur ut verbum Dei vacare non videamus.

Non possumus, inquit, largiores eleemosynas facere — Pietatem vestram rogo ut diligenter consideretis quod suggero. Sicut enim optime nosti, duo sunt eleemosynarum genera : unum est ut esurienti porrigatur buccella ; aliud quod ignoranti subministretur doctrina. Si tibi exuberat unde humanitatem corporis tribuas, Deo gratias ; si vero non est unde caro pascatur, animas verbo Dei reficias. Eleemosynam animae, i. e., cibum doctrinae maxime sacerdotibus convenit erogare. Et si sacerdos propter doctrinae substantiam minus erogare possit cibum corporis, et non habuerit quod illi dederit, donat laïcus, donat paganus, donat aliquoties et judaeus, donat quilibet alius ; doctrinam vero sacerdos si non dederit, etiamsi habeat, dare laïcus non praesumit. Ego enim licet sim peccator negligens et exiguus, praesumo tamen omnibus sacerdotibus fidejussor existere minimus humilis, quod si pro amore doctrinae jugiter lectioni et orationi insistant, nunquam illis deerit unde corporales eleemosynas tribuant, secundum illud quod Dominus in evangelio pollicetur : « Quaerite, inquit, primum regnum Dei, et haec omnia adjicientur vobis ». Eroget ergo quicumque spiritualia, et videamus si unquam ei ad sufficientiam poterit deesse corporalia. Ad extremum, Christum Dominum ad cautionis suæ vinculum teneamus. Ipse enim promisit illud quod jam supra dixi : « Quaerite... » Si est et doctrina et terrena substantia, unde ambae eleemosynae fieri possint, Deo gratias ; si vero minor est substantia corporalis, animarum eleemosyna, i. e., spiritualis doctrina sufficit tibi. Unde supplico, et cum grandi humilitate suggero, ut quoties necesse fuerit in agro excurrere, non ibi studeamus prolixius immorari, sed celerius ad spiritualem agrum et ad coelestem vineam, i. e., ad civitatem vel ecclesiam nobis a Deo commissam quasi servi boni et utiles Christi agricolae festinemus. — Sed dicit aliquis : ideo tantum studio impendo, quia pauperibus largiores eleemosynas dare volo. — Ego enim neminem judico : timeo tamen ne forte sit magis praesumptio, si aliqui pro praeparandis conviviis quam pro dandis eleemosynis terrenae culturae se occupare videantur.

Sed nos, piissimi domini, quantum possumus, timeamus ne ad nos illa nimium dura et valde terribilis sententia dirigatur : « Serve, inquit, male, quare non dedisti pecuniam meam nummulariis ad mensam, et ego veniens cum usurâ... » Avertat Dominus illud quod sequitur : « Inutilem, inquit, servum projicite in tenebras... ». Ecce quid sententia sacerdotum qui praedicare dissimulant audituri esse dicuntur.

Ut ergo nos ab isto auditu malo liberari et in memoria aeterna juste esse mereamur, quantum possimus, non solum majoribus festivitatibus, sed etiam reliquis temporibus omni die dominico verbum Dei praedicemus, nec in ecclesia tantum, sed sicut supra suggessi, et ad convivium lectionem divinam relegi faciamus, et in conloquio, in consessu, in itinere et ubicumque fuerimus, repudiatis otiosis fabulis et mordacibus jocis, verbum Domini fidelium cordibus referre festinemus, ut de terra bona centesimum, et sexagesimum vel tricesimum fructum colligere mereamur, et de agro nobis commisso non spinae nec zizaniae alligentur ad comburendum, sed triticum congregetur in coelesti horreo feliciter reponendo. Nam inutilis ille servus qui acceptum talentum noluit duplicare, quid veniente Domino respondere praesumpserit audiamus. Ait enim : « Abscondi talentum tuum in terra ». Quid est aliud : abscondi in terra, nisi terrenis occupationibus verbum Dei suffocare ? Sic impleatur illud quod scriptum est : « Et terrena habitatio adgravat sensum multa cogitantem. » Timendum est etiam ne in nobis fiat quod de spinis et de verbi semine in evangeliis scriptum est : « Creverunt, inquit, spinae, i. e., sollicitudines seculi hujus, et suffocaverunt quod seminatum est ».

Tamen, piissimi domini, si lectiones illas quae in ordinationibus episcoporum recitantur diligenter attendimus, habemus unde nobis ipsis compunctionem maximam faciamus. Quae enim lectio de evangelio legitur, nisi illa de qua paululum ante suggessi ; « Petre, Petre, inquit, pasce oves meas » ; et iterum : « pasce oves meas » ? Numquid dixit : per tuam praesentiam cole vineas ; per teipsum ordina villas, terrenas exerce culturas ? Non hoc dixit ; sed « Pasce, inquit, oves meas ». Lectio enim prophetica qualis in ordinatione pontificis legitur ? : « Speculatorem, inquit, dedi te domui Israël ». Non dixit procuratorem vinearum, villarum, non auctorem agrorum, speculatorem sine dubio animorum.

Sed forte dicit aliquis : non sum eloquens, ideo non possum aliquid de Scripturis sanctis exponere. Etiamsi ita est, non Deus ista requiret a nobis quod implere non possumus. Nam in tantum sacerdotibus ista non nocent, ut etiam, si sit in aliquo eloquentia saecularis, non oporteat pontificali eloquio praedicare quod vix ad paucorum potest intelligentiam pervenire. Non potest aliquis propria eloquentia Novi vel Veteris Testamenti obscura reserare vel disserere et profunditatem Sanctarum Scripturarum disponere sine ulla dubitatione ; si vult, potest arguere, potest adulteros castigare, potest admonere superbos. Quis enim etiam presbyter, non dicam episcopus, qui non possit dicere populis suis : nolite falsum testimonium dicere, quia scriptum est « Falsus testis non erit impunitus » ; nolite mentiri, quia scriptum est « Os quod mentitur occidit animam » ; nolite jurare, quia scriptum est « Vir multum jurans implebitur iniquitate » ; nolite vobis invicem invidere, quia scriptum est « Invidia diaboli mors intravit in orbem terrarum » ; nolite superbire quia scriptum est « Deus superbis resistit, humilibus autem dat gratiam » ; nolite odium in corde vestro tenere, quia scriptum est « Qui odit fratrem suum homicida est et in tenebris ambulat » ; nullus alterum sacrilego usu et profana temeritate in convivio suo cogat amplius bibere quam oportet, propter illud quod scriptum est « Neque ebriosi regnum Dei possidebunt ». Quis est qui non possit admonere, ut nullos in suo aut alieno convivio luxuriosos cantatores, lusores, vel cantatrices castitati et honestati inimicos aut videre velit aut venire permittat. Et quia in duobus praeceptis tota lex pendet et prophetae, in dilectione Dei et proximi, quis est qui non possit dicere : « Dilige Deum et dilige proximum », et : « Quod tibi non vis fieri, alii ne feceris », et illud? « Omnia quæcumque vultis ut faciant vobis homines vos facite illis similiter ». Ita enim omnia et his similia non solum sacerdotes Domini in civitatibus, sed etiam in parrochiis presbyteri et diaconi et possunt et debent frequentius praedicare. Sed illud quis est qui non possit dicere, ut nullus ad arborem vota reddat, nullus auguria observet, nullus praecantatores adhibeat, nullus caraios vel divinos inquirat, nullus paganorum sacrilego more consideret qua die in itinere egrediatur vel qua die ad domum propius revertatur, quomodo non solum laicos, sed etiam quod pejus est, nonnullos religiosos timeo more sacrilego pervenire? Quis est qui non possit dicere : « Nemo alteri detrahat quod sibi detrahi non vult »? et: « Qui detrahit fratrem suum judicabitur »; nullus phylacteria aut diabolicos characteres vel aliquas ligaturas sibi aut suis adpendat ; nullus munera accipiendo causam bonam conetur opprimere, nulla mulier aliquas potiones ad abortum accipiat, quia quantoscumque aut jam natos aut adhuc conceptos occiderit, cum tantis causas ante tribunal Christi se dicturam esse non dubitet? Quis est qui admonere non possit ut nulla mulier potionem accipiat, ut jam concipere nequeat, neque damnet in se naturam, quam Deus voluit esse fecundam, quia quantoscumque concipere vel parturire potuerat, tantorum homicidiorum reatu tenebitur, et nisi digna poenitentia subvenerit, in gehenna aeterna morte damnabitur? Mulier quae jam non vult habere filios, religiosum cum viro suo ineat pactum. Christiano enim feminae sterilitas sola sit castitas. Quis ita simplex est qui non possit dicere : ad ecclesiam maturius convenite; oblationes quæ in altari conserventur adferte ; infirmos visitate; peregrinos excipite; hospitibus pedes abluite ; in carcere (*positos*) visitate ? Quis est qui admonere non possit ut quoties sanctæ solemnitates adveniunt, ante plures dies castitas etiam cum propriis uxoribus conservetur, ut ad altare Domini cum sincera et pura conscientia veniatur? quia qui sine castitate communicaverit, inde habebit judicium, unde potuit habere remedium. Quis est qui contestari non possit ut nec alio tempore, nec in Sanctorum solemnitatibus se ullus inebriet, nec sacrilego more cantica turpia proferre vel ballare vel diabolico more saltare praesumat? Quis est qui admonere non possit ut odium vel iracundiam contra vicinum vel proximum non teneat, propter illud quod scriptum est : « Qui odit fratrem suum, in tenebris est, et in tenebris ambulat »? iterum : « Qui odit fratrem suum, homicida est » ? Quis est qui non possit dicere ut decimae ex omnibus fructibus et ex omnibus lucris pauperibus erogando secundum praeceptum Domini ecclesiis offerantur, et ut ad convivium suum unusquisque frequentius pauperes et peregrinos quam divites et luxuriosos invitet ; ut a pueris vel puellis virginitas conservetur ; ut symbolum et oratio dominica a christianis omnibus teneatur ; ut continentiam per totam etiam Quadragesimam et usque ad finem Paschae custodiant.

Haec ergo, et multa alia his similia, nescio si sit episcopus, presbyter, vel diaconus qui et in ecclesia praedicare et in omni loco admonere non possit. Non hic aut eloquentia aut grandis memoria quaeritur, ubi simplex et pedestri sermone admonitio necessaria esse cognoscitur. Si aliquis nobis terrenam substantiam tollat, potentissimos judices et scholasticos auditores interpellantes cum summa praesumimus auctoritate suggerere, ut rem terrenam possimus ab invasore recipere ; et simplicissimam plebiculam nostram communibus verbis dicimus nos admonere non posse ! Quare clamamus pro terra ? quia diligimus terram. Quare non clamamus in ecclesia ? non sum ausus dicere, sed tamen compellit veritas non tacere : ideo in ecclesia non clamamus, quia commissum nobis populum non amamus. Unde vereor ne in futura poena sine ullo remedio clamemus, qui in ecclesia fructuose clamare non volumus. Si aliquis praeteriens animal tuum luporum infestatione periclitari conspiceret et taceret, ne omnino defenderet, puto quod cum culpares et amicum tuum esse non diceres. Nos autem qui frequentissime videmus oves Domini nostri aut invidiae veneno percuti, aut volutabro luxuriae suffocari, aut in ebrietatis cloaca mergi, sive reliquis quibuslibet criminibus obligari, quales erimus apud Dominum, si non clamamus, si non prohibemus, si non quantum arguendo, castigando, si necesse est, distringendo, a perditionis fovea vel vitiorum praecipitio revocare contendimus ?

Nam illud in quo multi contra omnium canonum instituta frequentissime pvenimus, quis est sacerdos qui et sibi dicere, et aliis (non) possit humiliter et salubriter admonere, ut nullus ex laïcis clericos ordinet, nisi aute aliquot annos vel unius anni spatio fuerit praemissa confessio, ut nullus digamus, nullus paenitens aut internuptarum maritus honorem clericatus accipiat ? Quamvis secundum romanam, orientalem, vel africanam sanctam saluberrimam consuetudinem definitum sit ut nullus ante XXIIII annos [1] vel diaconus vel presbyter debeat ordinari, quis est qui sibi et aliis cum caritate non possit dicere ut vel secundum Agathensem synodum, in quo mala (?) consuetudine subdistinctum est ut vel ante XXV annos nullus diaconus ordinetur ?

1. Nous croyons que Césaire a écrit XXX : ce chiffre était conforme à son usage particulier ; voyez ci-dessus, p. 79.

Et si forte aliquibus dominis meis sacerdotibus per ipsos laboriosum est praedicare, quare non intromittant antiquam sanctorum consuetudinem quae in partibus Orientis usque hodie salubriter custoditur, ut pro salute animarum homiliae in ecclesiis recitentur? An forte credendum est quod aliquis hoc dedignetur injungere etiam presbyteris suis? Non patiatur Deus ut hoc, quod vel suspicari non debemus, credere debeamus. Magis enim credendum est quod omnes pontifices ad exemplum beati Moysi zelo sancto repleti cum libera conscientia dicant: « Quis nobis tribuat ut omnis populus prophetet? » Vere dico, quia etiamsi omnes presbyteri desint qui hoc facere possint, non est incongruum vel indignum si homilias sanctorum Patrum publice in Ecclesia praecipiatur etiam diacono recitare ; quia si dignus est diaconus quisque ut legat quod locutus est Christus, non debet judicari indignus ut recitet quod praedicavit sanctus Elarius, s. Ambrosius, s. Augustinus, vel reliqui Patres. Numquid eleemosynam terrenam semper per nos ipsos, et non etiam per aliquos ex nostris, Deo inspirante, dispensare contendimus? Si eleemosyna corporum quae ministrorum manibus erogatur Deo esse acceptabilis creditur, sine dubio et animarum eleemosyna illa, de qua Deus loquebatur « non in solo pane vivit homo, sed in omni verbo quod procedit de ore Dei », vel de Deo, acceptabilis creditur, etiamsi presbyterorum aut diaconorum officio populus ministretur. Si enim de malis vel sanctis sacerdotibus dicebat apostolus : « Sive ex necessitate, sive ex voluntate Christus annuntietur », quanto magis si per ipsos facere possumus, vel per alios ovibus Christi vitae pabulum ministrare debemus. Nam si nec per ipsi, nec per aliquos de fratribus nostris officium praedicationis implere contendimus, timendum ne aut in nobis aut in nostris impleatur illud quod per prophetam Dominus terribiliter comminatur : « Mittam, inquit, famem in terra », non famem panis, nec sitim aquae, sed famem audiendi verbum Dei. Et quia secundum evangelicum testimonium mensuram tritici ad dispensandum cum servis nostris accepimus, quam excusationem veniente Deo praetendere poterimus, si id quod nobis commissum est erogare negligimus? Metuendum est enim ne quantumcumque per negligentiam passi famem Verbi Dei perierint, omnium illorum animae de nostris animabus in die judicii requirantur, secundum illud propheticum : « sanguinem ejus de manu tua requiram ». Si enim sancti et antiqui Patres nostri tanto studio et tam pio labore innumerabilia conscripserunt volumina omnibus ecclesiis profutura, quales inter illos aut ante illos apparebimus, si, quod ab illis congregatum invenimus, filiis nostris erogare negligimus?

Si nobis virtus non est ut libros proprios faciamus, numquid et ad hoc pigri esse debemus, ut ea quae a sanctis Patribus scripta et parata invenimus, aut per nos, aut per conservos nostros pro salute animarum in publico minime proferamus ? Vere dico, pietati vestrae valde timeo ne nobis sanctorum Patrum tractatus et infinita volumina, ab illis cum grandi sudore composita, et ad dispensandum omnibus sacerdotibus praeparata, ante tribunal aeterni Judicis proferantur. Si enim spirituales fructus proprio labore non possimus congregare, justum est ut vel ab aliis congregatos sancto zelo et caritate ferventissima dispensemus. Et quia Dominus propter peccata populi comminans (*dicit*) : « Pluam super unam civitatem et super aliam non pluam », cum grandi vigilantia studere debemus ne non simus illa civitas in qua pluvia verbi Dei aut non venit, aut certe tardius aut rarius venit. Sine ulla enim dubitatione, quales sunt fructus terreni quando pluvias non accipiunt, tales sunt animorum fructus quibus res vel pluvia verbi Dei tardius ministratur. Nam quod verbum Dei rori et pluviae comparetur, sicut ipsi melius nostis, divinus sermo testatur dicens: « Expectetur sicut pluvia eloquium meum, et sicut ros verba mea ». Si enim omnes homines in hortis nostris aquas irriguas habere volumus, et si super eos non fuerint, de profundis cum grandi labore extrahimus, ut olera profutura corporibus praeparenus, quanto magis de horto dominico, i. e., de ecclesia Dei solliciti esse debemus, ut de sanctarum Scripturarum fluminibus et antiquorum Patrum spiritualibus rivis vel fontibus, irrigentur arida, dura molliantur, et postea sine grandi labore evellantur noxia, plantentur utilia. Secundum illud quod apostolus Paulus, cujus, etsi minus idonei, successores esse videmur: « Ego plantavi, Appollo regavit, sed Deus incrementum dedit », nos faciamus, donante Deo, quod nostrum est ; plantemus jugiter, et rigemus ; nos exerceamus officium nostrum ; Deus implebit beneficium suum.

Si diligenter attendimus, etiam et illud ad nos pertinere cognoscimus, quod beatis apostolis Dominus dixit : « Vos estis, inquit, lux mundi » ; et : « Nemo accendit lucernam et ponit eam sub modio, sed supra candelabrum, ut luceat omnibus qui in domo sunt ». Sicut enim oculi qui in capite sunt, si reliquis membris viam demonstrare noluerint, totum corpus in tenebris ambulat, ita et si sacerdotes, qui in corpore Christi capita vel oculorum officium habere videntur et in candelabro sunt in ecclesia constituti, si in domo Dei lucere noluerint et lumen doctrinae universae ecclesiae dissimulaverint demonstrare, timendum est ne aliqui ex populis errorum tenebris involuti in aliquod peccati praecipitium cadant. Nec illud otiosum est, quod Dominus « lucerna » dixit verbum, secundum illud : « Lucerna pedibus meis verbum tuum, Domine ». In modio autem propter mensuram intelligitur praesentis seculi lucrum.

Quis enim ponit lucernam sub modio, nisi ille qui lumen doctrinae obscurat lucro corporalium commodorum, et timet quae vera sunt praedicare, ne minus habeat, quod optat temporaliter possidere? Et sic, lucernam sub modio ponit, qui lucris spiritualibus corporalia lucra praeponit.

Quis enim est qui nesciat omnibus hominibus interiorem et exteriorem hominem esse? Et ideo, quoties ad nostrum convivium aliquos invitamus, quomodo ordinamus exhibere cibos unde caro reficiatur, justum est ut aut lectionem divinam relegere, aut aliquid sanctum ex ore proferre studeamus unde anima sustentetur. Nam quia anima domina esse debet, et caro velut ancilla, non est justum ut ancilla multis deliciis interdum usque ad crapulam satietur, et domina verbis Dei dulcedine non pascatur. Nam qui et lectionem divinam animabus, et sobrium ac temperatum convivium studet exhibere corporibus, et interiorem, et exteriorem hominem pascit, ac sic adimpletur in eo quod, sicut jam supra dictum est, Dominus in evangelio dixit : « Non in solo pane vivit homo sed... ». Hoc enim ideo timens dico, quia certus sum sic mori animam sine verbo Dei, quomodo caro moritur sine cibo terreno. Sed, quod pejus est, plures sunt qui nimium sumptuosa ac deliciosa convivia praeparantes, dum ibi non parvas expensas faciunt, nec animae per sancta colloquia quod opus est tribuunt, et pauperibus quantum oportebat largiri non possunt, et in ipsis conviviis non solum lectionem divinam unde anima pascatur dissimulant exhibere, sed aliquoties aut ociosis sermonibus pro quibus in die judicii reddenda est ratio occupantur, aut aliquas detractiones, scurrilitatem etiam vel turpiloquia aut ipsi dicere, aut ab aliis libenter audire nec metuunt, nec erubescunt ; nec sufficit infelici animae quod de dulcedine verbis Dei non pascitur, nisi adhuc insuper vitiorum veneno mortifero inebrietur. Ad extremum, si non accipit unde vivat, quare ei ingeritur unde moriatur?

Haec ergo omnia et cum Dei adjutorio observare, et aliis omni tempore insinuare et possumus et debemus. Quales enim esse vel quid debeamus agere dominus Petrus, quando sanctum Clementem ordinavit, apertissime docuit. Et quia scriptura illa per totum mundum omnibus sacerdotibus nota est, incongruum est ut inde aliquid prolixius vestra sanctimoniae suggeramus. Breve tamen capitulum huic epistolae credidimus inserendum, ubi sine dubio Deo vacare et lectioni vel doctrinae insistere, si volumus studiose attendere, abondantissime possimus reperire. Ibi enim inter reliqua sancto Clementi beatus Petrus dixit : « Te, inquit, oportet omnes vitae occupationes abjicere, ne in ulla inveniaris mundi ullis negociis occupatione perplexus, ne fidejussor existas, ne advocatus litium fias. Neque enim te hodie judicem saecularium negotiorum ordinare vult Christus, ne praefocatus hominum curis, non possis verbo Dei vacare, et secundum veritatis regulam bonum a malo secernere. » Iterum post pauca : « Tibi enim pietatis crimen est, si neglexeris verbi Dei studium et sollicitudines susceperis saeculares » ; et item : « Si enim ita mundialibus curis fueris occupatus, et teipsum decipis, et eos qui te audiunt ».

Et illud, piissimi domini, non transitorie considerandum est, quod Dominus admonet dicens : « Sancti estote, quia ego sanctus sum ». Licet hoc nomen universo populo christiano conveniat, secundum quod ait beatus Petrus : « Vos autem genus electum, regale sacerdotium, gens sancta », tamen specialiter omnibus sacerdotibus hoc nomen videtur peculiariter aptari. Nam in omnibus epistolis, quae a quibuscumque hominibus ad Domini sacerdotes diriguntur, specialiter quae sancta sunt indicantur, et quia nobis hoc nomen aptatur, quid proprietas nominis istius indicare videatur debemus inquirere. Interpretatio nominis istius nisi per linguam graecam non potest inveniri. Sanctus graece Deus « aius » interpretatur, non terrenus. Si ergo plus de coelestibus quam de terrenis solliciti simus, non incongrue nobis hoc nomen imponitur. Si vero majorem partem conversationis vel vitae nostrae terrenis actibus quam lectioni divinae vel spirituali doctrinae videmur expendere, nescio si securi hoc nomen audire possimus. Ut ergo « sanctum » nomen non nobis ad judicium imponatur, quod interpretatio nominis istius significat, studeamus Christo auxiliante complere, ut simus sancti, i. e., non terreni, ut impleatur in nobis illud quod Apostolus ait : « Consurrexistis cum Christo... terram ; » et iterum : « Dominus prope est ; nihil solliciti sitis, sed in omni oratione et obsecratione » ; et iterum : « Volo vos sine sollicitudine esse ». Si ergo hoc secundum apostolum etiam a saecularibus convenit jugiter observari, quanto studio, quanta diligentia et cum quanto timore haec ab omnibus sacerdotibus oportet impleri.

Multa enim nomina sacerdotibus convenienter aptantur. Nam et pastores dicimur et gubernatores vel episcopi nominamur. Si in veritate pastores sumus, gregi dominico spiritualia pascua providere debemus. Si gubernatores sumus, ita inter fluctus seculi istius Deo adjutore navim ecclesiae debemus viriliter et fortiter gubernare, ut de fluctibus omnibus et tempestatibus absque errore directo cursu paradisi portum possimus intrare. Episcopus enim interpretatur superinspector ; et ideo, quia in superiori loco positi sumus, nominis nostri officium, auxiliante Domino, cum grandi diligentia compleamus, et semper de ovibus dominicis solliciti simus, timentes illud quod terribiliter Dominus de sacerdotibus vel abbatibus clamat : « Ego, inquit, requiram oves meas de manu pastorum, quia quod fractum erat non consolidastis, quod perierat non conquisivistis, et quod sanum et integrum consumpsistis ». Quia, sicut jam supra suggessi, ad regendam navim ecclesiae a Domino constituti sumus, ita duorum Testamentorum gubernaculis, auxiliante Domino, navim ecclesiae gubernemus, ut nec ad dexteram nec ad sinistram partem per aliquam negligentiam declinantes, in tanta pericula mundi istius directum vitae cursum tenere possimus sine labore. Sicut enim ulla navis sine multis laboribus non potest aliqua terrena conquirere, ita et navis ecclesiae sine multis tribulationibus non potest ad lucrum vel gaudium aeternae patriae pervenire. Et quomodo gubernatores navium, si nimia somnolentia inutili securitate torpescant et nauticis suis quod observare debeant non ostendant, cito naufragium patiuntur, ita et gubernatores ecclesiae, nisi cum omni vigilantia docendo, terrendo, interdum etiam distringendo, nunc leniter castigando, nunc etiam cum severitate diem judicii comminando, rectum vitae aeternae cursum tenere praeceperint, timendum est ne inde habeant judicium, unde habere potuerant remedium. Nos ergo, quantum in nobis est inspirante et auxiliante Domino, studeamus plebem nobis creditam verbis informare et exemplis, ut cum ante tribunal aeterni Judicis venerimus, fiducialiter dicere mereamur: « ecce ego, Domine, et pueri quos dedisti mihi ».

Sed dicit aliquis: memoria mihi deest, et eloquentiam ad proferendum verbum Dei non habeo. Timeo, piissimi domini, ne forte nos non possit ista excusatio in illo tremendo judicio defensare, qui optime novimus Dominum nostrum non scolasticos vel rhetores, sed piscatores sine litteris et ovium custodes, pauperes utique et ignobiles, ad praedicandum verbum Domini praelegisse. Unde etiam si sit in aliquo sacerdote pulchra et exuberans eloquentia saecularis, sicut jam supra suggessi, satis incongruum est si ita voluerit in ecclesia loqui, ut admonitio ejus non ad totum, sicut expedit, dominicum gregem, sed vix ad paucos possit scolasticos pervenire. Unde magis simplici et pedestri sermone quem totus populus capere possit debent dominici mei sacerdotes populis praedicare, implentes illud quod ait apostolus: « Omnia omnibus factus sum ut omnes lucrifacerem »; secundum sancti Hieronymi sanctum ac salubre consilium quo ait: « sacerdote, inquit, praedicante, oportet ut magis gemitus suscitentur quam plausus ». Etiam et hoc diligenter attendat sanctitas vestra, quia non sine grandi tremore cogitare vel considerare debemus, quod in evangelio sal terrae appellari meruimus. Quid enim sal, nisi sacerdotum doctrina? Quid vero terra, nisi commissus eis populus debet intelligi? Et ideo, quantum possumus, cum Dei adjutorio laborare debemus, ne forte, si ovibus Christi sal doctrinae nimium terrenis occupationibus impediti subtrahimus, quod divina pietas non permittat, infatuatum sal esse mereamur. Etiam et illud (*non*) sine grandi metu cogitandum est, quod sal infatuatum non dixit in campis aut in hortis projici, ubi de rebus putrefactis sterilis solet terra condiri, sed nullis usibus profuturum in plateis projectum indignorum pedibus conculcari. Cui sententiae prope similis est illa ubi legimus : « si homo in hominem peccaverit, (*quis*) orabit (*pro eo*)? »

Rogo tamen, et per illum cui immaculate servitis adjuro, ut praesumptioni meae veniam tribuatis. Ego enim certus sum quod rusticissima suggestio mea eruditis auribus possit asperitatem ingerere vel fastidium generare. Tamen si quis me libenter et patienter audire voluerit, et Trinitatem quae Deus est voluerit credere, verus et verax qui illi pro sancto consensu et benigna obedientia aeterna possit praemia repensare. Ego haec insinuando studeo me apud Deum absolvere. Certus tamen sum quod de ista suggestione ante tribunal aeterni Judicis, ubi et mihi et aliis erit in testimonium, nullam verecundiam sustinebo, quia de vera humilitate et perfecta caritate supplicatio vel suggestio ista processit.

N. B. Une nouvelle Admonition de saint Césaire a été publiée par M. Caspari, professeur à l'université de Norwège, dans les *Kirchenhistorische Anecdota*, Christiania, 1883, d'après un manuscrit d'Einsiedlein. C'est un modèle d'Instruction pour un jour de fête indéterminée, à propos duquel le saint homme s'efforce de résumer les préceptes de morale répandus dans l'ensemble de ses Admonitions. Les manuscrits livreront sans doute encore quelques autres de ces morceaux, qui n'apporteront toutefois, pensons-nous, aucune vue nouvelle.

NOMS DES PERSONNES

Abraham (St), abbé, 251.
Acace, év. de Constant., 129.
Agapet, pape, VIII, 119, 156, 157, 158, 163.
Agnès, abbesse, 276-278.
Agrécius, év., 136, 138.
Agricola, arlésien, 161 not. 5.
Alaric II, XX, 14 n. 2, 15, 25-26, 45-54, 62-69, 70 n. 1, 71, 73-75, 89, 91, 98, 100, 133 n. 1, 283.
Amalaric, 92, 98, 117, 132, 133.
Amalasonthe, 132, 133 n. 1, 160.
Ambroise (St), év., 84, 97, 121, 124, 127, 173, 174, 260.
Ambroise (St), abbé, 274 n. 5, 280 n. 1.
Anastase II, pape, XIX, 43, 140.
Anastase, emp., 92, 116 n. 3, 131.
Anianus, 63.
Antoine (St) de Lérins, 249 n. 1.
Apollinaire (Sidoine) l'ancien, 16, 17, 20, 46, 47, 121, 127, 249, 251.
Apollinaire (Sid.) le jeune, 49, 69.
Apollinaire (St), év. de Valence, 117, 274 n. 3.
Aprunculus, év., 54.
Aptonius, év., 68.
Aram, duc, 102.
Arator, III n. 1, 21, 161 n. 3 et 5, 275 n. 2.
Arégius, év., 284.
Athalaric, 132, 133.
Aubin (St), év., 114, 163.
Augustin (St), XIII-XVIII, 3, 7, 22-24, 35, 140, 143-147, 151, 153, 167, 171, 173-175, 178, 180, 191-192, 199, 200, 209, 214, 219, 224, 228, 232, 244, 260 et n. 4, 261, 262 n. 1, 282, 284, 290.
Aurélien, év., 273, 284.
Ausone, 15 n. 1, 172.
Auxanius, év. d'Arles, 282 n. 2, 283 n. 2, 284.
Avit (St), év., IX, 21-22, 43, 47, 57, 81, 108-111, 114-117, 119, 121, 126, 127, 129, 130 n. 1, 131, 151, 154, 155, 169-170, 172, 175, 283.
Avite (St), abbé, 248.
Avitus, emp., 163 n. 2.
Basile (St), év. de Césarée, 249.
Basile, év. d'Aix, 46 not. 2.
Bélisaire, 160.
Benoît (St), de Nursie, X 278, 279.
Benoît (St) d'Aniane, X.
Bertrand, év. de Bordeaux, 276.

Boèce, 131, 132.
Boniface II, VI, VIII, 154.
Boniface (St), 242-244, 243 n. 2.
Brunehaut, 280, 281.

Calais (St), 247.
Camille, arlés., 139 n. 2.
Capillutus, IX, 26.
Capraire, év. de Narb., 66.
Cassien, 4, 13, 144, 146, 148, 199, 249 n. 1, 250, 251, 256, 260, 261.
Cassiodore, 21, 22, 23, 131, 161.
Castor (St), év., 250.
Cautinus, év., 138.
Célestin (St), pape, 27, 62 n., 124 n. 1, 125, 140, 147, 148, 190, 191.
Célidoine, év. de Besançon, 42.
Césarie Ire (Ste), abb., X, 2, 113, 260 n. 2, 261.
Césarie IIe (Ste), abb., I, IX, 2, 260, 266, 276 et n. 2 (voir l'*errata*), 281.
Charlemagne, 216.
Chéraonius, 265.
Childebert I, 159, 160, 162, 164, 235, 273, 279.
Childebert II, 160 n. 6, 232 n. 1.
Chilpéric I de Burg., 3.
Chilpéric II, it., 4.
Chrodielde, 278.
Chrysostome (St), 173, 199.
Clair, év. d'Eauze, 66.
Claudien, poét., 172.
Clodomir, 132.
Clotaire I, 159, 160, 162, 166 n. 3, 276, 280.
Clotaire II, 166 n. 3.
Clotilde (Ste), 4.
Cloud (St), 128, not.
Clovis, XIX, 14 n. 2, 15, 47, 48, 64, 68, 91, 92, 109, 114, 128 n., 162, 283.
Colomban (St), XVI, n. 3, 165, 197, 246, 252, 278, 279, 284.
Constance, emp., 73.
Constance, patr., 39, 41.
Constant, emp., 73.
Constantin, emp., 15.
Constantin, tyran, 39, 128 not.
Contuméliosus, év. de Riez, VI, VIII, XIII n. 5, 11 n. 1, 107 not., 150 n. 2, 155-158, 293.
Cyprien (St), év. de Toulon, I-III, 69 n. 5, 105, 154, 178.

Cyprien, év. de Bord., 66.

Dagobert, 162.
Damase (St), pape, 45 n. 1.
Denys le Petit, vii.
Deutérie, gallo-romaine, 164 n. 2.
Deutérius, rhéteur, 23.
Donat (St), év. de Besançon, 278-279.
Dynamius, patrice. 160, n. 6.

Eloi (St), 196, 242-243.
Eméritus, 157.
Ennode, ix, 14 n. 2, 18, 19, 20, 21, 101, 103, 105-106, 130, not., 139 n. 2, 161 et n. 5, 178, 249 n. 1, 275 n. 2.
Eone, év. d'Arles. 16, 17, 23-24, 43, 54, 57, 110.
Epiphane (St), év., 14, 96, 109.
Eptadius (St), 91 not.
Etienne, diac. de Césaire, i-iv, 27, 37.
Etienne, ministre burg., 131.
Eucher (St), év. de Lyon, x, xvi, xviii, xx, 6, 10, 17, 19 et n. 2, 20, 81, 121, 127, 249, 250.
Eucher (St), év. d'Avignon, iii, iv n. 6, 34, 178.
Eudomius, min. d'Alaric, 64.
Eugène (St), év., 16.
Euphrasius, év., 69.
Euphronius (St), év. de Tours, 277.
Euric, 26, 46-47, 63, 69.
Eusèbe d'Emèse, xvi, xix, 289, 290.
Evagrius, 260.
Exupère, év. de Toulouse, 75 n. 3, 77, 88, 191.

Fauste, év. de Riez, ix, x, xiii, xvi-xix, 6-10, 12, 13, 18, 23-24, 28, 45, 47, 57, 126 not., 148-152, 153, 155, 174, 175, 178, 190-191, 249, 250, 253-254, 255, 272, 289, 291.
Félix IV, viii, xx, 129, 136-137, 152, 154.
Félix (Magnus), arlés., 17, 126 not.
Félix, consul., 100.
Ferréol, arlés., 117.
Ferréol (St), év. d'Uzès, iii, 274.
Firmin (St), év. d'Uzès, i-iii, 17, 178, 274.
Firminus, arlés., 15-16, 17, 23.
Firminus, père d'Ennode, 17 n. 2.
Florentinus, abbé, 273.
Florien, abb., ix, 275 et n. 2, 283, 284.
Fortunat, év., 161, 277, 278.
Friard (St), abbé, 258 n. 4.
Fulgence (St), év., 151-152.

Galactoire (St), év., 69.

Gélase, pape, v, 127 not., 149.
Gemellus, vicaire, 101, 130.
Genès (St), martyr, 15.
Gennadius, 16, 151 n. 1.
Germain (St), év. d'Aux., 77, 121, 125, 127.
Germain (St), év. de Par., 280.
Germier (St), év., 68.
Gésalic, 92, 98, 102.
Godégisèle, 15.
Godomar, 131, 159.
Gondebaud, 4, 14 et n. 2, 15, 47, 48 et n. 4, 63, 64 n. 1, 92, 97, 102, 109, 151, 159.
Grécus, év. de Marseil., 46 n. 2.
Grégoire le G. (St), 108, 128, 273, 279, 281, 284.
Grégoire de Tours (St), 4, 16, 27, 102, 123, 134, 165, 172, 206, 247, 276 n. 2.
Grégoire, év. de Saintes, 68.
Grégorie, arlésienne, 15, 23 (V. l'errata).

Hermanfried, 159.
Hermès, év. de Narb., 53.
Hilaire (St), év. d'Arles, iii n. 4, 6, 13, 15, 17, 19, 20, 24, 41-42, 51, 52, 53, 71, 76, 81, 84, 106, 112, 125, 134, 147, 150, 158, 168, 190, 199, 203, 222, 249 n. 1, 251, 255.
Hilaire, pape, 44, 45, 54, 84 n. 1, 112, 148 n. 1.
Hilaire d'Aquit., 147.
Hilaire, év. de Narb., 41.
Hilaire de Poit. (St), 68.
Himère, év. de Tarragone, 75 n. 3, 78, 79.
Hormisdas, pape, vii, x, 115, 119, 129, 151, 154, 272, 282.
Honorat (St), év. d'Arles, 5, 10, 15, 41, 84, 148, 180, 246, 249, 250, 251, 272.
Honorius, emp., 40 n. 1, 41.
Ibbas, duc, 93, 98, 102.
Ingénuus, év., 49.
Innocent I (St), pape, 39 et n. 2, 62 n., 75 n. 3, 77, 78, 154 n. 4, 191, 264 n. 1.
Irier (S.), 248.

Jean I (St), pape, 132.
Jean II, vii, viii, 156, 157.
Jean, abbé de Réomé (St), 249 n. 1.
Jérome (St), 199, 253, 260.
Julien, év. d'Avignon, 23, 70, 141.
Justinien, emp., 160 et n. 2 et 3, 163, 234 n. 1, 283 n. 2.

Léobin ou Leubin (St), év., 114, 247, 261.
Léon (St), pape, v n. 1, 41, 42-44, 45, 62 n., 83, 110, 111, 112, 190, 194 n. 2, 195, 259, 264 n. 1.

Léonce, év. d'Arles, 44-45, 54, 112, 148.
Léonce, év. de Fréjus, 196, 272.
Libère, patrice, 117, 130, 131, 132, 133, 152, 153, 160, 161.
Liliole (Ste), abb., 265, 266, 276 et n. 2.
Licinianus, 48. V. l'*errata*.
Loup (St), év. de Troyes, 251.
Loup, év. de Lyon, 163.
Lucidus, prêtre, 45, 48, 49, 153.
Lupicin (St), abbé, 5, 252.
Lupicin (St), év., 68.
Lupicin, arlés., 23, 100.

Macaire (St), 249 et n. 1.
Magnus, voy. Félix.
Maixent (St), abbé, 95.
Majorien, emp., 73, 259.
Mamert (St), év. de Vienne, 49.
Mammo, comte, 102.
Marabadus, comte, 101, n. 4.
Marcias, duc, 160.
Martin (St), 28, 65, 122, 134, 135, 180, 224, 246-248, 251.
Maxime (St), év. de Riez, 249, n. 1, 251.
Maxime, év. de Genève, III n. 3.
Mérovée, év., 262, 276 et n. 1.
Messien, prêtre d'Arles, I-IV, XIX.
Modéric, 164.
Montanus, év. de Tolède, 117, n. 3.

Nicet (St), év., IX, 60, 162, 275 n. 2.

Odoacre, 84, 130.
Oratorie, x, 2.
Origène, 173, 174.
Ostrogothe, ép. de St. Sigism., 131.
Oyant (St), abbé, 275.

Pachome (St), 249.
Palladius, hagiog., 13.
Pantagathus, év., 163.
Papianilla, 161.
Parthénius, arlés., 111 n. 5, 23 n. 2, 100, 117, 160 n. 5, 161.
Patrocle, év. d'Arles, 39-44, 84, 112, 124 n.
Paulin (St) év., 126 not., 127, 255.
Pélage I, pape, v.
Pélage, hérés., 143, 151.
Perpétue (St), év. de Tours, 65.
Pierre, év. du Palais, 67.
Pirmin (St), 243-244.
Pomère, 16-24, 19 n. 1, 87 n. 1, 141, 150 n. 1, 169, 208, 214.
Porcaire, abbé, 5, 10, 12, 15, 21.
Possessor, év., 151.

Proculus (St), év. de Mars., 41, 134.
Protadius, 136.
Prosper (St) d'Aquit., 144, 146-148, 152.
Prosper Tiro, 41 n. 1.
Prudence, 172.

Quintien (St), év., 16, 69.

Raban Maur, 244.
Radegonde (Ste), 262, 268, 276-278 279-280.
Ravennius, év. d'Arles, 42, 44, 193, 272.
Remi (St), év., XIX, 128 not.
Respecta, abbesse, 279.
Romain (St), abbé, 5, 263, n. 1, 275.
Rufin, 173.
Rurice I, év., IX, 17, 23, 26, 49, 64, 66, 69 et n. 5, 121, 126, 161 et n. 5.
Rurice II, év., 69 n. 5.
Rusticule (Ste), abb., 260, 278 n. 1.
Rusticus, év. de Narb., 190, 195, 272.

Salvien, 20, 77, 199, 219, 222, 223, 228-229, 238.
Sapaudus, év. d'Arles, 265, 273, 284.
Sapaudus, rhét., 21.
Saturnin, év. d'Arles, 41.
Scythes (Moines), 151-152.
Sédatus, év., IX, 69.
Siagrius (St), év., 265, 278, 279, 284.
Sidoine, voy. Apollinaire.
Siffrein (St), év., 19, n. 2.
Sigéric, 131.
Sigismond (St), 131, 159, 280, 283.
Silvère, pape, 164.
Silvestre (St), év. de Chalon, 2, 4.
Simplicius, pape, 84.
Sirice (St), pape, 45, n. 1, 62 n., 78, 79, 176.
Sophronius, év., 76.
Sulpice Sévère, 13, 76, 126 n., 246, 247, 255.
Symmaque, pape, VII, VIII, XVIII, XIX, 43, 45, 58, 70, 84, 100, 101, 104, 110, 111, 112, 113, 118, 120, 123, 127, 137, 264.
Symmaque, préfet, 131, 132.

Tétradius, év., 66.
Tétradius ou Téridius, abbé, IX, 2.
Thalassie, abb., 281.
Théodat, 160.
Théodebert Ier, 159, 160 et n. 5, 161, 162, 164.
Théodore, év. de Fréj., 190, 272.
Théodore, év. d'Arles, 284.
Théodoric le G., XVIII, 14 n. 2, 22, 54,

64, 67, 75, 84, 85, 89-93, 98-100, 101-103, 109, 110-111, 112, 113, 117, 118, 130, 131, 132, 133, n. 1, 159, 171, 231 n. 2, 234, 235.
Théodose, emp., 122.
Theudère (St), abbé, 275.

Tolonic ou Tulum, duc, 93, 131.
Trophime (St), év. d'Arl., 40, 41, 42 n. 3.

Ultrogothe, reine, 273.
Urbanus, défenseur, 129 n. 2.
Urbicus (St), év., 77.

Valbert (St), abbé, 278.
Valentinien III, emp., 73-74.
Valérien (St), év., 251.

Vérus, év. de Tours, 49, 65, 66, 67, 68.
Victor (Claudius Marius), 229 note.
Victorius d'Aquit., év., 165.
Victrice, év. de Rouen, 62 n. 78.
Vigile, pape, VIII, 164, 273, 279, 282 n. 2, 283, n. 2.
Virgile, év. d'Arles, 284 (voir l'*errata*).
Vincent (St) de Lérins, 20, 144 n. 3, 148.
Vincent, semipélag., 144.
Vitigès, 160.
Vivence, év., I, III, XIX, 242.
Viventiole, rhét., 15 n. 2.
Volusien, év. de Tours, 49.
Volusien, abbé, 251.
Wandil, comte, 102.

Zosime, pape, 39, 41, 52 n., 124 note.

NOMS GÉOGRAPHIQUES

Aduris, 67.
Afrique, 16, 58, 60, 106, 125, 140, 151-153, 272.
Agaune (St-Maurice-en-Valais), 131, 274, 280.
Agde, 66, 67.
Agen, 67.
Ainay, 4.
Aix, 37, 42, 43 n. 4, 70.
Alby, 16.
Alexandrie (école d'), 173.
Aliscamps (les), 26, 259.
Alpes-Maritimes (prov.), 42.
Alpines, 34.
Alsace, 3.
Angoulême, 68.
Antibes, 43 n. 4, 70, 136.
Apôtres (basilique des SS.), 37.
Aps (Viviers), 43 n. 4, 69.
Aquitaine, Aquitains, 15, 46, 61, 65, 76, 77, 230.
Aquitaine I (Bourges), 65, 66, 69.
Aquitaine II (Bordeaux), 66, 68, 70.
Arles (ville et diocèse), IV, V, XIX, XX, 13, 14-15, 16 n. 2, 18, 25, 30, 36, 38, 40, 44, 45, 50-52, 65, 66, 92-94, 96, 98-99, 100, 112, 114 et not., 150, 160, 161, 162, 167, 168, 178, 220, 222, 224, 234, 239, 244, 253, 258, 273, 284.

Arles (province ecclés.), V, XIX, 33, 42, 70, 77, 79, 106, 125, 164-165.
Arlue, mon.X, (ligne 27, Arles, errat. pour Arlue).
Austrasie, 160 et n. 5, 161, 162.
Autun, IX, 1, 159 n. 1, 265, 279.
Auvergne (Clermont-F.), 16 n. 2, 40, 54, 65, 69, 138.
Auvergne (pays), 68, 91, 92, 160.
Avignon, 15, 34, 43 n. 4, 48 et n. 2, 70, 102.

Balme, monast., 263 n. 1, 275.
Barbe (île), 95.
Barcelone, 46, 92, 98.
Béarn (évêché), 69.
Besançon, 278.
Béziers, 53, 67.
Bordeaux, 16 n. 2, 54, 66, 67, 114, 165.
Bourges, 66, 69, 114.
Buch (évêché), 69.
Burgondie et Burgondes, 3, 4, 14, 15, 26, 44, 46, 48 et n. 2, 54, 69, 70, 92, 95, 96, 98, 99, 102, 109, 110, 131, 153, 159, 160, 162, 170, 171, 196, 259.

Calais (S.-), mon., 280.
Camargue (la), 15, 37, 93.
Cannes, 5.

NOMS GÉOGRAPHIQUES

Carpentras, 43 n. 4.
Casense monasterium, 155.
Cassien (S.-), mon., 279. 281.
Castellane, 43, n. 4.
Cavaillon, 43 n. 4.
Chalon, 1, 4, 280.
Chamelières, mon., 279.
Chartres, 114.
Cieutat, près Bagnères, 69.
Cimiez (évêché), 43 et n. 4, 70.
Cirgues (S.-), mon., 251.
Claude (S.-) ou Condat, 275 n. 6.
Clermont (Voy. Auvergne).
Cologne, 238.
Constantinople, 116, 160, 283.
Croix (Ste-) de Poitiers. 276-278, 281.
Gytharista (Ceyreste), 37.

Die, 43 n. 4, 132, 274.
Digne, 43, n. 4, 70.

Eauze, 66.
Embrun, 42, 43 n. 4.
Ernaginum (St-Gabriel), 37.
Espagne, 64, 98, 113, 114, 125, 165.
Etienne (S.-), égl. métrop., 36.

Francs, 14, 26, 27, 44, 48, 49, 69, 90, 91, 95, 98, 99, 111, 112, 160, 163, 169, 196, 228, 234, 239, 243, 259, 284.
Fréjus, 43 n. 4, 70, 150, 190, 272.
Frisons, 243.
Fulde, 244.

Gap, 43 n. 4.
Genève, 42, 111, 144, 170.
Glandèves, 43 n. 4, 70.
Glanum (St-Remy), 37.
Grenoble, 42, 111.
Grigny, 251.

Honorat (S.-), île, 5.
Hyères, îles, 272.
Illyrie, 39.
Italie, 14, 15, 39, 44, 46, 85, 96, 104, 114, 116, 124, 127 note, 131, 160.

Jean (S.-), mon. d'Arles, III n. 4, 93 et n. 4, 118, 119, 129, 139, 257-260, 264, 267, 271, 272, 273, 279, 280, 281.
Jura, monast. jurassiens, 4, 252, 263 n. 1.
Jussamoutier, mon., 278-279.

Langres, 62.
Lérins, XI, XVI, 1, 5 et suiv., 13, 15, 16, 19-20, 22, 24, 25, 41, 56, 57, 114, 125, 148, 249-252, 253-255, 256, 260, 272, 273, 284.
Ligurie, 109,
Limoges, 40, 69.
Luco (le Luc), 37.
Luxeuil, 278.
Lyon, 16 n. 2, 45, 251, 284.

Mans (le), 114.
Marcel (S.-), mon. de Chalon, 280.
Marguerite (Ste-), île, 5, 19 n. 2, 258.
Marie (Ste-), basilique, 132, 260.
Marie (Ste-), mon. d'Arles, 273, 282.
Marie (Ste-), mon. d'Autun, 278, 281.
Marius (canal de), 14.
Marseille (ville), 16 n. 2, 30, 40, 41, 43 n. 4, 70, 100, 101, 140 n. 1, 144, 147, 279.
Marseille (province de), 160.
Metz, 159, 161.
Milan, 124, 275.
Montmayor (abbaye), 24.

Narbonne, 41, 44, 45, 53, 67, 90, 92, 102 n. 2.
Narbonnaise, 46, 98, 189.
Narbonnaise I (Narbonne), III n. 4, 40, 66-67.
Narbonnaise II (Aix), 40, 41, 42.
Nice, 43 n. 4, 70.
Nimes, III n. 4, 102, 227.
Novempopulanie, 66, 68.

Orange, 43 n. 4.
Ostie, 104.
Ostrogoths, 14, 70, 78, 100 n. 5, 111, 131, 132, 159, 161, 222.

Paul (S.-) —Trois-Châteaux, 43 n. 4.
Pavie, 14, 103.
Périgueux, 67.
Pierre (S.-), mon. d'Arles, 273.
Poitiers, 68, 262, 276.
Provence, 160, 215-216.
Provinces (les Sept), 40.

Ravenne, 98, 103, 104, 118, 161.
Riez, 43 n. 4, 70, 148, 155.
Rigomagus, 43 n. 4.
Rodez, 69.
Romainmoutier, 275 n. 2.
Rome (église de), 39, 46, 58, 60, 103, 106, 108, 116, 118, 124, 140, 164, 165, 190, 233.

Saintes, 68.
Salone (près d'Arles), 37.

Savoie, 3.
Senez, 43 n. 4, 70.
Septimanie, 113, 160.
Sisteron, 48 n. 4.

Tarascon, 37, 55 n. 2.
Tarentaise (évêché), 42, 111.
Tarnatense monasterium, 274, 275 n. 6, 276.
Thessalonique, 39, 113 note, 283 n. 2.
Thuringe, 159.
Tolède, 114, 117 n. 3.
Toulon, I, III, 37, 70.
Tours (ville), 49, 91, 114, 122, 134.
— (prov. eccl.), 65-66, 231.
Trèves, 238.
Trophime (S.-), basilique, 86.
Turba civitas. Voy. Cieutat.

Ugernum (Beaucaire), 15, 37, 48 n. 2, 93.
Uzès, I, III et n. 4, 43 n. 4, 274.

Vaison, 43 n. 4, 265.

Valence (Gaule), 42, 111.
— (Espagne), 117.
Vandales, 16, 98, 228.
Vélaves (évêché des), 69.
Vence, 43 n. 4, 70.
Vézeronce, 132.
Victor (S.-), mon., 251.
Vienne (ville), 16 n. 2, 21, 49, 159 n. 1, 274, 275.
— (prov. eccl.), 42, 43, 108, 153.

Viennoise, III, n. 4, 39, 40, 42, 48, 65, 69, 111, 189.
Vincent (S.-) et Ste-Croix (St-Germain des Prés), 280 et n. 2.
Viviers (Calabre), 22.
— (Gaule), Voy. Aps.
Wisigothie et Wisigoths, 3, 14, 15, 44, 45, 46, 63, 65, 68, 69, 70, 77, 91-92, 100 n. 5, 109, 110, 132, 133, 168, 170-171, 222, 223, 228, 283.

Yconium (Youssac près de Saintes), 68

CONCILES ET SYNODES

Afrique. *Codex canonum Eccl. afr.*, 80 n. 2.
Agde, v, vi, 28, 45, 48 n. 2, 50 et n. 1, 56, 58, 59, 60, 61, 63-90, 91, 92, 106, 107, 114, 115, 116, 118, 120, 130, 135, 136, 137, 162-163, 165, 181, 188, 195, 200, 202, 203, 208, 218, 252, 282.
Agaune (apocryphe), 280.
Angers (a. 453), 42.
Antioche (a. 341), 51 n. 4, 156.
Arles I (a. 314), 51, 53, 68. — II (faux), VI. — II, sous Ravennius (v. 455), p. 272. — III, sous Léonce (v. 475), 45, 148, 149 et n. 2. — IV (a. 524), v, vi, 132, 135-136, 163. — V (a. 554), 252, 273.
Auvergne (Clermont-F., a. 535), v, 71, 115, 162.
Carpentras (a. 527), v, 132, 136-138, 163.
Carthage IV (faux = Statuts de s. Césaire), VII, 50 etc...
Carthage (a. 418), 52. — (a. 525), 272 n. 1.
Epaone, III n. 1, v, vii, 70, 111, 115, 116, 119, 166 n. 2.
Gangres, 51 n. 4.
Gerunda (Girone, a. 516), 117.
Grecs (Conciles-), 58-59.
Hippone (a. 393), 51 n. 4.
Laodicée, 51 n. 4.
Lérida (a. 524 ?), 117.
Lyon (v. 475), 149.

— (Conférence, fausse), XIV.
Mâcon II, 166 n. 1.
Marseille (a. 533), v, vi, vii, xii, xx, 133, 154-158, 163.
Milève (a. 416) 154 n. 4.
Néocésarée, 51, n. 4.
Nicée, 38, 51, 156, 207.
Orléans I, v, vii, 91 not., 1, 114, 137, 163.
— II, 115, 159 n. 1, 162. — III, 115, 160 n. 5, 163-164, 165. — IV, III et n. 1, 115, 164-166. — V, III, IV, 70, 274 n. 4.
Orange I, 42, 52, 53, 76, 125, 134 n. 4, 190, 194 n. 1. — II, v, vi, viii, 133, 139, 143-153, 155.
Paris (a. 552), III.
Riez, 42, 52, 71.
Rome (a. 502), XVIII, 80, 84, 85, 100.
Sardique, 42 n. 1, 51.
Tarragone (a. 517), 117.
Tolède (a. 527 ou 531), 117.
Tours I, 42, 78. — II, 277, 279, 280.
Turin (v. 400), 39, 41, 51, 60, 134 n. 2.
Vaison I, 42, 52, 62, 134 n. 3. — II, v, vi, 133, 139-143.
Valence (Gaule, a. 374), 51. — (v. 529), 154.
— (Espagne, a. 524), 117.
Vannes, vi, 42, 65, 80, 252.
Vatican (a. 1870), 154.

TABLE DES MATIÈRES

	Pages
INTRODUCTION. — *Les sources personnelles*.	I

La vie de Saint Césaire, I. — Les recueils arlésiens, IV. — Correspondance de Césaire, VII. — Ses règles monastiques et ses épîtres à des religieuses, IX. — Ses sermons, XI. — Usage de nos sources, XIX.

Bibliographie. XXIII

CHAPITRE I. — **Commencements de Césaire. Son stage à Lérins** (a. 470 ou 471 — 493 env.). 1

Sa jeunesse à Chalon, 1. — Son stage à Lérins. Instructions de Fauste aux moines, 5.

CHAPITRE II. — **Césaire à Arles. Commencements de son épiscopat** (a. 503). 14

Arrivée à Arles, 14. — L'école de Pomère. Décadence des lettres, 16. — Césaire est promu abbé, puis évêque, 24. — Cachet monacal de sa sainteté, 26. — Réformes liturgiques, 28. — Devoirs inculqués au clergé et aux fidèles, 30. — Caractère du nouvel évêque, 33.

CHAPITRE III. — **Métropole et primatie d'Arles. Les statuts de Césaire. Persécution d'Alaric**. 33

Naissance des deux privilèges sous Patrocle, 39. — Vicissitudes des deux privilèges sous Patrocle et Hilaire, 41. — Confirmation des deux privilèges sous Ravennius et Léonce, 42. — Persécution d'Alaric II ; elle a été inaugurée par Euric, 45. — Les *statuta ecclesiæ antiqua*, leurs sources, 50. — Césaire en est l'auteur, 52. — Analyse, 58.

CHAPITRE IV. — **Le Concile d'Agde (11 sept. 506)**. 62

Le *Bréviaire* d'Alaric, 62. — Concert des deux grandes métropoles, 64. — Provinces et églises représentées au concile, 66. — Prologue, 71. — Matières traitées. 1º Juridiction ecclésiastique, 72. — 2º Continence des clercs, 75. — 3º Régime des biens d'église, 80. — Sanction d'Alaric, 88.

CHAPITRE V. — **Théodoric-Le-Grand en Provence. Césaire comparaît devant ce prince en Italie** (a. 508-513) 91

Bataille de Vouillé. Siège d'Arles (an 507-508), 91. — Charité de Césaire envers les captifs, 94. — Théodoric : le nouveau régime, 98. — Césaire à Ravenne, de là à Rome (a. 513), 101.

CHAPITRE VI. — **Premières relations de Césaire avec le Saint-Siège. Différend avec Saint Avit. Privilège primatial** (a. 513-514) . . . 105

But poursuivi par Césaire, 108. — Décrétale obtenue contre Avit (6 nov. 513). — Renouvellement du privilège primatial (11 juin 514), 111. — Influence de la primatie, 115. — Les *postulata* de Césaire à Symmaque en 513 : 1º Biens d'église, 117. — 2º Vœux religieux. — 3º Candidatures épiscopales, 120.

CHAPITRE VII. — **Réunion des églises de la province d'Arles sous le sceptre de Théodoric. Conciles provinciaux de Césaire** (a. 523-533). 129

Correspondance avec les successeurs de Symmaque, 129. — Préfecture de Libère (v. 514), nouveaux accroissements de Théodoric (523), 130. — Les 5 synodes de Césaire. Attention accordée aux paroisses rurales, 132. — Concile d'Arles (6 juin 524), 135. — Concile de Carpentras (6 nov. 527). Décrétale de Félix IV (3 fév. 528). Biens des Fabriques, 136. — IIe Concile de Vaison (5 nov. 529) : 1° Ecoles presbytérales, 2° Droit de prêcher étendu aux prêtres et aux diacres, 138. — L'*Admonition aux évêques*, 141. — IIe Concile d'Orange. Les semipélagiens. Cassien, 143. — Fauste, 148. — Agitation contre Fauste (520 à 524), 151. — Le Concile d'Orange (3 juill. 529). Sanction du Saint-Siège (25 janv. 531), 152. — Procès de l'évêque Contuméliosus au synode de Marseille (26 mai 533), 154. — Décrétales de Jean II (6-7 avril 534). Appel de Contuméliosus admis par Agapet (18 juill. 535), 156.

CHAPITRE VIII. — **Réunion d'Arles au royaume de Childebert** (a. 536-538). **Conciles Francs**.................. 159

Les Francs en Burgondie (a. 532-534), puis en Provence (a. 536), 159. — IIIe Concile d'Orléans (7 mai 538). Décrétale de Vigile à Césaire (6 mars ou mai 538), 163. — IVe Concile d'Orléans (14 mai 541), 164.

CHAPITRE IX. — **Prédication de Césaire. Homélies sur l'Ancien Testament. Admonitions**.................. 167

L'auditoire de Césaire, 167. — **Premier groupe** : *Homélies sur l'Ancien Testament*, 171. — **Deuxième groupe** : *Admonitions*, 177. — 1° Sur l'essence et la fin du chrétien, 179. — 2° Sur la pénitence, 187. — 3° Sur la communion eucharistique, la messe, la liturgie et les temps liturgiques, 197. — 4° Sur l'aumône et les prestations religieuses, 211. — 5° Contre les restes des pratiques païennes, 221. — 6° Contre les péchés de luxure et d'ivrognerie, 227. — Caractère général des Admonitions. Leur influence, 241.

CHAPITRE X. — **Règles monastiques de Césaire**............. 244

Origines du monachisme en Gaule. S. Martin, 247. — Lérins (a. 410-420), 249. — Les Règles de Césaire, 1° La Règle des moines. Emprunts à Lérins. Stabilité, 252. — Pauvreté, vie commune, 255. — 2° La Règle des religieuses. Le monastère de Saint-Jean (a. 513), 257. — Sources de la Règle. Abus réformés, 260. — Clôture, 263. — Pauvreté, économie intérieure, 266. Gouvernement, 268. — Privilèges, 271. — Diffusion de la Règle des religieuses autour d'Arles, 273. — Son introduction à Sainte-Croix de Poitiers, à Jussamoutier, etc..., 276. — Privilèges monastiques suscités par la Règle de Césaire, 279. — Mort de Césaire (27 août 543), 281.

Epilogue.................................... 283
Appendices.................................. 289
Noms des personnes, des lieux et des conciles cités dans ce volume.... 309
Table des matières............................ 315

Imp. G. Saint-Aubin et Thevenot, Saint-Dizier, 15-17, passage Verdeau, Paris.

www.ingramcontent.com/pod-product-compliance
Lightning Source LLC
Chambersburg PA
CBHW060336170426
43202CB00014B/2791